風水地理

# 九星 正變 穴格歌

里程 金東奎 編著

# 권두언(卷頭言)

풍수지리(風水地理)는 우리 민족사회(民族社會)에 깊고 넓게 뿌리 박힌 대단히 친근감(親近感) 있는 학문(學問)이라 할 수 있다. 이는 가까운 우리의 역사(歷史) 문명중(文明中) 많은 부분이 풍수지리학적(風水地理學的)인 역사(歷史)로서 이어졌고 풍수지리(風水地理) 문명(文明)속에서 사회(社會)의 구조(構造)가 이루어졌으며 풍수지리학적(風水地理學的) 구조(構造)로 자라왔기 때문이라 할 수 있다.

풍수지리(風水地理)는 이처럼 적극적(積極的)이고 절대적(絕對的)이었으며 때로는 광적(狂的)이었는가 하면 사생결단(死生決斷)까지도 서슴치 않았었음을 우리 모두는 주지(周知)하는 바이다.

이와 같은 풍수지리(風水地理) 사상(思想)은 오늘날이라고 하여서 결코 예외가 아니라 지식(知識)이 높을수록 더욱 선호하고 부유층(富裕層)일수록 더욱 좋아하며 상류(上流) 계급층(階級層)일수록 더욱 신뢰(信賴)하고 있는 실정(實情)이다. 다만 공간(空間)이 모자라 수용(受容)이 아니 될 뿐이며 진(眞)을 보는 안력(眼力)과 지식(知識)이 모자라 수용(收容)하지 못할 뿐인 것이다.

 나는 사계(斯界)에 입문(入門)하여 인생행로(人生行路)의 이정표(里程表)를 세우고 개척(開拓)하여 보겠다고 나섰지만 워낙 비재천식(菲才淺識) 인지라 이십수년(二十數年)이 지났음에도 불고(不顧)하고 당초(當初)의 생각에는 도저히 미치지 못하고 다만 수종(數種)의 서책(書册)만을 역저(譯著)하는 데 그쳤습니다. 그러나 앞으로도 사계(斯界)의 발전(發展)과 인류문명(人類文明)에 공헌(貢獻)할 수 있는 길이라면 미력(微力)이나마 계속 쏟아 바칠 생각에서 또다시 본서 구성학(本書 九星學)을 역간(譯刊)하는 바이니 강호제언(江湖諸彦)께서는 많은 가책(加責) 주시기 바랍니다.

### (1) 풍수지리(風水地理)의 개요(槪要)

 장경(葬經)에 「장승생기(葬乘生氣)」라 하였다. 장법(葬法)은 생기(生氣)를 타는 것이란 말이다.

 우주공간(宇宙空間)에는 무한량(無限量)의 엄청난 힘을 가지고 있는 생기(生氣)라는 것이 존재(存在)한다. 이 생기(生氣)는 물리(物理)·화학적(化學的) 방법(方法)이 아닌 생체(生體) 에너지 즉 생명력(生命力)을 지칭(指稱)하는 말이라 하겠다. 이와 같은 생기(生氣)가 하늘에 있으면 천기(天氣)요, 땅에 있으면 지기(地氣)요, 대기(大氣) 중에서는 공기(空氣)라 하는데 이들을 풍수지리(風水地理)학에서는 통칭(通稱)하여 생기(生氣)라 표현(表現)하고 있다.

 이 생기(生氣)의 위력(偉力)은 만물(萬物)을 발생(發生)시키고 성장(成長)시키며 생기(生氣)가 있는 곳에는 언제나 생경력(生命力)이 함께 있기 때문에 발생이 그치지 아니하고 계속 이어지는 것임에는 말할 것도 없다.

그런데 이 생기(生氣)는 산천(山川)의 형세(形勢)와 물의 흐름과 바람의 이동(移動)에 따라서 어느 한 곳으로 모이기도 하고 흩어지기도 하는데 풍수지리(風水地理) 학에서는 생기(生氣)가 모여 있는 곳을 가리켜 「혈(穴)」이라는 이름을 붙여서 두 가지 방법으로 이용하고 있다.

그 하나는 양택풍수법(陽宅風水法)으로 생기(生氣)가 많이 모이는 곳, 즉 천기(天氣)인 양광(陽光)과 지기(地氣)가 많이 모여 따뜻한 혈(穴)을 찾아 집을 짓고 상주(常住)하며 호흡(呼吸)과 피부를 통하여 직접 섭취하는 방법인데 양질(良質)의 생기(生氣)는 건강장수(健康長壽)는 물론 새로 출생(出生)하는 자손(子孫)에게까지도 좋은 영향(影響)을 준다는 이론(理論)이다.

또 하나는 음택풍수법(陰宅風水法)으로 생기(生氣)가 많이 모이는 혈(穴)에다 부모(父母) 조상(祖上)의 골해(骨骸)를 매장(埋葬)하면 생기(生氣)가 납골(納骨)되어 신령(神靈)이 평안함을 얻고 신령(神靈)이 평안하면 유전인자(遺傳因子)를 이어 받은 그 자손(子孫) 또한 평안함을 얻는 것은 물론 장수(長壽)와 부귀(富貴)까지도 얻을 수 있다는 설(說)이다. 이것을 나경투해(羅經透解)에서는「산천유령이무주(山川有靈而無主)요, 시골유주이무령(屍骨有主而無靈)이니 차산천지령기(借山川之靈氣)하여 구정일석지지(媾精一席之地)하면 온난고골(溫煖枯骨)하고 음우자손(陰佑子孫)이니라.」"산천에는 영은 있으나 주인이 없고 시골에는 주인은 있으나 영혼이 없으니 산천의 영기를 빌려서 혈(穴)이라는 일석지지에 구정 시키면 고골이 온난하여져서 그 자손을 음덕으로 돕는다" 하였음이 이것이다.

## (2) 시신(屍身)이 어떻게 자손을 돕는가?

정자(程子)가 말하기를 「지미칙(地美則) 신령안(神靈安) 자손성(子孫盛) 약배식(若培植) 기근(其根) 이지엽무(而枝葉茂)」라 하고 또 「부조자손동기(父祖子孫同氣) 피안칙차안(彼安則此安) 피위칙차위(彼危則此危)」라 하였고, 주자(朱子)는 말하기를 「기형체전이신령득안(其形體全而神靈得安) 칙기자손성이제사불절(則其子孫盛而祭祀不絶)」이라 하였으니 이것이 유명한 정자(程子)의 동근(同根) 동기(同氣) 설(說)인 것이다.

이는 부모(父母) 조상(祖上)과 자손(子孫)은 동질(同質)의 유전인자(遺傳因子)를 갖고 있기 때문에 고골(枯骨)에서 생기(生氣)를 받을 경우 동질(同質)의 주파수(周波數)를 가진 유전인자(遺傳因子)끼리는 교신(交信)이 된다는 설(說)이다.

이해(理解)를 돕기 위하여 보충설명(補充說明)을 한다면 생기(生氣)는 에너지이니 생기(生氣)가 있는 곳에는 열(熱)이 있고 열(熱)이 있는 곳에는 전류(電流)가 나타나며 전류(流電)가 흐르면 진동(振動)이 일어나며 진동(振動)이 있으면 파장(波長)으로 주파수(周波數)가 같은 형질(形質)의 유전물체(遺傳物體)끼리 전달(傳達) 교신(交信)되므로 저쪽이 평안(平安)하면 이쪽도 평안(平安)하고 저쪽이 위태(危殆)하면 이쪽도 위태(危殆)할 수밖에 없다는 설(說)이다.

### (3) 구성(九星)이란 무엇인가?

구성(九星)이란 만두형세론(巒頭形勢論)에서 양구빈(楊救貧)의 재천구성(在天九星)과 료금정(廖金精)의 재지구성(在地九星)을 말하며 이기론(理氣論)에서는 구궁(九宮)을 구성(九星)이라 하기도 한다.

양구빈(楊救貧)의 재천구성(在天九星)은 탐랑(貪狼(자기(紫氣))·거문(巨門(천재(天財))·녹존(祿存(고요(孤曜))·문곡(文曲(소탕(掃蕩))·염정(廉貞(조화(燥火))·무곡(武曲(금수(金水))·파군(破軍(천강(天罡))·좌보(左輔(태양(太陽))·우필(右弼(태음(太陰))을 말하는데 이로서는 간룡(幹龍)과 조종성신(祖宗星辰)을 살펴보는 데는 많은 도움이 된다고 하나 소조(小祖) 산(山) 이하 혈성(穴星)과 주위(周圍)의 미악(美惡)을 살피는 데는 혼돈(混沌)되어 부족한 점이 많다. 그러므로 많은 지리(地理) 가(家)들은 실제(實際)로 소조(小祖) 산(山) 이하의 미악(美惡)만을 보는 것에 그치기 때문에 별로 즐겨 쓰지 아니하고 있는 것이다.

또 료금정(廖金精)의 재지구성(在地九星)은 태양(太陽(금(金))·태음(太陰)·금수(金水)·자기(紫氣(목(木))·천재(天財(토(土))·천강(天罡)·고요(孤曜)·조화(燥火(화(火))·소탕(掃蕩(수(水))을 말하는 것으로서 먼 후룡(後龍)의 미악(美惡)을 살피는 데는 별로 도움이 없으나 소조(小祖) 산(山) 이하의 지룡(枝龍)과 혈성(穴星)의 미악길흉(美惡吉凶)을 살피는 데는 많은 도움이 되는 것이므로 지리가(地理家)들은 반드시 보아야 할 좋은 책이라 할 수 있다.

본서(本書)는 바로 그 재지구성(在地九星)을 번역(飜譯)한 것이니 용혈(龍穴)의 형세(形勢)와 혈성(穴星)의 길흉(吉凶)을 확실(確實)하게 밝혀 주었으며 왕상(旺相)과 좌향(坐向)은 물론 발복(發福) 년명(年命)까지도 제시(提示)하여 주고 있다. 특히 이 책에는 물형(物形)을 잡는 근본(根本)이 실려 있으니 이것이 뭇 물형체(物形體)를 보는 기본(基本)인 것이다.

　그러나 이는 참고(參考)만 할 것이지 물형(物形)에 너무 깊게 빠지지 말 것이니 지리(地理)는 본시(本是) 이학(理學)이므로 이치(理致)의 모임을 추구(推究)할 것이지 물형(物形)을 따라 미리 정하여진 곳에 입혈(立穴)하여야 한다고 고집(固執)하여서는 아니 되기 때문이다.

　양(楊)·료(廖) 양씨(兩氏)의 구성(九星)은 또다시 구변(九變)하여 팔일형(八一形)과 구구형(九九形)으로 부연(敷衍)하여서 설명하였으나 실은 이 모두 오성(五星)에서 유래하였음을 알아야 한다. 따라서 오성(五星)의 형상(形象)을 정확(正確)히 파악(把握)하고 상생상극(相生相剋)을 기본으로 하여 상생(相生)의 혼합체(混合體)와 상극(相剋)의 혼합체(混合體)를 청(淸)·탁(濁)·흉(凶)으로 분류(分類)하여 보는 것으로 족(足)한 것임을 말하여 둔다.

### (4), 고서(古書) 번역(飜譯)의 변(辨),

　본 책자인 구성(九星) 정변(正變) 혈(穴) 격(格) 가(歌)는 사계(斯系)의 7대 현인(賢人)중의 한 사람인 후(後) 료금정(廖金精)의 저서(著書)중에서도 후학(後學)들에게 많은 사랑을 받는 서책(書册)으로 지리가(地理家)라면 누구나 반드시 공부하고 익혀둬야 하는 우량(優良)서이다.

그러나 아주 오래된 고서(古書)를 번역(飜譯)하는 데는 몇 가지의 걱정이 따르게 되는데 그 첫째는 오자(誤字)이고, 두 번째는 궐문(闕文)이며, 세 번째는 시대적(時代的)인 차(差)에서 오는 언어(言語)의 차이(差異)요, 네 번째는 각기 민족(民族)마다의 전통(傳統) 문화적(文化的)인 차(差)이에서 오는 방언(方言) 습관(習慣) 등의 어려움이다.

이 책이 오랜 세월(歲月)을 전(傳)해 오는 동안에 위에서 열거(列擧)한 여러 가지의 걱정이 가장 많이 나타나 있는 책(册)이어서 본 필자(筆者)는 번역(飜譯)을 하야 할 지를 놓고 고심(苦心)하다가 결국은 번역(飜譯) 쪽으로 결심(決心)한 것은 부분적(部分的)으로 잘못된 곳은 제외(除外)가 되더라도 공부에 훨씬 더 갾은 도음이 될 거라는 판단(判斷)이 섰기 때문이다.

또한 고서(古書)는 반드시 직역(直譯)을 해야 후학자(後學者)에게 전달(傳達) 과정(過程)에서 나타나는 오류(誤謬)를 줄일 수 있다는 생각을 갖고 있는 필자(筆者)로서는 부득이 위에서와 같은 오류(誤謬)에서 나타나는 이격도(離隔度)를 좁히고 이해(理解)를 돕기 위하여 의역(意譯) 쪽으로도 많이 치우쳐졌음을 말해둔다.

그러므로 후학(後學) 제현(諸賢)의 지도(指導)와 편달(鞭撻)을 바라는 바이다.

2006年 10月 27日
里程 金東奎 識

## 목차

제1편 혈격(穴格) ··· 11

제2편 구성정변격혈가(九星正變格穴歌) ··· 33

1부 태양금성(太陽金星) ··· 34

2부 태음금성(太陰金星) ··· 98

3부 금수성(金水星) ··· 154

4부 자기성(紫氣星) ··· 210

5부 천재성(天財星)

   (1) 요뇌천재성(凹腦天財星) ··· 267

   (2) 쌍뇌천재성(雙腦天財星) ··· 328

   (3) 평면천재성(平面天財星) ··· 388

6부 천강성(天罡星) ··· 448

8부 고요성(孤曜星) ··· 488

9부 조화성(燥火星) ··· 522

9부 소탕성(掃蕩星) ··· 566

제1편

# 혈격(穴格)

# 혈격(穴格)

송(宋) 금정(金精) 료우(廖瑀) 著

　서시가(徐試可) 왈(曰), 혈법(穴法)이 현묘(玄妙)하지만 옛 고서(古書)에는 밝혀놓은[發明] 책이 많지 않다. 그러나 뇨(廖) 공(公)의 이 혈격(穴格)을 보니 일단은 혈(穴)의 대략(大略)을 기록(記錄)하여 놓았다. 그에다 더불어 용혈사수(龍穴砂水) 사류(四類)까지 정편(正編)으로 함께 묶어 실었으니 분산(分散)되어서는 불편(不便)할 것 같으므로 그렇게 하였다.

## 1. 혈성편(穴星篇)

**問君何以名爲穴 地理同人脈** (문군하이명위혈 지리동인맥)
　군에게 묻노니, 무엇 때문에 혈(穴)이라는 이름으로 부르게 되었는가? 지리(地理)는 인맥(人脈)과 같기 때문이다.

**問君何以名爲星 天象卽地形** (문군하이명위성 천상즉지형)
　군에게 묻노니 무엇 때문에 하필(何必) 성(星,별성)에다 비유하여 이름을 붙이게 되었는가? 천상(天象)이 곧 지형(地形)이기 때문이다.

**龍神落處穴融結 須把星辰別** (용신낙처혈융결 수파성신별)
　용신(龍神)이 떨어져 나온 곳에서 혈(穴)이 융결(融結)하는 것이니 모름지기 성신(星辰) 별(別)로 따로따로 파악(把握)하여야 하는 것이다.

**星辰不是妄稱呼 形象實相符** (성신불시망칭호 형상실상부)
　성신(星辰)이라 칭(稱)함에 무엇이 망담(妄談)이라 할 수 있겠는가? 형상(形象)은 실상(實相)으로 부쳐지기 때문이다.

**圓直曲尖方五體 本是五行氣** (원직곡첨방오체 본시오행기)
　원(圓)·직(直)·곡(曲)·첨(尖)·방(方)으로 오체(五體)가 되는데 이는 본시 오행(五行)의 근본(根本) 기운(氣運)이다.

**直曲方尖各帶員 湊作九星全** (직곡방첨각대원 주작구성전)
　다시 또 직(直)·곡(曲)방·(方)·첨(尖)에는 각기 원(圓)을 대동하고 있으니 이것을 번갈아 조합(組合)시켜 모으면 전체(全體)의 구성(九星)이 되는 것이다.

**入式總歌已詳備 於斯略解義** (입식총가이상비 어사약해의)
　이는 입식가(入式歌)에 자상하게 다 갖추어져 있으므로 이곳에서는 간략(簡略)하게 그 뜻만 해석(解析)하고져 한다.

**認得星辰形體時 禍福自能知** (인득성신형체시 화복자능지)
　성신(星辰)과 형체(形體)를 이미 알고 깨달았다면 그 길흉화복(吉凶禍福)도 저절로 능히 알 수 있는 것이다.

**第一要分眞與假 多有昏迷者** (제일요분진여가 다유혼미자)

그러면 제일(第一) 먼저 중요(重要)하게 알아야 할 것이 "진(眞)이냐 가(假)이냐"를 분변(分辨) 할 줄 알아야 하는 것인데 사실 혼미(昏迷)함이 많은 것이 사실이다.

### 若是眞兮山水朝 假則去迢迢 (약시진혜산수조 가즉거초초)

그러나 만약 이것이 진(眞)이라면 산수(山水)가 조읍(朝揖) 할 것이고, 반대로 가(假)라면 산수(山水)가 배신하고 멀리멀리 도망가는 것이 다르다.

### 第二要分生與死 時師多昧此 (제이요분생여사 시사다매차)

둘째로[第二] 중요(重要)하게 보아야 할 것은 "살았느냐 죽었느냐(生與死)"이니 시사(時師)들은 이 역시 많이 혼돈(混沌)하고 있는 대목이다.

### 藏風得水是爲生 死則氣飄零 (장풍득수시위생 사측기표령)

장풍(藏風)과 득수(得水)가 잘 되었으면 생(生)이요, 반대로 생기(生氣)가 표령(飄零) 표산(飄散)이면 사(死)이다.

### 第三宜逆不宜順 莫把尋常論 (제삼의역불의순 막파심상론)

셋째로[第三] 중요(重要)하게 따져야 할 것은 "마땅한 바가 역(逆)이요, 마땅치 못함은 순(順)"인데 자상하게 살펴보지도 아니하고 섣불리 말하지 말라.

### 逆是下山脚先回 順是遂水流 (역시하산각선회 순시수수류)

역(逆)에서는 아래쪽으로 내려간 산각(山脚)이 선회(旋回,先回)할 것이요, 순(順)이라면 물을 따라서 흘러내리는 산각(山脚)일 것이다.

**第四要嫩不要老 細看非草草** (제사요눈불요노 세간비초초)

넷째로[第四] 중요한 것은 "젊은 눈용(嫩龍)이냐 늙은 노룡(老龍)이냐"인데 자세히 본다면 근심 될 것이([非草草] 없을 것이다.

**老是大山毛骨粗 嫩是換皮膚** (노시대산모골조 눈시환피부)

즉 노룡(老龍)이라면 대산(大山)에서 볼 수 있는 것처럼 모골(毛骨)이 거칠어 조악(粗惡)할 것이요, 눈용(嫩龍)이라면 피부(皮膚)가 박환(剝換)하여 곱고 부드럽다.

**穴星更有穴般病 有病何勞定** (혈성갱유혈반병 유병하느정)

혈성(穴星)에서는 다시 또 혈반병(穴般病) 이라는 것이 있는데 병(病)이 있고 없는 것을 무슨 노력으로 알아 낼 것인가?

**斬首折痕項下拖 碎腦石嵯峨** (참수절흔항하타 쇄뇌석차아)

참수(斬首) 절흔(折痕)이 목덜미 아래로 끌려 왔다거나 뇌가 부서 졌다거나(碎腦) 험하고 높은 바위가 나와 있는 것과(嵯峨),

**斷肩有水穿膊出 剖度陷長窟** (단견유수천박출 부도함장굴)

어깨가 끊겼다거나[斷肩] 물길로 뚫리고 찢어 졌다거나(水穿膊出) 쪼개지고 함몰(剖度陷沒)되었다거나 긴 글이(長窟) 있는 것과,

**折臂原來左右低 破面浪痕垂** (절비원래좌우저 파면랑흔수)

팔뚝이 끊겼다거나(折臂) 좌우 모두 또는 한쪽이 낮다거나 얼굴이 깨졌다거나(破面) 얼굴에 상처가 있다거나([浪痕) 족각(足脚)이 수함(垂陷)한 것과,

**陷足脚頭竄入水 吐舌生尖嘴** (함족각두 찬입수 토설생첨취)

물이 찌걱찌걱하여 발이 빠질 정도로 낮고 머리를 돌려 도망치거나 [頭竄入水] 혀를 내밀고 부리를 만들거나(吐舌尖嘴),

**此是星中大有虧 誤用禍相隨** (차시성중대유휴 오용화상수)

이상 예로 든 것들은 혈성(穴星) 중에서 크게 어그러진 것들이니 잘못 알고 사용한다면 재앙(災殃)이 항상 따르게 될 것이다.

**穴面又有八般病 有病皆惡症** (혈면우유팔반병 유병개악증)

또 혈면(穴面)의 팔반병(八般病)이라는 이름으로 소개하는 것이 있는데 모든 병(病)으로 악증(惡症)을 나타낸다고 한다.

**貫頂脈從腦上抽 星峰不現頭** (관정맥종뇌상추 성봉 불현두)

맥이 구슬을 꿴 것처럼 정수리에서 혈성(穴星)의 뇌상(腦上)까지 연결되었거나 성봉(星峰)은 있는데 두뇌(頭腦)가 나타나지 않은 것이요.

**墜是脈從脚下去 靈光何所聚** (추시맥종각하거 영광하소취)

맥이 뚝 떨어져서 발 아래로 숨어 도망간다면 영광(靈光)은 어느 곳에다 모을 수 있겠는가?

**繃面橫生脈數條 生氣自潛消** (붕면횡생맥수조 생기자잠소)

혈면(穴面)이 양쪽 옆에서 잡아당기는 주름이 팽팽하게 생기는 경우가 많이 있는데 이는 생기가 스스로 잠식해 버린다.

**[필자(筆者) 주(註)]** 붕면(繃面)=혈면(穴面)에 가로로 돌출한 석맥(石脈)을 말한다.

飽肚粗如覆箕樣 醜惡那堪相 (포두조여복기양 추악나감상)
　　배부른 밥통처럼 조악(粗惡)하거나 키를 뒤집어 놓은 모양은 감여(堪輿)의 상(相)으로는 추악(醜惡)한 것이다.

莫言立穴太精詳 凶吉此中藏 (막언입혈태정상 흉길차중장)
　　이상을 입혈(立穴)함에 너무 정밀하고 자상하다고 말하지 말라 흉함과 길함이 그중에 감추어져 있기 때문이다.


## 2. 점혈인세가(點穴認勢歌)

認得星辰旣眞正 點穴宣(宜)相稱
(인득성신기진정 점혈선상칭)
　　성신(星辰)이 참되고 바르다는 것을 이미 알았다면 이에 상응(相應)하는 혈(穴)을 찾아 대응(對應)함이 마땅하다.

星辰眞正穴爭差 咫尺隔天涯 (성신진정혈쟁차 지척격천애)
　　성신(星辰)이 참되고 혈이 적실(的實)할지라도 점혈(點穴)에서 자칫 어긋남이 생기면 지척(咫尺)의 오차(誤差)로도 하늘만큼의 간격(間隔)이 되리라.

一个星辰有二勢 立眠坐各異 (일개성신유이세 입면좌각이)
　　한 개의 성신(星辰)에서도 두 가지의 세가 있으니 입세(立勢)와 면세(眠勢)로 좌(坐)에서는 각각 다름이 있음이다.

**立是身聳氣上浮 天穴此中求** (입시신용기상부 천혈차중구)
　입세(立勢)는 몸(身)이 높이 솟았으니 기(氣)는 위로 부상(浮上)하므로 천혈(天穴)을 구(求)하고져 한다면 이곳이 좋으리라.

**眠是身仰氣下墜 地穴如斯是** (면시신앙기하추 지혈여사시)
　면세(眠勢)는 몸만 높았지만 기(氣)는 아래로 낮게 추락(墜落)하고 지혈(地穴)에서도 이와 같이 낮게 깔린다.

**坐是身屈氣中藏 人穴最相當** (좌시신굴기중장 인혈최상당)
　몸을 구부려 낮은 곳의 좌(坐)를 설정(設定) 할 때는 기(氣)가 중간(中間)으로 저장(貯藏)하였음을 알아야 하니 인혈(人穴)로 함이 가장 적당(適當)하리라.

**一个星辰有六格 見穴維求緊** (일개성신유육격 견혈유구긴)
　한 개의 성신(星辰)에서도 여섯 개의 격(格)이 있을 수 있으니 혈(穴)을 발견하였을 때는 오직 긴요(緊要)함을 구(求) 하여라.

**大小高低與瘦肥 穴貴得其宜** (대소고저여수비 혈귀득기의)
　대소와 고저를 비롯하여 비수까지도 모두 살펴보았는데도 혈이 귀함을 득하였다면 그 혈은 마땅한 바가 되리라.

**大要闊開小宜狹 作用當依法** (대요활개소의협 작용당의법)
　대단히 중요한 것은 넓게 개영(開營)할 것인가 좁게 개영하는 것이 마땅한 가 이니 그 작용하는 바는 법에 의할 것이다.

**低怕受濕高怕風 消息莫匆匆** (저파수습고파풍 소식막총총)
　낮으면 습기(濕氣)의 해(害)가 두렵고 높으면 바람 타는 것이 두려우니 선악(善惡)의 사정(事情)을 자세히 살필 것이지 바삐 서두르지 말라.

## 肥宜浮上瘦沉下 反此皆凶也 (비의부상수침하 반차개흉야)
살쪄 두둑하면 위로 부상(浮上)하고 말라서 얇으면 아래르 침하 하는 것인데 이와 반대로 하면 모두 흉할 뿐이다.

## 三十六格筆難圖 休道畵形無 (삼십육격필난도 휴도화형무)
삼십육격 모두를 붓으로 그리고 그림으로 밝히기는 어려우니 그림으로 형체를 밝혀주지 못함을 원망하지 말라.

## 點穴必先分四煞 留心莫亂穵 (점혈필선분사살 유심막난알)
점혈(點穴)함에 반드시 먼저 사살(四煞) 장법(葬法)으로 나누어야 하니 이것을 마음에 두고 산란(散亂)하게 파해치지 말라.

## 惡煞無過直與尖 直個得人嫌 (악살무과직여첨 직개득인혐)
악살(惡煞) 중에서는 직(直)과 첨(尖)을 지나침이 없으니 곧은 것이 한 개라도 있으면 사람들은 혐오(嫌惡) 하니라.

## 兩邊圓淨名全吉 藏煞爲第一 (양변원정명전길 장살위제일)
양변이 모두 원정(圓淨)하다면 전길이라 이름 지을 수 있으며 살을 감추어 장살(藏煞) 혈(穴)이 됨을 제일로 삼는다.

## 無饒無減穴居中 妙用奪神攻 (무요무감혈거중 묘용탈신공)
요(饒)도 없고 감(減)도 없으면 혈(穴)은 중(中)에 거하니 용법(用法)이 좋으면 신(神)의 공략(攻略)에서도 벗어날 수 있으리라.

**穴下如生尖直脚 壓煞穴宜作** (혈하여생첨직각 압살혈의작)

　혈(穴) 아래로 첨각(尖脚) 직각(直脚)이 생(生)하였으면 압살(壓殺) 혈(穴)로 작(作)하여 하장(下葬)함이 가하다.

**騎龍高下自無凶 挨金法一同** (기룡고하자무흉 애금법일동)

　기룡(騎龍)은 높건 낮건 스스로 흉(凶)할 것이 없으니 애금법(挨金法) 하나로 동일(同一)하게 하장(下葬)한다.

**氣脈直來形勢急 脫煞穴宜立** (기맥직래형세급 탈살혈의입)

　기맥(氣脈)이 곧게 내려오는 용(龍)에서 형세(形勢)까지 급(急)하면 평지(平地)로 나아가서 탈살(脫煞) 혈(穴)로 입혈(立穴)함이 마땅하다.

**須知粘穴落平夷 休嫌穴水泥** (수지점혈낙평이 휴혐혈수니)

　모름지기 새겨 알아야 할 것은 혈(穴)이 평지(平地)로 떨어져 점법(粘法)을 사용할 때는 혈(穴)이 물 수렁에 빠지는 것을 혐오(嫌惡)하여야 한다.

**一邊尖直來相從 閃煞穴宜用** (일변첨직래상종 섬살혈의용)

　한 변(邊)이 첨(尖)이나 직(直)한 살기(殺氣)를 수반하고 내려온 용(龍)에서는 살(煞)이 없는 반대쪽에 섬살(閃煞) 혈(穴)로 입혈(立穴)함이 마땅하다.

**從來倚脈亦如然 莫道穴居偏** (종래의맥역여연 막도혈거편)

　맥(脈)에 의지(依支)하여 내려오는 용(龍)에서도 또한 그러한데 혈(穴)이 한쪽으로 편벽(偏僻)되게 입혈(立穴)하여야 함에서는 더 이상의 길이 없는 것이다.

**此是穴星篇內訣 開端當解說** (차시혈성편내결 개단당해설)

이 글은 혈성편(穴星篇)의 내결(內訣)이니 마땅히 해설을 단정(端正)하게 숙독(熟讀)하고 개영 함에서도 어긋남이 없게 할 것이다.

**[필자주(筆考註)]** 여러 병산형(病山形)은 말편의 탁옥부(琢玉斧) 상권(上卷)에 실려 있는데 이곳에는 부쳐 놓지 않았으니(不贅) 그 책을 보기 바란다.

## 3. 삼세정혈

삼세(三勢)란 곧 천혈, 지혈, 인혈[天地人] 세 혈을 말한다.

### ❶ 천혈(天穴)

천혈(天穴)은 산세(山勢)가 "여입(如立)"이라 하였으니 서 있는 모양을 말하고, 성두(星頭)는 "여부(如俯)"라 하였으니 산세가 높으니 내려다보라는 뜻이다. 즉 모두가 높은 곳에서도 낮게 출맥(出脈)하여 훈(暈)을 만들고 혈을 맺은 것이니 우선 조응(朝應)이 상응(相應) 하여야 하고 용호(龍虎) 명당(明堂) 수성(水城)까지도 건건이 상등(相等)한 증거가 되어야 하며 혈전(穴前)에는 평지(平地)가 있어야 한다.

이는 높은 곳에다 산천(山川)의 응기(凝氣)를 모아 결작(結

作) 하였으니 만약 아래로 이동(移動)시키면 흩어져 버린다.
 천혈(天穴)에 삼체(三體)가 있는데 산정(山頂)에 있는 것을 "앙고혈(仰高穴)"이라 하고, 성두(星頭) 아래에 있는 혈을 "빙고혈(憑高穴)" 또는 빙고혈을 빙(凭)자로도 쓰는데 이들은 용개법(用盖法)으로 입혈(立穴)한다. 또 산척(山脊)에서 결작(結作)한 것을 "기룡혈(騎龍穴)"이라 하는데 이에서는 용당법(用撞法)으로 입혈(立穴)한다.
 천혈(天穴)에서는 바람을 타는 곳에서 입혈(立穴)하는 것이니 내맥(來脈)이 일단은 완만(緩慢)한 것이 요구됨을 알아야한다.

## ❷ 지혈(地穴)

 지혈의 산세(山勢)는 "여와(如臥)"라 하였으니 낮게 누워 있는 모양을 말하고, 성두(星頭)는 "여앙(如仰)"이라 하였으니 전체(全體)가 낮은 곳에서도 올려다보라는 뜻이니 그중에서 높게 출맥(出脈)하여 태극(太極) 원훈(圓暈)을 만들고 혈(穴)을 결작(結作) 시키는 것이니 역시 조응(朝應)도 낮게 응하여야 하고 용호(龍虎) 명당(明堂) 수성(水城) 등 건건이 조건에 맞춰 상등(相等) 하여야 한다.
 이곳은 낮은 형세(形勢)에다 정기(精氣)를 모아 응결(凝結) 시킨 것이 특징(特徵)이므로 만약 높은 곳으로 조금이라도 이동(移動)시키면 기(氣)는 흩어져 버린다.

이 성신(星辰)에는 삼체(三體)가 있는데 산록(山麓)에서 맺은 혈(穴)을 "현유혈(懸乳穴)"이라 하고 성체(星體)의 아래에다 작혈(作穴)한 것을 "탈살혈(脫煞穴)"이라 하는데 용점법(用粘法)으로 입혈(立穴) 한다.

**[필자주(筆者註)]** 또 평지(平地)의 전답(田畓) 상단(上端)에서 결혈(結穴)하는 것은 "장구혈(藏龜穴)이라 하는데 용당법(龍當法)으로 입혈(立穴)한다.

무릇 지혈(地穴)은 낮은 수지(水地)에서 혈(穴)을 취(就)하지만 오는 맥(脈)은 마땅히 급(急)해야 한다.

## ❸ 인혈(人穴)

인혈의 산세(山勢)는 "여좌(如坐)"라 하였으니 중간 높이의 앉은 키를 의미하며 성두(星頭)는 "불부(不俯) 불앙(不仰)"이라 하였으니 너무 높아서 구부려야 하는 것도 아니고 너무 낮아서 쳐다보고 혈(穴)을 찾아야 하는 것도 아니므로 적당한 위치(位置)에서 출맥(出脈)하고 태극(太極) 원훈(圓暈)을 만들어 결혈(結穴)한다. 이에서도 조산(朝山)이 응(應)해야 하며 용호(龍虎)와 명당(明堂) 수성(水城)까지도 건건이 증응(証應)되어야 하며 적당(適當)하여 상등(相等)하여야 한다.

이곳 인혈(人穴)은 산수(山水)의 기운(氣運)이 중간(中間)으로 모여 응결(凝結) 시키므로 아래로 이동(移動)한다거나 위쪽으로 옮겨 상접(相接) 시키면 기(氣)가 흩어져 버린다.

이곳 인혈(人穴)에서는 오직 일체(一體) 밖에 없는데 산의 허리쯤에서 "장살혈(藏煞穴)이 결작(結作) 하는데 용의법(用倚法)이나 용당법(用撞法)으로 입혈(立穴) 하는 것이다.

이 인혈(人穴)은 바람도 피(避)하면서 부(富)와 귀(貴)를 함께 도모(圖謀)하는 좋은 혈이니 내맥(來脈)은 완만(緩慢)하여 게으르지도 아니하고 바삐 쏟아져 급(急)하지도 아니하다.

토우가(土牛歌)에 왈(曰),

"到頭一穴少人知 聚散之中仔細推"
(도두일혈소인지 취산지중 자세추)
"머리에 이른 한 혈을 아는 사람이 적으니 모이고 흩어지는 가운데를 자세히 추적하라."

"莫把羅經移上下 个中原自有高低"
(막파나경이상하 개중원자유고저)
"나경을 갖고 아래위로 이동하지 말라, 그중에는 원래부터 고저가 나타나 있느니라."

혹자는 이르기를 "한 산에서 천(天), 지(地), 인(人), 삼 혈이 있다"함은 잘못된 것이다.

## 4. 사살장법(四煞葬法)

　맥(脈)이 오는 중에 가운데가 평평하고 양변(兩邊)이 모두 원정(圓淨)하면 혈(穴)은 정중(正中)에 거하게 되는데 이를 장살혈(藏煞穴)이라 한다.
　기맥(氣脈)이 직급(直急)하면 혈(穴)은 높이 두뇌(頭腦) 근처에 거(居)하니 이를 압살혈(壓煞穴)이라 한다.
　출맥(出脈)이 첨직(尖直)이면 혈(穴)은 맥(脈)을 벗어나 평처(平處)에 거(居)하게 되는데 이를 탈살혈(脫煞穴)이라 한다.
　한 변(邊)은 둥근데 다른 한 변(邊)이 첨(尖)하거나 또 한 변은 급(急)한데 한 변은 완만(緩慢)하다면 그 첨급(尖急)한 쪽에는 섬개(閃開)라도 쓸 수 없고 원정(圓淨)한 일변(一邊)에만 입혈(立穴)이 가능(可能)하니 이를 섬살혈(閃煞穴)이라 한다.

**[필자주(筆者註)]** 이 사살장법은 매우 중요하니 본인의 저서 풍수리지 이 정표를 참고하기 바란다.


## 5. 구성(九星) 정변(正變) 혈성가(穴星歌)

　아홉 개의 성신(星辰)에도 정형(正形)이 있는 것이니 그 자세한 설명을 군과 함께 들어보자.
　**태양(太陽)**성(星)은 단정(端正)하며 종(鐘)을 엎어놓은 모양(模樣)이며, **태음(太陰)**성(星)은 반월(半月)의 상(象)을 한 것이고, **금수(金水)**성(星)은 원래 봉비(鳳飛)이니 봉이 날으는 것과 같고, **자기(紫氣)**성은 홀낭(笏囊)을 드리운(垂) 것이며, **천재(天財)**는 삼체(三體)의 형(形)이 있는데 **요뇌(凹腦)** 성은 전고(展誥) 모양이요, **쌍뇌(雙腦)**는 귀인(貴人)이 말(馬)을 세워놓은 모양이며, **평뇌(平腦)**는 옥병풍(玉屛風)이며, **천강(天罡)**은 장개(張盖) 형상(形相)을 아울렀으며, **고요(孤曜)**는 복경(覆磬) 모양이요, **조화(燥火)**는 첨도(尖刀)이니 가장 흉(凶)한 모양이요, **소탕(掃蕩)**은 침탕(浸蕩)이라고도 하는데 전기(展旗)와 같은 것이다.

구개(九個)의 성신(星辰)은 다시 또 구변(九變)으로 분류(分類)하는데 본(本) 성신(星辰)은 모두 제일(第一) **정체(正體)**라 하고 제이(第二)를 **개구(開口)**로 하며 제삼(第三)은 **현유(懸乳)**이니 태극(太極) 원훈(圓暈)이 중함(中涵)하고 제사(第四)를 **궁각(弓角)**으로 하였고 제오(第五)를 **쌍비(雙臂)**로 하며 제육(第六)에 **단고(單股)**이며 제칠(第七)은 **측뇌(側腦)**이니 모름지기 의심이 없다. 제팔(第八)은 **몰골(沒骨)**이 기이함이고 제구(第九)는 **평면(平面)**이다.

이상의 구변(九變)도 모체는 발사(撥砂)를 떠나지 않았으나 마음속에 새겨두고 숙달시켜 기억하고 금정(金精)이 그린 그림과 결록(訣錄)을 참고하면 개안(開眼)이 되어 천기(天氣)를 누설(漏泄)시키리라.

## 6. 괴혈변혹가(怪穴辨惑歌)

**穴有奇怪人不識 造化原可測** (혈유기괴인불식 조화원가측)

혈(穴)에는 기괴(奇怪)함이 있어서 사람이 알아보지 못한다. 원래의 조화(造化)를 헤아리면 알 수 있는 것이다.

**體格何曾亂九星 不見得人驚** (체격하증난구성 불견득인경)

체격(體格)을 가지고 어찌 구성(九星)을 산란(散亂)하게 할 것인가? 보이지 않는 것을 찾아 득한다면 사람들은 더욱 놀라게 한다.

**騎龍須要居龍脊 龍住應無敵** (기룡수요거용척 용주응무적)

기용(騎龍)에서 중요한 점은 반드시 용(龍)의 척상(脊上)에 거(居)한다는 것인데 이곳에서 용기(龍氣)가 머물러 준다면 그에 따르는 응험(應驗)은 대적(對敵)할 상대(相對)가 없다.

**斬關已見前人下 暫發久嫌(細看終無)假**
(참관이견전인하 세간종무가)

참관혈(斬關穴)은 이미 옛 사람들이 나타냈고 하장도 하였으나 잠시 발(發)하였다가 오랫동안 혐의가 되는 것이다.

**[필자(筆者) 주(註)]** "暫發久嫌假"는 별책에는 "細 看 終 無 假"(자세히 보면 역시 가짜가 아니다)로 되어 있으나 독자의 판단에 맡기겠습니다.

**[원주(原註)]** 徐試可 曰, 기용(騎龍)은 산등(脊)에다 기(氣)를 모아 결작(結作)시켜놓고 행용이 물의 합함을 거부하고 산이 다 될 때까지 앞으로 멀리멀리 계속 나가는 것이니 체(體)가 완고(頑固)하고 국(局)이 핍협(逼

狹)하므로 정상(正常)의 법으로는 결혈(結穴)이 없을 것 같으나 진기(眞氣)를 허리의 척상(脊上)에 모아놓고 결작(結作)시켰으므로 사유(四維)는 주밀(周密)하고 국세는 협핍이 아니고 단취(團聚)이다. 그러므로 이곳이 복력(福力)이 가장 크다. 이를 옛 사람들이 이르기를 "去而非眞去"라 함이 이것이다.

　이 기용혈(騎龍穴)에 세 종류가 있는데 첫째는 내산을 등지고 결작(結作)시켜 놓고 나가는 산을 안산(案山)으로 삼는 경우이니 이를 **정기(正騎)**라 한다. 둘째는 역(逆)으로 앉아 내산(來山)을 안산(案山)으로 삼고 높은 거산(去山)을 등지는 것이니 이를 **도기(倒騎)**라 한다. 셋째는 가운데 한 산에다 혈(穴)을 결작(結作)시켜놓고 양쪽의 산은 가는 산이건 오는 산이건 관계없이 적당한 거리로 벌려놓고 한 산은 주산(主山)을 삼고 등에 지고 다른 한 산은 안산(案山)으로 삼는 것이니 이를 **횡기(橫騎)**라 한다.

　참관혈(斬關穴)은 다른 말로 정역(停驛) 혈(穴)이라고도 하는데 용(龍)이 장원(長遠)하게 오다가 과협(過峽)을 만나거나 논밭을 만나 용(龍)이 끝난 것처럼 보이는 것인데 잠시 쉬었다가 다시 멀리 가기 위하여 머무는 줄을 모르기 때문에 지리 속가(地理 俗家)들은 이곳에서도 많이 오류를 범하는 곳이다. 그러므로 옛 사람들은 "止而眞不止"라 하였음이 이것이며 또 "騎龍斬關十個中只有眞一個"라 함도 이를 잘 설명하고 있음이다.

　그러나 진혈(眞穴)로 정역혈(停驛穴)이 되면 기용혈(騎龍穴)과 같이 최대의 발복력(發福力)을 갖고 있으므로 쉽게 볼 일은 아니다.

### 藏龜閃跡在田中 水遶是眞龍 (장구섬적재전중 수요시진룡)

　장구섬적(藏龜閃跡)은 논밭 사이에 낮게 있는 혈(穴)인데 물이 둘러 안아주는 것으로 진혈(眞穴)이 됨을 알 수 있다.

[필자주(筆者註)] 금구(金龜) 몰니혈(沒泥穴)이라고도 하는데 높고 낮은 전답 사이에서 이성체(星體)를 만드는데 선라(旋螺) 회선 혈(穴)도 이에 포함된다.

## 漱石莫宜安石罅 土穴端無價 (수석막의안석하 토혈단무가)

수석과 안석이 널려있는 틈새라고 의심하지 말라, 파서 토혈(土穴)만 나오면 가격(價格)으로 계산할 수 없다.

[필자(筆者) 주(註)] 수석(漱石) 혈(穴)이란 석산(石山) 위에 있는 혈을 말한다. 장서(葬書)에 갈하기를 "氣因土行而石山不可葬"이라 하였으니 대개는 완석(頑石)이 되면 기(氣)가 통(通)하지 못하므로 굴(掘)을 판다고 하여도 통(通)할 수 없기 때문에 불가장(不可葬)이라 한 것이다. 그러나 이곳은 주인을 기다리며 치울 수 있는 돌이 혈(穴)을 엄폐(掩蔽)하고 있는 자리이기 때문에 가능한 것이다. 이를 장경(葬經)에서는 "也有穴在石間"이라 함이 이것이다.

## 捉月須云在水中 遠要土來封 (착월수운재수중 환요토래봉)

혈(穴)이 착월형(捉月形)이면 모름지기 수중(水中)에 있어야 한다고 이르는데 그래도 중요(重要)한 것은 토(土)가 나와서 봉(封)해야 한다.

[필자주(筆者註)] 착월형은 물 가운데 있는 혈을 말한다. 경(經)에 운(云)하기를 "也有穴在深潭低"라 하니 이르기를 위세(威勢)가 용맹(勇猛)한 용이 수(水)를 만나 경계(境界)를 만들어 보호하니 왕극(旺極)한 진기(眞氣)가 수중(水中)에 낮게 깔려 결작(結作)하는 것인데 혹 석돈(石敦)을 만들어 성신(星辰)을 이루기도 한다. 고산(高山)에서 평지(平地)로 추락

(墜落)한 용(龍)이 개각(開脚)하고 중(中)으로 유(乳)를 내려 혈(穴)이 된 것이니 객토(客土)를 사용하여 성분(成墳)한다. 이 혈(穴)의 예로 누세를 전하는 조(趙)씨의 태조(太祖) 묘(墓)가 이것인데 뒤에 제왕(帝王)이 되었으니 반드시 기괴(奇怪)혈은 평상(平常)의 혈(穴)과는 다른 점이 있으므로 쉽게 알 수 있는 것은 아니다.

### 坐空轉面去張潮 不怕八風搖 (좌공전면거장조 불파팔풍요)

혈(穴)의 뒤가 없어 앉은 자리가 허전(虛傳)한데 면(面)을 돌려 나가는 곳도 장조(張潮)로 나가면 완전 노출이 되었을 것인데, 팔풍(八風)이 흔들어도 두려울 것이 없는 곳이다.

**[필자주(筆者註)]** 용신(龍神)이 역도(逆跳)하고 몸을 돌려 결혈(結穴)한 곳에 많은 것이다. 혹 배후(背後)가 공허(空虛)하다고 하더라도 이미 득수를 한 상태이니 바람을 두려워하지 아니한다는 것이다. 스승이 왈, "轉身轉面何潮水 坐間虛不畏"라 한 것이 이것이다.

### 走珠墩阜出平地 三個五個是 (주주돈부출평지 삼개오개시)

주주(走珠)와 돈부(敦阜)는 평지에서 나오는 것이므로 세 개든 다섯 개든 관계없이 이것이다.

**[필자주(筆者註)]** 주주혈은 평지에서 나타나는 것이다. 즉 작은 돈부가 혹 3개 일 수도 있고 혹 7개 일 수도 있으나 한 개일 때는 이것이 아니다. 그 가운데에 거(居)하며 성신(星辰)을 이루는데 면(面)은 당기를 뚫고 만들어지며 응락(應樂)에 의지하여 입혈(立穴)한다. 혈성편(穴星編) 안에 자상한 것이 있으니 그곳을 참고하라.

### 仰高山頂現星辰 平面最爲眞 (앙고산정현성진 평면최위진)

앙고혈(仰高穴)은 높은 산정(山頂)의 성신(星辰)에서 나타나는 것이지만 평면(平面)에서 발견되던 더욱 진혈(眞穴)이라 할 수 있다.

**[필자주(筆者註)]** 앙고혈(仰高穴)은 산정(山頂)에서 나타나는 혈(穴)인데, 평면(平面)에서도 성신(星辰)을 열고 간혹 나타나는데 평면(平面)에서는 사위(四圍)에 결함(缺陷)이 없고 조대(朝對)가 유정(有情)하며 물은 새고 도망가지 않는다. 세(勢)를 꼭대기에다 모아 작혈(作穴)하니 가장 아름답다. ㅇ 산의 아러로도 혈(穴)의 융결(融結)이° 없다면 진혈(眞穴)이라 할 수 있다 이 혈(穴)의 중간에 돌(突)이 있는 것을 천록(天祿)이라 하고 굴(窟)이 있다면 앙천호(仰天湖)라 하는데 혈성편(穴星編)을 참고하라.

### 變態無窮聊擧例 作用皆如是 (변태무궁료거례 작용개여시)

이밖에도 괴혈(怪穴)에는 변태(變態)가 무궁무진하여 원(願)하는 예(例)를 다 열거할 수 없으나 대강(大綱)의 작용(作用)은 대체로 이러하니,

### 乘生得氣任君裁奇怪不須猜 (승생득기임군재 기괴불수시)

생기(生氣)를 타고 득기(得氣)를 하는 것은 군의 재량(才量)에 맡긴다. 기괴(奇怪)라고 의심(疑心)하지 말 것이다.

괴(怪穴)의 도면(圖面)은 탁옥부(琢玉斧) 상권에 있으니 참고하기 바란다.

# 제2편
# 구성정변격혈가
## (九星正變格穴歌)

# 1부
## 태양금성(太陽金星)

## 1. 정체태양(正體太陽)

**원문(原文)** … 正體太陽

> 第一太陽名正體 好把覆鐘比
> 此星最喜近淸光 大小立朝綱
>
> 此星腦員身高面平不開脚 故名曰正體太陽有五體其下員者爲出金 曲者爲出水方者爲出土 此三者爲正格也 故宜下藏煞穴(取中五穴 名天心穴) 尖者爲出火 直者爲出木 此二者爲次格也(尖者爲天罡直者爲孤曜 但天罡面飽所以不同也) 故宜下壓煞穴(高立穴名騎刑穴若穴小則尖者

之使員直者培之使曲) 外有雙擺燥 左擺燥 右擺燥 雙擺蕩 左擺蕩 右擺蕩 此六者 謂之帶曜也 亦宜下藏殺穴 主貴有威權九變皆多有帶曜者亦依此斷之 夫太陽者 乃人君之象也 所貴者在端重尊嚴 此體最得眞正 故號 爲第一也 凡正體星辰 包含造化之妙 收斂精神之完 故力大而功宏 氣溥而田博 所以爲之吉穴也 但要面無 破碎身不欹斜 察動靜於微茫分高低於隱約是爲得之 惟嫌水眞最怕身孤 水直則牽動土牛 身孤則飄散生氣 故不可不察 此星本蔭一四七位衣祿 故不畏左砂逆水 由申之勢力而行脉 得乾宮之氣而成形 坐向得申庚酉 辛乾 皆爲旺氣而形應 喜傍大江湖 好臨大田大路 若 安扦合法 生人相貌端正 心性員明 行事果決庚辛申酉 命人受蔭 巳酉丑年發達 若後龍合上格者 官至三公宰 相 合中格者 官至尙書侍郞 下格者 官至司監守收若 全無員格 亦主廣進田宅 大旺人丁 初生肥長之人 則 氣至而盛也 至生聾啞之人 則氣盡而衰也 此體多爲覆 斧之形 宜大开塋 當作水堆

詩曰　太陽一穴自尊崇 却有天然穴在中
　　　　依法得乘生氣脉 爲官必定至三公

### 시(詩)

**第一太陽名正體 好把覆鐘比** (제일태양명정체 호파복종비)

"제일태양의 이름이 정체이니 종을 뒤집어놓은 형세로 비유하면 바르게 잡은 것이다."

**此星最喜近淸光 大小立朝綱** (차성최희근청광 대소입조강)

"이 성신이 가장 기쁜 것은 청광에 가까운 관직이므로 대소간이 조회에 참가한다."

이 성신의 두뇌부분은 둥글고[頭圓] 몸체[身]는 높으며 면(面)은 평탄하다. 하체에 가지를 내리거나 양 다리를 벌리지[開脚] 아니하였으므로 정체태양 금성이 된 이다. 이 체에는 5종의 형체가 있는데 하체의 양다리를 둥글게 개각한 것을 전금(轉金)이라 하고 물결처럼 곡동(曲動)한 것을 전수(轉水)라 하며 하체가 모난[方脚] 것을 전토(轉土)라 하는데 이상 3종은 정격(正格)이라 하며, 장살혈(藏煞穴)로 당법(撞法)을 사용하여 하장(下葬)하는 것이 바람직하다. 또 하체가 삐쭉삐쭉 첨각(尖脚)한 것을 전화(轉火)라 하고 하체가 직장(直長)한 것은 전목(轉木)이라며 이 두 격은 주성과 상극(相剋)이 되므로 차길한 성체이며 압살혈(壓殺穴)이니 마땅히 개법(盖法)을 사용하여 하장(下葬)하는 것이 바람직하다.

**[원주(原註)1]** 이때 하체가 삐쭉[尖脚]한 것은 천강성(天罡星)으로 오판(誤判)하기 쉽고 곧은[直長] 것은 고요성(孤曜星)으로 보기 쉬운데 이곳의 태양금성은 면(面)이 평탄(平坦)한데 비하여 천강성과 고요성은 배가 부른[面飽] 것이 다르다.

[필자주(筆者註)2] 천강성(天罡星)과 고요성(孤曜星)은 제6, 제7을 참고할 것.

[필자주(筆者註)3] 장살혈(藏煞穴)= 용(龍)이나 혈성(穴星)이 급하거나 너무 게을러 어떤 종류의 살(煞)이 되지 않고 경사(傾斜)도 적당하고 순(順)할 때는 용이나 혈성의 중간 어느 부분에 장살혈(藏煞穴)로 결혈(結穴)하는데 이때의 장법(葬法)은 당법(撞法)을 사용하는 것이 바람직하다는 것을 말한다.

[필자주(筆者註)4] 압살혈(壓殺穴)= 용(龍)이나 혈성(穴星)의 아래쪽이 살기(殺氣)가 많거나, 혹은 안산이나 청용(靑龍) 백호(白虎) 등 주위(周圍)에도 살기가 낮게 분포되어 있으면 혈(穴)은 높이 살기를 제압(制壓)시킬 수 있는 곳에서 압살혈(壓殺穴)로 결작(結作)하는데 이때의 장법(葬法)은 개법(盖法)을 사용해야 함을 말한다.

만약 혈(穴)이 높이 결작(結作)하였으면 기용(騎龍) 혈(穴)이 될 수 있으며 혈(穴)이 작고 뾰쪽하면[尖火] 잘라서 둥글게 할 수 있고 혈(穴)이 작고 곧으면[直長] 북돋아서 극동(曲動)하게 만드는 방법이 있다.

이밖어도 쌍패조(雙擺燥), 좌패조(左擺燥), 우패조(右擺燥)가 있고 쌍패탕(雙擺蕩), 좌패탕(左擺蕩), 우패탕(右擺蕩)이 있는데 이상 6격은 이른바 요(曜)를 대동(帶曜)한 것 들이다. 이상 6격도 역시 장살혈(藏煞穴)로 하장(下葬)하는 것이 마땅하다.

태양금성은 요(曜)를 대동(大同)하였건 구변(九變)을 하였건 상관없이 대귀(大貴)를 주재하는 성신으로 권위를 크게 떨치는 길성(吉星)이며 구성(九星) 81변(變) 가운데서 단연 으뜸이다. 태양성신(太陽星辰)이 인군지상(人君之象)이 되어 귀중(貴重)함으로 대접을 받는 것은 성체(星體)가 단중(端重)하고 존엄(尊嚴)하여 진정(眞正)을 득하였기 때문이다. 그러므로 제일의 자리를 지키는 것이다.

무릇 정체성신(正體星辰)이 되면 조화(造化)의 신묘(神妙)함을 포함(包含)하게 되며 정신(精神)의 완전(完全)함도 수렴(收斂)하게 되므로 큰 힘을 발휘할 수 있는 것이다 그러므로 그에 따른 공(功) 또한 크고 넓은[力大而宏] 것은 밭이 크고 넓기 때문에 기(氣)도 맑고 많이 소장(所藏)할 수 있기 때문에 길혈(吉穴)이 되는 것이다.

다만 중요한 것은 면(面)이 파쇄(破碎) 되어서는 안 되고 몸체[身]도 기울지 아니하여야 하니 미망간(微茫間)에서도 선악(善惡)이 바뀌고 은약(隱約)한 중(中)에서도 길흉(吉凶)이 나누어지기 때문에 형세(形勢)는 물론 동정(動靜)과 고저(高低)까지도 세밀하게 살펴야 득지(得地)할 수 있으며 그러한 자세에서 당신의 안목(眼目)도 열리게 될 것이다.

오직 혐오(嫌惡)하는 것은 물이 곧게[直流水] 빠져나가는 것이고 더욱 두려운[最怕] 것은 주위가 없어 외로운[身孤] 것이니 물이 곧게 나가면 견동토우(牽動土牛) 하기 때문이고 신고(身孤)하면 생기(生氣)가 흩어져[飄散] 소멸(消滅)하기 때문이다. 그러므로 자세히 살피지 아니할 수 없는 것이다.

이 성체는 본시 첫째, 넷째, 일곱째에게 의록(衣祿)을 주는 곳이므로 좌사(左砂)가 송수(送水)하더라도 두려울 것이 없다.

이 성체(星體)를 만든 용(龍)은 신금(申金)의 세력(勢力)을 경유(經由)하여야 바르게 행맥(行脈)하는 것이고, 건금궁(乾金宮)의 기운(氣運)을 만나야 형세(形勢)를 이룰 수 있으며, 좌향(坐向)에서도 신(申)경(庚)유(酉)신(辛)건(乾) 중에서 좌(坐)가 나와야 왕성(旺盛)한 기운이 형세와 상응(相應)하게 되며, 큰 강(江)이나 호수(湖水) 근처에 임(臨)하기를 좋아하고 논밭이나 큰들 변(邊)에서 결작하기를 기뻐한다.

만약 장법(葬法)이 어긋나지 않고 택일(擇日)까지 확실하면 출생(出生)하는 사람의 체형(體形)이 단정(端正)하고 심성(心性)이 원명(圓明)하며 행사(行事)가 과감(果敢)하고 결단력(決斷力)이 뛰어난다. 이 자리에서는 경(庚)신(辛)신(申)유(酉) 성인에게 먼저 발음(發蔭)이 크게 오고 사(巳)유(酉)축(丑)년(年)에 발달(發達)한다.

만약 후용(後龍)이 상격(上格)에 해당되면 삼공(三公) 벼슬이 나오는데 아무리 작아도 능력 힘을 겸비한 재상(宰相) 이상(以上)으로 배출(排出)한다. 후용(後龍)이 중격(中格) 정도에서는 상서(尙書)나 시랑(侍郎)의 벼슬이 배출하고 후용(後龍)이 하격(下格)일지라도 사감(司監)이나 수목(守牧) 정도는 나오고 후용(後龍)에 귀격(貴格)이라고는 전혀 없더라도 역시 국가(國家)에서 시행(施行)하는 전문(專門) 직종(職種)의 자격증(資格證)을 취득하여 가는 곳마다 귀인(貴人) 대접(待接)을 받으며 전택(田宅)을 멀리까지 넓게 소유(所有)하고 큰 부자 소리를 듣는 것은 물론 인정(人丁)이 왕성(旺盛)

하여 자손이 넘친다.

  처음 출생하는 사람이 크고 비대한 사람이면 이 자리의 왕성한 기운이 왔음을 알 수 있고 만약 농아(聾啞)인이 출생하면 이 자리의 기운이 쇠진(衰盡)하였다는 것을 알 수 있다.

  이 성체(星體)에서 복부형(覆斧形=솥을 뒤집어놓은 모양)과 복종형(覆鐘形=종을 엎어놓은 모양)이 많이 나오는데 개영(開塋)은 크게 하는 것이 마땅하며 수퇴(水堆)를 만들면 더 좋다.

### 시(詩)

#### 太陽一穴自尊崇 却有天然穴在中
(태양일혈자존숭 각유천연혈재중)

  "태양 한 혈은 스스로가 높고 존귀함이니 문득 천연적으로 만들어 놓고 혈도 그중에 있음이다."

#### 依法得乘生氣脈 爲官必定至三公
(의법득승생기맥 위관필정지삼공)

  "법에 의한 생기 맥을 찾아 득하게 되면 관록이 반드시 삼공의 벼슬에 이르리라."

## 정체태양(正體太陽)

凸金

出水

出土

出火

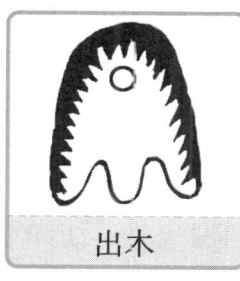
出木

雙擺燥

左擺燥

右擺燥

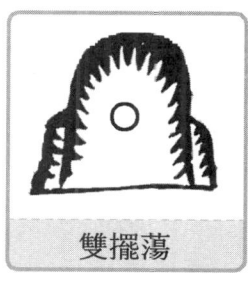
雙擺蕩

左擺蕩

右擺蕩

正體太陽金星

## 2. 개구태양(開口太陽) 금성(金星)

**원문(原文)** … 開口太陽

第二太陽號開口 生氣口中有
時人喝作燕窠形 下後出公卿

此星腦員身高面平開兩脚 故名曰開口太陽 有五體 其脚兩員者爲轉金 曲者爲轉水 方者爲轉水 此三者爲正格也 宜下藏殺穴 尖者爲轉火 直者爲轉木 此二者爲次格也 宜下壓殺(若穴心小尖者鋤之使 員直者培之使曲爲佳) 又有一脚轉金 一脚轉水木火土者 一脚轉水 一脚轉金木火土者 有一脚轉木 一脚轉金水火土者 一脚轉火 一脚轉金木水土者 共二十體爲變格也 其間惟有金火脚 金木脚 水火脚 水木脚 土火脚 土木脚 宜下閃殺穴(殺在左則挨右 殺在右則挨左所謂趨 吉避左) 火木脚宜下壓殺穴諸體 凡開口者 皆當依此論之 外有雙擺燥蕩 左右擺掃蕩燥火 此六者 謂之帶曜也 亦宜下藏殺穴 (不須壓殺穴經云龍虎背后有依裙此皆欄拜舞袖 又云 在脇生來縉笏樣右脇生來魚袋形其童亦謂此) 圖說見正體篇 太陽本是高金開口則爲水穴 昔古人云 金星開口 量金用斗有龍虎以衛區穴情 故爲福緊次於正體 凡開口星辰 靈光合聚於中 餘氣分行於下雌雄相媾 血脉相通所以謂之吉穴也 惟要口中員淨 窩內冲融身俯則穴宜就脉揭高

(如射勢壁立當揚高立 穴受氣面前存空地) 面仰則穴宜蘸坐
入(如體勢低平永緩有弦當蘸玄 坐入穴下名曰藏頭紫氣是也)
是爲得之 最忌堂捲 尤嫌落槽(鉗曰崩陷 謂之落槽) 堂捲
則外氣不橫 落槽則吉星自壞 乃不可不察 此星本陰一
四七位衣祿 故不畏左砂送水 由申宮之勢而行脉 得乾
宮之氣而成形坐向得申庚酉辛乾 皆爲氣旺而形應 好
倒落於水口 喜融結於源頭 若扞合法 生人容貌端莊
心性疎通 行事果決 庚申辛酉命人受蔭 巳酉丑年發達
若后龍合上格者 官至台諫 合中格者 官至給事 合下
格者 官爲守牧 若全無貴格 亦主富足 初生肥長之人
則氣至而盛也 至生乞古之天則氣盡而衰也 此體多爲
燕窩形 宜作二堆矣

詩曰 太陽開口穴難尋 按女齊眉與映心
　　　高則犯罡低犯蕩 開塋嫌濶更嫌深

### 시(詩)

**第二太陽號開口  生氣口中有** (제이태양호개구 생기구중유)

"두 번째 태양을 개구태양이라 하는데 생기가 구중으로 모여
있다."

**時人喝作燕巢形  下後出公卿** (시인갈작연소형 하후출공경)

"사람들은 알형을 연소형으로 보며 장후에는 삼공의 벼슬이
배출한다."

이 성신은 두뇌가 둥글고 몸체는 높으며 면(面)은 평탄하다. 양쪽 다리를 벌렸다 하여 개구태양이란 이름이 붙여졌다. 이에는 5종의 체가 있는데 그 각(脚)의 양쪽이 모두 둥근 것을 금각으로 전수(轉受)하였다 하고, 곡동(曲動)한 것을 수각(水脚)을 달았다 하며, 방(方)하고 모가 난 것을 토각(土脚)을 달았다 한다. 이 3종을 정격(正格)이라 하여 마땅히 장살혈(藏煞穴)로 하장(下葬)한다.

**[필자주(筆者註)1]** 장살혈(藏煞穴)=용이 살기(煞氣)도 없고 급하지도 아니하여 부드럽고 순할 때 당법(撞法)을 사용하여 하장(下葬)하는 장법(葬法).

또 양쪽다리가 삐쭉[尖刀]한 것을 화각(火脚)을 달았다 하고, 곧게 뻗은 것을 목각(木脚)을 달았다하는데 이 두 종류는 정격의 다음가는 길(吉)격으로 치는데 하장은 마땅히 압살혈(壓殺穴)로 하여야 한다.

**[필자주(筆者註)2]** 압살혈(壓殺穴)=혈성의 아래쪽은 살기가 있어서 위쪽으로 높이 올라가 개법(盖法)을 사용하여 살을 제압하는 장법(葬法)이다. 만약 삐쭉한 각이 작고 약하면 자르고 파서 둥글게 만들고, 곧은 목각이 작고 약하면 북돋거나 파서 곡(曲)하게 수각으로 변형시켜도 아름다울 수가 있다.

또 한쪽 각(脚)은 금각(金脚)인데 다른 한 각은 수각(水脚)을 달았다거나 또는 목각(木脚)을 달았다거나 또는 화각(火脚)을 달았다거나 또는 토각(土脚)을 단 것이 있고,

한쪽 각(脚)은 수각(水脚)인데 다른 한각은 금각(金脚)을 달았다거나 또는 목각(木脚)을 달았다거나 또는 화각(火脚)을 달았다거나 또는 토각(土脚)을 단 것이 있고,

한쪽 각(脚)은 목각(木脚)인데 다른 한 각은 금각(金脚)을 달았다거나 또는 수각(水脚)을 달았다거나 또는 화각(火脚)을 달았다거나 드는 토각(土脚)을 단 것이 있고,

한쪽 각(脚)은 화각(火脚)인데 다른 한 각은 금각(金脚)을 달았다거나 또는 목각(木脚)을 달았다거나 또는 수각(水脚)을 달았다거나 또는 토각(土脚)을 단 것이 있으니 모두 합하여 20격인데 이들을 변격(變格)이라 한다.

이들 변격(變格) 중에서 금화각(金火脚) 금목각(金木脚) 수화각(水火脚) 수목각(水木脚) 토화각(土火脚) 토목각(土木脚) 등은 섬살혈(閃煞穴)로 하장(下葬)함이 마땅하고 화목각(火木脚)만은 압살혈(壓殺穴)로 하장(下葬)하는 것이 마땅하다.

[필자주(筆者註)3] 섬살혈(閃煞穴)=진용(眞龍)의 대진처(大盡處)에서 척(脊)상어는 살기가 많아 결혈(結穴)하지 못할 때에는 살기가 없는 어느 옆구리 한쪽에다 괫는데 이곳에다 의법(倚法)을 사용하여 쓰는 장법(葬法)이다. 만약 좌측에 살이 있으면 우측으로 가고 우측에 살이 있으면 좌측으로 가는 것이니 이른바 추길(趨吉) 피흉(避凶)법이기도 하다.

[필자주(筆者註)4] 압살혈(壓殺穴)=주2. 참고바람.

이후토도 모든 개구(開口)혈의 장법에서는 이 논리에 의거해야 한다.

이밖에도 쌍패조(雙擺燥), 좌패조(左擺燥), 우패조(右擺

燥)가 있고 쌍패탕(雙擺蕩), 좌패탕(左擺蕩), 우패탕(右擺蕩)이 있는데 이 6종을 이른바 요를 대동한[帶曜者] 격으로 취급하는데 이 역시 하장(下葬)은 장살혈(藏煞穴)로 당법(撞法)을 사용하게 된다.

**[필자주(筆者註) 5]** 이에서는 반드시 압살혈(壓殺穴)을 사용하지 않는데 경(經)에서 말하기를 "용호(龍虎) 배후(背後) 유의군(有依裙)"이라 하니 이는 모두 용호의 뒤로 난배(襴拜)와 무수형(舞袖形)을 드리울 수 있기 때문이며, 또 이르기를 "좌협생래(左脇生來) 진홀양(縉笏樣)이요, 우협생래(右脇生來) 어대형(魚袋形)"이라 하는 것도 그 뜻은 역시 이와 같은 의미를 갖기 때문이다. 정체(正體)편의 그림과 설명을 참고하기 바란다.

태양(太陽)은 본시 몸체가 높고 강한 금성(金星)인데 개구(開口)를 하면 수성혈(水星穴)이 되므로 수기(秀氣)를 유행(流行)시키게 되니 옛사람은 이 혈을 가리켜 "금성(金星)이 개구(開口)하면 돈 헤아리기를 말로서 해야 한다[量金用斗]" 하였다. 개구혈(開口穴)은 용호(龍虎)를 스스로 만들어 구획(區劃)을 정리하고 혈(穴)을 호위(護衛)하는 정이 있으므로 정체(正體) 다음으로 복력(福力)이 크고 빠르다.

무릇 개구성신(開口星辰)은 영광(靈光)을 중(中)에다 모아 놓고 여기(餘氣)만을 분리하여 아래로 보내므로 자웅(雌雄)이 상구(相媾)하도록 혈맥(血脈)을 상통(相通)시키니 이른바 길혈(吉穴)이 되는 것이다.

오직 중요한 것은 구중(口中)이 원정(員淨)하고 와내(窩內)가 충융(充融)하여야 한다. 만약 신부(身俯=몸을 구부리다.

낮추다.) 하였거든 혈(穴)은 마땅히 취맥계고(就脈啓高)하여야 하고 면앙(面仰=얼굴을 쳐들다. 몸을 높이다.) 하였거든 혈은 마땅히 잠현좌입(蘸弦坐入)으로 재혈(裁穴)하여야 형체(形體)의 특수성에서 오는 기운(氣運)을 받을 수 있다.

**[필자주(筆者註)6]** 계고취맥(揭高就脈)=계고칙맥이란 혈(穴)의 몸체가 낮아 신부(身俯=몸을 구부림)의 자세가 되었으면 계고혈을 찾아 높게 하장(下葬)하여야 한다는 장법(葬法)이다. 가령 내세가 끌고 급하여 벽처럼 서 있으면 앞이 허공이니 혈의 상단으로 바짝 올려서 계고혈로 재혈(裁穴)하는 것이다. 이는 마치 머리에 이고 있거나 머리 위에 높이 들고 있는 것처럼 보인다는 뜻으로 면전의 공지(空地)에서도 귀기(貴氣)를 받는다는 것이다.

**[필자주(筆者註)7]** 잠현좌입(蘸弦坐入)=잠현좌입이란 혈(穴)이 높아 면앙(面仰=얼굴을 들고 올려 봄)의 자세가 되었으면 혈의 아래쪽 무릎 밑으로 내려 낮게 하장(下葬)한다는 장법(葬法)이다. 가령 혈성의 몸체가 높고 웅장하면 하단의 저평(低平)한 곳에다 결작 시키기 때문인데 이를 잠구혈(蘸毬穴)이라고도 하는데 혈명(穴名)으로 잠두자기혈(蘸頭紫氣穴)이 이에 속한다.

개구태양(開口太陽)에서 가장 꺼리는 것은 당권(堂捲)이며 더욱 혐오(嫌惡)하는 것은 혈전(穴前) 낙조(落槽)인데 당권(堂捲)하면 외기(外氣)를 횡행(橫行) 시키지 못하기 때문이고 낙조(落槽)가 되면 길성(吉星)을 스스로 붕괴(崩壞)시켜 버리기 때문에 자세히 살피지 않을 수 없다.

**[필자주(筆者註)8]** 혈전(穴前)낙조(落槽)=혈(穴) 앞이 홈통처럼 패여서 물이 빠져나가는 바닥이 보이는 도양을 말하는데, "겸(鉗)이 붕괴(崩壞)

되면 낙조(落槽)가 된다"고 하였음이 이것이다. 이는 양 다리[兩龍] 사이를 가로로 막았기 때문에 만들어진 혈(穴)이 겸혈(鉗穴)이므로 겸혈에서 많이 나타나는 현상이나 혹 다른 혈에서도 나타나는 현상이다.

**[필자주(筆者註)9]** 당권(堂捲) 횡행(橫行)=두 다리[兩龍] 사이로 가늘게 뻗어 나와 끝에서 주먹을 쥔 모양의 혈(穴)을 당권(堂捲)이라 하고, 양쪽 다리[兩龍]까지 완전히 가로[橫]로 막아줬을 때 겸혈(鉗穴)이 되어 생기를 유행(流行)시키는데 이에서는 혈(穴)의 양쪽에 골이 패여 있으니 생기(生氣)를 모을 수도 없지만 오히려 바람이 타 생기(生氣)를 흩어지게 한다는 뜻이다.

이 성체(星體)의 의록(衣祿)은 본시 1, 4, 7위에서 풍족하게 받는 곳이므로 좌사(左砂)쪽으로 송수(送水)하더라도 두려울 것이 없다.

행용(行龍)은 신금(申金)의 세력(勢力)을 받아야 만이 행맥(行脈)할 수 있고 건금궁(乾金宮)의 기운을 득(得)하였을 때 형체를 이루어[成形] 낸다.

좌향(坐向)은 신(申)경(庚)유(酉)신(辛)건(乾) 중에서 되어야 왕성(旺盛)한 기운(氣運)을 받으므로 형(形)과 상응(相應)한다.

이 성체는 수구(水口)에 도락(倒落)하기를 좋아하고 원두(源頭)에서 융결(融結)되는 것을 기뻐하는데 만약 장법(葬法)이 적법(適法)할 때는 출생(出生)하는 사람들의 용모(容貌)가 단장(端莊)하고 심성(心性)이 소통(疏通)하며 행사(行事)에는 과감(果敢)하게 용단(勇斷)을 내릴 줄 안다.

음덕(蔭德)을 받아 발복(發福)하기는 경(庚)신(申)신(辛)유(酉) 생인에게 먼저오고 사(巳)유(酉)축(丑)년에 발달(發達)

한다.

　만약 후룡(後龍)이 상격(上格)에 들면 자손(子孫)의 벼슬이 태간(台諫)에 이르고 중격(中格)에 해당되면 벼슬이 급사(給事)에 이르며 하격(下格)에 들더라도 군수(郡守) 목사(牧使) 정도는 배출되며 만약 귀격(貴格)이라곤 전무(全無)하더라도 역시 국가(國家)의 전문직종(專門職種)의 자격증(資格證)을 취득(取得)하여 가는 곳마다 귀인(貴人) 대접(待接)을 받으며 이름 있는 큰 부자[富者]를 많이 만들어야 자손도 흥왕(興旺)하다.

　처음 출생인(出生人)이 비장(肥長)한 사람이 나오면 이 자리의 왕성(旺盛)한 기운을 받기 시작했음을 알 수 있고 걸고인(乞丐人)이 나오면 이 자리의 기운이 다 되어 쇠진하였다는 것을 알 수 있는 것이다.

　이 체에서 연소형(燕巢形)이 많이 나타난다. 토퇴(土堆)를 만들어 놓는 것이 마땅하다.

### 시(詩)

**太陽開口穴難尋　按女齊眉與映心**
(태양개구혈난심　안여제미여영심)

"태양이 개구하니 혈 찾기가 어려우나 여인의 간조롱한 눈썹이 마음을 비추네."

**高則犯罡低犯蕩　開塋嫌闊更嫌深**
(고즉범강저범탕　개영혐활갱혐심)

"높으면 천강을 범하고 낮으면 탕연하기 쉬우며 개영은 결코 넓고 깊은 것을 혐오하니라."

## 개구태양(開口太陽)

轉金

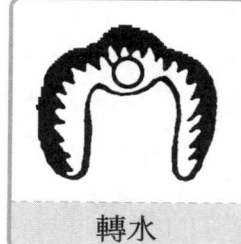
轉水

轉土

轉火

火金

木金

火木

水木

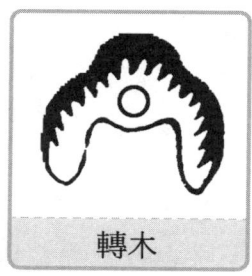
轉木

土火

木土

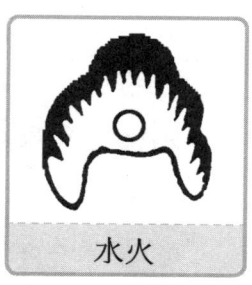
水火

## 3. 현유태양(懸乳太陽) 금성(金星)

**[필자(筆者) 주(註)]** 현유태양금성의 원문은 전하여지지 않는다.

### 시(詩)

**第三太陽是懸乳 看來分八體** (제삼태양시현유 간래분팔체)
"태양의 세 번째는 현유이니 여덟 체로 나뉘어졌음을 알 수 있으리라."

**人言八體象人形 點穴要分明** (인언팔체상인형 점혈요분명)
"사람들은 팔체를 사람의 형상에 비유하였으니 점혈에 분명함을 요한다."

이 성체의 두뇌(頭腦)는 둥글고[頭圓] 몸체는 높으며[身高] 바닥은 평평[面平]하다. 양다리를 개각(開脚)하고 그 안에다 유(乳)를 내렸으므로 현유(懸乳)태양(太陽)이라 하였다.
이 성신(星辰)에 8체가 있는데 그 유(乳)가 둥근[圓] 것을 수유(垂乳)라 하고 금유(金乳)라고도 하는데 혈(穴)은 마땅히 승금처(乘金處)를 찾아 수유(垂乳)를 향(向)하여 입혈(立穴)하여야 한다. 또 유(乳)가 곡(曲)한 것을 생수(生水)라 하거나 수유(水乳)를 달았다고도 하는데 이에서도 혈(穴)은 승금(乘金)을 이용하여 취수(取水)하여야 하니 곡동처(曲動處)를 찾아 재혈(載穴)한다. 또 모가[方平] 난 것을 천토(穿土)라 하거나 토유(土乳)를 내렸다고도 하는데 혈(穴)은 마땅히 승금(乘金)을 찾아 토(土)를 취(就)하여야 하니 중심(中心)을 찾아서 혈(穴)을 세운다. 이상 3격이 정체(正體)이며 현유(懸乳)태양(太陽) 중에서 최길격(最吉格)에 해당한다. 달리 또 유(乳)가 곧고 긴[直乳] 것이 있는데 협유(夾乳)라 하거나 목유(木乳)라고도 하는데 혈(穴)은 마땅히 목(木)을 버리고 금(金)을 따라 재혈하여야 한다. 또 유(乳)가 첨(尖)한 것이 있는데 대화(帶火)라 하며 금체(金體)에서 화기(火氣)는 흉살(凶殺)이 되므로 정혈(定穴)은 마땅히 양각(兩脚)의 화기(火氣)를 잘라내고 금기(金氣)를 도와주는 방법으로 입혈(立穴)한다. 이상의 5체를 정체라 한다.

　또 변격(變格)으로 유가 둘[兩乳]로 된 것이 있고 셋으로 된 것도 있는데, 양유격(兩乳格)을 쌍성(雙星)이라고도 하는데 양유(兩乳) 중에서는 또다시 각(脚)을 달아내어 기(岐)를 만든 것을 기린혈(麒麟穴)이라 하며 옛사람들은 명명(命名)하여 놓고 정혈(正穴)로 삼아 왔으나 기(岐)가 없는 곳도 모두 혈(穴)이 되면 모두 하장(下葬) 할 수 있다. 다시 삼유(三乳)로 된 것을 삼태(三台)라고도 하는데 삼유(三乳)의 크기나 높이나 길이가 균등(均等)하여야 길하지만 혹 가운데의 유가 약간의 차(差)로 넓거나 커도 좌우가 동형이면 이격에 드는데 세 혈(穴) 모두 길하여 하장(下葬)이 가능하나 후자(後者)일 경우에는 가운데의 혈(穴)이 더욱 길혈(吉穴)이 될 수는 있다. 이상 쌍유(雙乳) 기린(麒麟) 삼태(三台)등을 변격(變格)으로 하는데 입혈법(入穴法)은 상극(相剋)이 될 때는 살(煞)이니 압살혈(壓殺穴)로 개법(盖法)을 사용하고 상생(相生)이 될 때는 장살혈(藏煞穴)이니 당법(撞法)을 사용하여야 함은 앞에서의 이론을 벗어나지 않는다.

또 요(曜)를 대동(帶同)한 경우가 있는데 정체(正體)편의 도설(圖說)을 참고하기 바란다.

대저 태양금성체(太陽金星體)에서 현유(懸乳) 격(格)이 되면 금수(金水)가 합하여 형체(形體)를 만들어 냈으므로 그 역량(力量)이 커서 정체와 다를 것이 없으니 복(福)은 더욱 긴밀(緊密)하고 크다.

태양(太陽)에서 현유(懸乳) 성신(星辰)은 생기(生氣)를 응취(凝聚)시켜 아래로 드리우며(하수.下垂) 영광(靈光)은 발로(發露)시켜 밖으로 나타나게 하며 양궁(兩宮)은 협력하여 함께 안을 감싸 안아주는 그 중앙(中央)에다가 유(乳)를 내렸으므로 가장 아름다운 혈(穴)이 되는 것이다.

오직 중요(重要)한 것은 권중(圈中)이 서창(舒暢)하고 유상(乳上)이 광원(光圓)하여야 하며, 또 오기(五氣)로 형(形)이 분류(分類)되고 삼정(三停)으로 혈(穴)을 나누어 입혈(立穴)할 수 있으면 정(正)을 잡았다고(得之) 할 수 있다.

이에서 가장 꺼리[最忌]는 것은 당색(堂塞)이며 더욱 혐오(嫌惡)하는 것은 수견(水牽)이니 당(堂)이 옹색(壅塞)하면 인물이 흉완(凶頑)하고 수(水)가 이끌려서 빠르게 달아나면 전답(田畓)과 가축(家畜)의 손실(損失)을 막을 수 없기 때문이니 자세하게 살피고 관찰(觀察)하지 않으면 안 되는 것이다.

이 성체는 본시 1, 4, 7위(位)에서 복록(福祿)을 입으므로 좌사(左砂)로 송수(送水)하더라도 꺼리지 아니한다.

이 성체(星體)는 오직 신궁(申宮)의 세(勢)를 경유(經由)하여야 행맥(行脈)하고 건궁(乾宮)의 기(氣)를 만나고서야 성형(成形)할 수 있다.

좌향(坐向)에서도 경(庚)신(申)신(辛)유(酉)건(乾) 좌가 되면 왕성(旺盛)한 기운(氣運)과 금성형(金星形)이 상응(相應)하여 조화(調和)를 이루게 된다. 이 성체(星體)의 위치(位置)는 강호(江湖)의 주변(周邊)에 있는 것을 기뻐하고 전역(田驛) 근처에 임(臨)하기를 좋아한다.

이 자리의 장법(葬法)을 최선(最善)의 방법으로 안장(安葬)하면 출생인(出生人)의 상모(相貌)가 건장(健壯)하고 단정(端正)하며 심성(心性)도 질직(質直)하고 행사(行事)도 명백(明白)하여 결단성(決斷性)이 확실하다.

발음(發蔭)은 경신(庚申) 신유(辛酉)생이 먼저 하고, 사(巳)유(酉)축(丑)년(年)에 발달(發達)한다. 만약 후용(後龍)이 상격(上格)에 들면 임금을 가까이하는 큰 벼슬이 나오고 후용이 중격(中格)이라도 장(長) 차관(次官)의 벼슬이 나오고 후용이 하격(下格)이라도 도지사(道知事)나 군수(郡守)직이 나오며 후용에 귀격(貴格)이 전무(全無)하더라도 전문가(專門家)로서의 자격(資格)을 갖추고 가는 곳마다 귀인(貴人) 대접(待接)을 받으며 부(富)로서 세상을 덮는다.

처음 출생하는 사람이 비장(肥長)한 사람이면 왕기(旺氣)에 이른 것이고 신라인(腎癩人)이 출생하면 이 자리의 기운이 다 되었음을 알아야 한다.

이 자리에서는 난봉가연형(鸞鳳駕輦形)이 많다. 토퇴(土堆)를 작(作)하면 길하다.

## 현유태양(懸乳太陽)

垂金

生水

穿土

夾木

星

麒麟

三台

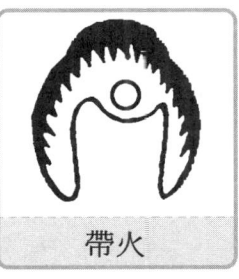
帶火

## 4. 궁각태양(弓脚太陽) 금성(金星)

> **원문(原文)** … 弓脚太陽

第四太陽脚先弓 左右本雷同
形勢仙人蹻足樣 官職任朝廷

此星腦員面平身高開脚抱穴 故名曰弓脚太陽有二體 出脚有一長一短者 爲正格也 穿長者下穴 兩脚交牙者 爲變格也 穿中心千穴 然又當以四煞法 消息而用之 外有帶曜者 圖說見正體篇 夫太陽弓脚 資水爲多 關鎖周密 發越極快 但産人胸襟窄狹 若見右脚 不可以虎過明堂 及啣屍爲疑 凡弓脚星辰靈光 何內而潛藏餘氣挽 先而廻抱明堂 聚面應案連枝 所以謂之吉穴 惟要脚生逆轉 可妨水口無關 欲定高低 當登左右 是爲得之 最忌脚高過眼 嫌虎遶擎拳過眼則人品凡愚 擎拳則子孫凶惡 乃不可不察 此星本應一四七位衣祿 故不畏左砂送水 由申宮之勢而行脉 得乾宮之氣而成形 坐向得乾申庚酉辛 皆爲氣旺而形應 好落源頭水尾 喜居龍脊山腰 若扞合法 生人相貌端莊 心性宛轉 行事果決 庚申辛酉命人受蔭 己酉丑年發達 若后龍合上格者 官至九卿 合中格者 官至員外 合下格者 幕職 若全無貴格 亦主解興放錢不絕 初生肥長之人 則氣至而盛也 至生足跛之人 則氣盡而衰也 此體多爲仙人蹻足

> 形 交牙者爲美女抱男形 宜作水堆
>
> 詩曰　太陽最喜脚先弓 逆水生來福最濃
> 　　　發達此星爲極快 裁穴須當用正中

### 시(詩)

**第四太陽脚先弓 左右本雷同** (제사태양각선궁 좌우본뇌동)

"태양의 네 번째는 궁각이니 좌우는 본시부터 덩달아 다르게 되는 것이니"

**形勢仙人蹻足樣 官職任朝廷** (형세선인교족양 관직임조정)

"형세는 선인이 교족한 모양이며 벼슬은 조정에서 조회한다."

이 성체(星體)의 두뇌(頭腦)부분은 둥글고[頭圓] 면(面)은 평탄(平坦)하며 몸체(身體)는 높은데 다리를 벌려 혈을 감아 쌓다[開脚抱穴] 하였다 하여 궁각태양(弓脚太陽)이라는 이름이 부쳐졌다.

이에는 두 체(二體)가 있는데 한쪽 다리는 길게 뻗고 한쪽 다리는 짧게 뻗어 내린 것을 정격(正格)이라 하고, 양다리가 마주보지 아니하고 교아(交牙)한 것을 변격(變格)이라 한다.

이에서는 양다리의 중심(中心)에서 결혈(結穴)하니 혈(穴)의 중심을 뚫어 사살(四煞) 장법(葬法)을 사용하여 소식(消息)시키는 것이 마땅하다.

이밖에도 요(曜)를 대동(帶同)하는 것이 있는데 정체(正體)편에 있는 그림 설경을 참고하기 바란다.

대개 태양성체(太陽星體)에서 뿐만 아니라 어느 성체에서 건 간에 궁각(弓脚)이라 이름 붙은 곳은 관쇄(關鎖)가 주밀(周密)하게 앞을 쌓았기 때문에 수(水)의 자원(資源)을 모아 아끼므로 발월(發越)이 극쾌(極快)하고 빠르다. 다만 출생되는 산인(産人)의 흉금(胸襟=가슴 또는 마음)이 착협(窄狹=몹시 좁음)한 것이 불만이나 혈(穴)이 다소 높으면 해소된다.

만약 우측 다리[右脚]를 너무 길게 뻗어 백호(白虎)가 되었을 때는 명당(明堂)을 지나치는 것이[虎過明堂] 불가하고 아울러 함시(啣屍=송장이 누운 것처럼 보이는 산)가 되지 않았는 지를 걱정하여야 한다.

무릇 궁각성신(弓脚星辰)은 영광(靈光)을 안으로 향(向)하게 하여서 감추어 저장하였으며[向內而潛藏] 시키고, 여기(餘氣)는 먼저 끌어다 돌아오게 하여 놓고 빙 둘러 감았으며[挽先而廻抱], 명당(明堂)으로는 조응(朝應)과 안산(案山)을 연지(連枝)시켜 평탄한 명당으로 단취(團聚)시켰으므로 이른바 길혈(吉穴)이라 이르는 것이다.

이에서 오직 중요(重要)한 것은 긴 다리[長脚]의 끝이 물을 기준(基準)으로 하여 역(逆 流水)으로 뻗어나가 안아[抱穴]줘야 한다. 그렇다면 수구(水口)를 막아주는 사(砂)가 없다고[無關] 하여 무엇이 방해가 되겠는가?

또한 고저(高低)를 정(定)하고져 할 때는 한 곳에서만 보고 결정(決定)하는 것은 불가(不可)하니 반드시 좌우(左右) 양쪽을 모두 올라보고 결정하는 것이 마땅하다. 이상의 모든 것이 정당(正當)하다면 이른바 득지[是爲得之]라 하는 것이다.

이에서 또 가장 꺼리는[最忌] 것은 다리가 높아서 눈높이를 지나치는 것이며[過眼] 더욱 혐오(嫌惡)하는 것은 백호(白虎)의 끝이 주먹을 쥐고 흔드는[遶擊拳] 것이니 과안(過眼)하면 인품(人品)이 어리석어 범인(凡人)에 미치지 못하고, 격권(擊拳)하견 자손이 흉악(凶惡)하기 때문이다.

이 성신(星辰)은 본시 자손의 첫째, 넷째, 일곱째 위(位)에로 의식(衣食)과 복록(福祿)이 있어 발음(發蔭)이 오는 자리이므로 좌사(左砂)가 송수(送水)하더라도 꺼리지 아니한다.

행용(行龍)에서는 신궁(申宮)의 세(勢)를 경유(經由)하여야 행맥(行脈)하고 건궁(乾宮)의 기(氣)를 받아야 성형(成形)한다. 좌향(坐向)에서도 건(乾)신(申)경(庚)유(酉)신(辛)으로 나와야 왕성한 기운(氣運)이 형세(形勢)와 상응(相應)하는 것이다.

이 성체(星體)는 원두수의 끝부분에 떨어지기를 좋아하고[好落源頭水尾] 용의 허리 쯤 등 위에서 결혈(結穴)하는 것을 기뻐한다[喜居龍脊山腰].

만약 장법(葬法)을 최선(最善)으로 하였다면 출생(出生)인의 체격(體格)과 상모(相貌)가 빼어나 단장(端莊)하고 심성(心性)도 완전(婉囀)하며 행사(行事)함도 과감(果敢)하고 결단력(決斷力)이 있다.

이 체에서 발음(發蔭)하는 사람은 경신(庚申) 신유(辛酉)생인 사람에게 먼저 오고 뒤에는 모두에게 좋으며 사(巳)유(酉)축(丑)년(年)에 발달하게 된다.

만약 후용(後龍)이 상격(上格)에 해당되면 자손의 벼슬이 구경(九卿)에 이르고 중격(中格)에 해당하면 자손이 원외(員

外)의 벼슬이라도 크고 하격(下格)에 해당하는 용(龍)에서는 막직(幕職)의 벼슬이 나오며, 후용(後龍)에 귀격(貴格)이 전무(全無)하더라도 역시 국가(國家)의 전문(專門) 직종(職種)의 자격증(資格證)을 갖추게 되며 가는 곳마다 귀인(貴人)의 대접(待接)을 받으며 큰 부자(富者)가 끊임없이 대대(代代)로 나와 해전방전(解典放錢)한다.

 이 묘를 쓰고 처음 출생하는 사람이 비장(肥長)하면 기(氣)가 왕성(旺盛)함에 이른 것이고 족파인(足跛人=다리 불구자 즉 절름발이)이 나오면 이곳의 기운(氣運)이 다 되었음을 알 것이다.

 이 체에 선인교족형(仙人驕足形)이 많이 결작(結作)하는데 만약 다리를 교아(交牙)하였으면 미녀(美女) 포남형(抱男形)이 된다.

 수퇴(水堆)를 쌓아놓으면 길하다.

### 시(詩)

## 太陽最喜脚仙弓　逆水生來福最濃

(태양최희각선궁 역수생래복최농)

 "태양에서 가장 기쁜 성신은 각이 선궁 됨이니 역수로 생래하면 복이 가장 크고 깊으리라."

## 發達此星爲極快　裁穴須當用正中

(발달차성위극쾌 재혈수당용정중)

 "이 성신은 발달함이 저극히 빠른 것이 자랑이며 재혈은 모름지기 정중을 찾아 쓰는 것이 마땅하리라."

## 궁각태양(弓脚太陽)

左仙宮

右仙宮

左交牙

右交牙

## 5. 쌍비태양(雙臂太陽) 금성(金星)

**원문(原文)** … 雙臂太陽

第五太陽號雙臂 二體眞奇異
鳳凰展翅唱形眞 端可救人貧

此星腦員身高面平邊開兩臂 故名曰雙臂太陽 有三體 其有臂左右俱雙者 須要臂皆彎抱 或作交牙尤佳 若內兩臂員淨名夾勢 主貴 須要抱氣 若兩臂太尖 則挾兩主 殺人至毒 須人方助 去尖處使全員淨 則變凶爲吉 自可安穴 此爲正格也 有右雙左單 有左雙右單者 須穴上見其均勻 此二者爲變格也 立穴皆當以四煞法 須息而用之 外又有帶曜 圖說見正體篇 夫太陽雙臂 金旺於下 相生相養 故發福極爲綿遠其右雙左單者 爲叠指 喜賭錢財 然龍眞穴正 水聚山朝 決不破家 若穴上不見者 尤不忌也 凡雙臂星辰 靈自足而舒徐 其氣有餘而磅礴 東西雙到 內外重勾 所以謂之吉穴也 惟宜應案臨近明堂聚前 立穴必取天心折水要星步(雙臂多有元長 水長決要折水) 是爲得之 最忌內臂尖射 尤嫌元辰直長 尖射則吉穴亦凶 直長則喜星反惡 乃不可不察 此星本應一四七位衣祿 故不畏左砂送水 由申宮之勢而行脉 得乾宮之氣而成形 坐向得申庚辛酉乾 皆爲氣旺而形應 好居萬山之間 喜傍大溪之側 若安扦合法

> 生人相貌端莊 心性機巧 行事果決 庚申辛酉命人受蔭
> 己酉丑年發達 若后龍合上格者 官至尚書 合中格者
> 官至侍郎 合下格者 官至郎中 若全無貴格者 亦主財
> 穀豐登 人丁興旺 初生肥長之人 則氣至而盛也 至生
> 尖指之人 則氣盡而衰也 此體多爲鳳凰展翅形 凡諸禽
> 形 宜作金堆
>
> 詩曰　太陽一腦自端貞 雙臂彎環要自然
> 　　　案近水可纏護密 兒孫富貴更綿延

### 시(詩)

**第五太陽號雙臂　二體眞奇異** (제오태양호쌍비 이체진기이)
"다섯 번째의 태양은 쌍비인데 두 체가 있으나 도두가 기이함이다."

**鳳凰展翅唱形眞　端可救人貧** (봉황전혈창형진 단가구인빈)
"봉황이 날개를 펴고 울부짖으면 진형이며 단정코 가난함을 구하리라."

이 성체(星體)의 두뇌(頭腦)는 둥글고[頭圓] 몸체는 높으며[身高] 바닥은[面平] 평탄(平坦)하다. 양변(兩邊)으로 두 팔뚝을 내렸다하여 명왈(名曰) 쌍비태양(雙臂太陽)이라 하였다.

이 성체(星體)에는 3종류가 있는데 양 팔뚝이 모두 쌍(雙)

으로 된 것을 정격(正格)이라 하여 가장 길하고, 한쪽 팔은 쌍(雙)인데 다른 한쪽 팔은 단(單)으로 된 것이 좌우(左右)로 2체가 있는데 좌쌍(左雙) 우단(右單)이건 우쌍(右雙) 좌단(左單)이건 모두가 혈상(穴上)에서 볼 때 정균(淨均)하여야 길하니 이 두 격을 합하여 변격(變格)이라 하며 차길(次吉)로 한다.

 이에서 더 중요한 것은 양 팔뚝이 모두 안으로 만포(灣抱)하여 혈(穴)을 다정하게 감아싸줘야 하며 혹 교아(交牙)가 되면 더욱 아름답다. 또 양 팔뚝의 안쪽이 원정(圓淨)하여야 주(主)를 귀(貴)한 벼슬로 인도한다.

 쌍 팔뚝은 대개 안쪽을 향하게 되므로 끝이 창칼처럼 날카롭거나 혈(穴)을 향(向)하여 쏘는 것은 살인도(殺人刀)라 하여 지극히 흉(凶)한 살(煞)로 취급되니 칼끝을 잘라 고치면 흉(凶)이 길(吉)로 변(變)할 수 있다. 혹 혈(穴)보다 아래쪽에 위치하는 칼끝은 혈(穴)을 쏘지 않도록 자르거나 수구(水口)쪽으로 향하도록 고쳐 돌려주면 밖을 경계하게 되니 주인(主人)에게 충성하는 아도(我刀)로 변(變)하여 호신용(護身用)이 될 수 있다.

 쌍비성신(雙臂星辰)은 살기(殺氣)를 만들기 쉬우므로 제살(制煞) 입혈(立穴)은 모두 사살장법(四殺葬法)을 잊지 말고 사용하여야 한다.

 이 성체가 요(曜)를 대동(帶同)한 것이 있는데 도설(圖說)을 참고하기 바란다.

 대저 태양쌍비(太陽雙臂)는 왕성한 금성(金星) 아래에 위치하니 상생(相生)상양(相養)되므로 발복(發福)이 길고 꾸준하게 이어지는 것이 특징이다.

 이 성치에서 우(右)는 쌍지(雙指)인데 좌(左)가 단지(單指)로 된 것을 첩지(疊指)라 하여 도박(賭博)으로 재산(財産) 고으는 솜씨가 탁월(卓越)한데 내용(來龍)이 참되고 혈이 바르며[龍眞穴正] 물을 모아주고 조산의 응이 확실하다면[聚水山朝] 대부(大富)를 이루고 파가(破家)하지는 않는다. 그러나 만약 첩지가 혈에서 보이지 않는다면 더더욱 꺼릴 것이 없다[不忌].

 무릇 쌍비(雙臂)성신(星辰)은 영광(靈光)이 자족(自足)하지만 화끈하지를 아니하고 서서히 펼쳐주므로 오래가며, 그 기(氣)는 유여(有餘)하면서도 하나로 모아놓고[磅礴] 동서(東西) 양쪽에서 쌍지(雙指)로 이르러 공급하며, 내외에서 거듭 거두어[重勾] 새 나가지 못하도록 하므로 이른바 길혈(吉穴)이 되는 것이다.

 오직 중요한 것은 안산(案山)이 가까이에서 임(臨)하여야 길(吉)하고 명당(明堂)을 혈(穴) 앞으로 모아줘야 아름답다. 이 성체(星體)의 취기(聚氣) 입혈(立穴)은 반드시 천심(天心)을 취하여야 하고 원진수(元辰水)가 직유(直流)하지 못하도록 물길을 절수(折水) 성보(星步)시키는 것이 중요하다.

**[필자주(筆者註)1]** 절수성보(折水星步)=대개 쌍비성체(雙臂星體)는 원신수(元辰水)가 길고 곧게 흐르는 경우가 보통이므로 자연(自然)으로 되어 있지 않으면 인의적(人爲的)으로라도 반드시 꾸불꾸불 지현(之玄) 굴곡(屈曲)하며 흐르도록 조절시키는 것을 절수(折水) 성보(星步)라 한다.

[필자주(筆者註)2] 원신수(元辰水)=혈성후(穴星後)에서 분수(分水)된 물이 좌(左) 청룡(靑龍)과 우(右) 백호(白虎) 안으로 흘러내려 혈(穴)과 안산(案山)사이에서 합수(合水)하는 물을 말한다. 또 다른 말로는 골육수(骨肉水)라고도 하며 풍수지리(風水地理)에서는 이 물이 가장 중요(重要)하므로 인자수지(人子須知)에서는 "원신수(元辰水) 아끼기를 피 아끼듯 하라"고 하였다.

이 성체에서 가장 꺼리는 것은 양 팔뚝 내의 쌍지(雙指)가 혈을 향하여 곧게 쏘는 것이며(내비첨사=內臂尖射), 더욱 혐오(嫌惡)하는 것은 원신(元辰) 수(水)가 곧게 빠져나가는 것이다. 내비(內臂)가 첨사(尖射)하면 아무리 길혈(吉穴)일지라도 흉(凶)함을 나타내며 원진수가 곧게 빠져나가면 희성(喜星)이 도리어 악성(惡性)으로 변하기 때문이니 어찌 자세하게 살피지 아니하리요?

이 성체의 발음은 본시 첫째, 넷째, 일곱째에 복록이 있으므로 좌사(左砂)사가 송수(送水)하는 것을 두려워하지 아니한다.

이 성체의 내룡(來龍)은 신궁(申宮)의 세(勢)를 경유(經由)하여야 행맥(行脈)하고 건궁(乾宮)의 기(氣)를 득(得)하여야 성형(成形)한다.

좌향(坐向)에서도 신(申)경(庚)유(酉)신(辛)건(乾)이 되면 형(形)과 좌(坐)가 서로 협력(協力)하여 왕성(旺盛)함에 이른 것이 되었다고 할 수 있다.

이 성체는 만산(萬山) 속에서 중산(衆山)과 함께 거(居)함을 좋아하고 큰 냇가나[大溪] 호수(湖水) 근처에 임(臨)하는 것을 기뻐한다.

　만약 최선(最善)의 장법(葬法)으로 하장(下葬) 하였을 경우에는 출생하는 사람의 인물이 단장(端莊)하고 빼어나며 심성(心性)이 기교(機巧)하며 일에 임하는 태도가[行事] 과감하고 결단력이 있다.

　자손(子孫) 중에서는 경(庚)신(申)신(辛)유(酉) 생인이 먼저 음덕(蔭德)을 받아 발복(發福)하고 더 크며 사(巳)유(酉)축(丑)년에 응험(應驗)이 나타나는데 뒤에는 다른 사람도 작게라도 골고루 잘 산다.

　후룡(後龍)의 행도(行途)가 상격(上格)에 들면 자손들의 벼슬이 상서(尙書)에 이르고 중격(中格)에 들면 시랑(侍郞)의 벼슬이 나오고 하격(下格)일 때는 낭중(郞中)의 벼슬을 하며 후룡(後龍)에 귀격(貴格)이 전무(全無)하더라도 재산(財産)은 풍족(豊足)하여 큰 부자(富者) 소리를 듣고 자손(子孫)도 흥왕(興旺)하다.

　만약 자손이 비장(肥壯)한 사람이 출생(出生)하면 기(氣)가 왕성함에 이르러 있는 것이고 첨지(尖指)인이 출생(出生)하면 기운이 다 되었음을 알아야 한다.

　이 체에서 "봉황전혈형(鳳凰展翅形)"이 많이 나오며 각 종류(種類)의 금형류(禽形類=새 이름이 붙은 형)가 많이 나타난다.

### 시(詩)

**太陽一腦自端貞 雙臂彎環要自然**

(태양일뇌자단정 쌍비만환요자연)

"태양의 한 뇌가 단정하면 양팔을 자연스럽게 벌려 만환 함이 중요하며"

**案近水朝纏護密 兒孫富貴更綿延**

(안근수조전호밀 아손부귀갱면연)

"안산이 가깝고 물이 조수하여 전호가 주밀한 것을 확인하였다면 아손의 부귀는 물론 다시 길게도 연계하리라."

## 쌍비태양(雙臂太陽)

左右俱雙　　　右雙　　　左雙

## 6. 단고태양(單股太陽) 금성(金星)

**원문(原文)** … 單股太陽

　　　　第六太陽號單股　莫問無龍虎
　　　　喝作行山白象形　官職此中生

此星腦員身高面平開一脚 故名曰單股太陽 有四體 其脚微弓者爲垂金 又謂之單提 亦有弓過者爲轉水 皆爲正格也 宜腦下穴 有腦下一邊結乳 開脚微弓者 昔人謂之單提 亦有弓過者 昔人謂之蟠龍 皆爲變格也 宜看左右前山以定高低下穴外有帶曜者 圖說見正體一篇 夫太陽單股 金淸水秀 最爲奇妙 不可以折股爲憂 凡單股星辰 靈光本盛而中聚餘氣不足而獨垂 左右雖有一虧 上下初無二用 所以謂之吉穴也 然單股必須逆轉 兩宮仍要湊成 穴貴隈藏 局宜周密 是爲得之 最忌風吹穴畔 尤嫌水去面前 風吹則飄散生氣 水去則牽動土牛 胡矮仙云 單股一穴 何妨水走砂飛 不過謂此星乳短脚直之故 乳短則元辰水走 脚直則本體砂飛 若大勢如此 則非地矣 乃不可不察 此星本陰一四七位衣祿故不畏左砂送水 口訣云 蟠龍一穴 左蟠者不利長房 右蟠者不利小房 惟中子發福 若一子下此星者 子孫均勻 所以必要明堂寬平方正 可接左右蟠龍 太陽天財不忌 由申宮之勢而行脉 得乾宮之氣而成形 坐向得申庚

> 酉辛乾位 皆爲氣旺而形應 好落盡龍之所 喜臨大澤之
> 傍 若安扦合法 生人相貌肥長 心性直日 行事果決 庚
> 申辛酉命人受蔭 己酉丑年發達 若后龍合上格者 官至
> 臺諫 合中格者 官至給事 合下格者 隨朝職事 若全無
> 貴格 亦主富足 大旺人丁 初生肥長之人 氣至而盛也
> 至生折足之人 則氣退而衰也 此體爲行象形 宜作火堆
>
> 詩曰  有龍無虎未爲非 有虎無龍亦莫疑
>        但要兩宮當面會 湊成依舊合天機

### 시(詩)

**第六太陽號單股 莫問無龍虎** (제육태양호단고 막문무용호)

"태양이 여섯 번째는 이름이 단고이니 용호가 없음을 탓하지 말라."

**喝作行山白象形 官職此中生** (갈작행산백상형 관직차중생)

"갈형으로는 백상이 산으로 행하는 형세이니 관록이 이 중에서 나온다."

이 성체의 두뇌 부분은 둥글고[頭圓] 몸체는 높으며[身高] 면은 평탄하다[面平]. 금체(金體) 밑에서 한쪽 다리만 뻗어내어 막아준 것이므로 단고태양(單股太陽)이라고 이름을 부쳐 놓았다.

이 성신에는 4체가 있는데 그 첫째는 다리가 곧은 것은 아니고 약간 안으로 굽었으므로 활등(圓弓)이 미약하다. 또는 다리가 짧아 혈(穴)을 지나지 못하였더라도 활등을 만들었으면 금각(金脚)을 드리웠다 하기도 하고 단제(單提) 혈(穴)이라고도 하며, 둘째로 활의 끝이 혈을 완전히 지나도록 안아준[作彎] 것을 전수(轉水)라 하는데 이 두 격(格)을 정격(正格)이라 한다. 이 정격(正格)의 혈(穴)은 마땅히 뇌하(腦下)에서 응결(凝結)하는 것인데, 뇌(腦)의 아래를 자세히 살펴보면 어느 한 변(一邊)에다 유(乳)를 부드럽게 내밀어 결작(結作) 시키기 때문이다.

셋째는 개각(開脚)이 안에서 보면 미미하게 활을 만든 것처럼 보이지만[微弓] 전체를 한 눈으로 보면 곧은 목각(木脚)에 가까운 것이 있는데 이것도 옛사람들은 단제(單提) 혈(穴)이라 하였으며, 넷째는 한쪽 각(脚)만이 혈(穴)을 완전히 감고 돌아 크게 서리고 앉은[大蟠] 것인데 이것을 옛사람들은 반용(蟠龍) 혈(穴)이라 하였는데 이 두 격은 변격(變格)으로 하였다. 변격(變格)의 응결(凝結)은 마땅히 좌우(左右)와 전산(前山)의 고저(高低)와 거리(距離)를 보고 응결(凝結)처(處)를 찾는 것이다.

이밖에도 요(曜)를 대동(帶同)한 것이 있는데 이들은 정체편(正體編)에 있는 도설(圖說)을 참고하기 바란다.

대저 태양금성(太陽金星)의 단고격(單股格)인 금(金)은 청(淸)하고 수(水)는 맑고 빼어났으므로 가장 기묘(奇妙)한 혈(穴)로 존경(尊敬)받는 것이다. 그러므로 한쪽 다리 뿐이라서 균형이 맞지 않는다고 자른다거나 파서 훼손(毁損)시키는 어리석음을 범(犯)치 말 것이다.

　무릇 단고(單股) 성신(星辰)의 제격(諸格)은 본시(本是) 영광(靈光)이 왕성(旺盛)하지만 중(中)에다 모아 응결(凝結)시켰으며 여기(餘氣)는 부족할지라도 한 다리에다 드리워 놓았다. 그러므로 비록 한쪽이 없어 허전하더라도 당초부터 상하(上下)로 두 곳에다 기(氣)를 모았다거나 하는 등으로 두 가지의 쓰임[二用]을 허용함이 없는 것이다. 그러기 때문에 이른바 길혈(吉穴)이 된 것이다.

　그러나 단고(單股) 격(格)에서는 필수(必須)적으로 요구(要求)하는 조건(條件)이 있으니 그 한 다리의 끝이 물의 흐름에 거슬려서 역(逆)으로 회전(回轉)하였을 때 물굽이를 감추어주고[隈藏] 국세(局勢)를 주밀(周密)하게 이끌어 양궁(兩宮)을 모두 거두어 줄 수 있어 두 다리가 협력(協力)하는 이상의 능력을 갖게 되어 귀혈(貴穴)의 요건(要件)을 득지(得之) 하였다 하는 것이다.

　이 성체(星體)에서 가장 꺼리는 것은 혈면(穴面)에 고랑처럼 골이 패여 바람을 타는 것이며[風吹穴畔] 더욱 혐오(嫌惡)하는 것은 면전에서 뻔히 보이도록 물이 빠져 나가는 것이니[水去面前], 풍취(風吹) 하면 생기(生氣)가 표산(飄散)되고 수거(水去)하면 견동(牽動) 토우(土牛)하기 때문에 므너져 버린다는 뜻이다.

**[필자주(筆者註)1]** 토우(土牛)에 이끌려 밭의 이랑이나 말의 구유통(馬構)처럼 만든다는 뜻이니, 골이 패여서 물기 면전(面前)으로 곧게 빠져나

가는 모양을 표현한 것이다.

　곧게 빠져나가는 물에서는 혈(穴)이 동요(動搖)되어 뽑혀 버리므로 그 자손에게는 재물잃고 사람까지 잃게 된다는 뜻이다.


　호왜선(胡矮仙)이 말하기를 "단고(單股)한 혈에서 물이 도망가고[水走] 사(砂)가 달아난다고[砂飛] 무엇이 방해되리요? 이 성신(星辰)에서는 유가 짧고[短乳] 각이 곧기[脚直] 쉬운데 유(乳)가 짧으면 원진(元辰) 수(水)가 도망가고 각(脚)이 곧으면 본체(本體)의 사(砂)가 달아나기 때문에 이를 경계(警戒)하는 말에 불과(不過)하다" 하였으니 만약 대세가 그러하다면 혈(穴)을 결작(結作)하지 못하므로 이 두 가지를 자세히 살피지 않을 수 없는 것이다.

　이 성신은 본시 첫째, 넷째, 일곱째에 의록(衣祿)이 오는 자리이므로 좌사(左砂)로 송수(送水)한다 하더라도 두려울 것이 없다. 구결(口訣)에 말하기를 "반용(蟠龍)일혈(一穴)에서 좌반(左蟠)이면 장방(長房)이 불리(不利)하고 우반(右蟠)이면 소방(小房)에 불리(不利)하며 오직 중방(中房)만이 복(福)을 받는데 만약 자식이 하나인데 이 성신(星辰)에다 하장(下葬)할 경우에는 고르게 발(發)하니 따질 것이 없다" 하였으니 이것이 사실이라면 반드시 필요(必要)한 것은 명당(明堂)이 바르고 관평(寬平)한 곳이라면 용(龍)이 좌반(左蟠)이건 우반(右蟠)이건 상관(相關)없이 하관(下棺)할 수 있으며 태양(太陽) 천재성(天財星)이라도 꺼릴 것이 없다.

　이 성신(星辰)의 용(龍)은 신궁(申宮)의 세(勢)를 경유(經

由)하여야 행맥(行脈)할 수 있고 건궁(乾宮)의 기(氣)를 득(得)하고서야 성형(成形)한다. 좌향(坐向)에서도 신(申)경(庚)유(酉)신(辛)건(乾) 좌(坐)가 나와야 왕성(旺盛)한 형(形)의 기운(氣運)이 좌(坐)에 이르러 서로 협력(協力)하게 된다.

이 성체(星體)는 용(龍)이 끝나는 근처에 거(居)하기를 좋아하고 큰 연못이나 호수(湖水) 대강(大江)이 임(臨)해 주는 것을 더욱 기뻐한다.

만약 천장(遷葬)함이 법(法)에 잘 맞으면 출생인(出生人)의 상모(相貌)가 크고 비장(肥壯)하며 심성(心性)도 곧고 명쾌(明快)하며 일에 임(臨)하여서도 결단력(決斷力)이 있고 과감(果敢)히 진행한다.

출생인(出生人) 중에서 경(庚)신(申)신(辛)유(酉) 생인이 먼저 발음(發蔭)하는데 사(巳)유(酉)축(丑)년(年)에 발달(發達)하여 응험(應驗)이 온다.

만약 후용(後龍)이 상격(上格)에 합(合)하면 벼슬이 대간(臺諫)에 이르고 중격(中格)의 용(龍)에 들면 급사(給事)의 벼슬이 나오고 하격(下格)의 용(龍)에 들더라도 조직(朝職)으로 궁궐(宮闕)에서 잔일을 하는데 만약 후용(後龍)에 귀(貴)함이라고는 전혀 없다고 하더라도 역시 주(主)는 국가(國家)의 전문직종(專門職種)의 자격(資格)을 부여(賦與)받고 가는 곳마다 귀인(貴人)의 대접(待接)을 받으며 부(富)로서는 더없이 크게 이루고 자손(子孫)도 왕성(旺盛)하다.

묘(墓) 쓰고 처음에 탄생(誕生)하는 사람이 비장(肥長)하면 왕성(旺盛)한 기운(氣運)이 이른 것이고 뒤에라도 절름발이

가[折足人] 나오면 기운이 다 되었음을 알 것이다.

 이 성체(星體)에서 행상형(行象形)류가 많이 나온다. 이 체에서는 화퇴(火堆)를 작(作)하는 것이 좋다.

### 시(詩)

**有龍無虎未爲非 有虎無龍亦莫疑**

(유용무호미위비 유호무용역막의)

 "용은 있고 호가 없다고 아니라고 할 수 없으며 호는 있는데 용이 없는 것도 역시 의심하지 말 것이다."

**但要兩宮當面會 湊成依舊合天機**

(단요양궁당면회 주성의구합천기)

 "다만 양궁이 중요하니 면회함이 마땅하고 주성함이 구법에 의한 것이나 천기에 합하는 것이다."

## 단고태양(單股太陽)

左垂金

右垂金

左轉水

左轉水

右蟠龍

左蟠龍

左單提

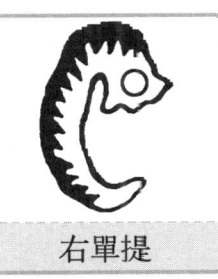
右單提

# 7. 측뇌태양(側腦太陽) 금성(金星)

**원문(原文)** … 側腦太陽

　　　　第七太陽名側腦　肩下穴最好
　　　　形勢眞如虎下山　富貴在其中

此星腦員身高開脚　乳生肩下故名曰側腦太陽　有二體 其脚有均勻者　昔人名曰仙宮此爲正格也　有一脚短　有一脚長　弓過者昔人謂之紐會　又名仙人咬風　此爲變格也皆當坐樂立穴　外有帶曜者　圖說見正體篇　夫太陽側腦　正脉斜趍而下穴居金水會處　如太陽在天　無不照也 凡側腦星辰　眞氣不疑扵腦下　靈氣自注扵肩中　昔人名曰左右仙宮　今號爲偏側怪穴　頭顱須別　力量本同　所以爲之吉穴也　惟要堂氣聚前　樂星聳後　穴宜踏逆面喜張朝是爲得之　是忌案前飛走　尤嫌穴內疎空　飛走則是虛花　空虛則是騰漏　乃不可不察　此星本蔭一四七位衣祿　故不要　左砂送水　由申宮之勢而行脉　得乾宮之氣而成形　坐向得申庚辛酉乾位　皆爲氣旺而形應　好則近於水口　喜融結子龍腰　若安扦合法生人相貌端莊　心性拗執　行事果決　庚申辛酉命人受蔭　己酉丑年發達 若后龍合上格者　官至參政樞密　合中格者　官至省部佐貳　合下格者　官至職事　若全無貴格者　亦主富貴　初生肥長之人　氣至而盛也　至生頭歪之人　則氣盡而衰也

此體多爲下山虎形 宜作金堆忌穴前開路

詩曰　太陽端正勢來雄 急處安扦必定凶
　　　但向肩䏶尋氣脉 不宜高作恐傷龍

### 시(詩)

**第七太陽名側腦　肩下穴最好** (제칠태양명측뇌 견하혈최호)

"태양의 일곱째는 측뇌라는 이름이니 어깨 밑에 가장 좋은 혈이다."

**形勢眞如虎下山　富貴在其中** (형세진여호하산 부귀재그중)

"형세는 맹호가 하산함이 진혈이니 부귀가 그중에 있으리라."

측뇌태양의 성체(星體)는 두뇌(頭腦) 부분이 둥글고[頭圓] 몸체는 높으며[身高] 어깨 아래[肩下]로 개각(開脚)하여 유(乳)를 달았으므로[生乳] 이름이 측뇌태양(側腦太陽)이라 불리어졌다.

이에는 두 종류의 성체로 나눌 수 있으며 그 하나는 각(脚)이 균균(均勻)한 것인데 이를 옛사람들은 선궁혈(仙宮穴)이라 이름 부쳐놓았고 정격(正格)으로 삼았으며, 또 하나는 한쪽 각(脚)은 짧은데 한쪽 각은 길어서 활처럼 둥글게 안아 준 것인데[長脚弓過] 이를 옛사람들은 유회혈(紐會穴)이라 하였는데 또 다른 이름으로는 선인교풍(仙人咬風) 혈

(穴)이라 부르기도 하였으며 이를 변격(變格)으로 삼았다.

이 두 혈(穴)의 입혈(立穴)은 주산(主山)을 바르게 등지고 앉지 않았으므로 측뇌(側腦)라는 이름이 되었으니 좌락(坐樂)을 의지하여야 쓸 수 있다.

**[필자주(筆者註)1]** 낙산(樂山)=혈(穴)에서 보아 주산(主山)이 없어서 뒤쪽이 허전(虛傳)할 때 본산(本山)을 대신하여 뒤를 받쳐주는 객산(客山)을 말한다. 혈(穴)에서는 주산(主山)이 강(强)해야 정체(正體)혈성(穴星)이라 하여 힘을 받을 수 있는데 측뇌(側腦)가 되면 주산(主山)을 바르게 짚어지지 못하였으므로 객산(客山)이라도 빌려서 주산(主山) 역할을 시켜야 하기 때문이다.

이상 두 격(格) 외에도 요(曜)를 대(帶)한 것이 있으나 정체(正體)편의 도설(圖說)을 참고(參考)하기 바란다.

대저 태양금성체(太陽金星體)에서 뿐만이 아니고 측뇌(側腦)라는 이름이 붙은 성신(星辰)은 정맥(正脈)으로부터 비껴 내려[斜趨] 왔으므로 주산(主山)과도 어긋날 수 밖에 없다. 그러므로 반드시 타산(他山)의 협조(協助)가 있어야 성국(成局) 성혈(成穴)한다. 이에서의 혈(穴)은 금(金)과 수(水)가 모이는 곳에 응결(凝結)한다. 혹 측뇌(側腦)혈성(穴星)이라고 비하(卑下)시킬 수는 없으니 태양(太陽)은 하늘에 있으므로 세상 어느 곳이나 비치지 않는 곳이 없기 때문이다.

무릇 모든 측뇌(側腦) 성신(星辰)은 진기(眞氣)가 뇌하(腦下;肩下)에서 응결(凝結)함을 의심(疑心)치 말 것이다. 또 달리 표현(表現)하면 영기(靈氣)를 주산(主山)의 견중(肩中)에다 모아놓으므로 혈명(穴名)을 옛사람들은 좌선궁혈(左仙宮穴)이나 우선궁혈(右仙宮穴) 등으로 불러왔는데 사계(斯界)의 후학(後學) 현인(賢人)들은 두안(頭顔)이 다르다고 하여 편측(偏側)한 괴혈(怪穴)로 규정(規定)하고 있으나 이 혈(穴)의 역량(力量)만은 본체(本體)와 동일(同一)하므로 이른바 길혈(吉穴)로서 의심(疑心)하지 갈 것이다.

오직 이 혈(穴)에서 중요하게 바라는 바는 명당(明堂)이 바르게 전개(展開)되어 명당 앞으로 기세(氣勢)를 모아줘야 하고, 앞에서는 조산(朝山)이 용발(聳拔)하고 뒤에서는 낙산(樂山)이 높기도 하지만 두터운 것이 더 중요하며, 혈(穴)은 답역(踏逆)함이 마땅하며, 면(面)은 넓고 평탄(平坦)함이 기쁘니 이와 같이 된 것을 득지(得之)하였다 한다.

이 성신(星辰)에서 가장 꺼리는 것은 혈판의 세력(勢力)이 안산(案山) 앞으로 급(急)하게 쏟아져 나가는 것이며[案前飛走] 더욱 혐오(嫌惡)하는 것은 혈(穴)이 성글어서 허전한 것이니[穴內疎空] 비주(飛走)하면 참된 혈(穴)이 결작(結作)하지 못하고 허화(虛花)가 되기 때문이고 공허(空虛)하면 오르고져 하나 기운이 새어 나가[騰漏] 주저앉아 버리기 때문이다. 그러므로 자세히 살피고 관찰하지 않으면 안 된다.

이 성신(星辰)은 본시 첫째, 넷째, 일곱째에게 의록(衣祿)이 나타나는 자리이므로 좌사(左砂)로 송수(送水)하는 것을 중요하게 생각하지 않는다.

후용(後龍)에서는 신궁(申宮)의 세력(勢力)을 만나야 행맥(行脈)하고 건궁(乾宮)의 기운(氣運)을 득(得)하고서야 성형

(成形)한다.

 좌향(坐向)에서도 신(申)경(庚)유(酉)신(辛)건(乾) 좌(坐)가 나왔을 때 형세(形勢)의 왕성(旺盛)한 기운이 좌향(坐向)에 연결(連結)되어 상응(相應)하게 된다.

 이 성신(星辰)은 수구(水口) 근처(近處)에서 결작(結作)함을 좋아하고 용(龍)의 허리부분에서 융결(融結)함을 기뻐한다.

 이곳을 재혈(裁穴)할 때 최선(最善)의 장법(葬法)을 사용하였으면 출생인(出生人)의 체격(體格)이 출중(出衆)하여 인물(人物)이 단장(端長)하고 심성(心性)이 확실하여 끊고 맺음이 분명하며 행사(行事)함에도 정확(正確)한 판단력(判斷力)으로 과감(果敢)한 결단력(決斷力)을 발휘한다.

 이 자리의 발음(發蔭)은 경(庚)신(申)신(辛)유(酉) 생인이 먼저 크게 발복하고 사(巳)유(酉)축(丑)년(年)에 발달(發達)한다.

 만약 후룡(後龍)이 상격(上格)에 들면 벼슬이 임금 앞에 참정(參政)하며 추밀(樞密=참모총장이나 국방장관) 등에 이르고 중격(中格)에 해당하면 벼슬이 성부(省部)나 좌이(佐貳)정도에 이르며 후룡(後龍)이 하격(下格)이라면 벼슬이 직사(職事) 정도에 이른다. 만약 후룡(後龍)에 귀격(貴格)이 전무(全無)하더라도 역시 국가(國家)의 전문직종(專門職種)의 자격증(資格證)을 부여받고 부(富)를 크게 하여 세상(世上) 사람들로부터 존경(尊敬)의 대상이 된다.

 묘(墓) 쓴 후로 출생(出生)하는 사람이 비장(肥長)하면 왕성(旺盛)한 기운(氣運)이 계속(繼續) 되는 것이고 두뇌(頭腦)가 비뚤어[頭歪]지거나 불구(不具) 기형인(畸形人)이 나오면 이곳의 기운(氣運)이 쇠진(衰盡)하여 영향(影響)을 못준다는 것을 알 수 있다.

이 체에서 맹호하산형(猛虎下山形) 등 맹수(猛獸) 이름이 붙은 형격(形格)이 많이 나온다. 금퇴(金堆)를 작(作)하는 것이 좋다. 그러나 혈(穴) 앞에 길을 내는 것은 크게 꺼린다.

### 시(詩)

**太陽端正勢來雄 急處安扦必定凶**
(태양단정세래웅 급처안천필정흉)

"태양이 단정한데 오는 세가 웅장하면 급처에 안천하는 것은 필연코 흉하리라."

**但向肩開尋氣脈 不宜高作恐傷龍**
(단향견개심기맥 불의고작공상용)

"다만 어깨를 향하여 기맥을 찾아 열어야 하는데 높이 작하는 것은 마땅치 못하니 상용할까 걱정된다."

## 측뇌태양(側腦太陽)

右仙宮

左仙宮

右紐會

左紐會

# 8. 몰골태양(沒骨太陽) 금성(金星)

**원문(原文)** ⋯沒骨太陽

第八太陽名沒骨 肩下開口吉
時人喝作出欄杆 聲價萬皇州

此星膇員身高開口肩下 故名日沒骨太陽 有四體 其肩下開口 有一邊彎弓 一邊粗螢者 昔人謂之搖拳 有一邊單脚 一邊雙脚 昔人謂之疊指 皆就其軟硬相夾處斬截氣脉立穴 此二者爲正格也 有腦下生乳 或長或短 或峻或大不可立穴者 昔人謂之張膽 肩下兩傍 取前應後樂 認取一邊立穴 或一乳分抱 左右兩傍 皆可下二穴 此二者爲變格也(師曰 穿空斜側 左右扦知得是神仙) 外有帶曜者 圖說見正體篇 夫太陽沒骨 乘金就水 於動處安穴 以其薄弱 故以沒骨名之 凡沒骨星辰 形勢旣有偏斜 氣脉必趨左右 潛踪難認 開口爲憑 須奇極之不同 與端正而何異 所以謂之吉穴也 必須前邊 堂氣後對樂星 莫嫌穿薄穿空 但喜夾堅夾軟 是爲得之 最忌后(後)龍失勢 尤嫌前案無情失勢必定非眞 無情決然是假 乃不可不察 此星本蔭一四七位衣祿 故不畏左砂逆水 申宮之勢而行脉 得乾宮之氣而成形 坐向得庚申辛酉乾 皆爲氣旺而形應 好居幹龍大盡 喜臨兩水交流 若安扦合法 三人相貌端莊 心性柔弱 行事果決 庚申

辛酉命人受蔭 己酉丑年發達 若后龍合上格者 官至給事中格者 官至幕職若全無貴格者 亦主富貴 初生肥長之人 則氣至而盛也 至生背駝之人 則氣盡而衰也 此體多爲出欄牛形 宜高作金堆

**詩曰** 太陽腦下穴難扦 沒骨原來在兩肩
　　　　須要用功高作穴 他年氣應産英雄

### 시(詩)

**第八太陽名沒骨 肩下開口吉** (제팔태양명몰골 견하개구길)
"태양의 여덟 번째는 이름이 몰골인데 견하에 개구하여야 길하고"

**時人喝作出欄杆 聲價滿皇州** (시인갈작출난간 성가만황주)
"사람들의 갈작은 황우가 난간에서 나오는 형이니 성가로 황주를 덮으리라."

이 성신(星辰)의 두뇌(頭腦) 부분은 둥글고[頭圓] 몸체는 높으며[身高] 어느 한쪽 어깨 밑으로[肩下] 개구(開口)하였다하여 몰골태양(沒骨太陽)이라 하였다. 이 격(格)에서는 네 종류(種類)의 체(體)로 구분(區分)하여 감정(鑑定)하여야 한다.

　그 첫째는 어느 한쪽의 어깨 아래 견하(肩下)에다가 개구(開口)하고 한쪽 변(變)에서는 만환(彎弓)하였는데 다른 한 변은 거칠고 조악(粗惡)한(조만=粗蠻) 것이 있는데 이것을 옛사람들은 이른바 요권체(搖拳體)라 하였다.

둘째는 어느 한 변(變)은 단각(單脚)인데 다른 한 변은 쌍각(雙脚)으로 된 것이 있는데 옛사람들은 이르기를 첩지체(疊指體)라 하였다. 이 두 격(格)을 정격(正格)으로 삼았고 입혈(立穴)은 연경(軟硬)이 상협(相夾)하는 곳에다 기맥(氣脈)을 참절(斬截)시키고 재혈(裁穴)한다고 되어 있다.

셋째는 뇌하(腦下)에다 유(乳)를 발생(發生)시켜 혹(或) 길기도 하고 짧기도 하며 혹(或) 준급(峻急)하기도 하고 혹(或) 너무 크기도 하여 입혈(立穴)을 할 수가 없는 것이 있는데 이것을 옛사람은 장뇌격(張腦格)이라 하였는데 입혈(立穴)은 견하(肩下) 양방(兩方)가운데서 어느 쪽이든 전응(前應)과 후락(後樂)을 보고 도와주는 한 변(變)에다가 재혈(裁穴)하면 된다.

넷째는 혹(或) 유(乳)가 다시 나뉘어 한쪽의 긴 유(乳)가 짧은 유(乳)를 감싸준다면 어느 쪽이든 입혈(立穴)이 가능하다. 이상 두 격을 변격(變格)이라 한다.

[필자주(筆者註)1] 용진(龍眞) 혈적(穴的)이 확실(確實)한데 유(乳)가 나뉘어 갈라졌을 때는 긴 쪽이 짧은 쪽을 감싸주는 것에 관계(關係)없이 짧은 쪽에서 결혈(結穴)하는 것이다. 만약 양쪽의 유(乳)가 길거나 짧은 것이 없어 득 같을 때는 양쪽 모두 쓸 수도 있으나, 주위가 허전(虛傳)하여 사수(四獸)의 호위(護衛)가 없을 경우는 양쪽 모두 쓸 수 없다.

[원주(原註)2] "師曰 穿空斜側左右扦 知得是神仙"=스승이 이르기를 천공사측(穿空斜側)이라도 좌우 어느곳이든 다 천장(扦葬)할 수 있으나 이는 신선(神仙)만이 득(得) 할 수 있음을 알아야 한다 하였다.

이밖에도 요(曜)를 대동(帶同)한 격(格)이 있는데 정체(正體)의 도설(圖說)을 참고(參考)하기 바란다.

대저 태양금성(太陽金星) 중에서도 몰골형(沒骨形)은 동처(動處)에서 승금취수(乘金就水)로 혈(穴)을 찾아 안장(安葬)하는 것이다. 그러므로 기(氣)가 박약(薄弱)하다고 하여 몰골(沒骨)이라는 이름이 붙여졌다.

무릇 몰골(沒骨) 성신(星辰)은 형세(形勢)가 이미 편벽(偏僻)하게 기울었으므로 기맥(氣脈)은 반드시 좌(左)든 우(右)든 어느 한쪽으로 쫓아 잠종(潛踪) 할 것이므로 알아보기가 매우 어렵다. 그러므로 개구(開口)하였음을 보고 증거를 삼는 것이다. 따라서 반드시 기이(奇異)함이 극도(極度)에 이르렀음을 확인(確認)하였다면 단정(端正)한 정체(正體)와 같지 아니하다고 하여 무엇이 차이(差異)가 나겠는가? 이러한 것을 들고 이른바 길혈(吉穴)에 든다고 하는 것이다. 그러하나 절대적(絕對的)인 조건(條件)은 앞에서는 맞이하고 영접(迎接)하는 전영(前迎)이 있어야 하고 뒤에는 받쳐주고 의지(依支)할 수 있는 낙산(樂山)이 있어야 한다. 이렇게 전영(前迎)과 후락(後樂)이 확실(確實)하다면 이 혈성(穴星)에서 기(氣)가 천박(穿薄)할 것 같다든가 천공(穿空)함도 혐의(嫌疑)가 될 수 없는 것이다. 단지 기쁜 것은 협(夾)이 견고(堅固)할 곳은 견고(堅固)하고 유연(柔軟)할 곳은 유연(柔軟)해야 득지(得之)하였다고 하는 것이다.

이 성체(星體)에서 가장 꺼리는 것은 후룡(後龍)에서 실세(失勢)한 것이며 더욱 혐오(嫌惡)하는 것은 전안(前案)이 무정(無情)한 것이니 실세(失勢)하면 결정(決定)코 진혈(眞穴)을 결작(結作) 할 수 없기 때문이요, 므정(無情)하면 반드시 가혈(假穴)일 뿐이기 때문이다. 그러므로 자상하게 살피지 않으면 안 되는 것이다.

이 성신은 본시 첫째, 넷째, 일곱째에게 의록(衣祿)이 있으므로 좌사(左砂)로 송수(送水)하더라도 두려울 것이 없다.

이 성신(星辰)은 신궁(申宮)의 세(勢)를 타야 행맥(行脈)하고 건궁(乾宮)의 기(氣)를 받아야 성형(成形)한다.

좌향(坐向)에서도 신(申)경(庚)유(酉)신(辛)건(乾) 좌(佐)가 되면 형세(形勢)에서 오는 왕성(旺盛)한 기운(氣運)이 좌(坐)로 연결된다.

또 이 성신(星辰)은 간용(幹龍)이 멀리 와서 대진(大盡)하는 곳에 거(居)하기를 좋아하고 다시 두 물이[兩水] 교류(交流)하는 긋에 임(臨)하기를 기뻐한다. 단약 이 자리에 재혈(裁穴)할 때 가장 적절(適切)한 장법(葬法)을 사용하였다면 출생인(出生人)의 용모(容貌)가 단장(端莊)하고 심성(心性)은 유약(柔弱)하나 행사(行事)에는 과감(果敢)하고 결단력(決斷力)이 있다. 장후(葬後) 경(庚)신(申)신(辛)우(酉) 생인이 먼저 음덕(蔭德)을 받는다. 또 사(巳)유(酉)축(丑)년에 발달(發達)한다.

이 자리의 후룡(後龍)이 만약 상격(上格)에 들면 벼슬이 급사(給事)에 이르고 중(中格)에 들면 막직(幕職)의 벼슬이 나오며 하격(下格)에 들 때는 군수(郡守)나 현감(縣監)이 나오며 만약(萬若) 귀격(貴格)이 전무(全無)하더라도 역시 국

가(國家)의 전문직종(專門職種)인의 자격증(資格證)을 부여
받고 가는 곳마다 귀인(貴人)으로 대접(待接)을 받고 부(富)
로서도 크게 명성을 떨친다.

  장후(葬後) 초생인(初生人)이 비장(肥長)한 사람이 나오면
기(氣)가 왕성(旺盛)함에 이르러 있음을 알 수 있고 만약 배
타인(背駝人=곱사등이)이 출생하면 기운이 다 되어 쇠진(衰
盡)하였음을 알 수 있다.

  이 체(體)에서는 출난우형(出欄牛形)이 많이 나온다. 금퇴
(金堆)를 높게 작(作)하면 길(吉)하다.

### 시(詩)

**太陽腦下穴難扦　沒骨原來在兩肩**

(태양뇌하혈난천 몰골원래재양견)

  "태양의 뇌하에는 혈로서 천장이 어려우니 몰골혈은 원래 양
어깨에 있기 때문이다."

**須要用功高作穴　他年氣應産英雄**

(수요용공고작혈 타년기응산영웅)

  "모름지기 공력을 사용하여 혈을 높이 짓는 것이 중요하니 타
년의 어느 때가 되면 기가 응하여 영웅을 탄생시키리라."

## 몰골태양(沒骨太陽)

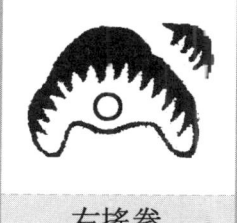
右搖拳

左搖拳

右疊指

左疊指

右張胆

左張胆

雙張胆

## 9. 평면태양(平面太陽) 금성(金星)

**원문(原文)** … 平面太陽

第九太陽是平面 只在平地現
人言形狀似金盤 穴向突中安

此星身員面平 心中有突 故名曰平面太陽惟有一體 或出平面之中 高山者要突中有窩 平地者要穴中有突. 中心安穴 塟經云 支塟其巓是也 夫太陽諸形 多有平落者 此星惟平處有之 眞龍平伏多 方結此形穴 其力量與正體一同 若中心無突 則是太陰 凡平面星辰 靈光自出扵頂中 生氣聚浮扵面上 精神收歛 造化完全 故謂吉穴 必須形勢端正 堂氣周密賓主有情左右無缺 細推靜動 詳察浮沈是謂得之 最忌胎息孤寒 血脈反背 孤寒則人丁衰僭 反背則家業消亡 乃不可不察 此星本蔭一四七位衣祿 故不畏左砂送水 由申宮之勢而行脉 得乾宮之氣而成形 坐向得庚申辛酉乾 皆爲氣旺而形應氣 喜臨溪傍路邊好渡水穿田 若安扦合法 生人相貌端莊 心性平易行事果決 庚申辛酉生人受蔭 己酉丑年發達 若后龍合上格者 官至公相合中格者 官至省部合下格者 身近淸貴 若全無資格者 亦主大富綿遠 初生肥壯之人 則氣至而盛也 至生爬面之人 則氣散而衰也 此體多爲仰面金盤形 宜作金堆 忌用石砌

> 詩曰　太陽仰面最團圓 窩突之中正好扦
> 　　　朱紫滿門家富盛 從來平處福綿綿

### 시(詩)

**第九太陽是平面　只在平地現** (제구태양시평면 지재평지현)

"태양의 아홉 번째는 평면이라 하니 다만 평지에서 나타나리라."

**人言形狀似金盤　穴向突中安** (인언형상사금반 혈향돌중안)

"사람들은 형상을 금반 같다 함이니 혈은 돌 중에다 안천한다."

이 성신(星辰)은 몸체가 둥글고[身圓] 얼굴은 평탄한데[面平] 중심(凸心)부분에 돌처(突處)가 있으므로 이름이 평면태양(平面太陽)이라 붙여졌다.

이 체에서는 오직 일체(一體) 밖에 없는데 평탄(平坦)한 들 가운데서는 마치 배부른 호떡 모양으로 살포시 솟아 오른 곳에 다시 돌혈(突穴)로 되는 것이다.

혈(穴)이 되는 형상(形狀)을 보면 고산(高山)에서도 간혹 나타나는데 돌(突) 중에서 와(窩)가 있어야 진(眞)이 되고 평지(平地)에서는 돌(突) 중에서 다시 돌(突)이 되어야 참된 것이라 할 수 있으며 그 중심(中心)에다 안장(安葬)하게 된다. 이것이 장경(葬經)에서 "支葬其顚"(지장기전)라고 말한 것이다.

대저 태양(太陽) 성신(星辰)의 여러 형(形)들은 모두가 평지(平地)로 낙(落)한 것이 보통이라 하지만 오직 이 성신(星辰)만은 평탄한 들 가운데에서 솟아 오른 것이다. 그러나 실제로는 진룡(眞龍)이 평지(平地) 아래로 잠복(潛伏)하였다가 혈처(穴處)에서 모습을 나타낸 것이다. 그러므로 그 역량(力量)은 정체(正體)와 다를 바가 없이 크고 정확(正確)하다.

 이곳의 중심(中心)에 만약 돌(突) 처(處)가 없으면 바로 뒤에 나오는 태음(太陰) 성신(星辰)이 될 것이니 돌(突)이 "있다 없다"로 태양(太陽)과 태음(太陰)이 구분된다.

 무릇 평면(平面) 성신(星辰)에서 영광(靈光)은 정중(頂中)으로부터 나오고 생기(生氣)는 모아서 면상(面上)으로 부상(浮上)시키며 정신(精神)을 수렴(收斂)하여 조화(造化)를 완전(完全)하게 하므로 길혈(吉穴)이 되는 것이다.

 이 체에서 중요(重要)한 것은 형(形)과 세(勢)가 단정(端正)하고 당기(堂氣)가 주밀(周密)하며 빈주(賓主)가 유정(有情)하며 좌우(左右)에는 결함(缺陷)이 없어야 하니 동정(動靜)을 세밀(細密)하게 추적(追跡)하고 부침(浮沈)을 소상(消詳)하게 관찰(觀察)하여야 이른바 이에서 득지(得之)하는 것이다.

 이 성체에서 가장 꺼리는 것은 태식(胎息)이 고한(孤寒)한 것이며 더욱 혐오(嫌惡)하는 것은 혈맥(血脈)이 반(反)배(背)하는 것이니, 태식(胎息)이 고한(孤寒) 하면 인정(人丁)이 쇠잔(衰殘)하기 때문이고 혈맥(血脈)이 배반(背反)하는 것은 가업(家業)이 소망(消亡)하기 때문이다. 그러므로 자세히 관찰(觀察)하지 않으면 안되는 것이다.

**[필자주(筆者註)1]** 태식(胎息)=용(龍)이 부모(父母)산을 일으킨 후 끝나고 혈성(穴星)을 만드는데 부모(父母)산과 혈성(穴星) 사이에는 과협(過峽)인 결인(結咽) 목(크)을 만들게 된다. 이곳의 부모(父母)산(山) 쪽은 태(胎)이고 혈성(穴星)으로 낮게 연결시키는 돈(目)을 식(息)이라 하는데 이 근처가 허(虛)하여 바람이 타면 흉(凶)하다는 것이다.

이 성신은 본시 첫째, 넷째, 일곱째에게 의록(衣祿)이 있으므로 좌사(左砂)로 송수(送水)하더라도 꺼리지 아니한다.

이 성체의 내룡(來龍)은 신궁(申宮)의 세(勢)를 경유(經由)하였을 때 행맥(行脈)할 수 있고 건궁(乾宮)의 기(氣)를 득(得)하였을 때 성형(成形)한다. 좌향(坐向)에서도 신(申)경(庚)유(酉)신(辛)건(乾)이 좌(坐)가 되었을 때 왕성(旺盛)한 기운(氣運)을 받을 수 있고 형(形)과도 상응(相應)하게 된다.

이 성신(星辰)은 큰 냇가 근처나 도로(道路)의 변(邊)에 거(居)하는 것을 좋아하고, 물을 건너고 논밭을 지나[穿田渡水] 임(臨)하는 것을 기뻐한다.

이곳에 안장(安葬)하는 장법(葬法)이 최선(最先)의 양법(良法)으로 재혈(栽穴)되었다면 장후(葬後)에 출생(出生)하는 자손(子孫)의 상크(相貌)가 단장(端莊)하고 심성(心性)이 평이(平易)하며 일에 임(臨)하여서는 판단력(判斷力)이 빠르고 과감(果敢)한 결단력(決斷力)도 있다.

장후(葬後)에 발음(發蔭)은 경(庚)신(申)신(辛)유(酉)생에게 먼저오고 사(巳)유(酉)축(丑)년에 발달(發達)한다.

이 성체(星體)의 후룡(後龍)이 만약 상격(上格)의 용(龍)에 들면 벼슬이 공상(公相)에 이르고 중격(中格)의 용(龍)에 해당하면 벼슬이 성부(省部)의 수장(首長)이 되며 하격(下格)의 용(龍)에 해당되면 청귀(淸貴)한 자리에 거(居)하면서 일생(一生)동안 가는 곳마다 귀인(貴人)으로 대접(待接) 받는다. 만약 후룡(後龍)에 귀격(貴格)이 전무(全無)하더라도 특수(特殊)한 전문(專門) 직종(職種)의 자격자(資格者)로서 권력(權力)은 없으나 큰 부(富)와 귀(貴)로 대(代)를 이어가며 길게 누린다. 이곳의 장후(葬後)에 처음 출생(出生)하는 사람이 비장(肥壯)하면 기(氣)가 왕성(旺盛)함에 이른 것이고 걷지 못하여 얼굴을 땅에 대고 기어 다니는[爬面人] 사람이 나오면 기가 흩어져 쇠진(衰盡)하였음을 알 것이다.

이 체(體)에서 "앙면금반형(仰面金盤形)"이 많이 나온다. 금퇴(金堆)를 작(作)하는 것은 좋으나 석체(石砌=섬돌)를 설치(設置)하는 것은 꺼린다.

### 시(詩)

**太陽仰面最團圓　窩突之中正好扦**

(태양앙면최단원 와돌지중정호천)

"태양이 얼굴을 들면 가장 단원 한 것이니 바른 혈은 와돌로 있으니 그곳을 찾아 안천하여라."

**朱紫滿門家富盛　從來平處福綿綿**

(주자만문가부성 종래평처복면면)

"가문에 주자(관복)가 가득하고 부 또한 왕성하며 평처를 쫓았는데도 복록이 면면하리라."

## 평면태양(平面太陽)

# 2부
# 태음금성
# (太陰金星)

## 1. 정체태음(正體太陰)

**원문(原文)** … 正體太陰

第一太陰爲正體 低員眞可喜
現出天心半月規 男貴女爲妃

此星腦員而方 身低面平不開脚 故名曰正體 太陰有五體其下員者爲出金 曲者爲出水 方者爲出土 此三者爲正格也 若應案堂氣 凝聚於中 則宜下天心穴(卽藏殺穴) 凝聚於左右 則宜下角上穴(卽閃殺出) 面前峻急 應案左右皆低 則宜下塊上穴(卽脫殺穴) 尖者爲出火 直者爲出木 此二者爲次格也 則宜下輪上穴(卽壓殺穴) 外有雙擺燥 左擺燥 右擺燥 雙拖蕩 左拖蕩 右拖蕩 皆謂之帶曜 亦宜下天心穴 必主出貴 凡諸體多有帶曜者

皆當依此論之 夫太陰者 后妃之象也 所貴者端正員淨
此體最得其正 號爲第一 凡正體星辰 包含造化之妙
收斂精神之完 故力大而功宏 氣溥而用博 故爲吉穴
惟要面無破碎 身不崩傾察動靜扵微茫 分高低扵隱約
是爲得之 最嫌上下巉岩 尤忌左右缺陷 巉岩則成火體
缺陷則變蕩形 乃不可不察 此星本陰三六九位衣祿 故
不畏右砂逆水 由申之勢而行脉 得艮兌之氣而成形 坐
向得庚申辛酉乾 皆爲氣旺而形應 喜近平田大坂 好臨
長江大河 若安扦合法 生人相貌端莊 並心性慈詳 行
事果决 庚申辛酉命人受蔭 己酉丑年發達 若后龍合上
格者 男爲宰相 女爲后妃 合中格者 東宮官僚 合下格
者 隨朝淸貴 若全無貴格者 亦主富而好禮 初生肥短
之人 則氣至而盛也 至生耳聾之人 則氣盡而衰也 此
體多爲半月形 宜作水堆

詩曰　平腦金星號紫薇 角邊塊生與心齊
　　　案朝堂聚皆眞穴 依此安扦不用疑

## 시(詩)

**第一太陰爲正體　低圓眞可喜** (제일태음위정체 저원진가희)
 "태음의 첫째는 이름이 정체이니 낮고 둥근 것이 참된 기쁨이며"

### 現出天心半月規　男貴女爲妃 (현출천심반월규 남귀여위비)

"천심을 만들고 반월이 나타나면 남자는 귀하고 여인은 후비로다."

이 성신(星辰)은 두뇌(頭腦) 부분이 둥글[頭圓]면서도 약간의 모[方]가 난 듯하며 몸체는 낮고[身低] 바닥과 얼굴[面]은 평탄(平坦)하고 개각(開脚)은 하지 않았다. 그러므로 정체(正體)라 하였다.

이에는 오체(五體)가 있는데 그 하체(下體)가 둥근 것을 출금(出金)이라 하고 곡(曲)한 것은 출수(出水)라 하며 방(方)한 것을 출토(出土)라 하는데 이 삼격(三格)이 정격(正格)이다. 정격에서 만약 응안(應案)이 바르고 거리도 적당하면 당기(堂氣)는 정중(正中)에다 응취(凝聚)시키니 마땅히 천심혈(天心穴)로 하장(下葬)하여야 하는데 즉 장살혈(藏殺穴)을 말하는 것이다. 또 달리 좌우(左右)에다가 응취(凝聚)하였으면 각상혈(角上穴)이니 마땅한 하장(下葬)은 섬살혈(閃殺穴)로 하여야 하는 것인데, 만약 면전(面前)이 준급(峻急)하다거나 응안(應案)이 낮고 좌우(左右)도 함께 낮게 응(應)하였으면 마땅히 괴상혈(塊上穴)로 보고 하장(下葬)하여야 하는데 이는 탈살혈(脫煞穴)을 말하는 것이다.

또 첨(尖)한 것을 출화(出火)라 하고, 곧고 긴 것을 출목(出木)이라 하는데 이 두 격(格)은 정격을 따르지 못하므로 차격(次格)으로 취급(取扱)되는데 하장(下葬)에 마땅한 법은 수상혈(輸上穴)이니 곧 압살혈(壓煞穴)을 말한다.

그밖에도 쌍패조(雙擺燥), 좌패조(左擺燥), 우패조(右擺燥)가 있고 쌍타탕(雙拖蕩), 좌타탕(左拖蕩), 우타탕(右拖蕩)이 있는데 요(曜)를 대(帶)한 것들이며 역시 천심혈(天心穴)로 하장(下葬)할 수 있다. 이 태음성신(太陰星辰)은 반드시 귀로 발함[必貴]을 주장한다.

무릇 이후로도 제체(諸體)에는 요(曜)를 대(帶)한 것들이 많은데 모두 이 논법(論法)에 의(依)한다.

대저 태음성신(太陰星辰)은 후비(后妃)의 상(象)이 되며 단정(端正)하고 원정(圓淨)한 것을 귀(貴)한 것으로 한다. 태음성신(太陰星)은 정체(正體)가 되어야 가장 바르게 득(得)하였다고 하며 제일가는 태음성신(第一太陰)이라 하는 것이다.

무릇 정체성신(正體星辰)은 조화(造化)의 묘(妙)를 포함(包含)하였고 정신(精神)의 완전(完全)함을 수렴(收斂)하는 고로 역량(力量)이 크고 공 또한 넓고[功宏] 아름답다. 기(氣)로도 넓고 크므로 기부(氣溥)라 하였고 쓰임도 넓다[用博]하여 길혈(吉穴)이라 한다. 오직 중요(重要)한 것은 면(面)에 파쇄(破碎)함이 없어야 하고 몸통[身]은 붕경(崩傾)됨이 없어야 한다. 그러므로 미망(微茫) 중(中)에서 동정(動靜)을 살펴야 하고 은약(隱約) 중(中)에서 고저(高低)를 나누어야 한다.

또 이 성신(星辰)에서 가장 혐오(嫌惡)하는 것은 상하(上下)가 참암(巉岩)한 것이고 더욱 꺼리[忌]는 것은 좌우(左右)가 결함(缺陷)된 것이니 참암(巉岩)하면 화체(火體)를 이루기 쉽기 때문이고 결함(缺陷)하면 소탕형(蕩形)으로 변(變)하기 쉽기 때문이다.

이 성신(星辰)은 본래의 발음(本蔭)이 셋째, 여섯째, 아홉째 자리[三六九位]에서 록(祿)을 받으므로 우사(右砂)가 송수(送水)함을 두려워하지 않는다.

이 성신(星辰)을 만든 용(龍)은 신(申)의 세력(勢力)를 경유(經由)하여야 행맥(行脈)하고 간태(艮兌)의 기(氣)를 득(得)하여야 성형(成形)한다. 좌향(左向)에서도 경(庚)신(申)신(辛)유(酉)건(乾) 좌(坐)를 득(得)하면 왕성한 기운(氣旺)이 형세(形勢)에 상응(相應)하는 것이다.

이 태음(太陰) 성신(星辰)은 평전이나 대판[平田大坂] 가까이에 있음을 기뻐하고 장강이나 대하[長江大河]가 임(臨)함을 좋아한다.

이 성신(星辰)을 사용할 때 장법(葬法)이 최선(最善)이면 출생인(出生人)의 상모(相貌)가 단장(端莊)하고 심성(心性)이 자상(慈詳)하며 행사(行事)는 과결(果決)하다. 경(庚)신(申)신(辛)유(酉) 생인(生人)이 수음(受蔭)하고 사(巳)유(酉)축(丑)년(年)에 발달(發達)한다.

만약 이 성신(星辰)을 만든 후용(後龍)이 상격(上格)이면 남자는 재상(宰相)이요, 여자에게는 후비(后妃)에 이르며 중격(中格)이면 동궁(東宮)의 관료(官僚)요, 하격(下格)이면 어전조회를 수조(隨朝)하는 청귀(淸貴)가 나오며 후용(後龍)에 귀격(貴格)이 전무(全無)하더라도 큰 부자가 되는 것은 물론 예의를 좋아한다[大富好禮].

이곳에 묘(墓)를 쓰고 처음 출생하는 사람[初生]이 비단(肥短)하면 기가 왕성함[氣旺]에 이른 것이고 이농인(耳聾人)이 출생하면 기(氣)가 다 되어 쇠진(盡衰)한 것이다.

이 체(體)에 반월형(半月形) 종류가 많으며 수퇴(水堆)를 작(作)하면 길(吉)하다.

### 시(詩)

**平腦金星號紫薇　角邊塊生與心齊**
(평뇌금성호자미 각변괴생여심제)

"평뇌금성혈의 이름을 붉은 장미라고도 하는데 각의 변으로 흙맥을 간조롯히 둥글게 발생 시켰음이다."

**案朝堂聚皆眞穴　依此安扦不用疑**
(안조당취개진혈 의차안천불용의)

"단산 조산이 당으로 모인 것이 인정되면 모두가 진혈이라 할 것이니 이에 의하여 안천하여야 하는데 의심을 내고 쓰지 않는가?"

## 정체태음(正體太陰)

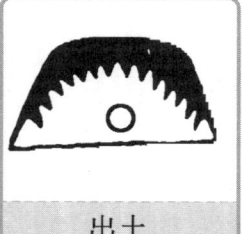
出土

出水

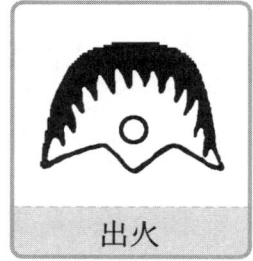
出火

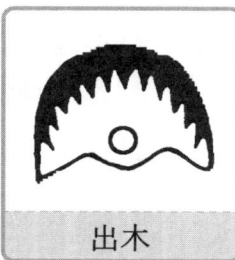
出木

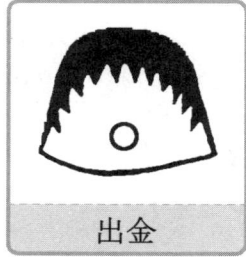
出金

## 2. 개구태음 (開口太陰)

**원문(原文)** ··· 開口太陰

第二太陰號開口 眞穴如何剖
形如伏兎最堪扦 富貴永綿延

按星桱有二十體 左右擺轉不同 今以一體爲式 其餘倣此 此星腦員面方身低口開兩脚 故謂之曰開口太陰有五體其兩脚員者爲轉金 曲者爲轉水 方者爲轉土 此三者 爲上格也 宜下藏煞穴 尖者爲轉火 直者爲轉木 此二者爲次格也 宜下壓煞穴 有一脚轉金 有一脚轉水木火土者 有一脚轉水 一脚轉金水木土者 又有一脚轉金水火土者 有一脚轉土 一脚轉金木水火者 共二十體 此爲變格也 其間惟金火脚 金木脚 水火脚 水木脚 宜下閃煞穴 煞在左則挨右 在右則挨左 火木脚宜下壓煞穴 其餘者宜下藏煞穴 凡開脚者 皆依此論之 外有雙擺燥 左右擺燥 雙拖蕩 左右拖蕩 皆謂之帶曜 亦宜下藏煞穴 不須壓祿(煞) 龍經云 龍虎背后有衣裙 此是宮欄拜舞袖 又云左脇生來緧笏樣 右脇生來魚袋形 正謂此也 圖說見正體篇 夫太陰本是金星開口 則爲水穴昔人云 金星開口 量金用斗 有龍虎以衛區穴情 故爲福緊 次扵正體 凡開口星辰 靈光合聚扵中 餘氣分行扵下 雌雄相顧 血脉相通 所以謂之吉穴 惟要口中員淨

窩內冲融 身俯則穴宜就脉揭高 如勢體壁立 當揭高立穴以受氣 前面存空地 面仰則穴宜蘸弦坐入 如體勢低平 脉有弦稜 當蘸弦坐入下穴 名藏頭紫氣 是爲得之 最忌堂棬則外氣不橫 落槽則吉星自壞 乃不可不察 此星本蔭三六九位衣祿 故不畏右砂送水 由申宮之勢而行脉 得艮兌之氣而成形 坐向得庚申辛酉乾 皆爲氣旺而形應 好倒落扵源頭 喜融結於水尾 若安扦合法 生人相貌端莊 心性通疎 行事明白 若后龍合上格者 官至侍郎 合中格者 東宮官僚 合下格者 京官之任 若全無貴格者 亦主當足者 初生肥短之人 氣至而盛也 至生口乞之人 則氣盡而衰也 此星多爲伏兔形 宜作土堆

詩曰　太陰開口穴如何 要認中間脉與窩
　　　埋葬深塋忌深廣 兒孫指日便登科

### 시(詩)

**第二太陰號開口　眞穴如何剖** (제이태음호개구 진혈여하부)

"태음의 두 번째는 이름이 개구이니 진혈은 하부와 같으니라."

**形如伏兔最堪扦　富貴永綿延** (형여복토최감천 부귀영면연)

"형이 엎드린 토끼와 같으면 감여로는 가장 좋은 혈이니 부귀가 면연하리라."

[원주(原註)1] 이 성신(星辰)에는 격(格)이 이십체(二十體)가 있는데 좌우의 패와전[左右擺轉]이 모두 부동(不同)하다. 그러므로 이곳에서는 한 체(一體)만을 법식(法式)으로 삼고자 하니 다른 것들은 이에 준(準)하기 바란다.

이 성신(星辰)은 두뇌(頭腦) 부분이 둥글[圓]고 얼굴[面]은 모가나 방(方)하며 몸[身]은 낮[低]은데 두 다리[兩脚]를 벌렸다 하여 개구(開口) 태음(太陰)이라 하였다.

이에는 다섯 체(五體)가 있는데 양각(兩脚)이 둥근[圓] 것을 전금(轉金)이라 하고 곡(曲)한 것을 전수(轉水)라 하고 방(方)한 것을 전토(轉土)라 하니 이 삼격(三格)이 정격(正格)으로 상격(上格)이 된다. 마땅히 장살혈(藏殺穴)로 하장(下葬)한다.

또 양각(兩脚)이 첨(尖)한 것을 전화(轉火)라 하고 곧아 직(直)한 것을 전목(轉木)이라 하니 이 드 격(二格)은 정격(正格)의 다음 격[次格]으로 한다. 마땅히 압살혈(壓殺穴)로 하장(下葬)할 것이다.

또 한 각(一脚)은 전금(轉金)인데 다른 한 각(一脚)이 전수, 전목, 전화, 전토[轉水木火土]로 된 것이 있고, 또 한 각(一脚)은 전수(轉水)인데 다른 한 각(一脚)이 전금, 전목, 전화, 전토[轉金木火土]로 된 것이 있고, 또 한 각(一脚)은 전목(轉木)인데 다른 한 각(一脚)이 전금, 전수, 전토, 전화[轉金水土火]로 된 것이 있고, 또 한 각(一脚)은 전토(轉土)인데 다른 한 각(一脚)이 전금, 전수, 전목, 전화[轉金水木火]로 된 것이 있고, 또 한 각(一脚)은 전화(轉火)인데 다른 한 각(一脚)이 전금, 전수, 전목, 전토[轉金水木土]로 된 것 등 모두 이십체(二十體)가 있다. 이들을 변격(變格)이라 한다. 그 중 오직 금화각(金火脚)과 금목각(金木脚) 수화각(水火脚) 수목각(水木脚)은 마땅히 섬살혈(閃殺穴)로 하장(下葬)하는 것인데 살(殺)이 좌(左)에 있으면 애우(挨右)하고 우(右)에 있으면 애좌(挨左)하는 것이다.

화목각(火木脚)은 마땅히 압살혈(壓殺穴)로 하장(下葬)하고 그밖에는 마땅히 장살혈(藏殺穴)로 하장(下葬)하여야 한다.

무릇 개각(開脚)한 성신(星辰)들은 모두 이 논(論)에 준(準)한다.

또한 쌍패조(雙擺燥), 좌패조(左擺燥), 우패조(右擺燥)와 쌍타탕(雙拖蕩), 좌타탕(左拖蕩), 우타탕(右拖蕩)이 있는데 이들은 모두 요(曜)를 대(帶)한 것들을 말한다. 이 역시 장살혈(藏殺穴)로 하장(下葬)하는 것이니 살을 제압(制壓)하는 것이지 녹(祿)은 제압[壓]할 필요(必要)는 없기 때문이다. 이를 용경(龍經)에서 말하기를

"龍虎背後有衣裙 此是宮欄拜舞袖(용호배후유의군 차시궁란배무수)
용호의 배후에 치마 자락이 보이는데 이는 필시 궁궐에서 절을 하는 무희들의 소매 자락이로다."

라 하고 또 이르기를

"左脅生來縉笏樣 右脅生來魚袋形(좌협생래진홀양 우협생래어대형)
좌측으로 생래 한 것은 홀(笏)을 꽂은 모양이요, 우측으로 생래

한 것은 어대 형이라."

하니 이를 정확하게 이르는 말이다. 이의 그림과 설명(說明)은 정체편(正體編)에서 참고하기 바란다.

대개 태음성신(太陰星辰)은 본시(本是) 금성(金星)이나 개구(開口)하면 수혈(水穴)이 된다. 이것을 옛사람이 말하기를 "金星開口 量金用斗(금성개구 양금용두)=금성이 개구를 하면 돈 헤아리기를 말로 하게 된다"하였으니 이 혈(穴)은 용호(龍虎)가 단정(端正)하게 감추어 주고 지켜 주는 혈(穴)이 되기 때문에 복록(福祿)이 정체(正體) 다음으로 긴요(緊要)하다고 한다.

무릇 개구성신(開口星辰)은 영광(靈光)이 개구중(開口中)으로 합취(合聚)하고 여기(餘氣)는 아래[下]로 분행(分行)하며 자웅(雌雄)이 상고(相顧)하고 혈맥(穴脈)이 상통(相通)하므로 이른바 길혈(吉穴)이 된다.

오직 중요(重要)한 것은 구중(口中)이 원정(圓淨)하고 와내(窩內)가 충융(冲融)하여야 한다. 몸[身]이 구부린 자세가 되어 낮[俯]으면 혈(穴)은 마땅히 취맥(就脈) 게고(揭高)할 것이다. 가령 세체(勢體)가 높아 벽입(壁立)하면 마땅히 게고입혈(揭高立穴)하여야 전면에 펼쳐진 공지로부터 수기[受氣 前面存空地] 한다는 것을 말한다. 또 혈을 높이 처들어 얼굴이 면앙(面仰)의 자세가 되었으면 혈(穴)은 마땅히 잠현좌입(蘸弦坐入)할 것이니 가령 체(體)의 세(勢)가 저평(低平)하면 맥(脈)이 현릉(弦稜)에 높이 있으니 마땅히 잠현좌입(蘸弦坐入)으로 하혈(下穴)할 것을 말하는 것이다. 이를 장두자기

(藏頭紫氣)라고도 한다. 이렇게 되어야 득지(得之)한 것이다.

이 성신(星辰)에서 가장 꺼리[最忌]는 것은 당권(堂捲)이며 더욱 혐오(嫌惡)하는 것은 낙조(落槽)이니 당권(堂捲)하면 외기가 불횡[外氣不橫]이요, 낙조(落槽)가 되면 길성(吉星)이 스스로 붕괴(自壞)하기 때문이다.

이 성신(星辰)은 본래부터 발음[本蔭]이 셋째, 여섯째, 아홉째 자리[三六九位]에 복록(福祿)이 되는 자리이므로 우사(右砂)가 송수(送水)하는 것을 두려워하지 않는다.

이 성신(星辰)을 만든 용(龍)은 신궁(申宮)의 세력(勢力)으로 경유(經由)하여야 행맥(行脈)하고 간태(艮兌)의 기운(氣運)을 득(得)하여야 성형(成形)한다. 좌향(坐向)에서도 경(庚)신(申)신(辛)유(酉)건(乾) 좌(坐)가 되면 왕성한 기운(旺氣)이 형세(形勢)에도 상응(相應)하는 것이다.

이 성신(星辰)은 원두(源頭)에서 도락(倒落)하여 거(居)함을 기뻐하고 수미(水尾)에서 융결(融結)하고 임(臨)함을 좋아한다.

이 성신(星辰)을 이용할 때 장법(葬法)이 최선(最善)이었다면 출생인(出生人)의 상모(相貌)가 단장(端莊)하고 심성(心性)이 통소(通疎)하고 행사(行事)가 명백(明白)하다.

만약 이곳의 후용(後龍)이 상격(上格)이면 벼슬이 시랑(侍郎)에 이르고 중격(中格)이면 동궁(東宮)의 관료(官僚)가 되고 하격(下格)이면 경관(京官)의 직책을 맡게 되며 귀격(貴格)이 전무(全無)하더라도 부(富)만은 풍족(豊足)하여 세상의 부러움을 산다.

  이곳에 묘(墓)를 쓴 후 처음 출생하는 사람[初生人]이 비단(肥短)하면 왕성한 기운(旺氣)에 이른 것이고 그걸인(口乞人)이 출성(生)하면 기(氣)가 다 되어 쇠진(衰盡)한 것이다.

  이 체(體)에서 복토형(伏兔形)이 많이 나오며 토퇴(土堆)를 작(作)하면 길(吉)하다.

### 시(詩)

**太陰開口穴如何　要認中間脈與窩**
(태음개구혈여하 요인중간맥여와)

  "태음이 개구하면 혈은 여하히 찾을 것인가 중간의 맥을 알아보는 것이 중요하니 와혈로 함께 보이리라."

**埋葬深塋忌深廣　兒孫指日便登科**
(매장심영기심광 아손지일편등과)

  "매장은 깊게 개영 할 것이나 깊으면서도 넓은 것은 꺼리니 아손이 어느 날 쉽게 등과 하리라."

## 개구태음(開口太陰)

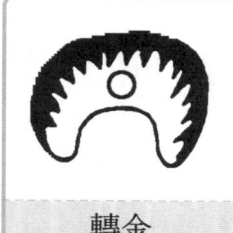
轉金

轉水

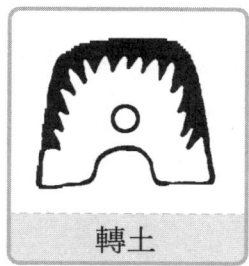
轉土

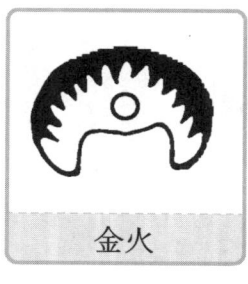
金火

金木

火水

水木

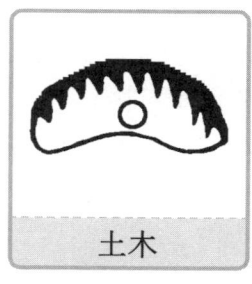
土木

火木

轉木

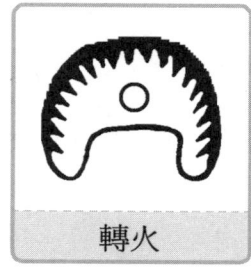
轉火

## 3. 수유태음(垂乳太陰)

원문(原文)  … 垂乳太陰

第三太陰號垂乳 八體從頭數
低員形似獸兼垂 眞穴在其中

此星腦員而方 身低面平 開脚垂乳 故名曰垂乳太陰 有八體 其乳員者爲垂金 當乘金穴 向垂處立穴 曲者 爲生水 當開金取水 尋動處立穴 方者爲穿土 當乘金 就土 當中心立穴 直者爲夾木 當余木從金 尖者爲帶 火 當促金剪火 穿兩脚立穴 此五者 爲正體也 有兩乳 者 昔人謂之雙星 有兩乳中生脚有岐者正 昔人謂之麒 麟 皆可下兩穴 有三乳者 謂之三台 可下三穴 此三者 爲變格也 立穴並以前五體 如法諸體 凡懸乳者 皆依 此法論之 有帶曜者 圖說見正體篇 夫太陰懸乳 乃金 水合形 其力量與正體一同 爲福尤緊 此懸乳星辰 生 氣疑聚而下垂 灵光發露而外現 兩宮俱到一乳正中 所 以謂之吉穴 怪要圈中舒暢 乳上光員 五氣形分 三停 下穴 是爲得之 最忌堂塞 尤嫌水走 堂塞則人物凶頑 水牽則田牛退失 乃不可不察 此星本陰三六九位衣祿 故不畏右砂迲水 由申宮之勢而行脉 得艮兌之氣而成 形 坐句得庚申辛酉乾 皆爲氣旺而形應 喜近江河 好 臨田驛 安抚合法 生人相貌端莊 心性質直行事明白

庚申辛酉命人受蔭 巳酉丑年發達 若后龍合上格者 男近淸光 女爲后妃 合中格者 官入省部 合下格者 官居寺監 若全無貴格者 亦主廣田庄大旺人丁 初生肥短之人 則氣至而盛也 至生腎癲之人 則氣盡而衰也 此星多爲螃蟹形 老蚌戲珠形 牛眠形 宜作水堆

詩曰　平腦金星乳氣懸 八般穴法任君扦
　　　　男婚公主穿緋紫 女入椒房逞獨專

### 시(詩)

**第三太陰號垂乳　八體從頭數** (제삼태음호수유 팔체종두수)

"태음의 세 번째는 수유라는 이름이니 그 수가 여덟 체로다."

**低圓形似獸兼㲋　眞穴在其中** (저원형사수겸토 진혈재기중)

"낮고 둥근 형은 짐승 겸 토끼 모양인데 진혈이 그중에 있음이다."

이 성신(星辰)은 두뇌(頭腦) 부분이 둥글고 얼굴 면은 모가나 방[面方]하며 몸은(身) 낮게[低] 위치하였지만 평탄(平坦)하다. 양다리를 벌려[開脚]놓고 그 안으로 수유(垂乳)하였기 때문에 수유태음(垂乳太陰)이라 하였다.

이에는 팔체(八體)가 있는데 그 유(乳)가 둥근[圓] 것을 수금(垂金)이라 하며 마땅히 승금혈(乘金穴)로 하장(下葬)하는데 그 향수처(向垂處)에다 입혈(立穴)하는 것이다. 또 곡(曲)

한 것을 생수(生水)라 하는데 마땅히 개금(開金)하여 취수(取水)하고 동처(動處)를 찾아 입혈(立穴)한다. 또 방(方)한 것을 천토(穿土)라 하는데 마땅히 승금취토(乘金就土)하고 그 중심(中心)에다 입혈(立穴)한다. 또 곧은[直] 것을 협목(夾木)이라 하는데 마땅히 사목종금(舍木從金)하여야 하고, 또 첨(尖)한 것을 대화(帶火)라 하는데 마땅히 촉금전화(促金剪火)하여야 하므로 양각(兩脚)을 천(穿)하여 입혈(立穴)한다. 이상 다섯 격(五格)이 정체(正體)가 된다.

또 양유(兩乳)로 된 것이 있는데 이를 옛사람들은 쌍성혈(雙星穴)이라고들 하였다. 또 양유(兩乳) 가운데서 각(脚)을 발생(發生)시킨 것이 있는데 그 각이 두 갈래로 되어 기(岐)가 되었어야 정(正)이 된다. 이를 옛 사람들은 기린혈(麒麟穴)이라고도 하였다. 이상 두 혈(穴)모두 하장(下葬)이 가(可)하다. 또 삼유(三乳)로 된 것이 있는데 이른바 삼태(三台)라고도 한다. 삼혈(三穴) 모두 하장(下葬)이 가하다. 이상 삼격(三格)을 변격(變格)이라고 한다.

무릇 현유(懸乳) 수유(垂乳) 등으로 말한 것들은 모두 이 법론(法論)에 의지(依持)하는 것이 원리(原理)이다.

또 요(曜)를 대(帶)한 것들이 있는데 정체편(正體編)의 도설(圖說)을 참고(參考)하기 바란다.

대저 태음현유(太陰懸乳)는 금수(金水)가 협력하여 합형(合形)하였으므로 그 역량(力量)이 정체(正體)와 다른 것이 없으며 복록(福祿)이 더욱 긴밀(緊密)하다. 이 현유성신((懸乳星辰)은 생기(生氣)를 모아 응취(凝聚)시킨 다음 하수(下

垂)한 것이며 영광(靈光)은 발로(發露)시켜 밖으로 나타낸 것이다. 그러므로 양궁(兩宮)이 한 유중(乳中)으로 함께 이르고 그 가운데로 일유(一乳)가 결작(結作)한 것이니 길혈(吉穴)이 된다. 오직 중요(重要)한 것은 권중(圈中)이 서창(舒暢)하고 유상(乳上)이 광원(光圓)하여야 하고 오기(五氣)로 형을 분류시켜서[形分] 삼정(三停)으로 하혈(下穴)할 수 있으면 득지(得之)한 것이다.

이 성신(星辰)에서 가장 꺼리는[最忌] 것은 당색(堂塞)이며 더욱 혐오(嫌惡)하는 것은 수견(水牽)이니 당색(堂塞)하면 인물(人物)이 흉완(凶頑)하고 수견(水牽)이면 전우퇴실(田牛退失)하기 때문이다.

이 성신(星辰)은 본래의 발음[本蔭]이 셋째, 여섯째, 아홉째 자리[三六九位]에서 복록(福祿)을 입으므로 우사(右砂)가 송수(送水)하는 것을 꺼리지 아니한다.

이 성신(星辰)을 만든 용(龍)은 신궁(申宮)의 세력(勢力)으로 경유(經由)하여야 행맥(行脈)하고 간태(艮兌)의 기운(氣運)을 득(得)하여야 성형(成形)한다. 좌향(坐向)에서도 경(庚)신(辛)신(辛)유(酉)건(乾) 좌(坐)를 득(得)하면 형세(形勢)에 왕성한 기운(氣旺)이 서로 상응하는 것이다.

이 성신(星辰)은 강하(江河)에 가까이 거(居)하여야 좋고 전택(田驛)에 임(臨)하는 것을 기뻐한다.

이곳을 이용할 때 장법(葬法)이 최선(最善)이었다면 출생하는 사람[出生人]의 상모(相貌)가 단장(端莊)하고 심성(心性)이 질직(質直)하며 행사(行事)가 명백(明白)하다.

이곳에 묘(墓)를 쓴 후 경(庚)신(申)신(辛)유(酉) 생인이 먼저 수음(受蔭)하고 사(巳)유(酉)측(丑)년에 발달(發達)한다.

만약 이 성신(星辰)을 만든 후용(後龍)이 상격(上格)이면 남자는 청광(淸光)을 가까이[近] 하고 여자는 후비(后妃)에 이른다. 후용이 중격(中格)이면 벼슬이 성부(省部)에 이르고 하격(下格)이면 사감(寺監)벼슬을 하며 귀격(貴格)이 전무(全無)하더라도 큰 부자가 되는 것은 물론 자손도 크게 왕성[大富人旺]하다.

이곳에 묘(墓) 쓴 후 처음 출생하는 사람[初生]이 비단(肥短)하면 기가 왕성(旺氣)함에 이른 것이고 신나인(腎癩人)이 출생하면 기가 다 되어 쇠진(氣盡)한 것임을 알아야 한다.

이 성체(星體)에서 방해형류(螃蟹形類)가 많고 노방희주형(老蚌戲珠形) 우민형(牛眠形) 등이 많이 나온다. 수퇴(水堆)를 작(作)하면 좋다.

### 시(詩)

### 平腦金星乳氣懸 八般穴法任君扦
(평뇌금성유기현 팔반혈법임군천)

"평뇌금성혈이 유기로 매달렸으니 팔반혈법은 군에게 맡겨 천장 하리라."

### 男婚公主穿緋紫 女入椒房逞獨專
(남혼공주천비자 여입초방령독전)

"남자는 공주와 혼인하니 비자를 꿰뚫은 것이고 여인은 초방으로 들어가 원하는 것을 모두 얻으리라."

## 현유태음(懸乳太陰)

垂金

生水

穿土

夾木

帶火

雙乳

麒麟

三台

## 4. 궁각태음(弓脚太陰)

> **원문(原文)** ··· 弓脚太陰

第四太陰脚先弓 穴水出無踪
形似蒼龍常捲尾 富貴眞無比

此星身低面平 脚開 抱穴 一長一短 故名曰弓脚太陰 有二體 其脚一長一短者 爲正格也 穿長者下穴 兩脚交牙者 爲變格也 穿中心下穴 又當以四殺法 消息用之 外有帶曜耆 圖說見正體篇 夫太陰弓脚 資水爲多 關鎖周密 發越極快 但胸襟窄狹 若是右脚長者 不可以虎過明堂 及唧屍爲疑 凡弓脚靈光向內而隱藏 餘氣委婉而回抱 明堂聚面 應案連枝 所以謂之吉穴 惟要脚頭逆轉 何妨水口無關 欲定高低 當登左右 是爲得之 最忌脚高過眼 尤嫌虎遶擎拳 過眼則人丁凡愚 擎拳則子孫衰弱 乃不可不察 此星本蔭三六九位衣祿故不畏右砂送水 由申宮之勢而行脉 得艮兌之氣而成形 坐向得庚申辛酉乾 爲旺氣而形應 好落源頭水尾 喜居龍脊山腰 安扞合法 生人相貌端莊 心性宛轉 行事明白 庚申辛酉命人受蔭 己酉丑年發達 若居龍合上格者 合外戚起家 合中格者 東宮官屬 合下格者 佐貳之官 若全無貴格者 亦主解典放錢不絕 初生肥短之人 則氣至而盛也 至今足跛之人 則氣散而衰也 此體多爲蒼龍

捲尾形 宜作水堆

詩曰　太陰左右脚先弓 或作牙刀力更雄
　　　金盛故能生水氣 須知此穴奪神功

### 시(詩)

**第四太陰脚先弓　穴水出無踪** (제사태음각선궁 혈수출무종)
"태음의 네 번째는 각 선궁이니 혈은 수에서 나왔으므로 종적이 없다."

**形似蒼龍常捲尾　富貴眞無比** (형사창용상권미 부귀진무비)
"형은 창용권미형으로 부귀가 참되어 비할 곳이 없다"

이 성신(星辰)은 몸체는[身]은 낮게[低] 자리잡고 앉아 있으며 면(面)은 평탄(平坦)하며 다리[脚]를 벌려 혈(穴)을 싸고 안았다. 그 다리[脚]가 하나는 길고 하나는 짧다[一長一短]하여 궁각태음(弓脚太陰)이라 하였다.

이에는 이체(二體)가 있는데 그 각(脚)이 일장일단(一長一短)한 것을 정격(正格)이라 하는데 천장(穿長)하여 하혈(下穴)한다. 또 양각(兩脚)이 교아(交牙)한 것을 변격(變格)이라 하는데 중심을 뚫고[穿中心] 하혈(下穴)한다. 이는 마땅히 사살장법(四殺葬法)으로 소식(消息)하고 사용한다.

그밖에도 요(曜)를 대(帶)한 것이 있는데 정체편(正體編)의 도설(圖說)을 참고하기 바란다.

대저 태음궁각혈(太陰弓脚穴)은 수의 자원이 풍족(豊足)하다고[資水爲多] 할 수 있으며 관쇄(關鎖)도 주밀(周密)하므로 발월(發越)이 극쾌(極快)하다. 다만 흉금(胸襟)이 착협(窄狹)한 것이 결함이다. 만약 우각(右脚)이 길어서(長하여) 백호(白虎)가 명당(明堂)을 지나침[過]이 불가(不可)하니 함시(啣屍)일가 의심되기[爲疑] 때문이다.

무릇 궁각(弓脚) 성신(星辰)은 영광(靈光)을 안으로[內] 향(向)하여 은장(隱藏)하고 여기(餘氣)는 지현(之玄)으로 비틀비틀 위완(委婉)하면서 회포(回抱)하고 명당(明堂)은 면전으로 모아 취면(聚面)하고 응안연지(應案連枝)하므로 이른바 길혈(吉穴)이 된다.

오직 중요(重要)한 것은 각두(脚頭)가 수를 기준으로 역전(逆轉)하여야 하는데 역전이 되었다면 수구(水口)가 무관(無關)이라도 해로움[害]이 없기 때문이다. 이 혈에서는 고저(高低)와 좌우(左右)가 골라야 득지(得之)한 것이다.

이 성신(星辰)에서 가장 꺼리는[最忌] 것은 각(脚)이 높아서 과안(過眼)하는 것이며 더욱 혐오(嫌惡)하는 것은 백호(白虎)가 주먹을 들고 대드는 격권(擊拳)이니 과안(過眼)하면 인품(人品)이 어리석고 격권(擊拳)하면 자손(子孫)이 쇠패(衰弱)하기 때문이다.

이 성신(星辰)은 본래의 발음[本蔭]이 삼육구의 자리[三六九位]에 복록(福祿)이 오므로 우사(右砂)가 송수(送水)함을 꺼리지 아니한다.

이 성신(星辰)을 만든 용(龍)은 신궁(申宮)의 세(勢)로 경유(經由)하여야 행맥(行脈)하고 간태(艮兌)의 기(氣)를 득(得)하여야 성형(成形)한다. 좌향(坐向)에서도 경(庚)신(申)신(辛)유(酉)건(乾) 좌(坐)가 되면 왕성한 기운이(旺氣) 형세(形勢)에 상응(相應)하는 것이다.

이 성신(星辰)은 원두(源頭)에서 낙(落)하여 수미(水尾)에 임(臨)함을 좋아하고 용척산요(龍脊山腰)에 거(居)함을 기뻐한다.

이곳을 이용할 때에 장법(葬法)이 최선(最善)이면 출생인(生人)의 상모(相貌)가 단장(端莊)하고 심성(心性)이 완전(宛轉)하며 행사(行事)가 명백(明白)하다. 경(庚)신(申)신(辛)유(酉) 생인이 수음(受蔭)하고 사(巳)유(酉)축(丑)년(年)에 발달(發達)한다.

만약 이 성신(星辰)을 만든 후용(後龍)이 상격(上格)이면 외척(外戚)으로 인하여 가문(家門)을 일으키고[起家] 중격(中格)이면 동궁(東宮)의 관속(官屬)이 되며 하격(下格)이면 좌이(佐貳)의 벼슬을 하며 귀격(貴格)이 전무(全無)하더라도 주(主)는 해전방전(解典放錢)이 끊기지 아니하고 대대로 연결된다.

이곳에 묘(墓)를 쓰고 처음 출생하는 사람[初生人]이 비단(肥短)하면 기가 왕성함[氣盛]에 이른 것이고 족피인(足跛人)이 출생하면 기(氣)가 흩어져[散衰] 다 된 것이다.

이 체(體)에 창용권미형(蒼龍捲尾形)이 많다. 마땅히 수퇴(水堆)를 작(作)할 것이다.

### 시(詩)

**太陰左右脚先弓　或作牙刀力更雄**

(태음좌우각선궁 혹작아도역갱웅)

"태음 좌우 각 선궁이니 혹 아도를 작하여 그 힘이 더욱 웅장하고"

**金盛故能生水氣　須知此穴奪神攻**

(금성고능생수기 수지차혈탈신공)

"금이 왕성하므로 능히 수기를 생하여 주니 누가 이 혈을 알아낸다면 탈 신공이라."

## 궁각태음(弓脚太陰)

左先宮

右先弓

左交牙

右交牙

## 5. 쌍비태음(雙臂太陰)

**원문(原文)** ··· 雙臂太陰

第五太陰是雙臂 本性多詭秘
喝作金雞鼓翼形 爲福亦非輕

此星腦員而方面平 邊開兩脚 故名曰雙臂太陰 有三體 左右俱雙者 須要臂皆彎抱 或作交牙尤佳 此爲正格也 (若內甚短名挾勢至貴須要抱乳若兩臂太尖名挾刀主殺人至毒 須用人力鋤去尖頭使會員淨則變凶爲吉皆可扦也) 有左雙右 單者 須要穴上見其均勻 此二者爲變格也 立穴皆以四 殺法 消息而厈之 外有帶曜者 圖說見正體篇 夫太陰 雙臂者 金旺於上 水盛於下 相生相養 故發福極快 最 爲福遠 其左雙右單者 爲叠指 主賭錢財 然龍眞穴正 水聚山潮 決不破家 若穴上不見者 不忌也 凡雙臂星 辰 靈光自足正舒徐 眞氣有餘而磅礴 東西雙到 內外 重回 所以謂之吉穴也 惟要應案臨近 明堂聚前 立穴 必取天心 折水要依星步(雙臂多有元辰 決要折水也) 是爲 得之 最忌內臂尖射 尤嫌元辰直長 尖射則吉穴亦凶直 長則善星反惡 乃不可不察 此星本蔭三六九位衣祿故 不畏右砂逆水 由申宮之勢而行脉 得艮兌之氣而成形 坐向得庚申辛酉乾 皆爲氣旺而形應 喜傍大溪之側好 居萬山之間 若安扦合法 生人相貌端莊 心性機巧 行

> 事明白 庚申辛酉命人受蔭 己酉丑年發達 若龍合上格
> 者 官至侍從 合中格者 官至員郞 合下格者 從官淸要
> 若全無貴格者 亦主富而好禮 初生肥短之人 則氣至而
> 盛也 至生六趾之人 則氣盡而衰也 此體多爲金雞鼓翼
> 形 宜作土堆
>
> 詩曰　太陰雙臂出天然 疊指人疑喜賭錢
> 　　　但要山朝幷水遶 金銀多積更多田

### 시(詩)

**第五太陰是雙臂　本性多詭秘** (제오태음시쌍비 본성다궤비)
　"다섯 번째 태음은 쌍비이니 본성을 속이고 비밀리에 감춘다."

**喝作金雞鼓翼形　爲福亦非輕** (갈작금계고익형 위복역비경)
　"갈작으로 금계고익형인데 복 또한 가볍지 아니하다."

이 성신(星辰)은 두뇌(頭腦) 부분이 둥글면서도[圓] 모가 난 듯 방(方)하며 면(面)은 평탄(平坦)하다. 양쪽 변(邊)으로는 양 다리를 벌렸으므로 쌍비태음(雙臂太陰)이라는 이름이 부쳐졌다.

이에 삼체(三體)가 있는데 좌우(左右)가 함께 모두 쌍비(雙臂)인 것이 있는데 양쪽의 팔뚝[臂]이 모두 만포(彎抱)하여야 한다. 혹 교아(交牙)를 만들었다면 더욱 길(吉)하다. 이것을 정격(正格)이라 한다. 만약 안쪽(內)의 내비(兩臂)가 심히 짧아 심단(甚短)하면 지귀(至貴)사(砂)가 되는데 이를 협세(挾勢)라 한다. 이에서 중요한 것은 반드시 유(乳)를 안아 쌓아 주어야 된다는 점이다. 그러나 또 만약 양쪽[內]의 양비(兩臂)가 칼끝처럼 태첨(太尖)하면 이를 협도(挾刀=刀라야 함)라 하여 살인(殺人)을 주장하는 지독(至毒)한 흉사(凶砂)가 되어 사람에게 독해(害毒)를 끼치는 것이니 모름지기 인력(人力)으로 첨두(尖頭)를 원정(圓淨)하게 잘라주면 흉(凶)이 변(變)하여 길(吉)로 된다.

또 좌비(左臂)는 쌍(雙)이고 우비(右臂)는 단(單)인 것과, 우비(右臂)는 쌍(雙)인데 좌비(左臂)가 단(單)인 것이 있는데 모름지기 혈상(穴上)에서 볼 때 무두 균균(均勻)하여야 한다. 이 두 격(格)을 변격(變格)이라 하는데 입혈(立穴)은 모두 사살장법(四殺葬法)으로 소식(消息)하고서 사용한다.

또 달리 요(曜)를 대(帶)한 것이 있는데 정체편(正體編)의 도설(圖說)을 참고(參考)하기 바란다.

대저 태음쌍비(太陰雙臂)은 위쪽[上]은 금이 왕[金旺]하고 아래쪽[下]은 수가 왕성(水盛)하니 상생상양(相生相養)하므로 발복(發福)이 극쾌(極快)하고 복록(福祿)이 멀리까지 전하여진다. 그 좌쌍우단(左雙右單)인 것을 첩지(疊指)라 하여 주(主)는 도박으로 인한 전재[賭錢財]한다. 그러나 용진혈정(龍眞穴正)하고 수취산조(水聚山潮)하면 결코 파가(破家)하지는 않는다. 만약 혈상(穴上)에서 불견(不見)이면 더욱 꺼리지 아니[不忌]한다.

무릇 쌍비성진(雙臂星辰)은 영광(靈光)이 자족(自足)하나

서서히 펴나가고 진기(眞氣)가 유여(有餘)함에 방박(磅礴)하고 동서(東西)에서 쌍도(雙到)하며 내외(內外)에서 거듭 회전[重回]하므로 길혈(吉穴)이 된다.

 이에서 오직 중요(重要)한 것은 응안(應案)이 가까이 임(臨)하고 명당(明堂)으로 취전(聚前)하여야 한다. 입혈(立穴)에는 반드시 천심(天心)을 취(取)하고 절수(折水)는 성보(星步)에 의(依)하는 것이 중요(重要)하다. 쌍비성신(雙臂星辰)에서는 대개 원진수(元辰水)가 길어서 절수(折水)가 중요(重要)하기 때문이다.

 이 성신(星辰)이 가장 꺼리는[最忌] 것은 내비(內臂)가 첨사(尖射)하는 것이고 더욱 혐오(嫌惡)하는 것은 원진이 곧고 긴 것[元辰直長]이니 첨사(尖射)하면 길혈(吉穴)이라도 흉(凶)이 되고 직장(直長)하면 선성(善星)이 반대로 악살(惡殺)로 변하기 때문이다.

 이 성신(星辰)은 본래의 발음[本蔭]이 삼육구의 자리[三六九位]에서 복록(福祿)을 받으므로 우사(右砂)의 송수(送水)를 꺼리지 아니한다.

 이 성신(星辰)을 만든 용(龍)은 신궁(申宮)의 세력(勢力)을 경유(經由)하여야 행맥(行脈)하고 간태(艮兌)의 기(氣)를 득(得)하여야 성형(成形)한다. 좌향(坐向)에서도 경(庚)신(申)신(辛)유(酉)건(乾) 좌(坐)가 되면 왕성한 기운(旺氣)이 형세(形勢)와 상응(相應)하는 것이다.

 이 성신(星辰)은 큰 내[大溪]의 옆[側]에서 임(臨)하기를 기뻐하고 만산(萬山)의 중간(中間)에 거(居)함을 좋아한다.

이곳을 이용할 때 장법(葬法)이 최선(最善)이면 출생인(出生人)의 상모(相貌)가 단장(端莊)하고 심성(心性)이 기교(機巧)하며 행사(行事)가 명백(明白)하다. 경(庚)신(申)신(辛)유(酉) 생인(生人)이 수음(受蔭)하고 사(巳)유(酉)축(丑)년(年)에 발달(發達)한다. 후용(後龍)이 상격(上格)이면 벼슬이 시종(侍從)에 이르고 중격(中格)이면 원랑(圓郎)에 이르고 하격(下格)이면 종관(從官)이 청요(淸要)하며 귀격(貴格)이 전무(全無)하더라도 주(主)는 부(富)하고 호례(好禮)한다.

　묘(墓) 쓴 후 처음 출생[初生]하는 사람이 비단한 사람[肥短人]이 출생하면 왕성한 기운에 이르렀음을 알 수 있고 육지인(六趾人)이 출생하면 기가 다 되어 쇠진(氣盡)한 것이다.

　이 체(體)에 금계고익형(金雞鼓翼形)이 많다. 토퇴(土堆)를 작(作)하면 좋다.

### 시(詩)

**太陰雙臂出天然　疊指人疑喜賭錢**
(태음쌍비출천연 첩지인의희도전)

"태음쌍비는 천연에서 나오는데 첩지라고 사람들이 의심하는 것은 돈을 걸어놓고 도박을 좋아하기 때문이다."

**但要山朝幷水遶　金銀多積更多田**
(단요산조병수요 금은다적갱다전)

"다만 산이 조읍하고 아울러 수성이 둘러주면 금은을 많이 쌓아놓고 다시 전답도 널리 넓힌다."

## 쌍비태음(雙臂太陰)

左右俱雙

挾勢

挾刃

左雙

右雙

## 6. 단고태음(單股太陰)

**원문(原文)** … 單股太陰

第六太陰是單股 下後人爭覩
恰似金鈎形狀眞 從此出官人

此星腦員而方 身低面平 開一脚 故名曰單股太陰 有四體格 有微弓者 有弓而彎者 有弓而直者 有弓大蟠轉者 俱宜以左右前山定其高低下穴 外有帶曜者 圖說見正體篇 夫太陰單股 金淸水秀 最爲奇妙 不可以折股爲疑 凡單股必須逆轉 仍要兩宮湊成 穴貴隈藏 局宜周審 是爲得之 最忌穴畔風吹 面前水去 風吹則飄散生氣 水去則牽動土牛 乃不可不察 此星本陰三六九位衣祿 故不畏右砂逆水(訣云左蟠者不利長右蟠者不利勿惟有太陽金天貶土不忌) 由申宮之勢而行脈得艮兌之氣而成形 坐向得庚申辛酉乾 皆爲氣旺而形應 好落盡龍之所 喜臨大澤之傍 若安扦合法 生人相貌肥短 心性直白 行事果決 庚申辛酉命人受蔭 己酉丑年發達 若后龍合上格者 官至侍監 合中格者 官至司院 合下格者 官至幕職 若全無貴格者 亦主富足滋財 人丁大旺 初生肥矮之人 則氣至而盛也 至生折足之人則氣盡而衰也 此體多爲金勾形 宜作水堆

詩曰　太陰一脚最奇哉 但要彎彎送水回
　　　龍虎有無君莫問 定敎淸貴又多財

### 시(詩)

**第六太陰是單股　下後人爭覩** (제육태음시단고 하후인쟁도)

"여섯 번째 태음은 단고이니 하장 한 후 이 사람을 만나기 위한 쟁투가 있으리라."

**恰似金鉤形狀眞　從此出官人** (흡사금구형상진 종차출관인)

"금구형상과 흡사하면 진형이니 이에서 관록인이 배출한다."

이 성신(星辰)은 두뇌[頭腦] 부분이 둥글면서도 모가 난 듯[圓方] 하며 몸[身]은 낮은[低]데 면(面)은 평탄(平坦)하다. 한 다리(一脚)만을 벌렸다고 하여[開] 단고태음(單股太陰)이라 하였다.

이 성신(星辰)에는 사체(四體)가 있는데 미궁(微弓)한 것이 있고, 미궁(微弓)이 활처럼 만환(彎還)한 것이 있고, 미궁(微弓)이 곧은[直] 것이 있고, 그리고 미궁(微弓)이 크게 돌아 반전(蟠轉)한 것 등이 있는데 좌측이건 우측이건 불문하고 [左右間] 해당(該當)된다. 이곳에서는 전산(前山)의 고저(高低)를 보고 혈(穴)을 결정(決定)한다.

이곳에도 요(曜)를 대(帶)한 것이 있는데 정체편(正體編)의 도설(圖說)을 참고할 것이다.

대저 태음단고(太陰單股)는 금청수수(金淸水秀)한 것이니 이 점이 가장 기묘(奇妙)함으로 삼는다. 그러나 그 다리가 절고(折股)됨은 가장 불가(不可)하다.

무릇 단고격(單股格)에서는 모름지기 수(水)를 기준으로 역전(逆轉)하여야 하고 양궁(兩宮)이 주성(湊成)함을 요(要)한다. 혈(穴)은 외장(隈藏)됨이 귀(貴)가 되고 국(局)은 주밀(周密)함이 마땅하여 득지(得之)로 한다.

이 성신(星辰)에서 가장 꺼리는[最忌] 바는 혈반풍취(穴畔風吹)함이요, 더욱 혐오(嫌惡)하는 것은 면전(面前)으로 수거(水去)하는 것이니 풍취(風吹)하면 생기(生氣)가 표산(飄散)되고 수거(水去)하면 견동토우(牽動土牛)하기 때문이다.

이 성신(星辰)은 본시의 발음[本蔭]이 삼육구의 자리[三六九位]에서 복록(福祿)을 받으므로 우사(右砂)가 송수(送水)함을 꺼려하지 아니한다.

이 성신(星辰)을 만든 용(龍)은 신궁(申宮)의 세(勢)를 경유(經由)하여야 행맥(行脈)하고 간태(艮兌)의 기(氣)를 득(得)하여야 성형(成形)한다. 좌향(坐向)에서도 경(庚)신(申)신(辛)유(酉)건(乾) 좌(坐)가 되면 왕성한 기운(氣旺)과 강력한 형세(形勢)가 만나 상응(相應)하는 것이다.

이 성신(星辰)은 진용의 대진처에 낙[落盡龍處]하여 거(居)하기를 좋아하고 큰 저수지나 대택(大澤)의 옆[傍]에 임(臨)하기를 기뻐한다.

이곳을 이용할 때에 장법이 최선(葬善)이었다면 출생인(出生人)의 상모(相貌)가 단장(端莊)하고 심성(心性)이 직백(直

白)하여 행사(行事)가 과결(果決)하다. 경(庚)신(申)신(辛)유(酉) 생인(生人)에게 먼저 수음(受蔭)하고 사(巳)유(酉)축(丑)년(年)에 발달(發達)한다.

이 성신을 만든 후용(後龍)이 만약 상격(上格)이면 벼슬이 시감(侍監)에 이르고 중격(中格)이면 사원(司院)에 이르고 하격(下格)이면 막직(幕職)에 이르며 귀격(貴格)이 전무(全無)하더라도 부족인왕(富足人旺)한다.

이곳에 묘(墓)를 쓰고 처음 출생하는 사람[初生人]이 비왜(肥矮)하면 기가 왕성함[氣旺]에 이른 것이고 절족인(折足人)이 출생하면 기가 다 되어 쇠진(氣盡)한 것이다.

이 체(體)에 금구형류(金勾形類)가 많다. 수퇴(水堆)를 쌓으면 좋다.

### 시(詩)

太陰一脚最奇哉　但要彎彎送水回

(태음일각최기재 단요만만송수회)

"태음 한 각만을 가지고 가장 기묘하다고 어찌 말할 수 있겠는가? 다만 각이 만만하여 나가는 물을 빙- 돌게 하는 것이 중요함이다."

龍虎有無君莫問　定教清貴又多財

(용호유무군막문 정교청귀우다재)

"용호가 있건 없건 군은 묻지를 말라! 단정코 청귀를 알려주는 것은 물론 아울러 재물도 많은 것이다."

## 단고태음(單股太陰)

左垂金

右垂金

左轉水

右轉水

左單提

右單提

右蟠龍

左蟠龍

# 7. 측뇌태음(側腦太陰)

**원문(原文)** … 側腦太陰

第七太陰爲側腦 此穴眞難討
形如螃蠏自橫行 扦後定光榮

此星腦員面方 身邊高邊低 乳生低處 故名曰側腦太陰 二體其脚有均勻者 皆人名曰仙宮 此爲正格也 有一短一長過者 昔人名曰紐會 此爲變格也 皆當坐樂立穴 外有帶曜者 圖說見正體篇 夫太陰腦平立穴 斜趨而下 穴居金水處. 如懸象在天 或偏或倚 無不照也 凡側腦星辰 眞氣不凝於腦下 靈光自現扵乳中 昔名曰左仙宮 右仙宮 今名曰偏側怪穴 頭顱須別力量本同 此所以謂之吉穴也 惟要堂局聚前 樂星聳后 穴宜踏逆 面喜張朝 是爲得之 最忌案山飛走 尤嫌穴皆空疎 ○○○○○○○○○○ 則爲騰漏 乃不可不察 此星本蔭三六九位衣祿 故不畏右砂逆水 由申宮之勢而行脉得艮兌之氣而成形 坐向得庚申辛酉乾 皆爲氣旺而形應 好倒落扵水口 喜融結於龍腰 若安扦合法 生人相貌端莊 心性拘執 行事明白 庚申辛酉命人受蔭 己酉丑年發達 若后龍合上格者 官至尙書 合中格者 官至侍郞 合下格者 官至幕職 若全無貴格者 亦至富足 大旺人口 初生肥矮之人 則氣至而盛也 至生頭歪之人 則氣盡而衰

> 也 此體多爲螃蠏形 宜作水堆
> 詩曰　太陰側腦卽强魚 金土星辰畫不如
> 　　　但要面前堂氣聚 兒孫衣紫掛緋朱

### 시(詩)

**第七太陰爲側腦　此穴眞難討** (제칠태음위측뇌 차혈진난토)

"태음이 일곱 번째는 측뇌이니 이 혈이 참인지를 말로는 어려우니"

**形如螃蟹自橫行　扦後定光榮** (형여방해자횡행 천후정광영)

"형이 방해와 같으면 스스로 횡행하니 천장 후에 광영을 정해 준다."

이 성신(星辰)은 두뇌 부분이 둥글고[頭圓] 면은 모가 났으나[面方] 바닥은 평탄(平坦)하다. 몸통의 어느 변[身邊]이 높고 낮은 곳이[高低] 있는데 유(乳)가 낮은 곳[低處]에서 발생(發生)하였다 하여서 측뇌태음(側腦太陰)이라 하였다.

이에는 이체(二體) 뿐인데 그 각(脚)이 균균(均勻)한 것을 선궁(仙宮)이라 하는데 이 체(體)가 정격(正格)이 된다. 또 각(脚)이 하나는 길고 하나는 짧은[一短一長] 것이 있는데 앞을 지나간[過前] 것을 유회혈(紐會穴)이라 하여 변격(變格)으로 한다. 이 모두 좌락(坐樂)을 의지하여 입혈(立穴)한다.

이밖에도 요(曜)를 대(帶)한 것이 있는데 정체편(正體編)의 도설(圖說)을 참고(參考)할 것이다.
　대저 태음측뇌(太陰側腦)는 뇌(腦)가 평평(平平)하나 입혈(立穴)은 사추(斜趨)한 아래쪽으로 금수(金水)체를 만든 곳에 혈(穴)이 거(居)한다. 가령 "현상어천(懸象於天)"이라 하였으니 상(象)은 하늘에 있으므로[在天] 땅의 혈(穴)이 혹 편(偏)이거나 혹은 기(倚)일지라도 비쳐주지 아니하는 곳이[無不照也] 없다는 것임을 알아야 한다.
　무릇 측뇌(側腦) 성신(星辰)은 진기(眞氣)가 뇌하(腦下)로 응결(凝結)하지 아니하고 유중(乳中)으로 자현(自現)하기 때문에 좌선궁(左仙宮) 또는 우선궁(右仙宮)이라 하였다. 그러나 지금은 편측한 괴혈[偏側怪穴]이라고 한다. 편측 하므로 두로(頭顱)에 의지(依持)하지 못하였으나 역량(力量)만은 정체에 뒤지지 아니하고 같이 나타난다하여 길혈(吉穴)이 되는 것이다.
　이에서 오직 중요(重要)한 것은 당국(堂局)이 앞으로 모아줘야[前聚] 하고 낙성(樂星)이 용발하여 뒤를 받쳐줘야[聳後] 한다. 또 혈(穴)은 마땅히 답역(踏逆)하여야 하고 면(面)은 장조(張朝)함을 기뻐한다. 이러할 때 득지(得之)하는 것이다.
　이 성신에서 가장 꺼리는 것은[最忌] 안산(案山)이 비주(飛走)함이요, 더욱 혐오(嫌惡)하는 것은 혈(穴)이 공소(空疎)함이니 비주(飛走)하면 이곳의 혈(穴)이 허화(虛花)가 되기 때문이고 공소(空疎)하면 생기(生氣)를 등루(騰漏)시키기 때문이다. 그러므로 자상하게 살피지 않으면 안 되는 것이다.

이 성신(星辰)은 본시 발음(本陰)이 삼육구 자리[三六九位]에서 록을 받으니 우사(右砂)가 송수(送水)하더라도 꺼리지 아니한다.

이 성신(星辰)을 만드는 용(龍)은 신궁(申宮)의 세력(勢力)으로 경유(經由)하여 행맥(行脈)하여야 하고 간태(艮兌)의 기(氣)를 득(得)하여야 성형(成形)한다. 좌향(坐向)에서도 경(庚)신(申)신(辛)유(酉)건(乾) 좌(坐)가 되면 왕성한 기운(旺氣)이 형세(形勢)와 상응(相應)하는 것이다.

이 성신(星辰)은 수구(水口)에 도락(倒落)하여 거(居)함을 좋아하고 용요(龍腰)에 임하여 융결(融結)됨을 기뻐한다.

만약 이곳의 장법(葬法)이 최선(最善)이었다면 출생인(出生人)의 상모(相貌)가 단장(端莊)하고 심성(心性)이 구집(拘執)하며 행사(行事)가 명백(明白)하다. 경(庚)신(申)신(辛)유(酉) 생인(生人)이 먼저 수음(受蔭)한다. 사(巳)유(酉)축(丑)년(年)에 발달(發達)한다.

이 성신(星辰)의 후용(後龍)이 상격(上格)이면 벼슬[官]이 상서(尚書)에 이르고 중격(中格)이면 시랑(侍郎)에 이르고 하격(下格)이면 막직(莫職)에 이른다. 귀격(貴格)이 전무(全無)하더라도 부족인왕(富足人旺)은 한다.

이곳에 묘(墓)를 쓰고 처음 출생하는 사람[初生人]이 비왜(肥矮)하면 왕성한 기운(旺氣)에 이르러 있는[至] 것이고 두배인(頭歪人)이 출생하면 기(氣)가 쇠진(盡衰)한 것이다.

이 체(體)에서 방해형(螃蟹形)이 많다. 마땅히 수퇴(水堆)를 쌓을 것이다.

### 시(詩)

### 太陰側腦卽强魚 金土星辰畵不如
(태음측뇌즉강어 금토성신화불여)

"태음측뇌는 곧 강어이며 금토성신은 다양하여 그림 같지는 아니하다."

### 但要面前堂氣聚 兒孫衣紫掛緋朱
(단요면전당기취 아손의자괘비주)

"다만 면전으로 당기가 모이는 것이 중요하니 아손이 후에 자색의 관복과 비옥(緋玉)을 걸어 놓을 것이다."

## 측뇌태음(側腦太陰)

左先弓

右先弓

左紐會

右紐會

## 8. 몰골태음(沒骨太陰)

**원문(原文)** … 沒骨太陰

第八太陰號沒骨 動處安扦吉
要知眠犬是眞形 代代有聲名

此星腦員面方 身低開口肩下 故名曰沒骨太陰 有四體 其肩下開口 有一邊彎巧 一邊粗蠻者 昔人名曰搖拳有 一邊單脚 一邊雙脚者 名曰叠指 此二者爲正格也 有 腦員乳長直峻不可立穴者 昔人名曰吐舌 肩下兩傍取 前應後樂 分左右立穴 有乳形勢彎曲 抱左抱右 不可 立穴者 昔人名曰張膽 肩下兩芳 皆可下穴 此二者爲 變格也 外有帶曜者 圖說見正體篇 夫太陰沒骨棄金 就處立穴 因其薄弱 故以沒骨名之 星辰 形勢旣有偏 斜 氣脉必趨左右 潛踪難認 開口爲憑雖奇怪不同 與 端正何異 故爲吉穴 必須前迎堂氣 后對樂星 莫嫌穿 薄穿空 但要夾堅夾軟 是爲得之 最忌后龍失勢 尤嫌 前案無情 失勢定然非眞 無情必然是假 乃不可不察 此星本陰三六九位衣祿 故不畏右砂送水 由申宮之勢 而行脉 得艮兌之氣而成形 坐向得庚申辛酉乾 皆爲氣 旺而形應 好居餘龍大盡 喜臨兩水合流 若安扦合法生 人相貌端正 心性柔弱 行事明白 庚申辛酉命人受蔭 巳酉丑年發達 若后龍合上格者 官至鄕監 合中格者

官至員郞 合下格者 官至幕職 若全無貴格者 亦主富足 初生肥短之人 則氣至而盛也 至生跎背之人 則氣盡而衰也 此星多爲眼犬形 作高大金堆

詩曰　太陰腦下穴難尋 沒骨安扞値萬金
　　　 高大作墳生氣聚 男淸女貴稱人心

### 시(詩)

**第八太陰號沒骨　動處安扞吉** (제팔태음호몰골 동처안천길)
"제 여덟 번째 태음은 이름이 돌골이니 동처에 안천하면 길하며"

**要知眠犬是眞形　代代有聲名** (요지면견시진형 대대유성명)
"중요한 것은 면견(잠자는 개)이 진형이니 대대로 이름을 날릴 것이다."

이 성신(星辰)은 두뇌 부분이 둥글고[頭腦圓] 면(面)은 모가나 방(方)하고 음통은 낮은데[身低] 어깨 아래[肩下]로 개구(開口)하였다 하여 몰골태음(沒骨太陰)이라 한다.

이에 사체(四體)가 있는데 그 견하(肩下)로 개구(開口)하여 놓고 한 변(一邊)은 만교(彎巧)한데 한 변(一邊)은 조만(粗蠻)한 것이 있는데 이것을 옛 사람들은 "요권(搖拳)"이라 하였고, 또 한 변(一邊)은 단각(單脚)인데 한 변(一邊)은 쌍각(雙脚)인 것을 첩지(疊指)라 하는데 이 두 격(二格)을 정격(正格)이라 한다.

  또 두뇌(頭腦)는 둥글고 유(乳)가 장직(長直)하고 준급(峻急)하여 입혈(立穴)이 불가(不可)한 것이 있는데 이를 옛사람들은 토설혈(吐舌穴)이라 하였는데 어깨 아래[肩下]의 양방(兩傍)어느 곳이든 전응후락(前應後樂)을 취(取)하여 좌우간(左右間)에 입혈(立穴)이 가능하다. 또 유(乳)의 형세(形勢)가 만곡(彎曲)한 것이 있는데 좌(左)를 안았거나[抱] 우(右)를 안았으므로[抱] 입혈(立穴)이 불가(不可)한 것이 있는데 이를 옛사람들은 장첨혈(張膽穴)이라 하여 견하(肩下)에 양방(兩傍) 어느 곳으로든 모두 입혈(立穴)이 가하다. 이 두 격(二格)을 변격(變格)이라 한다.

  이밖에도 또 요(曜)를 대(帶)한 것이 있으나 정체편(正體編)의 도설(圖說)을 참고(參考)하기 바란다.

  대저 태음몰골(太陰沒骨)은 금을 버리고[棄金] 수(水)를 취(就)하여 입혈(立穴)하는 것이니 박약(薄弱)하다고 하여 몰골(沒骨)이라 하였다. 그러나 성신(星辰)과 형세(形勢)는 이미 편사(偏斜)하므로 기맥(氣脈)은 반드시 좌우(左右) 어느 한쪽으로 쫓아서 흐르므로 알아보기가 어려워 개구(開口)에 의지(依持)할 수 밖에 없는 것이다. 비록 기괴(奇怪)하여 단정(端正)한 것과는 부동(不同)이지만 발응(發應)은 타(他) 성신(星辰)과 다를 수가 없다 하여서 길혈(吉穴)이 된다.

  이 성신(星辰)에서 중요한 필수조건(必須條件)은 당기를 앞으로 모아줘야[前迎堂氣] 하고 뒤로는 낙성을 대하여야[後對樂星] 하니 이러하다면 천박(穿薄)하고 천공(穿空)함이라도 혐오(嫌惡)하지 말 것이며 다시 또 중요한 것은 협견협연(夾堅夾軟)하여야 득지(得之)한 것이 된다.

이 성신(星辰)에서 가장 꺼리는[最忌] 것은 후용(後龍)이 실세(失勢)됨이요. 더욱 혐오(嫌惡)스러운 것은 전안무정(前案無情)이니 실세(失勢)하면 참이 될 수 없고 무정(無情)하면 이 또한 가(假)이기 때문이다.

이 성신(星辰)은 본시 발음[本蔭]이 삼육구의 자리[三六九位]에서 콕록(福祿)을 입으므로 우사(右砂)가 송수(送水)함을 꺼리지 아니한다.

이 성신(星辰)을 만든 용(龍)은 신궁(申宮)의 세(勢)를 경유(經由)하여야 행맥(行脈)하고 간태(艮兌)의 기(氣)를 득(得)하여야 성형(成形)한다. 좌향(坐向)에서도 경(庚)신(申)신(辛)유(酉)건(乾) 좌(坐)가 되면 왕성(旺盛)한 기운(氣運)이 형세(形勢)에도 상응(相應)하는 것이다.

이 성신(星辰)은 여용(餘龍)의 대진처(大盡處)에 거(居)함을 좋아하고 양수(兩水)가 합류(合流)하는 곳에 임(臨)함을 기뻐한다.

이곳을 이용(利用) 할 때에 만약 장법(葬法)이 최선(最善)이었다면 출생인(出生人)의 상모(相貌)가 단장(端莊)하고 심성(心性)이 유약(柔弱)하며 행사(行事)는 명백(明白)하다. 경(庚)신(申)신(辛)유(酉) 생인(生人)이 수음(受蔭)하고 사(巳)유(酉)축(丑)년(年)에 발달(發達)한다. 만약 이곳의 후용(後龍)이 상격(上格)이면 벼슬이 향감(鄕監)에 이르고 중격(中格)이면 원랑(圓郎)에 이르고 하격(下格)이면 막직(莫職)이 되며 귀격(貴格)이 전무(全無)하더라도 부는(富)는 족(足)하다.

처음 출생인(出生人) 중에서 비단(肥短)한 사람이 나오면 기가 왕성(旺盛)함에 이른 것이며 타배인(跎背人)이 나오면 기(氣)가 쇠진(盡衰)함에 이른 것이다.

이 성신(星辰)에서 면견형(眼犬形)이 많으며 고대(高大)한 금퇴(金堆)를 작(作)하면 좋다.

### 시(詩)

**太陰腦下穴難尋　沒骨安扦値萬金**

(태음뇌하혈난심 몰골안천치만금)

"태음에서 뇌 아래의 혈은 찾기가 어려우나 몰골로 안천하면 그 가치가 만금이로다."

**高大作墳生氣聚　男淸女貴稱人心**

(고대작분생기취 남청여귀칭인심)

"크고 높게 봉분을 작하여 생기를 모으면 남자는 청귀하고 여인은 귀부인으로 세상 인심은 칭한다."

## 몰골태음(沒骨太陰)

左搖拳

右搖拳

左疊指

右疊指

左吐舌

右吐舌

張膽

## 9. 평면태음(平面太陰)

**원문(原文)** … 平面太陰

第九太陰號平面 過處多如綿
形如寶鏡月團圓 正體一般看

此星身員面平中心有窩 故曰平面太陰 有二體 生突者
正格也 生窩者爲次格也 或在高山之上 或在平洋之中
生窩者宜在高山 名曰仰天湖 若深潤穴在窩弦 若淺挾
穴在窩心 穴前後寬乃佳 無窩宜平地 名曰出厘鏡是也
若邊高邊低 則穴在高低處 取前應後樂立穴 若平坦則
穴在中心 以繩十字取之 夫太陰諸體 多有平落者 此
星惟平處有之 眞龍起伏多者 方結此穴 力量與正格太
陰一同 凡平面星辰 靈光出自頂半 生氣浮於面上 精
神收斂 造化完全 故謂吉穴也 必須形勢來正 堂氣周
完 賓主有情 左右無缺 細推動靜 詳察浮沉 是爲得之
最忌胎息孤寒 血脉反背 孤寒則人丁衰敗 反背則家業
消亡 乃不可不察 此星本陰三六九位衣祿 故不畏右砂
送水 由申宮之勢而行脉 得艮兌之氣而成形 坐向得庚
申辛酉乾 皆爲氣旺而形應 好臨溪傍路 喜度水穿田
若安扦合法 生人相貌端莊 心性平易 行事明白 庚申
辛酉命人受蔭 己酉丑年發達 若后龍合上格者 官至尙
書 女爲夫人 合中格者 官至侍從 合下格者 淸要之職

若全無貴格者 亦主大富 旺人丁 初生肥矮之人 則氣至而盛也 至生爬面之人 則氣盡而衰也 此體多爲寶鏡形 宜作水堆 上聚穴 忌用磚石結砌

詩曰　太陰平面現眞形 四望團圓似鏡平
　　　深下避風爲上吉 家興富貴自光榮

### 시(詩)

**第九太陰號平面　過處多如綿** (제구태음호평면 과처다여면)
　태음의 아홉 번째는 평면체이니 과협처에 긴 모양으로 많으며"

**形如寶鏡月團圓　正體一般看** (형여보경월단원 정체일반간)
　"형은 보경과 같아 달처럼 둥근 것이 정체로 일반적으로 볼 수 있다."

　이 성신(星辰)의 몸은 둥글고[身圓] 얼굴[面]은 평평(平平)하고 중심(中心)에 와(窩)가 있는 고로 평면태음(平面太陰)이라 하였다.
　두 체(二體)가 있으니 중심(中心)에 돌(突)을 발생시킨 것[生突者]이 정격(正格)이요, 와를 만든 것[生窩者]이 차격(次格)이다.
　이 성신(星辰)은 혹 고산상(高山上)에 있기도 하고 평양중(平洋中)에 있기도 하는데 고산(高山)에서는 마땅히 와를 생하여야[生窩] 하니 이것을 앙천호격(仰天湖格)이라 하는데 심활(深濶)하면 혈(穴)은 와현(窩弦)에서 맺고 얕고 좁으면[淺狹] 혈(穴)은 와의 중심(窩心)에 있는 것이다. 이 모두 혈(穴)의 전후(前後)가 관평(寬平)하여야 아름답다.

또 평지(平地)에서는 와(窩)가 없는 것이 보통이고 당연(當然)하기도 하다. 이것을 출리경격(出厘鏡格)이라 한다. 만약 변고변저(邊高邊低)하면 혈(穴)은 고저처(高低處)에 모두에 있을 수 있으니 전응후락(前應後樂)을 취(取)하여 입혈(立穴)하는 것이고 만약 평탄(平坦)하면 혈(穴)은 중심(中心)에 있을 것이니 노끈으로 십자(十字)를 취(取)하여 입혈(立穴)하는 것이다.

대저 태음(太陰)의 제체(諸體)가 평락(平落)한 것이 많음은 이 성신(星辰)은 오직 평처(平處)에만 있기 때문이고 진용(眞龍)에는 기복(起伏)이 많다고 함은 이와 같은 혈(穴)을 결작(結作)하기 때문이니 정격태음(正格太陰)체와 더불어 역량(力量)이 동일(同一)하다.

무릇 평면성신(平面星辰)은 영광(靈光)이 뇌정(腦頂)의 반(半)으로부터 발출(發出)시키므로 생기(生氣)는 면상(面上)으로 뜨게[浮]되며 정신(精神)을 수렴(收斂)하니 조화(造化)가 완전(完全)한 고로 기혈(吉穴)이 된다. 반드시 형세(形勢)는 바르게 와서 바르게 앉아야[正來] 하고 당기(堂氣)는 주완(周完)하여야 하고 빈주(賓主)는 유정(有情)하여야 하며 좌우(左右)가 무결(無缺)하여야 하니 동정(動靜)을 자상하고 세밀(細密)하게 추리(推理)하고 부침(浮沈)까지도 자상하게 살펴야 하니 이러하면 득지(得之)한 것이다.

이 성신(星辰)에서 가장 꺼리는[最忌] 것은 태식(胎息)이 고한(孤寒)함이고 더욱 혐오(嫌惡)하는 것은 혈맥(血脈)이 반배(反背)함이니 고한(孤寒)하면 인정(人丁)이 쇠패(衰敗)하고 반배(反背)하면 가업(家業)이 소망(消亡)하기 때문이다.

이 성신(星辰)에서는 본시의 발음[本蔭]이 셋째, 여섯째, 아홉째 자리[三六九位]에서 복록(福祿)을 받는 고로 우사(右砂)가 송수(送水)함을 꺼려하지 아니[不畏]한다.

이 성신(星辰)을 만드는 용(龍)은 신궁(申宮)의 세(勢)를 경유(經由)하여야 행맥(行脈)하고 간태(艮兌)의 기(氣)를 득(得)하여야 성형(成形)한다. 좌향(坐向)에서도 경(庚)신(申)신(辛)유(酉)건(乾) 좌(坐)가 되면 형세(形勢)에 왕성(旺盛)한 기운(氣運)이 와서 상응(相應)하는 것이다.

이 성신(星辰)은 큰 내[溪]나 도로 옆에[溪傍路] 임(臨)함을 좋아하고 물을 건너[度水] 건너가 천전(穿田)하고 거(居)함을 기뻐한다.

이 성신(星辰)에다 묘(墓)를 쓸 때 장법(葬法)이 최선(最善)이라면 출생인(出生人)의 상모(相貌)가 단장(端莊)하고 심성(心性)이 평이(平易)하며 행사(行事)가 명백(明白)하다. 경(庚)신(申)신(辛)유(酉) 생인(生人)이 수음(受蔭)하고 사(巳)유(酉)축(丑)년(年)에 발달(發達)한다.

만약 후용(後龍)이 상격(上格)이면 남자의 경우 벼슬이 상서(尙書)에 이르고 여자는 미인(美人)으로 세인(世人)의 부러움을 사며 중격(中格)이면 시종(侍從)에 이르고 하격(下

格)이면 청요직(淸要職)에 이르며 귀격(貴格)이 전무(全無)하더라도 대부(大富)와 왕인(旺人)은 보장된다.

이곳에 묘(墓)를 쓰고 처음 출생하는 사람[初生人]이 비왜(肥矮)하면 왕성한 기운에 이른[氣至] 것이고 파면인(爬面人)이 나오면 기(氣)가 쇠진(盡衰)하였음을 알 것이다.

이 체(體)에서는 대개 보경형(寶鏡形)이 많으며 수퇴(水堆)를 작(作)하면 좋다. 상취혈(上聚穴)일 때는 박석결체(磚石結砌)를 사용함이 불가하다.

### 시(詩)

**太陰平面現眞形 四望團團似鏡平**

(태음평면현진형 사망단단사경평)

"태음평면이 진형을 나타내면 사방을 보아도 둥글고 단단하여 보경의 평탄함과 비슷하다."

**深下避風爲上吉 家興富貴自光榮**

(심하피풍위상길 가흥부귀자광영)

"깊이 하장(下葬)하여 바람을 피하는 것이 상길 함이니 가문이 흥왕하여 부귀하고 저절로 광영하리라."

## 평면태음(平面太陰)

 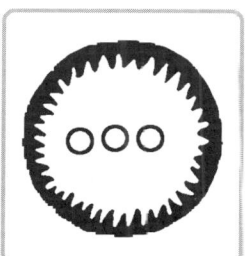

# 3부
# 금수성
# (金水星)

## 1. 정체금수(正體金水)

**원문(原文)** ··· 正體金水

> 第一金水名正體 席帽形可擬
> 此星淸貴號官星 州縣播聲名
>
> 此星腦員而曲 身濶面平 不開脚 故名曰正體金水 有五體 其員者爲出金 曲者爲出水 方者爲出土 三者爲正格也 宜下藏殺穴(取中立穴天心穴) 尖者爲出火 直者爲出木 宜下壓煞穴(從高者立名騎龍穴若穴星氐小 尖者鋤之使員直者培之使曲) 外有雙擺燥 左右擺燥 雙拖蕩 左右拖蕩 此六者謂之帶曜 亦宜藏煞穴 主貴有威權 九變多有帶曜者 皆當依此論之 夫金水者 輔臣之象也 所貴員淨淸秀 此體最得眞正 號爲第一也 此正體星辰

包含造化之妙 收斂精神之完 故力大而功宏 氣溥而用博 此所以謂之吉曜也 又要面無破碎 身不崩傾 察動靜於微茫 分高低於隱約 是爲得之推嫌有穿博之水 最忌有射背之風 水穿則穴道難裁 風射則吉星何用 乃不可不察 此星本蔭二五八位衣祿 故不畏砂前送水 日申亥官之勢而行脉得坎兌之氣而成形 坐向得壬子癸皆爲氣旺而形應 喜傍大江大河 好臨大田大路 若安托合法 生人相貌淸潔 心性巧潔 行事委曲 壬子癸亥命人受蔭 甲子辰年發達 若后龍合上格者 官至侍從 合中格者 州縣佐貳之職 合下格者 官至幕職 若全無貴格者 亦主富而好禮 讀書上進 初生淸秀之人 則氣至而盛也 至生耳聾之人 則氣盡而衰也 此体大者多爲寶盖形 次者爲席帽形 小者爲鳳凰金雞寺形 宜大開塋

詩曰　九个金水曲兼員 一項分明落兩肩
　　　　百子千孫由此山 誰知富貴更雙亡

### 시(詩)

**第一金水名正體　席帽形可擬** (제일금수명정체 석모형가의)
"금수의 첫째 격은 정체이니 석모형으로 추측할 수 있으니"

**此星淸貴號官星　州縣播聲名** (차성청귀호관성 주현파성명)
"이 성신은 청귀한 관성으로 말할 수 있으니 주현에 성명이 가득 뿌릴 것이다."

　이 성신(星辰)은 두뇌(頭腦)부분이 둥글면서도[圓] 수성을 가미하였으므로 곡(曲)하며 신(身)은 활(闊)하고 면(面)은 평탄(平坦)하고 개각(開脚)은 하지 않았다. 그러므로 정체금수성(正體金水性)이라 하였다.
　다섯 체(五體)가 있는데 원(圓)하면 출금(出金)이라 하고 곡(曲)하면 출수(出水)라 하며 방(方)하면 출토(出土)라 하니 이상 삼격(三格)이 정격(正格)이니 마땅히 장살혈(藏殺穴)로 하장(下葬)한다.

[원주(原註)1] 중심(中心)을 취(取)하여 입혈(立穴)하는 것은 천심혈(天心穴)이 된다.

　또 첨(尖)하면 출화(出火)라 하고 직(直)하면 출목(出木)이라하는데 이 두 격이 차격(次格)이 되며 이들은 마땅히 압살혈(壓殺穴)로 하장(下葬)하여야 한다.

[원주(原註)2] 혈성(穴星)이 높은 것은 기룡혈(騎龍穴)이 되고 낮고 첨(尖)하거나 직(直)한 것은 조배(鋤培)하여 원곡(圓曲)으로 만들어야 한다.

　그밖에도 쌍패조(雙擺燥) 좌우패조(左右擺燥)와 쌍타탕(雙拖蕩) 좌우타탕(左右拖蕩)이 있는데 이 육격(六格)이 요(曜)를 대(帶)한 것들이다. 이 역시 장살혈(藏殺穴)이 마땅하며 주(主)는 귀(貴)하며 위권(威權)도 갖는다.

위에 나오는 구변(九變) 모두 요(曜)를 대(帶)한 것이 많은데 모두 이 논리(論理)에 따를 것이다.

대저 금수성신(金水星辰)은 본시 보신(輔臣) 정도의 상(象)이다. 그러므로 원정하고 청수[圓淨淸秀]하여야 한다. 만약 이 체(體)의 진정(眞正)함만을 얻기만 하면 제일(第一)로 친다. 이 정체성신(正體星辰)은 조화(造化)의 묘(妙)를 포함(包含)하고 정신(精神)의 완전(完全)함을 수렴(收斂)하였기에 힘은 크고 공(功)은 넓으며[宏] 기도 많지[氣溥]만 쓰임도 넓고[用博] 많다. 그러므로 길혈(吉穴)이 되는 것이다.

이에서 중요(重要)한 것은 면(面)에 파쇄(破碎)함이 없어야 하고 신(身)은 붕경(崩傾)하지 않아야 하니 미망간(微茫間)에서 동정(動靜)을 살펴야 하고 은약(隱約)한 중에서 고저(高低)를 나눌[分]줄 알아야 한다. 그래야만이 득지(得之) 할 수 있다.

이 성신(星辰)에서 가장 혐오(嫌惡)스런 것은 어깨를 좇는 천박(穿膊)의 수(水)요, 더욱 꺼리는 것은 등을 치는 사배(射背)의 풍(風)이니 수천(水穿)하면 혈도(穴道)가 난재(難裁)하고 풍사(風射)하면 길성(吉星)인들 어찌 쓰리요.

이 성신(星辰)은 본래 발음[本蔭]이 둘째, 다섯째, 여덟째 자리[二五八位]에서 복록(福祿)을 입으므로 전사(砂前)로 송수(送水)하더라도 꺼리지 않는다.

이 성신(星辰)을 만든 용(龍)은 신해궁(申亥宮)의 세(勢)를 경유(經由)하여야 행맥(行脈)하고 감태(坎兌)의 기(氣)를 득(得)하여야 성형(成形)한다. 좌향(坐向)에서도 임(壬)자(子)

계(癸) 좌(坐)가 되면 왕성한 기운이(氣旺)이 형(形)에 상응(相應)하는 것이다.

이 성신(星辰)은 대강(大江)이나 대하(大河)의 옆(傍)에 거(居)하기를 좋아하고 대전(大田)이나 대로(大路)에 임(臨)하기를 기뻐한다.

이 성신(星辰)을 이용할 때 장법이 최선(葬善)이었다면 출생인(出生人)의 상모(相貌)가 청결(淸潔)하고 심성(心性)이 교결(巧潔)하며 행사(行事)가 왜곡(委曲)하다. 임(壬)자(子)계(癸)해(亥) 명인(命人)이 수음(受蔭)하고 갑(申)자(子)진(辰)년(年)에 발달(發達)한다.

이곳 성신(星辰)을 만든 후용(後龍)이 만약 상격(上格)에 들면 벼슬이 시종(侍從)에 이르고 중격(中格)이면 주현(州縣)의 좌이직(佐貳職)이 되며 하격(下格)이면 막직(幕職)에 이르며 귀격(貴格)이 전무(全無)하더라도 부(富)가 족(足)하고 호례(好禮)하며 독서상진(讀書上進)한다.

이곳에 묘(墓)를 쓴 후 처음 출생하는 사람[初生人]이 청수(淸秀)하면 왕성한 기운에 이른[氣至] 것이고 이롱인(耳聾人)이 출생(生)하면 기(氣)가 쇠진(衰盡)한 것이다.

이 체(體)에서 큰 것은[大者]는 보개형(寶蓋形)이 많고 중자(中者)에서는 석모형(席帽形)이 많으며 작은[小者] 것에서는 봉황금계등형(鳳凰金雞 寺는"等形" 인듯)이 많다. 마땅히 크게 개영(開塋)하여야 할 것이다.

**[필자주(筆者註)3]** 사(寺)는 등(等)이 아닌가? 의심(疑心)되니 고수의 자문을 기다린다.

### 시(詩)

**九个金水曲兼圓　一項分明落兩肩**

(구개금수곡겸원 일항분명낙양견)

"아홉 개 금수는 곡과 원을 겸하였으니 한 가지 분명한 것은 양 어깨로 떨어진 것이다."

**百子千孫由此山　誰知富貴更雙亡**

(백자천손유차산 수지부귀갱쌍망)

"백자천손이 이 산으로 말미암으나 누가 알 것인가, 부귀하고 다시 쌍망한다는 것을."

**[필자주(筆者註)4]** 위의 시(詩) 끝 구절에 更雙亡은 "亡"자가 틀린듯 하니 고수(高手)의 조언을 기다리겠습니다.

## 정체금수(正體金水)

出金

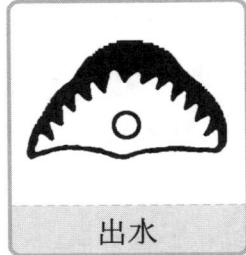
出水

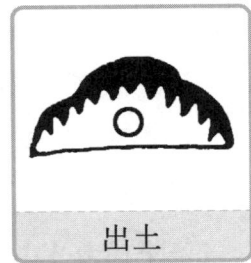
出土

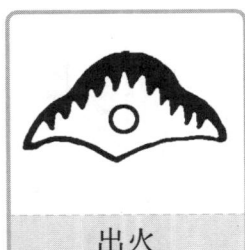
出火

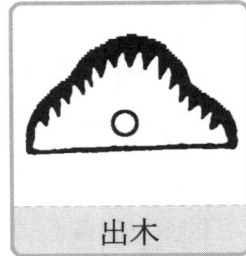
出木

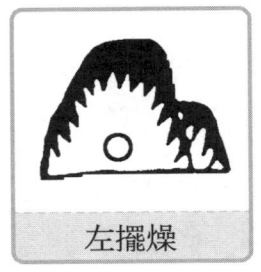
左擺燥

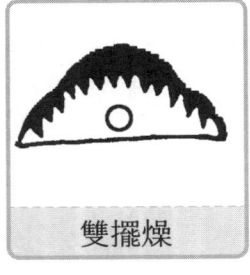
雙擺燥

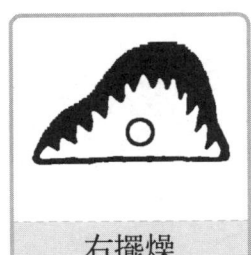
右擺燥

雙擺蕩

左拖蕩

右拖蕩

## 2. 개구금수(開口金水)

**원문(原文)** … 開口金水

第二金水爲開口 此穴君知否
形模恰似列三台 穴向口中裁

此星腦員而曲身濶面平 開兩脚 故名曰開口金水 有五體 其兩脚員者爲轉金 曲者爲轉水 方者爲轉土 此三格者 爲正格也 宜下藏煞穴 尖者爲轉火 直者爲轉木 此二者爲次格也 宜下壓殺穴 又有一脚轉金 一脚轉水火木土者 有一脚轉水 一脚轉金木火土者 一脚轉木 一脚轉金水火土者 有一脚轉火 一脚轉金水木土者 一脚轉土 一脚轉金水火木者 共二十體爲變格也 其餘金火脚 金木脚 水火脚 水火脚 土火脚 土木脚 宜下閃殺穴(如殺在左則穴宜挨右殺在右則穴 宜挨左比乃趨吉避凶之法是也) 惟火木脚宜下壓殺穴 諸體有開脚者 皆當依此論之 外有雙擺燥 左右擺燥 雙拖蕩 左右拖蕩 此六者謂之帶曜也 亦宜藏下煞穴 夫金水木是合形 開口又爲水穴 有龍虎以衛穴 故爲福緊 次於正體 凡開口星辰 靈光合聚於中 餘氣分形於下 雌雄相顧 血脉交通 故爲吉穴 惟要口中員淨 窩內冲融身俯則穴宜就脉揭高 若壁立當揭高立穴以受氣 前存空地面仰則穴宜蘸弦坐入(如體勢低平緩下弦稜當蘸弦坐入下 穴人曰藏頭紫氣穴) 是

爲得之 最忌堂捲 尤嫌落槽 堂捲則生氣不橫 落槽則
吉星自害 內不可不察 此星本陰二五八位衣祿 故不畏
前砂迯水 由亥宮之勢 而行脉 得坎兌之氣而成形 坐
向得亥壬子癸 皆爲氣旺形應 好落於源頭 喜融結於水
尾 若安扦合法 生人相貌淸潔 心性疎通 行事委曲 亥
壬子癸命人受廕 甲子辰年發達 若后龍合上格者 官至
省部 合中格者 解典州郡 合下格者 官至宰邑 若全無
貴格者 亦主淸富 初生淸瘦之人 則氣至而盛也 至生
乞口之人 則氣盡而衰也 此體外爲金鵝鼓翼形 宜水堆
切忌塋開深濶

詩曰 品例員峰更口開 口中安穴最奇哉
　　 脉來急緩分高下 識破機關一應裁

### 시(詩)

**第二金水爲開口 此穴君知否** (제이금수위개구 차혈군지부)

"금수성의 두 번째는 개구이니 이 혈이 "부(否)" 비상 함을 군은 알아야 한다."

**形模恰似列三台 穴向口中裁** (형모흡사열삼태 혈향구중재)

"형이 횡열 삼태와 본받아 흡사하니 혈향은 구중에다 재단 할 것이다."

[필자주(筆者註)1] 이곳도 "부(否)"자에 의심이 갑니다.

이 성신(星辰)은 두뇌(頭腦) 부분이 둥글면서도[圓] 곡(曲)하며 몸[身]은 넓고[潤] 얼굴[面]은 평탄(平坦)한데 양 다리[兩脚]를 벌렸다[開] 하여 개구금수(開口金水)라 하였다. 이에는 다섯 체(五體)가 있는데 그 양각(兩脚)이 둥근[圓] 것을 전금(轉金)이라 하고 곡(曲)한 것을 전수(轉水)라 하며 방(方)한 것을 전토(轉土)라 하는데 이상 삼격(三格)이 정격(正格)이니 마땅히 장살혈(藏殺穴)로 하장(下葬)할 것이다.

  또 첨(尖)한 것을 전화(轉火)라 하고 직(直)한 것을 전목(轉木)이라 하니 이 두 격(格)은 차격(次格)이 되는데 마땅히 압살혈(壓殺穴)로 하장(下葬)할 것이다.

  또 한 각(一脚)은 금(金)인데 다른 한 각(一脚)이 水木火土 각(脚)으로 된 것이 있고, 또 한 각(一脚)은 전수(轉水)인데 다른 한 각(一脚)은 金木火土 각(脚)으로 된 것이 있고, 또 한 각(脚)은 전목(轉木)인데 다른 한 각은 金水火土 각(脚)으로 된 것이 있고, 또 한 각(脚)은 전화(轉火)인데 다른 한 각(脚)은 金水木土 각(脚)으로 된 것이 있고, 또 한 각(脚)은 전토(轉土)인데 다른 한 각(脚)은 金水木火 각(脚)으로 된 것 등 이십격(二十格)이 있으니 이 모두 변격(變格)이라 한다.

  이에서 양각(兩脚)이 금화각, 금목각, 수화각, 수토각, 토화각, 토목각 처럼 서로 상극(相剋)되는 것은 섬살혈(閃殺穴)로 하장(下葬)함이 마땅하다.

[필자주(筆者註)2] 섬살혈(閃殺穴)이란 가령 살(殺)이 좌(左)에 있으면 우(右)에 입혈(立穴)하고 살(殺)이 우(右)에 있으면 좌(左)에 입혈(立穴)함이니 이는 추길피흉법(趨吉避凶法)이 되는 것이다.

그러나 양각(兩脚)이 목화각으로 된 것만은 압살혈(壓殺穴)로 하장(下葬)하는 것인데 이후로도 개각혈(開脚穴)의 모든 체(體)에서는 이의 논법(論法)을 적용(適用)한다.

무릇 어느 체(體)든지 개각(開脚)한 것들은 이와 같은 논법(論法)으로 하장(下葬)하는 것임을 참고로 알아둘 것이다.

또 요(曜)를 대(帶)한 것이 여섯 격(六格)이 있으니 쌍패조(雙擺燥) · 좌패조(左擺燥) · 우패조(右擺燥)와 쌍타탕(雙拖蕩) · 좌타탕(左拖蕩) · 우타탕(右拖蕩)이 그것이다. 이들 역시 장살혈(藏殺穴)로 하장(下葬)한다.

대개 금수목(金水木) 등으로 합형(合形)한 것들은 모두 개구(開口)하게 되며 개구(開口)하면 수혈(水穴)이 되기도 하지만 용호(龍虎)가 되어서 혈(穴)을 호위(護衛)하므로 복력(福力)이 더욱 긴[緊]하므로 정체(正體)의 다음가는 좋은 혈(穴)이 된다.

무릇 개구성신(開口星辰)은 영광(靈光)이 중(中)으로 합취(合聚)하며 여기(餘氣)는 아래쪽으로 분행(分行)하고 자웅(雌雄)이 상고(相顧)하며 혈맥(血脈)이 교통(交通)하는 고로 길혈(吉穴)이 된다.

이 체(體)에서 오직 중요(重要)한 것은 구중(口中)이 원정(圓淨)하고 와내(窩內)가 충융(冲融)하여야 한다.

만약 몸[身]을 구부려[俯] 낮으면 혈(穴)은 마땅히 취맥계고(就脈揭高)하여 방관(放棺)하게 되는데, 벽처럼 급하게 서[壁立] 있어서 계고입혈(揭高立穴) 하였을 때는 앞에 있는 공지(空地)로 부터도 수기(受氣)한다는 이론(理論)이다.

또 면앙(面仰)하여 높으면 혈(穴)은 마땅히 잠현좌입(蘸弦坐入)으로 방관(放棺)하게 되는데, 가령 체세(體勢)가 낮은[低] 평완(平緩) 아래의 현능(弦稜)에 하장(下葬)하여 잠현좌입(蘸弦坐入) 할 것이니 사람들이 말하는 장두자기혈(藏頭紫氣穴)이 그것이다.

이 성신(星辰)에서 가장 꺼리는[最忌] 것은 당권(堂捲)이며 더욱 혐오(嫌惡)하는 것은 낙조(落槽)인데 당권(堂捲)하면 생기(生氣)가 불횡(不橫)이요, 낙조(落槽)가 되면 길성(吉星)이 자해(自害)되기 때문이다.

이 성신(星辰)은 본시 발음[本蔭]이 둘째, 다섯째, 여덟째 자리[二五八位]에 복록(福祿)이 오므로 전사(前砂)가 송수(送水)함을 꺼려하지 아니한다.

이 성신(星辰)의 용(龍)은 해궁(亥宮)의 세(勢)를 경유(經由)하여야 행맥(行脈)하고 감태(坎兌= 註, 子龍과 酉龍)의 기(氣)를 득(得)하여야 성형(成形)한다. 좌향(坐向)에서도 해(亥)임(壬)자(子)계(癸) 좌(坐)가 되면 왕성한 기운(氣旺)이 형세(形勢)에 상응(相應)하는 것이다.

이 성신(星辰)은 원두(源頭)에서 낙(落)하여 거(居)함을 좋아하고 수미(水尾)에 임(臨)하여서 융결(融結)함을 기뻐한다.

이곳을 이용할 때 장법이 최선(葬善)이었다면 출생인(出生人)의 상모(相貌)가 청결(淸潔)하고 심성(心性)이 소통(疎通)하며 행사(行事)가 왜곡(委曲)하다. 해(亥)임(壬)자(子)계(癸) 생인(生人)이 수음(受蔭)하고 갑(申)자(子)진(辰)년(年)에 발달(發達)한다.

이 성신(星辰)을 만든 후용(後龍)이 상격(上格)이면 벼슬이 성부(省部)에 이르고 중격(中格)이면 해전주군(解典州郡)하며 하격(下格)이면 재읍(宰邑)에 이른다. 귀격(貴格)이 전무(全無)하더라도 청부(淸富)는 크게 한다.

이곳에 묘(墓)를 쓴 후 처음 출생하는 사람[初生人]이 청수(淸瘦)하면 왕성한 기운(氣旺)에 이르러 있는 것이고 구걸인(乞口人)이 나오면 기운이 쇠진(衰盡)한 것이다.

이 체(體)에 금계고익형(金鵝鼓翼形)이 많고 수퇴(水堆)를 작(作)하면 길(吉)하다. 개영(開塋)을 넓고 깊게[深濶]하는 것은 절기(切忌)한다.

### 시(詩)

### 品例圓峯更口開　口中安穴最奇哉

(품예원봉갱구개 구중안혈최기재)

"품격이나 법식으로는 원봉이 다시 개구하였는데 구중에 안혈하는 것이 가장 기묘함인데 어찌 하겠는가?"

### 脈來急緩分高下　識破機關一應裁

(맥래급완분고하 식파기관일응재)

"맥이 급히 오는지 완만하게 오는지 높은지 낮은지를 분간하는 기관을 깨뜨려 알게 되면 일단은 재단이 되리라."

## 개구금수(開口金水)

轉金

轉水

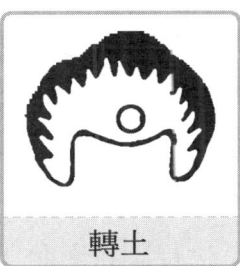
轉土

轉火

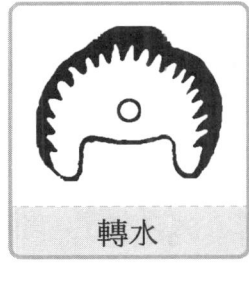
轉水

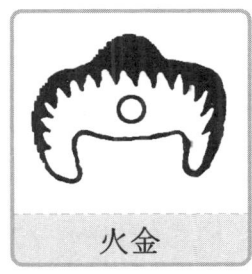
火金

金水

水火

火水

土火

木火

## 3. 현유금수(懸乳金水)

**원문(原文)** … 懸乳金水

第三金水是懸乳 官星眞可比
坐香展翼似飛鵝 下後便登科

此星腦員而曲 身濶面平 開兩脚生乳 故名曰懸乳金水 有八體 其乳曲者爲生水 當乘水穴 尋動處立穴 直者 爲夾木 當開水取木 分三停立穴 員者爲垂金 當乘水 就金 向墜處立穴 尖者爲帶殺 當舍金從火 穿兩肩立 穴 方者爲帶土 當趨水避土 踏中心立穴 此五者爲正 格 又有兩耳者 昔人謂之雙星 有兩乳中生脚有歧者 昔人謂之麒麟 皆可兩穴 有三乳者 昔人謂之三台 可 三穴 此三者爲變格也 立穴並以前五體爲法 諸體凡懸 乳者 皆當以此論之 外有帶曜者 圖說見正體篇 夫金 水懸乳者 乃二氣合形 力量與正體金水一同 爲福尤緊 凡懸乳星辰 生氣凝聚扵下垂 靈光發露於外現 兩宮 俱到 一乳正中(正中是乳尖斜是脚 凡是乳穴曲則非曲是口中 穴) 此所以謂之吉穴 惟要乳上光明 圈中舒暢 五氣分 形 三停下穴 是爲得之 最忌堂塞 尤嫌水冲 堂塞則人 物凶頑 水冲則田牛退損 乃不可不察 此星本廞二五 八位衣祿 故不畏前砂送水 由亥宮之勢 而行脉 得坎 兌之氣而成形 坐向得亥壬子癸 皆爲氣旺形應 喜傍江

> 河 好臨田驛 若安扦合法 生人相貌淸潔 心性一毫行
> 事委曲 亥壬子癸命人受廕 甲子辰年發達 若后龍合上
> 格者 官至人從 身入翰林 合中格者 官至省部 合下格
> 者 州懸佐貳 若全無貴格者 亦主廣置田畓 大旺人口
> 初生淸廋之人 則氣至而盛也 至生賢二之人 則氣盡而
> 衰也 此體爲鳳凰下田形 金鵝抱卵形 凡諸禽形皆宜水
> 堆

### 시(詩)

**第三金水是懸乳 官星眞可比** (제삼금수시현유 관성진가비)

"세 번째의 금ㅅ성은 현유이니 관성이 참 됨을 비유 되리라."

**坐看展翼似飛鵝 下後便登科** (좌간전익사비아 하후편등과)

"좌에서 비아가 날개를 편 것과 같이 보이면 하장 한 후에 등과하리라."

  이 성신(星辰)은 두뇌 부분이 둥글면서도[腦圓] 곡(曲)하며 몸은 넓으며[身濶] 면(面)은 평탄(平坦)한데 양 다리를 벌려 놓고[兩開脚] 가운데로 유(乳)를 발생(發生)하였기에 현유금수(懸乳金水)라 하였다.

  이에는 팔체(八體)가 있는데 그 유(乳)가 곡(曲)한 것을 생수(生水)라 하니 마땅히 수혈(水穴)로 다스려[乘] 꾀하되 동처(動處)를 찾아서 입혈(立穴)한다. 또 곧은[直] 것을 협목

(夾木)이라 하니 마땅히 개수(開水)하고 취목(取木)하는데 삼정(三停)으로 나누어 입혈(立穴)할 것이다. 또 둥근[圓] 것은 수금(垂金)이라 하는데 마땅히 수를 꾀하고[乘水] 금을 취하여[就金] 떨어지는 곳 추처(墜處)를 향(向)하여 입혈(立穴)한다. 또 첨(尖)한 것은 대살(帶殺)로 보는 것이니 마땅히 금을 버리고 화를 쫓아야[舍金從火] 하는 것이니 양견(兩肩)을 뚫어[穿] 입혈(立穴)한다. 또 방(方)한 것은 대토(帶土)라 하니 마땅히 수를 쫓아 토를 버려야[趨水避土] 하니 중심(中心)을 밟아[踏] 하여 입혈(立穴)한다. 위 다섯 체[五者]를 정격(正格)이라 한다.

또 양유로 된 것[兩乳者]이 있는데 옛사람들이 쌍성(雙星)이라고도 하는 것이다. 또 양유(兩乳) 중에서 다시 생각(生脚)하여 두 갈래로 기(歧)모양을 만든 것이 있는데 이것을 옛 사람들은 이른바 기린혈(麒麟穴)이라 하였던 것이다. 이 두 쪽 모두 입혈(立穴)이 가하다. 또 삼유(三乳)로 된 것이 있으니 이를 옛 사람이 삼태(三臺)라 하는 것인데 삼기(三歧) 모두 가하다. 이상 삼격(三格)을 모두 변격(變格)이라 한다. 입혈(立穴)은 앞의 오체(五體)에서와 같다.

이후에 나오는 현유혈(懸乳穴)의 모든 체[諸體]는 모두가 이 논리(論理)에 따른다.

또 요(曜)를 대(帶)한 것이 있는데 정체편(正體編)의 도설(圖說)을 참고(參考)할 것이다.

대저 금수현유격(金水懸乳格)은 두 기운이 합하여 하나의 형을 만든 것[二氣合形]이니 역량(力量)은 정체금수(正體金

水)와 같으므로 더욱 복긴(福緊)하다.

무릇 현유성신(懸乳星辰)은 생기(生氣)를 아래쪽으로 드리워서[下垂] 응취(凝聚)하고 영광(靈光)은 밖으로 나타내고 발로[外現發露]시키며 양궁(兩宮)에서 함께 이르러[俱到] 정중(正中)의 한유(一乳)를 돕기 때문에 길혈(吉穴)이 된다.

**[원주(原註)1]** 정중(正中)의 유(乳)라도 첨사(尖斜)하면 유(乳)가 아니라 각(脚)이 되기 쉽고, 유혈(乳穴)이 곡(曲)하면 비(非)이니 곡(曲)하던 구중혈(口中穴)이 되기 쉽다.

이에서 오직 중요(重要)한 것은 유상(乳上)이 광명(光明)하고 권중(圈中)이 서창(舒暢)하여야 하며 오기(五氣)로 분형(分形)하였을 때 삼정혈(三停穴)이 되면 삼정으로 하혈(下穴)할 것이니 이렇게 되면 득지(得之)하는 것이다.

이 성신(星辰)이 가장 꺼리는[最忌] 당색(堂塞)이며 더욱 혐오(嫌惡)하는 것은 수충(水冲)이니 당색(堂塞)한 즉 인물(人物)이 흉완(凶頑)하고 수충(水冲)하던 전우(田牛)를 퇴손(退損)시키기 때문이다.

이 성신(星辰)은 본시 발음[本蔭]이 이오팔의 자리[二五八位]에서 나타나므로 전사(前砂)의 송수(送水)함이 꺼리지 않는다.

이 성신(星辰)을 만든 용(龍)은 해궁(亥宮)의 세(勢)를 경유(經由)하여야 행맥(行脈)하고 감태궁(坎兌)의 기(氣)를 득(得)하여야 성형(成形)한다. 좌향(坐向)에서도 해(亥)임(壬)자(子)계(癸) 좌(坐)가 되면 왕성한 기운(氣旺)이 형세(形勢)

와 상응(相應)하는 것이다.

　이 자리는 강하(江河)의 옆(傍)에 거(居)함을 기뻐한다. 전역(田驛)이나 그 근처에 임(臨)하기를 좋아한다.

　이곳을 이용할 때 장법(葬法)이 최선(最善)이면 출생인(出生人)의 상모(相貌)가 청결(淸潔)하고 심성(心性)이 일실(一寔)하고 행사(行事)가 왜곡(委曲)하다. 해(亥)임(壬)자(子)계(癸) 생(生)이 수음(受蔭)하고 갑(申)자(子)진(辰)년(年)에 발달(發達)한다.

　만약 후용(後龍)이 상격(上格)이면 벼슬이 인종(人從)에 이르고 몸[身]은 한림(翰林)에 들며 중격(中格)이면 성부(省部)에 이르고 하격(下格)이라도 벼슬이 나오는데 주현(州懸)의 좌이(佐貳)에 이르며 귀격(貴格)이 전무(全無)하더라도 광치전답(廣置田畓)하며 인정(人丁)이 대왕(大旺)하다.

　이 체(體)에 봉황하전형(鳳凰下田形)과 금아포란형(金鵝抱卵形)과 여러 새 이름이 붙는 형[諸禽形] 등이 많다. 모든 조류형(鳥類形)에서는 수퇴(水堆)를 작(作)하면 길(吉)하다.

[필자주(筆者註)2] 원문에 시(詩)가 궐문임.

## 현유금수(懸乳金水)

生水

夾木

垂金

帶火

穿土

雙星

麒麟

三台

## 4. 궁각금수(弓脚金水)

**원문(原文)** ··· 弓脚金水

第四金水名弓脚 抱子猿相若
此星發福最爲奇 狹也不須疑

此星腦員而曲 身濶面平 開兩脚抱穴 故名曰弓脚金水 有二體 其脚一長一短者 爲正格也 穿長者下穴(卽撚竹穴) 兩脚交牙者 爲變格也 穿中心下穴 然又當以四殺法消息而用之 又外有帶曜者 圖說見正體篇 夫金水弓脚 水氣爲多關鎖周密 發福極快 但胸襟窄挾 若是右脚 不可以虎入明堂爲疑 凡弓脚星辰 靈光冲內而隱藏 餘氣娓婉而回抱 明堂聚面 應樂連枝 此所以謂之吉穴 惟要脚頭逆轉可葬 不可順關 欲定高低 先登左右 是爲得之 最忌脚高過眼 尤嫌虎遶擎拳 過眼則人品凡愚 擎拳則子孫衰敗 乃不可不察 此星本陰二五八位衣祿 故不畏前砂逆水 由亥宮之勢而行脉 得坎兌之氣而成形 坐向得亥壬子癸 皆爲氣旺形應 好居壠脊山腰 若安扦合法 生人相貌淸潔 心性宛轉 行事委曲 壬亥子癸命人受廕 申子辰年發達 若后龍合上格者 官至臺省 合中格者 官至郡牧 合下格者 官至縣令邑長 若全無貴格者 亦主鮮典放錢不絕 初生淸廋之人 則氣至而

盛也 至生跛足之人 則氣盡而衰也 此體多爲猿猴抱子
形 宜作金堆吉

詩曰　金水星辰弓脚奇 逆來弓脚最相宜
　　　雌雄交度尋眞穴 莫把羅經妄轉移

### 시(詩)

**第四金水名弓脚　抱子猿相若** (제사금수명궁각 포자원상약)
"네 번째 금수는 궁각체이니 원숭이가 새끼를 안은 상과 같으니"

**此星發福最爲奇　狹也不須疑** (차성발복최위기 협야불수의)
"이 성신의 발복이 가장 기특한데 좁다 하여 반드시 의심나는 것은 아니다."

이 성신(星辰)은 두뇌 부분이 둥글면서도 곡하며[腦圓而曲] 몸[身]은 넓어서 활(濶)하고 얼굴[面]은 평평(平平)하다. 양 다리[兩脚]를 벌려서[開] 포혈(抱穴)하였으므로 궁각금수(弓脚金水)라 하였다.

두 체(二體)가 있으니 그 각(脚)이 하나는 길고 하나는 짧은[一長一短] 것을 정격(正格)이라 하는데 천장자(穿長者)에 하혈(下穴)한다. 옛 사람들은 이를 즉 연죽혈(撚竹穴)이라고도 하였다. 또 두 다리[兩脚]가 교아 된 것을[交牙者] 변격

(變格)이라 한다. 중심(中心)을 천(穿)한 다음 하혈(下穴)하는데 마땅히 사살장법(四殺葬法)으로 소식(消息)한다.

이 체(體)에서도 요(曜)를 대(帶)한 것이 있는데 정체편(正體編)의 도설(圖說)을 참고 할 것이다.

대저 금수궁각(金水弓脚)은 수기(水氣)가 많은 곳이므로 관쇄주밀(關鎖周密)하기 때문에 발복(發福)이 극쾌(極快)하다. 다만 흉금착협(胸襟窄狹)하므로 만약 이에서 우각(右脚)이나 백호(白虎)가 명당(明堂)에 들어가는 것이 불가하니 이를 의심(疑心)해야 한다.

무릇 궁각성신(弓脚星辰)은 영광(靈光)이 안으로 충만(冲內)하게 하여 은장(隱藏)하며 여기(餘氣)는 만완(娩婉)하게 하여서 회포(回抱)하고 명당(明堂)은 면전으로 모아(聚面)주고 응락(應樂)이 연지(連枝)하므로 이곳이 이른바 길혈(吉穴)이 되는 것이다.

오직 중요(重要)한 것은 각두(脚頭)가 역전(逆轉)하여야 가하여[下葬] 할 수 있고 순관(順關)하면 불가(不可)하다. 고저(高低)를 정(定)할 때에는 먼저 좌우(左右)에 모두 올라 볼 것이다.

이에서 가장 꺼리는[最忌] 것은 각고(脚高)가 과안(過眼)함이며 더욱 혐오(嫌惡)스러운 것은 백호(白虎)가 주먹을 쥐고 요격권(遶擎拳)함이다. 과안(過眼)하면 인품(人品)이 어리석고 격권(擎拳)하면 자손(子孫)이 쇠패(衰敗)하기 때문이다.

이 성신(星辰)은 본시 발음[本蔭]이 이오팔의 자리[二五八位]에서 복록(福祿)을 받으므로 전사(前砂)가 송수(送水)하더라도 꺼리지 아니한다.

  이곳의 용(龍)은 해궁(亥宮)의 세(勢)를 경유(經由)하여야 행맥(行脈)하고 감태(坎兌)의 기(氣)를 득(得)하여야 성형(成形)한다. 좌향(坐向)에서도 해(亥)임(壬)자(子)계(癸) 좌(坐)가 되면 왕성한 기운(氣旺)이 형세(形勢)에 상응(相應)하는 것이다.

  이 성신(星辰)은 원두에서 미[源頭尾]에로 낙하여 임(臨)하기를 좋아하고 농척(壟脊)상이나 산요(山腰)에 거(居)하기를 좋아한다.

  장법(葬法)이 최선(最善)이었다면 출생인(出生人)의 상모(相貌)가 청결(淸潔)하고 심성(心性)이 완전(宛轉)하며 행사(行事)가 왜곡(委曲)하다. 임(壬)해(亥)자(子)계(癸) 생(生)이 수음(受蔭)하고 갑(甲)자(子)진(辰)년(年)에 발달(發達)한다.

  이곳의 후용(後龍)이 상격(上格)이면 벼슬이 대성(臺省)에 이르고 중격(中格)이면 군수나 목사(郡牧)에 이르고 하격(下格)이면 현령읍장(縣令邑長)에 이른다. 만약 귀격(貴格)이 전무(全無)하더라도 수중(手中)에 금전(金錢)은 떨어지지 않는다.

  이곳에 묘(墓)를 쓴 후 파족인(跛足人)이 출생하면 기가 다 되고 쇠진[氣衰盡]한 것이다.

  이 체(體)에 원후포자형(猿猴抱子形)이 많다. 금퇴(金堆)를 작(作)하면 길(吉)하다.

### 시(詩)

**金水星辰弓脚奇　逆來弓脚最相宜**

(금수성신궁각기 역래궁각최상의)

"금수성신의 궁각은 기특하므로 궁각이 역수로 왔으면 가장 바람직한 상 인 것이다."

**雌雄交度尋眞穴　莫把羅經妄轉移**

(자웅교도심진혈 막파나경망전이)

"자웅이 교아 되었으면 진혈을 찾을 것이지 나경만 들고 망신스럽게 왔다 갔다 하지 말라."

## 궁각금수(弓脚金水)

左右先宮

左仙宮

右仙宮

左交牙

右交牙

## 5. 쌍비금수(雙臂金水)

**원문(原文)** … 雙臂金水

第五金水名雙臂 脚下多餘氣
恰似翔鸞舞鳳袖 形職此中生

此星腦員而曲 身濶面平 邊開兩臂 故名曰雙臂金水有三體 其臂有左右俱雙者 須要兩臂彎抱 或作交牙尤佳 (若內可臂甚短名挾勢主貴須要抱乳若兩臂尖內 挾刀主殺人至毒須要鋤去變凶爲吉) 此爲正格也 有左雙右單者 須要穴上見其均勻 此二體爲變格也 立穴並以四殺法消息而用之 外有帶曜者 圖說見正體篇 夫金水雙臂 水氣最盛 本體資生 母子相養 故發福爲綿遠 其右雙左單者 爲疊指 喜賭錢 若龍眞格正 水聚山朝 決不破家 若穴上不見 則亦不忌 凡雙臂星辰 靈光自足而舒隨 眞氣有餘而磅礴 東西雙到 內外重西 此所以謂之吉穴 惟宜應樂臨近 明堂聚前 立穴必取天心 折水要依星步(雙臂多有元辰決要折水) 是爲得之 最忌內臂尖射尤嫌元辰直長 尖射則吉星亦凶 直長則善星反凶 乃不可不察 此星本蔭三五八位衣祿 故不畏前砂迯水 由亥宮之勢而行脉 得坎兌之氣而成形 坐向得亥壬子癸皆爲氣旺形應 喜傍大溪之側 好居萬山之間 若安扞合法 生人相貌俊秀 心性機巧 行事矯揉 亥壬子癸命人受蔭

申子辰年發達 若后龍合上格者 官至館閣 若合中格者
官至侍監 合下格者 官亦至幕職 若全無貴格者 亦主
讀書請擧 財帛富足 初生淸秀之人 則氣至而盛也 至
生六指之人 則氣盡而衰也 此體多爲鳳形 宜作金堆

詩曰　金水雙星兩臂雙 此星人穴最爲良
　　　男淸女潔家豪富 百子千孫更久長

### 시(詩)

**第五金水名雙臂　脚下多餘氣** (제오금수명쌍비 각하다여기)
　"다섯 번째 금스체는 쌍비이니 각하에로 여기가 많음이다 란"

**恰似翔鸞舞鳳袖　形職此中生** (흡사상란무봉수 형직차중생)
　"새가 높이 날고 봉이 춤을 추는 상과 흡사하니 형이 이중에서 발생함을 듣 것이다."

이 성신(星辰)은 두뇌 부분이 둥글면서도 굴곡이 있고[頭圓而曲] 몸[身]은 넓고[濶] 얼굴[面]은 평평(平平)한데 변(邊)으로는 양 다리[兩脚]를 벌렸다[開] 하여서 쌍비금수(雙臂金水)라 이름하였다.

이에 삼체(三體)가 있는데 팔뚝[臂]이 좌우(左右)에 모두 쌍(雙)으로 된 것이 있는데 이것은 반드시 두 팔뚝[兩臂]이 만포(彎抱)하여야 하며 혹 교아(交牙)가 되었다면 더욱 아름답다. 이것이 정격(正格)이다. 이에서 만약 안쪽의 팔뚝[內臂]이 칼끝처럼 첨(尖)하여 협도(狹刀)가 되었으면 살인지독(殺人至毒)한 흉살(凶殺)이니 이를 조파(鋤破)하여 흉(凶)을 길(吉)로 바꿔야 하는 것이다.

또 좌(左)는 쌍(雙)인데 우(右)는 단(單)인 것과 우쌍좌단(右雙左單)인 것이 있는데 중요(重要)한 것은 모두 혈상(穴上)에서 볼 때에 균균(均勻)하여야 한다. 이 두 격(格)이 변격(變格)이다. 입혈(立穴)은 모두 사살장법(四殺葬法)으로 소식(消息)한다.

또한 요(曜)를 대(帶)한 것이 있는데 정체(正體)편의 도설(圖說)을 참고(參考)하기 바란다.

대저 쌍비금수격(雙臂金水格)은 수기(水氣)가 가장 왕성[最盛]하므로 본체(本體)를 자생(資生)시키고 모자(母子)가 상양(相養)하므로 발복(發福)이 면원(綿遠)하다.

그에서 우(右)는 쌍(雙)이고 좌(左)는 단(單)인 것을 첩지(疊指)라 하는데 도전(賭錢)을 좋아한다. 그러나 만약 용(龍)이 참되고 격(格)이 바르며 수취(水聚)하고 수조(水朝)하면 쉽게 파가(破家)하지는 아니한다.

무릇 쌍비성신(雙臂星辰)은 영광(靈光)이 자족(自足)하지만 서서히 펼쳐[舒隨]주며 진기(眞氣)는 유여(有餘)하여도 방박(磅礡)하여 동서에서 함께 이르러[東西雙到] 호위(護衛)하고 내외(內外)에서 거듭 쌓아 안아주니 길혈(吉穴)이 된다.

이에서 오직 중요(重要)한 것은 응락(應樂)이 가까이에서 [臨] 하고 명당(明堂)이 앞으로 모아[聚前]주어야 함이다. 이

때의 입혈(立穴)은 반드시 천심(天心)을 취(取)하여야 할 것이며 절수(折水)는 성보(星步)에 의지(依持)함이 중요(重要)하다.

**[필자주(筆考註)]** 쌍비성신(雙臂星辰)은 원진수(元辰水)가 많으므로 반드시 절수(折水)를 하여야 함이기 때문이다.

이 성신(星辰)에서 가장 꺼리는[最忌] 것은 내비첨사(內臂尖射)이며 더욱 혐오(嫌惡)하는 것은 원진직장(元辰直長)이니 첨사(尖射)하면 길성(吉星)이 흉성(凶星)으로 되고 직장(直長)하면 선성(善星)이라도 드리어 반흉(反凶)하게 되기 때문이다.

이 성신(星辰)은 본시의 발음[本蔭]이 삼오팔의 자리[三五八位]에서 복록이 있으므로 전사(前砂)가 송수(送水)함을 꺼려하지 아니한다.

이 성신(星辰)을 만드는 용(龍)은 해궁(亥宮)의 세(勢)를 경유(經由)하여 행맥(行脈)하고 감태(坎兌)의 기(氣)를 득(得)하여야 성형(成形)한다. 좌향(坐向)에서도 해(亥)임(壬)자(子)계(癸) 좌(坐)를 득(得)하면 왕성한 기운(氣旺)이 형세(形勢)와 상응(相應)하게 된다.

이 성신(星辰)은 본시 대계(大溪)의 곁이나[側] 근처에 거(居)함을 기뻐하고 만산간(萬山間)에 임(臨)함을 좋아한다.

이곳의 장법(葬法)이 최선(最善)이었다면 출생인(出生人)이 준수(俊秀)하고 심성(心性)이 기교(機巧)하며 행사(行事)가 교유(矯揉)하다. 해(亥)임(壬)자(子)계(癸) 생(生)이 수음

(受蔭)하고 갑(申)자(子)진(辰)년(年)에 발달(發達)한다.

　이곳의 후용(後龍)이 만약 상격(上格)이면 벼슬이 관각(館閣)에 이르고 중격(中格)이면 시감(侍監)에 이르고 하격(下格)이면 막직(幕職)에 이른다. 만약 귀격(貴格)이 전무(全無)하더라도 독서청거(讀書請擧)하고 재백(財帛)과 부가 충족[富足]하다.

　이곳에 묘(墓)를 쓰고 청수한 사람이 나오면 왕성한 기운에 이르러 있는 것이고 육지인(六指人)이 출생(出生)하면 기(氣)가 쇠진(衰盡)한 것이다.

　이 체(體)에 봉학 이름이 붙은 형[鳳形]이 많다. 금퇴(金堆)를 작(作)하면 길(吉)하다.

### 시(詩)

### 金水雙星兩臂雙　此星人穴最爲良
(금수쌍성양비쌍 차성인혈최위량)

"금수쌍성은 양 팔이거나 양 쌍단팔이니 이 성신이 인혈이면 가장 선량한 것이다."

### 男淸女潔家豪富　百子千孫更久長
(남청여결가호부 백자천손갱구장)

"남자는 청귀하고 여자는 정결하여 가문을 부호로 이끌며 백자천손이 다시 장구하게 이어진다."

## 쌍비금수(雙臂金水)

左右俱雙

挾勢

挾刃

左雙

右雙

## 6. 단고금수(單股金水)

**원문(原文)** … 單股金水

第六金水曰單股 此是出官所
形如象鼻喜彎彎 合湊不爲單

此星腦員而曲 身濶面平 開一脚 故名曰單股金水 有四體 其脚有微弓者爲微金 弓過者爲轉水 此爲正格也 宜對腦下穴 有一腦下一邊結乳 一邊開脚 微弓者 昔人謂之單提 亦有弓過者 昔人謂之蟠龍 此爲變格也 宜左右前山定高低下穴 外有帶曜者 圖說見正體篇 夫金水單股 金淸水秀 最爲奇妙 不可以折股爲疑 凡單股星辰 靈光本盛而中聚 餘氣不足而獨垂 左右須有一齣 上下初無二氣 此所以謂之吉穴 單股必須逆轉 兩宮仍要湊成 穴貴隈藏 局宜周密 是爲得之 最忌穴畔風吹 面前去水 風吹則飄散生氣 水去則牽動土牛 乃不可不察 此星本蔭二五八位衣祿 故不畏前砂逡水由亥宮之勢而行脉 得坎兌之氣而成形 好落盡龍之所喜臨大驛之傍 若安扦合法 生人相貌淸潔 心性直白 行事委曲 亥壬子癸命人受蔭 申子辰年發達 若后龍合上格者 官至侍從 合中格者 官至佐貳 合下格者 官入幕職 若全無貴格者 亦主詩禮傳家 廣置田莊 大旺丁財 初生淸廋之人 則氣至而盛也 至生折足之人 則氣至而

衰也 此體多爲白象捲湖形 又爲臥龍抱子形 宜作金堆

詩曰 金水星辰一脚垂 湊成龍虎乃爲奇
　　　一脚若還來逆水 無龍無虎不須疑

### 시(詩)

**第六金水曰單股　此是出官所** (제육금수왈단고 차시출관소)

"여섯 번째 금수는 단고격이니 이 성신에서 벼슬이 나오며"

**形如象鼻喜彎彎　合湊不爲單** (형여상비희만만 합주불위단)

"형이 코끼리의 코처럼 만만하여 기쁜 것이니 합주하여 돕는 것이므로 단이라고 하지 말라."

이 성신(星辰)은 두뇌 부분이 둥글[腦圓]면서도 곡(曲)하다. 바닥은 넓어 신활(身濶)하고 얼굴은 평탄[面平]한데 한쪽 다리관을[一脚] 벌렸다 하여 단고금수(單股金水)라는 이름이 붙여졌다.

이에는 사체(四體)가 있는데 그 각(脚)이 미궁(微弓)한 것을 미금(微金)이라 하고, 벌린 다리가 앞을 지나간[己過] 것을 전수(轉水)라 하는데 이 두 격(格)이 정격(正格)이 된다. 마땅히 뇌(腦)와 대(對)가 되도록 하혈(下穴)하여야 한다.

또 뇌하(腦下)의 어느 한 변(一邊)으로 유혈(乳穴)을 결작(結作)시켜놓은 것이 있는데 한 변(一邊)만이 개각(開脚)하여 미궁(微弓)한 것을 단제(單提)라 하고 활이 완전히 앞을 지나간[弓過] 것을 반용(蟠龍)이라 하며, 이 두 격(格)을 변격(變格)으로 한다. 이들은 마땅히 좌우(左右)와 전산(前山)의 고저(高低)를 맞추어 하혈(下穴)하여야 한다.

이밖에도 요(曜)를 대(帶)한 것이 있는데 정체편(正體編)의 도설(圖說)을 참고(參考)하기 바란다.

대저 단고금수(單股金水)는 금청수수(金淸水秀)함이 기묘(奇妙)한 것이니 절고(折股)함은 불가(不可)하다.

무릇 단고성신(單股星辰)은 영광(靈光)이 본시 왕성(本盛)한데 그 기운을 가운데로 모아[中聚]주지만, 여기(餘氣)는 부족(不足)하기 때문에 독수(獨垂)한 것이다. 좌우(左右)로 어느 한쪽이 부족하여 휴(虧)하였을지라도 상하(上下) 등으로 처음부터 이기(二氣)가 될 수 없다. 그러므로 이 역시 길혈(吉穴)에 든다.

이에서 중요(重要)한 것은 그 단고(單股)가 수(水)를 기준으로 반드시 역전(逆轉)하여야 하고 양궁(兩弓)일 때는 함께 주성(湊成)함이 중요(重要)하다. 본래 혈에서 귀한[穴貴] 것은 외장(隈藏)됨으로 알 수 있고 국세(局勢)는 마땅히 주밀(周密)하여야 하기 때문이다.

이 성신(星辰)에서 가장 꺼리는[最忌] 것은 혈반(穴畔)에 풍취(風吹)함이요, 더욱 두려워 혐오(嫌惡)하는 것은 면전으로 물이 쭈욱 빠져 나가는[面前去水] 것이니 풍취(風吹)하면 생기(生氣)가 표산(飄散)하고 수거(水去)하면 견동토우(牽動土牛)하기 때문이다.

이 성신(星辰)은 븐시 발음[本蔭]이 둘째, 다섯째, 여덟째 자리[二五八位]에서 복록(福祿)을 먼저 받으므로 전사(前砂)가 송수(送水)함을 꺼려하지 아니한다.

이 성신(星辰)을 만든 용(龍)은 해궁(亥宮)의 세(勢)를 경유(經由)하여야 행맥(行脈)하고 감태(坎兌)의 기(氣)를 득(得)하여야 성형(成形)한다. 좌향(坐向)에서도 해(亥)임(壬)자(子)계(癸) 좌(坐)가 되면 왕성(旺盛)한 기운(氣運)이 형세(形勢)와 상응(相應)하는 것이다.

이 성신(星辰)은 용(龍)의 낙진(落盡)하는 곳에 거(居)하기를 좋아하고 대역(大驛)의 옆[傍]에서 임(臨)하기를 기뻐한다.

이곳의 장법(葬法)이 최선(最善)이었다면 출생인(出生人)의 상모(相貌)가 청결(淸潔)하고 심성(心性)이 직백(直白)하며 행사(行事)가 외곡(委曲)하다. 해(亥)임(壬)자(子)계(癸)생(生)이 수음(受蔭)하고 갑(甲)자(子)진(辰)년(年)에 발달(發達)한다.

이 성신(星辰)을 만든 후용(後龍)이 만약 상격(上格)이면 벼슬이 시종(侍從)에 이르고 중격(中格)이면 좌이(佐貳)에 이르며 정관(正官)을 침탈(侵奪)하게 되고 하격(下格)이면 막직(幕職)에 이르며 귀격(貴格)이 전무(全無)하더라도 시례(詩禮)를 전가(傳家)시키며 전장(田莊)은 족(足)하고 인정(人丁)도 왕(旺)하다.

이곳에 묘(墓)를 쓴 후에 처음 출생하는 사람이 청수한 사람이 나오면 기가 왕성함에 이른 것이며 만약 절족인(折足

人)이 출생(出生)하면 기(氣)가 쇠진(衰盡)하여 다 된 것이다.

이 체(體)에 백상권호형(白象捲湖形)과 와용포자형(臥龍抱子形)이 많다. 금퇴(金堆)를 작(作)하면 길(吉)하다.

### 시(詩)

#### 金水星辰一脚垂 湊成龍虎乃爲奇
(금수성신일각수 주성용호내위기)

"금수성신이 한 각만을 드리웠으나 용호가 합주하여 이루어 낸 것이니 이내 기특함이 됨이로다."

#### 一脚若還來逆水 無龍無虎不須疑
(일각약환래역수 무용무호불수의)

"그 한 각이라도 만약 역수로 왔다면 용이 없고 호가 없다고 반드시 의심나는 것은 아니다."

## 단고금수(單股金水)

左垂金

右垂金

左轉水

右轉水

左單提

右單提

左蟠龍

右蟠龍

## 7. 측뇌금수(側腦金水)

**원문(原文)** … 側腦金水

第七金水名側腦 看來終是好
形如龍虎飮泉時 穴法最精微

此星腦員而曲 身邊高邊低 開脚生乳 高名曰側腦金水
有二體 其脚有均勻者 昔人名曰仙宮 此爲正格也 有
一脚短一脚長 過穴者 昔人名曰紐會(又名仙人咬風形)
此爲變格也 皆當坐殺穴 外有帶曜者 圖說見正體篇夫
金水側腦 正脚斜趨而下 穴居流注之處 如金在冶 如
水在淸 必盈科而後進 凡側腦星辰 眞氣不凝於下 靈
光均現於乳中 昔爲左右仙宮 今號偏斜怪穴 頭顱須別
力量本同 所以謂之吉穴 惟要堂氣聚前 樂星聳後 穴
宜踏逆 面喜張湖 是爲得之 最忌案山飛走 尤嫌穿背
空疎 飛走則是虛化 空疎則爲崩漏 乃不可不察 此星
本蔭二五八位衣祿 故不畏前砂迿水 由亥宮之勢而行
脉 得坎兌之氣而成形 坐向得壬亥子癸 皆爲氣旺而形
應 好倒落於水口 喜融結於龍腰 若安扦合法 生人相
貌淸潔 心性拗執 行事委曲 亥壬子癸命人受蔭 申子
辰年發達 若龍合上格者 官至侍從 合中格者 官至府
佐 合下格者 官至幕職 若全無貴格者 亦主富足 初生
淸秀之人 則氣至而盛也 至生頭歪之人 則氣至而衰也

此體爲龍馬飮泉形 宜作金堆

詩曰　金水星辰腦忽偏 請君腰裡認微玄
　　　若是垂珠珠上作 轉皮如有亦堪扦

### 시(詩)

**第七金水名側腦　看來終是好** (제칠금수명측뇌 간래종시호)
"일곱 번째 금수는 측뇌이니 오고 멈추는 곳이 좋은 것을 보아라."

**形如龍虎飮泉時　穴法最精微** (형여용호음천시 혈법최정미)
"형이 용호가 수시로 음천하는 모양과 같다면 혈법으로는 가장 정미한 것이다."

이 성신(星辰)은 두뇌 부분이 둥글[腦圓]면서도 곡(曲)하며 몸체[身體]는 한쪽 변은 높고 한쪽 변은 낮은데[邊高邊低] 낮은 곳에서 양 다리를 벌려놓고[開脚] 그 안에다 생유(生乳)하였다. 그러므로 측뇌금수(側腦金水)라 하였다.
　두 체(二體)가 있는데 그 각(脚)이 균균(均勻)한 것을 선궁(仙宮)이라 하여 정격(正格)으로 하고 그 각(脚)이 한쪽은 길고 한쪽은 짧은 것[長短]이 있는데 긴 다리가 궁과(弓過)한 것을 옛 사람들은 유회혈(紐會穴)이라 하였는데 일명(一名) 선인교풍혈(仙人咬風穴)이라고도 하였으며 변격(變格)으로 하였다. 이 모두 좌살혈(坐殺穴)로 하장(下葬)하여야 한다.

**[필자주(筆者註)]** 사살장법(四煞葬法)이 잘못 된 듯함

또 요(曜)를 대(帶)한 것이 있는데 정체편(正體編)의 도설(圖說)을 참고(參考)하기 바란다.

대저 측뇌금수(側腦金水)라 하면 정각(正脚)이라도 한쪽 변으로 사추(斜趨)하여 빠져내려 간다는 뜻이니 혈(穴)은 흘러 내려가던 각(脚)이 머물러주는 곳[流注之處]에 거(居)하게 되는 것이다. 이를 비유하면 가령 금(金)은 다스려줘야 존재(存在)하고 수(水)는 구(溝)를 만나야 존재(存在)한다[如金在冶如水在溝]는 것과 같으니 빗겨 기울었더라도 반드시 채워진 후(後)라야 나갈 수 있기 때문인 것이다[必盈斜而後進].

무릇 측뇌성신(側腦星辰)은 진기(眞氣)가 아래[下]로 흘러야만 응결(凝結)하는 것이 아니고 영광(靈光)이 유중(乳中)의 균현(均現)한 곳에서 나타나므로 옛 사람이 좌우선궁(左右仙宮)이라 하였는데 오늘날의 시각(視覺)으로는 편사(偏斜)한 괴혈(怪穴)인 것이다. 그러나 이는 측뇌(側腦)이니 두로(頭顱)가 비록 다르기는 하나 역량(力量)은 정체(正體)에서와 같기 때문에 길혈(吉穴)이 되는 것이다.

오직 중요(重要)한 것은 당기(堂氣)는 앞으로 모여 취전(聚前)하고 낙성(樂星)은 뒤를 강하게 바쳐서 용후(聳後)하여야 한다. 혈(穴)은 마땅히 답역(踏逆)하여야 하고 면전(面前)으로는 활짝 열려 들어와야[面喜張潮] 한다는 것이다. 이러함

을 득지(得之)를 이룬 것이라 하였다.

이 성신(星辰)에서 가장 꺼리는[最忌] 것은 안산(案山)이 비주(飛走)하는 것이며 더욱 혐오(嫌惡)하는 것은 뒤쪽이 허(虛)하여 천배공소(穿背空疎)함이니 비주(飛走)하면 허화(虛化)가 되고 공소(空疎)하면 붕루(崩漏)가 되기 때문이다.

이 성신(星辰)은 본시 발음[本蔭]이 이오팔의 자리[二五八位]에서 복록(福祿)이 나타나므로 전사(前砂)가 송수(送水)함을 꺼리지 아니한다.

이 성신(星辰)을 만든 용(龍)은 해궁(亥宮)의 세(勢)를 경유(經由)하여야 행맥(行脈)하고 감태(坎兌)의 기(氣)를 득(得)하여야 성형(成形)한다. 좌향(坐向)에서도 해(亥)임(壬)자(子)계(癸) 좌(坐)가 되면 왕성한 기운(氣旺)이 형세(形勢)와 상응(相應)하는 것이다.

이 성신(星辰)은 수구(水口)에 도락(倒落)함을 좋아하며 용요(龍腰)에서 융결(融結)함을 기뻐한다.

이곳의 장법(葬法)이 만약 최선(最善)이었다면 출생인(出生人)의 상모(相貌)가 청결(淸潔)하고 심성(心性)이 요집(拗執)하며 행사(行事)가 왜곡(委曲)하다. 해(亥)임(壬)자(子)계(癸) 생인(生人)이 수음(受蔭)하고 갑(申)자(子)진(辰)년(年)에 발달(發達)한다.

이곳의 후용(後龍)이 상격(上格)이면 벼슬이 시종(侍從)에 이르고 중격(中格)이면 부좌(府佐)에 이르며 하격(下格)이면 막직(幕職)에 이르며 귀격(貴格)이 전무(全無)하더라도 부(富)는 족(足)하다.

이곳에 묘(墓)를 쓴 후로 처음 출생하는 사람이 비왜(肥倭)하면 왕성한 기운에 이른 것이고 두배인(頭歪人)이 출생(出生)하면 기운이 다 되어 기진(氣盡)한 것이다.

이 체(體)에 용마음천형(龍馬飮泉形)이 많다. 금퇴(金堆)를 작(作)함이 마땅하다.

### 시(詩)

**金水星辰腦忽偏 請君腰裡認微玄**

(금수성신뇌홀편 청군요리인미현)

 "금수성신은 두뇌가 문득 편고 함이니 군에게 부탁하는 것은 허리 부근에 미현함이 있음을 알아야 할 것이다."

**若是垂珠珠上作 轉皮如有亦堪扦**

(약시수주주상작 전피여유역감천)

 "이것이 만약 구슬을 드리웠다면 구슬 위에 결작하는 것이니 표피에 이와 같이 있더라도 역시 감여에서는 천장이 가하다."

## 측뇌금수(側腦金水)

右仙宮

左仙宮

右紐會

左紐會

## 8. 몰골금수(沒骨金水)

> 원문(原文) … 沒骨金水

第八金水名沒骨 立穴無乳尖
分明飛鳳下田形 穴向動中生

此腦員而曲身濶 開口肩下 故爲沒骨金水 有四體 其肩下開口 有一邊彎巧 一邊粗蠻者 名曰搖拳 有一邊單脚 一邊雙脚 名曰叠指 皆就口軟硬相夾處 斬截氣脉立穴 此二者爲正格也 有腦下生乳 或長峻大直 不可立穴者 昔人名曰吐舌 肩下兩邊 取前應後 樂分左右 立穴有抱左抱右 不可立穴者 名曰張膽 肩下兩傍皆可立穴 此二者爲變格也 外有帶曜 圖說見正體篇夫金水沒骨 葉金就水 扵動處立穴 以其薄弱 故以沒骨名之 凡沒骨星辰 形勢原有偏斜 血脉必皺左右 潛踪難認 開口爲憑 雖奇恠之人 同與端正而何異 故爲吉穴 必須前迎堂氣 後對樂星 莫嫌穿薄穿空 最要夾堅夾軟 是爲得之 最忌后龍失勢 尤嫌前案無情 失勢決定非眞 無情斷然是假 乃不可不察 此星本陰二五八位衣祿 故不畏前砂送水 由亥宮之勢而行脉 得坎兌之氣而成形 坐向得亥壬子癸 皆氣旺而形應 好居餘龍大盡喜臨兩水合流 若安扦合法 生人相貌淸潔 心性柔弱行事委曲 亥壬子癸命人受蔭 申子辰年發達 若后龍居

> 上格者 官至省部 合中格者 官至鮮典州郡 合下格者
> 官至宰邑 若全無貴格者 亦主富而好禮 初生淸廋之人
> 則氣至而盛也 至生背跎之人 則氣至而衰也 此體多爲
> 下田鳳形 宜作金堆
>
> 詩曰　金水星辰曲更員 如何腦下穴難扦
> 　　　　原來却在凹中結 高大爲墳福更鮮

## 시(詩)

**第八金水名沒骨　立穴無乳突** (제팔금수명몰골 입혈무유돌)
"여덟 번째 금수는 몰골이니 유돌이 없더라도 입혈이 가하다."

**分明飛鳳下田形　穴向動中生** (분명비봉하전형 혈향동중생)
"비봉하전형이 분명하면 혈은 동중에서 발생한다."

이 성신(星辰)은 두뇌 부분이 둥글면서도[腦圓] 곡(曲)하며 몸은 넓게[身濶] 펼쳤으며 어깨 아래쪽[肩下]에다가 거구(開口)하였다 하여 몰골금수(沒骨金水)라 하였다.
　사체(四體)가 있는데 그 견하(肩下)의 개구(開口)함이 한 변(一邊)은 만교(彎巧)하고 한 변(一邊)은 조만(粗蠻)한 것이 있는데 이것을 명왈(名曰), 요권(搖拳)이라 하고, 또 한 변(一邊)은 단각(單脚)인데 다른 한 변(一邊)은 쌍각(雙脚)인 것이 있는데 이것을 명왈(名曰), 첩지(疊指)라 하였다. 이 모두 구(口)를 취(就)하되 연경(軟硬)이 교체하는 상협처(相夾處)에다 기맥(氣脈)을 참절(斬截)하여 입혈(立穴)한다. 이 두 격(格)이 정격(正格)이다.

또 뇌하(腦下)에서 유(乳)를 발생(發生)시킨 것이 있는데 혹 장준(長峻)하거나 대직(大直)하므로 입혈(立穴)이 불가(不可)한 것을 옛 사람들은 토설형(吐舌形)이라 하였는데 견하양변(肩下兩邊) 가운데서 어느 쪽이건 전응후락(前應後樂)을 취(取)하여 입혈(立穴)하는 것이다. 또 포좌포우(抱左抱右)하여 입혈(立穴)이 불가(不可)한 것을 명왈(名曰) 장첨형(張膽形)이라 하는데 견하(肩下)의 양방(兩傍)으로 어느 쪽이든 모두 입혈(立穴)이 가(可)한 것이다. 이 두 격(格)을 변격(變格)이라 한다.

또 이밖에도 요(曜)를 대(帶)한 것이 있는데 정체편(正體編)의 도설(圖說)을 참고(參考)하기 바란다.

대저 금수몰골(金水沒骨)은 금(金)을 버리고 수(水)를 취(就)하여 동처(動處)에 입혈(立穴)하는 것이기 때문에 박약(薄弱)하다 하여 몰골(沒骨)이라 이름 부쳐졌다.

무릇 몰골성신(沒骨星辰)은 형세(形勢)가 원래 편사(偏斜)하기 때문에 혈맥(血脈)은 반드시 좌우(左右) 어느 쪽으로 쫓아 잠종(潛踪)하므로 알아보기가 매우 어렵다. 그러므로 개구(開口)함을 증거(證據)로 잡아야 한다. 이 혈(穴)이 비록 기괴(奇怪)하기는 하나 단정(端正)함과 역량(力量)이 동일하다 하여서 길혈(吉穴)이 된다. 이는 반드시 당기(堂氣)를 앞에서는 닿이하여[前迎]줘야 하고 뒤[後]에서는 낙성(樂星)을 대(對)하여야 한다. 이러하면 비록 천박(穿薄)하고 천공(穿空)할지라도 혐의(嫌疑)되지 않는 것이다.

가장 중요(重要)한 것은 협(夾)이 견고(堅固)할 곳은 견고하고 유연(柔軟)할 곳은 유연하여야 득지(得之)하는 것이다.

이 성신(星辰)에서 가장 꺼리는[最忌] 것은 후용(後龍)의 실세(失勢)함이요, 더욱 혐오(嫌惡)하는 것은 전안(前案)이 무정(無情)한 것이니 실세(失勢)하면 진(眞)이 아닐 것이고 무정(無情)하면 단정(斷定)코 가(假)라고 볼 수밖에 없기 때문이다.

이 성신(星辰)은 본시 발음[本蔭]이 이오팔의 자리[二五八位]에서 복록을 받으므로 전사(前砂)가 송수(送水)함을 꺼려하지 아니한다. 해(亥)임(壬)자(子)계(癸) 생(生)이 수음(受蔭)하고 갑(申)자(子)진(辰)년(年)에 발달(發達)한다.

이 성신(星辰)을 만든 용(龍)은 해궁(亥宮)의 세(勢)를 경유(經由)하여야 행맥(行脈)하고 감태(坎兌)의 기(氣)를 득(得)하여야 성형(成形)한다. 좌향(坐向)에서도 해(亥)임(壬)자(子)계(癸) 좌(坐)를 득(得)하면 왕성한 기운이 형세(形勢)와 상응(相應)하는 것이다.

이 성신(星辰)은 여용(餘龍)의 대진처(大盡處)에 거(居)하기를 좋아하고 양수(兩水)가 합류(合流)하는 곳에 임(臨)하기를 기뻐한다.

이곳의 장법(葬法)이 최선(最善)이었다면 출생인(出生人)의 상모(相貌)가 청결(淸潔)하고 심성(心性)이 유약(柔弱)하며 행사(行事)가 왜곡(委曲)하다.

 만약 이곳의 후용(後龍)이 상격(上格)이면 벼슬이 성부(省部)에 이르고 중격(中格)이면 선전(鮮典)의 주군(州郡)을 다스리며 하격(下格)이면 재읍(宰邑)에 이르고 귀격(貴格)이 전무(全無)하더라도 부족(富足)하고 호례(好禮)한다.

 이곳에 묘(墓)를 쓴 후 배타인(背跎人)이 출생(生)하면 기(氣)가 쇠진(盡衰)한 것이다.

 이 체(體)에 하전봉형(下田鳳形)이 많다. 금퇴(金堆)를 작(作)하면 길(吉)하다.

### 시(詩)

**金水星辰曲更圓　如何腦下穴難扦**
(금수성신곡갱원 여하뇌하혈난천)

 "금수성신은 둥글면서도 다시 굴곡인데 뇌하에는 무슨 까닭으로 혈을 천장하기 어렵다 하는가?"

**原來却在凹中結　高大爲墳福更鮮**
(원래각재요중결 고대위분복갱선)

 "원래 혈이 있는 곳은 요 중에서 결작하는 것이니 봉분을 고대하게 하면 복록이 선명하리라."

## 몰골금수(沒骨金水)

左搖拳

右搖拳

左疊指

右疊指

左吐舌

右吐舌

張膽

## 9. 평면금수(平面金水)

> **원문(原文)** … 平面金水

第九金水爲平面 羅星可分辨
一身員曲要分明 取類宜稱名

此星腦員而曲 面平而低 故日平面金水 其體不一 如荷葉 如蓮花 如蔡花 如梅花者 爲正格也 又如條環 如梭子 如龜如魚者 爲變格也 但要員曲分明 隨伏喝形 初無定體 高山少見 多在平洋土墩之上 居淺水沙州之巓 有似羅星孤露 此體前後左右 必應樂纏護 自是不同 尋脉窟突立穴 夫金水諸體 多有平落者 此星平處有之 眞龍起伏多有 方結此穴 力量與平 體金水一同 凡平面星辰 靈光出自而中 生氣浮聚面上 精神收斂 造化完全 此所以謂之吉穴 必須形勢來正 當局周密 寶主有情 左右無缺 細推動靜 詳察浮況 是爲得之 最忌胎息孤寒 血脉反背 家業消亡 乃不可不察 此星本蔭二五八位衣祿 故不畏前砂逆水 由亥宮之勢而行脉 得坎兌之氣而成形 坐向得亥壬子癸 爲氣旺而形應 喜臨溪傍路 好度水穿田 若安扞合法 生人相貌淸潔 心性平易 行事委曲 亥壬子癸命人受蔭 申子辰年發達 若后龍合上格者 官至州郡 合中格者 官至州郡佐貳 合下格者 淸要幕職 若全無貴格者 亦主富而好

> 禮 讀書請擧 初生淸廋之人 則氣至而盛也 至生爬面
> 之人 則氣盡而衰也 此體宜隨狀發形 當濶大開塋 理
> 作金堆
>
> 詩曰　誰把菱花貼地安 山環水遶實堪看
> 　　　草蛇灰線尋眞脉 扦看須敎世出官

### 시(詩)

**第九金水爲平面　羅星可分辨** (제구금수위평면 나성가분변)
"아홉 번째 금수는 평면이니 나성인 지를 분변하여야 하고"

**一身圓曲要分明　取類宜稱名** (일신원곡요분명 취류의칭명)
"한 몸체가 원곡이 분명한지 그 류를 따라 이름을 말하는 것이 옳다."

이 성신(星辰)은 두뇌 부분이 둥글면서도[腦圓] 곡곡(曲曲)하며 몸은 낮고 평평(亖平)하다 낮게 펼쳐진 성신이라 하여 평면금수(平面金水)라 하였다.

그 체(體)를 보면 하나만이 아니므로[不一] 하엽(荷葉) 연화(蓮花) 채송화(蔡花) 매화(梅花)의 모양을 한 것들이 정격(正格)이 되고, 조환(條環) 사저(梭子) 구어(龜魚)와 같이 생긴 것을 변격(變格)이라 한다.

[필자주(筆者註)1] 조환(條環) ; 반지를 말하는 듯.
　　사저(梭子) ; 梭子魚라는 고기가 있으나 이곳에서는 북을 말하는 듯.

**[필자주(筆者註)2]** 나성(羅星) ; 水口중이나 근처에 있는 귀사(貴砂)를 말하는데 큰 자리에서 흔히 볼 수 있다."

  다만 중요(重要)한 것은 원곡(圓曲)이 분명(分明)하여야 하고 수복(隨伏)의 선(線)을 따르되 처음부터 어떤 물형(喝形=物形)으로 체(體)를 잡아놓고 미리 결정(決定)하지는 말 것이다.

  이 체(體)는 고산(高山)에는 많지 않은 편이고 평양(平洋)의 토돈상(土墩上)에 많이 있다. 또 얕은 물[淺水] 가운데나 모래섬[沙州] 가운데의 꼭대기에 거하기도[巓居] 하고 나성(羅星)처럼 고로(孤露)함이 많으니 이 체(體)의 전후좌우(前後左右)로는 반드시 응락(應樂)이 전호(纏護)하여야 하는데 이것이 모두 같지는 아니하다. 맥(脈)을 정확하게 찾아 읽고 굴돌(窟突)에 입혈(立穴)한다.

  대저 평면(平面) 금수(金水)의 모든 체(體)는 평락(平落)한 것이 많으며 진용(眞龍)이 기복(起伏)한 후 결혈(結穴)하기 때문에 역량(力量)이 커서 정체금수(正體金水)와 다를 것이 없으므로 동일(同一)하다.

  무릇 평면성신(平面星辰)은 영광(靈光)이 가운데[中]로 모이고 생기(生氣)는 면상(面上)으로 부상하여 모아[浮聚]준다. 따라서 정신(精神)은 수렴(收斂)하고 조화(造化)는 완전(完全)하다. 그러므로 길혈(吉穴)에 드는 것이다,

  이 성신(星辰)은 반드시 형세(形勢)가 바르게 와서 당국(堂局)은 주밀(周密)하여야 하며 빈주(賓主)가 유정(有情)하고

좌우(左右)에도 결함이 없어야 한다. 그러므로 동정(動靜)을 세밀(細密)히 살펴하게 보고 부침(浮沈)을 상찰(詳察)하여야 하니 이러하면 득지(得之)하는 것이다.

이 성신(星辰)에서 가장 꺼리는[最忌] 것은 태식(胎息)이 고한(孤寒)한 것이고 더욱 혐오(嫌惡)하는 것은 혈맥(血脈)이 반배(反背)하는 것이니 고한(孤寒)하면 인정(人丁)이 쇠체(衰替)하고 반배(反背)되면 가업(家業)이 소망(消亡)하기 때문이다.

이 성신(星辰)은 본시 발음[本蔭]이 이오팔의 자리[二五八位]에서 복록(福祿)을 받으므로 전사(前砂)가 송수(送水)함을 꺼려하지 아니한다.

이 성신(星辰)을 만든 용(龍)은 해궁(亥宮)의 세(勢)를 경유(經由)하여야 행맥(行脈)하고 감태(坎兌)의 기(氣)를 득(得)하여야 성형(成形)한다. 좌향(坐向)에서도 해(亥)임(壬)자(子)계(癸)가 되면 왕성한 기운이 형서(形勢)에 상응(相應)하는 것이다.

이 성신(星辰)은 큰 내나 도로 옆에[溪傍路] 임(臨)하기를 기뻐하고 물을 건너고 들 가운데를 지나[度水穿田] 거(居)하기를 좋아한다.

이곳에 묘(墓)를 쓸 때 장법(葬法)이 최선(最善)이면 출생인(出生人)이 청결(淸潔)하고 심성(心性)이 평이(平易)하며 행사(行事)가 왜곡(委曲)하다. 해(亥)임(壬)자(子)계(癸) 생(生)이 수음(受蔭)하고 갑(申)자(子)진(辰)년(年)에 발달(發達)한다.

이곳으로 들어오는 후용(後龍)이 상격(上格)이면 벼슬이 주군(州郡)의 수장(首長)에 이르고 중격(中格)이면 주군(州郡)의 좌이(佐貳)에 이르고 하격(下格)이면 청요막직(淸要幕職)에 이르며 귀격(貴格)이 전무(全無)하더라도 부는 족[富足]하고 호례(好禮)하며 독서청거(讀書請擧)한다.

이곳에 묘(墓)를 쓴 후 처음 출생하는 사람이[初生人] 청수인(淸廋人)이면 기(氣)가 왕성(旺盛)함에 이른 것이고 파면인(爬面人)이 출생(出生)하면 기가 다 된[氣盡] 것임을 알아야 할 것이다.

이 체(體)에서는 형태에 따라서 형(形)을 만들어 내는 경우[隨狀發形]가 많다. 마땅히 활대(濶大)하게 개영(開塋)하고 금퇴(金堆)를 작(作)함이 좋다.

### 시(詩)

#### 誰把菱花貼地安 山環水遶實堪看
(수파릉화첩지안 산환수요실감간)

"누구라서 능화(마름꽃)를 파악하고 이 땅에 붙여 안장 할 것인가? 산이 둥글고 물이 둘러 주니 실로 감여에서나 볼 수 있는 것이다."

#### 草蛇灰線尋眞脉 扦看須教世出官
(초사회선심진맥 천간수교세출관)

"초사회선을 찾을 수 있다면 진기 맥이니 천장하고 보면 대대로 관록이 나온다는 것을 반드시 알 수 있을 것이다."

## 평면금수(平面金水)

荷葉

蓮花

蔡花

梅花

條環

梭子

靈龜

遊魚

# 4부 자기성(紫氣星)

## 1. 정체자기(正體紫氣)

**원문(原文)** … 正體紫氣

> 第一紫氣名正體 秀嫩方可取
> 中間脚手有多般 高着眼來看
>
> 此星腦員而身直面平 不開脚 故名曰正體紫氣 有五體
> 其下員者爲出金 方者爲出土 宜下人穴(卽藏殺穴) 曲者
> 爲出水 宜下地穴(卽脫殺穴) 此三者爲正格 尖者爲出火
> 直者爲出木 宜下天穴(卽壓殺穴) 此三者爲次格也 又當
> 參 完左右前後取之 外有又擺燥拖蕩六體爲孤曜 亦宜
> 下人穴 主出貴有威權 九變多有帶曜者 皆依此論之
> 夫紫氣圖盡之象 所貴清秀端正 喜出帳下 多不露身
> 本於九星中爲最秀 然春山萬木 秀麗爲奇 冬嶺孤松

方爲絶景 故正體居第一 得特出爲妙 凡正體星辰包含
造化之妙 收斂精神之完 故力大而功宏 氣溥而用博
尤要面無破碎 身不欹斜 察動靜扵微茫 分高依扵阢
約 是爲得之 最嫌帶石 尤忌風飄 帶石則火星 風飄則
散生氣 乃不可不察 此星本蔭三六九位衣祿 故不畏右
砂送水 由寅宮之勢而行脉 得震宮之氣而成形 坐向得
寅甲卯乙巽 皆爲氣旺而形應 好傍大江大河 好臨大田
大路 若安扞合法 生人相貌俊秀 心生溫和 行事矯揉
甲乙寅卯生人受蔭 亥卯未年發達 若后龍合上格者 官
至翰林 合中格者典郎 合下格者邑宰 若全無貴格者
初生條長之人 則氣至而盛也 至生耳聾之人 則氣盡而
衰也 此體多爲䙝忽形 宜作火堆

詩曰 頓起尖峰號本星 上中下穴是三停
　　 細看朝應分高下 一與登科顯大名

### 시(詩)

**第一紫氣名正體 秀嫩方可取** (제일자기명정체 수눈방가취)
"첫 번째 자기성은 정체이니 미모가 빼어나면 가히 취할 수 있으리라."

**中間脚手有多般 高着眼來看** (중간각수유다반 고착안래간)
"중간으로 각과 수가다반으로 나타나는데 높은 곳을 착안하면 오는 것이 보일 것이다."

이 성신(星辰)은 두뇌 부분은 둥글지만[腦圓] 몸[身]은 곧아 직(直)하며 얼굴인 면(面)은 평평(平平)하고 개각(開脚)은 하지 않았기 때문에 정체자기(正體紫氣)라 하였다.

이에는 오체(五體)가 있는데 그 아래[下]가 둥근[圓] 것을 출금(出金)이라 하고 방(方)한 것을 출토(出土)라 하는데 인혈(人穴)로 하장(下葬)하고, 곡(曲)한 것을 생수(生水)라 하는데 이는 지혈(地穴)로 하장(下葬)하여야 한다. 위 삼격(三格)을 정체(正體)라 한다.

또 첨(尖)한 것을 출화(出火)라 하고, 직(直)한 것을 출목(出木)이라 하니 마땅히 천혈(天穴)로 하장(下葬)하여야 한다. 이 두 격(格)은 정격(正格) 중에서는 다음으로 길(吉)함이 된다. 이에서는 마땅히 전후좌우(前後左右)가 완전(完全)한 지를 참작(參酌)하여 취(取)할 것이다.

**[필자주(筆者註)1]** 인혈(人穴) ; 장살혈(藏殺穴)을 말함.
　　　　　　지혈(地穴) ;탈살혈(脫殺穴)을 말함.
　　　　　　천혈(天穴) ;압살혈(壓殺穴)을 말함.

이 밖에도 패조(擺燥)와 타탕(拖蕩) 등의 여섯 격(六格)이 있는데 다른 이름으로 고요격(孤曜格)이라고도 하며 역시 인혈(人穴)로 하장(下葬) 할 것이다. 이 모두 출귀(出貴)하고 위권(威權)한다. 구변(九變)에는 요(曜)를 대(帶)한 것이 많은데 모두 이 논법(論法)에 의거(依據)하여 처리한다.

대저 자기상(紫氣象)이 귀상(貴象)으로 대접을 받는 것은 청수(淸秀)함과 단정(端正)함을 함께 주재(主宰)하는 성신(星辰)이므로 나아가 진행(進行)하되 장막(帳幕) 뒤에서[帳下] 몰래 행(行)함을 기뻐하고 몸[身]을 노출(露出)시키지 아니함이 보통이다. 그러므로 자기(紫氣) 성신(星辰)은 본래(本來)로부터 구성(九星)가운데에서도 가장 빼어난다는 것이다. 그러하나 춘산(春山)에서는 만종의 나무[萬木]가 다투어 수려(秀麗)함을 기(奇)로 하고 동령(冬嶺)에서는 외로운 소나무[孤松]일지라도 바야흐로 절경(絶景)이 될 수 있는 것이므로 정체(正體)를 제일(第一)로 치는 것이며, 특출(特出)함이 되면 더욱 묘(妙)가 된다는 것이다.

무릇 자기(紫氣)의 정체성신(正體星辰)은 조화(造化)의 묘(妙)를 포함(包含)하고 정신(精神)의 완전(完全)함을 수렴(收斂)하는 고로 역량(力量)은 크고 공(功) 또한 넓고[宏] 많은 것이다. 이는 기(氣)가 충만하고 많으니[溥] 쓰임[用] 또한 넓기[博] 때문이다.

이에서 더욱 중요(重要)한 것은 면(面)에는 파쇄(破碎)됨이 없어야 하고 몸[身]은 기울거나 비뚤어짐[欹斜]이 없어야 하니 미망간(微茫間)에서 동정(動靜)을 살피고 은약(隱約)중에서 고저(高低)를 나누어[分] 보아야 할 것이다.

가장 꺼리는[最忌] 것은 대석(帶石)함이며 더욱 혐오(嫌惡)하는 것은 바람에 흔들리는 듯 움직이는 풍표(風飄)이니 대석(帶石)하면 화성(火星)으로 변[變火星]하고 풍표(風飄)하면 생기(生氣)가 흩어지기[散] 때문이다.

이 성신(星辰)은 본시 발음[本蔭]이 삼육구의 자리[三六九位]에서 복록(福祿)을 받으므로 우사(右砂)가 송수(送水)함을 꺼려하지 아니한다.
　이 성신(星辰)을 만든 용(龍)은 인궁(寅宮)의 세(勢)를 경유(經由)하여야 행맥(行脈)하고 진궁(震宮)의 기(氣)를 득(得)하여야 성형(成形)한다. 좌향(坐向)에서도 인(寅)갑(甲)묘(卯)을(乙)손(巽) 좌(坐)되면 왕성한 기운(旺氣)이 형세(形勢)와 상응(相應)하는 것이다.
　이 성신(星辰)은 대강(大江)과 대하(大河)의 근처[傍]에 거(居)하기를 좋아하고 대전(大田)이나 대로(大路)에 임(臨)하기를 기뻐한다.
　이곳의 장법(葬法)이 최선(最善)이라면 출생인(出生人)의 상모(相貌)가 준수(俊秀)하고 심성(心性)이 온화(溫和)하며 행사(行事)가 교유(矯揉)하다. 갑(甲)을(乙)손(巽)묘(卯) 생(生)이 수음(受蔭)하고 해(亥)묘(卯)미(未)년(年)에 발달(發達)한다.

**[필자주(筆者註)2]** 교유(矯揉) ; 손질하여서 바로 고침.

　이 성신(星辰)으로 들어오는 후용(後龍)이 만약 상격(上格)이면 벼슬이 한림(翰林)에 이르고 중격(中格)이면 전랑(典郎)에 이르며 하격(下格)이면 읍재(邑宰)에 이르며 귀격(貴格)이 전무(全無)하더라도 독서천권(讀書千卷) 한다.
　이곳에다 묘(墓)를 쓴 후 처음 출생하는 사람[初生人]이 유장인(悠長人)이 나오면 기가 왕성함(氣盛)함에 이른 것이고 이농인(耳聾人)이 나오면 기(氣)가 쇠진(盡衰)한 것이다.

이 체(體)에 진홀형(縉忽形) 등이 많다. 마땅히 화퇴(火堆)를 작(作)할 것이다.

### 시(詩)

**頓起尖峯號本星　上中下穴是三停**

(돈기첨봉호본성 상중하혈시삼정)

"돈기 한 첨봉이면 본성이라 부르는 것이니 이곳의 혈을 상중하 삼정으로 나누어 말해야 하는 것이다."

**細看朝應分高下　一與登科顯大名**

(세간조응분고하 일여등과현대명)

"조응을 자세히 보면 고하가 분명하니 하나같이 등과하여 이름을 크게 날릴 것이다."

## 정체자기(正體紫氣)

出金

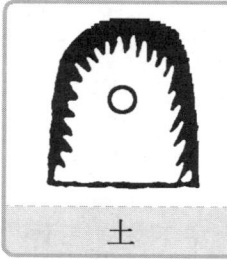
土

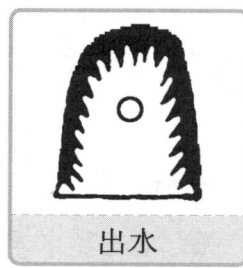
出水

出火

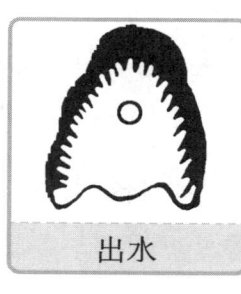
出水

雙擺燥

左擺燥

右擺燥

雙拖蕩

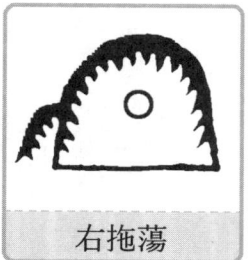
右拖蕩

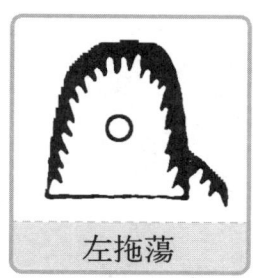
左拖蕩

## 2. 개구자기(開口紫氣)

**원문(原文)** ··· 開口紫氣

第二紫氣號開口 口裏藏金斗
貴人端坐是眞形 金榜早傳名

此星朡員而尖 身曲面平 開兩脚 故名曰開口紫氣 有五體 其兩脚員者爲轉金 曲者爲轉水 方者爲轉土 此皆爲正格也 宜下藏殺穴 尖者爲轉火 直者爲轉水 此二者爲次格也 宜下壓殺穴 又有一雙轉金 一脚轉水火木土者 有一脚轉水 一脚轉金木火土者 共有二十體爲變格也 其間惟金火脚 金木脚 水火脚 水木脚 土火脚 土木脚 宜下閃殺穴 火木脚 宜下壓殺穴 其餘宜下藏殺穴 諸體凡開口者 皆依此論之 有擺燥拖蕩六體 謂之帶曜 亦宜下藏殺穴 龍經云 龍虎背后有衣裙 此以宮襴拜袖舞 卽此謂也 圖說見正體篇 夫紫氣本是之餘 開口則成水穴 子母相生相養 又宜龍虎以衛區其穴 故爲福尤緊 次於正體 凡開口星辰 靈光合聚於中 餘氣分行於下 雌雄相顧 穴脉交通 故謂之吉穴 惟要口中員淨 窩內冲融 身俯則穴宜就脉揭 面仰則穴宜蘸弦坐入 是爲得之 最忌堂捲 尤嫌落槽 堂捲則外氣不橫落槽則吉星自壞 乃不可不察 此星本蔭三六九位衣祿故不畏右砂逆水 由寅宮之勢而行脉 得震宮之氣而成形

> 坐向得寅甲卯乙巽 皆爲氣旺而形應 好倒落於源頭喜
> 融結扵水尾 若安扡合法 生人相貌俊秀 心性疎通 行
> 事矯揉 甲乙寅卯命人受蔭 亥卯未年發達 若后龍合上
> 格者 官至翰林 合中格者 官至鮮典州郡 合下格者 官
> 爲邑宰 若全無貴格者 亦主讀書請擧 初生條長之人
> 則氣至而盛也 至生乞口之人 則氣盡而衰也 此體多爲
> 貴人端坐形 宜作火堆 (開塋不可太廣 故水重不發)
>
> 詩曰　木星水穴自相生　高下安墳切要明
> 　　　乘得生生眞氣脉　何愁位不至公卿

### 시(詩)

**第二紫氣號開口　口裏藏金斗** (제이자기호개구 구이장금두)
 "두 번째 자기는 개구이니 입 안에다 금전을 두 량으로 소장하였으며"

**貴人端坐是眞形　金榜早傳名** (귀인단좌시진형 금방조전명)
 "귀인단좌가 되면 진형이니 금방장원으로 이름을 전하리라."

이 성신(星辰)은 두뇌 부분이 둥글[腦圓]면서도 첨(尖)하며 몸[身]은 곡(曲)하고 면(面)은 평평(平平)하다. 두 다리[兩脚]를 벌렸다(開)하여 개구자기(開口紫氣)라 하였다.
　다섯 체(五體)가 있는데 양각(兩脚)이 둥근[圓] 것을 전금

(轉金)이라 하고 곡(曲)한 것을 전수(轉水)라 하며 방(方)한 것을 출토(出土)라 하여 정격(正格)이 되는데 이는 장살혈(藏殺穴)로 하장(下葬)한다. 첨(尖)한 것은 전화(轉火)라 하고 직(直)한 것은 전목(轉木)이라 하는데 이 두 격(格)은 정격(正格)에서도 다음으로 길함이 된다. 마땅히 압살혈(壓殺穴)로 하장(下葬)한다.

또 일각(一脚)은 금(金)인데 다른 한 각(一脚)은 수목화토(水木火土) 각(脚)으로 된 것이 있고, 일각(一脚)은 전수(轉水)인데 다른 한 각(一脚)이 금목화토(金木火土)로 된 것이 있고, 또 한 각(一脚)은 전목(轉木)인데 다른 한 각이 금수화토(金水火土)로 된 것이 있고, 또 한 각(一脚)은 출화(出火)인데 다른 한 각(一脚)이 금수목토(金水木土)로 된 것이 있으며, 또 한 각(一脚)이 전토(轉土)인데 다른 한 각(一脚)이 금수목화(金水木火)로 된 것 등 이십체(二十體)를 변격(變格)이라 한다. 그 가운데서 오직 금화각(金火脚), 금목각(金木脚), 수화각(水火脚), 수목각(水木脚), 토화각(土火脚), 토목각(土木脚)은 섬살혈(閃殺穴)로 하장(下葬)하고 화목각(火木脚)은 압살혈(壓殺穴)로 하장(下葬)하고 그 외의 나머지는 모두 장살혈(藏殺穴)로 하장(下葬)한다.

구성(九星) 전변(轉變)에서 개구(開口)한 성신(星辰)의 모든 체[諸體]는 모두 이와 같은 논리로 처리한다.

이밖에도 패조(擺燥)와 타탕(拖蕩) 등 여섯 격(六格)의 요(曜)를 다(帶)한 것이 있는데 역시 장살혈(藏殺穴)로 하장(下葬)한다. 이를 용경(龍經)에서도

**龍虎背後有衣裙　此以宮襴拜袖舞**
(용호배후유의군 차이궁란배수무)

"용호 넘어 배후(背後)로 치마 자락이 보인다면 이것은 란삼(襴衫)입은 궁녀들이 춤으로 배알하며 펄럭이는 소매와 치마 자락이다."

라 하였으니 정체편(正體編) 도설(圖說)을 참고하기 바란다.

대저 자기(紫氣)가 본기(本氣)인데 여기(餘氣)가 나아가[本是之餘] 개구(開口)하면 수성(水星)을 이루어 모자(母子)가 상생상양(相生相養)하게 되고 또 그 혈(穴)은 용호(龍虎)가 되어 보호하게 될 것이므로 복(福)이 더욱 긴밀(緊密)하여 정체(正體) 다음 가는 길혈(吉穴)이 된다.

무릇 개구성신(開口星辰)은 영광(靈光)이 중(中)으로 합취(合聚)하고 여기(餘氣)는 아래로 분행(分行)하며 자웅(雌雄)이 상고(相顧)하고 혈맥(血脈)이 교통(交通)하게 되므로 길혈(吉穴)이 되는 것이다.

오직 중요(重要)한 것은 구중(口中)이 원정(圓淨)하고 와내(窩內)가 충융(冲融)하여야 하며 신(身)이 낮게 부(俯)하였을 때에는 혈(穴)은 마땅히 취맥게고(就脈揭高)할 것이며 면(面)을 쳐들어 앙(仰)할 때에는 혈(穴)은 마땅히 잠현좌입(蘸弦坐入)할 것이다.

이 성신(星辰)에서 가장 꺼리는 것은 당권(堂捲)이며 더욱 혐오(嫌惡)하는 것은 낙조(落槽)이니 당권(堂捲)하면 외기가 불횡[外氣不橫]이기 때문이요, 낙조(落槽)되면 길성(吉星)이 스스로 붕괴[自壞]되기 때문이다.

　이 성신(星辰)은 본시의 발음[本蔭]이 삼육구의 자리[三六九位]에로 복록(福祿)이 오므로 우사(右砂)가 송수(送水)함을 꺼려하지 아니한다.

　이 성신(星辰)을 만든 용(龍)은 인궁(寅宮)의 세(勢)로 경유(經由)하여야 행맥(行脈)하고 진궁(震宮)의 기(氣)를 득(得)하여야 성형(成形)한다. 좌향(坐向)에서도 인(寅)갑(甲)묘(卯)을(乙)손(巽) 좌가 되면 왕성한 기운이 형세(形勢)와 상응(相應)하는 것이다.

　이 성신(星辰)은 원두(源頭)에서 도락(倒落)함을 좋아하고 수미(水尾)에서 융결(融結)함을 기뻐한다.

　이곳에 장법(葬法)이 최선(最善)이라면 출생인(出生人)의 상모(相貌)가 준수(俊秀)하고 심성(心性)이 소통(疎通)하며 행사(行事)가 교유(矯揉)하다. 갑(甲)을(乙)인(寅)묘(卯) 생(生)이 수음(受蔭)하고 해(亥)묘(卯)미(未)년(年)에 발달(發達)한다.

　이곳을 만든 후용(後龍)이 상격(上格)이면 벼슬이 한림(翰林)에 이르고 중격(中格)이면 선전주군(鮮典州郡)하며 하격(下格)이면 읍재(邑宰)에 이르고 귀격(貴格)이 전무(全無)하더라도 독서(讀書)로 청거(請擧)는 한다.

　이곳어 묘(墓)를 쓰고 처음 츨생[初生]하는 사람이 조장인(條長人)이 출생(出生)하면 기(氣)가 왕성함에 이른 것[盛至]이요, 걸구인(乞口人)이 출생하면 기(氣)가 다 되어 쇠진(盡衰)한 것이다.

이 체(體)에 귀인단좌형(貴人端坐形)이 많다. 화퇴(火堆)를 쌓으면 길(吉)하고, 개영(開塋)은 태광(太廣)이 불가(不可)하니 수가 거듭[水重]되면 불발(不發)이기 때문이다.

### 시(詩)

### 木星水穴自相生 高下安墳切要明
(목성수혈자상생 고하안분절요명)

"목성에 수혈을 만났으니 상생이 되었으므로 높고 낮게 안분하면 간절하고 긴요함을 밝혀 줄 것이리라."

### 乘得生生眞氣脈 何愁位不至公卿
(승득생생진기맥 하수위불지공경)

"생생한 진기맥을 득하여 탄고 앉았다면 작위가 없다고 무엇이 근심이리요? 공경에 이를 것인데!"

## 개구자기(開口紫氣)

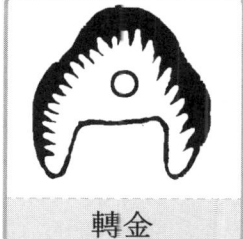
轉金

轉水

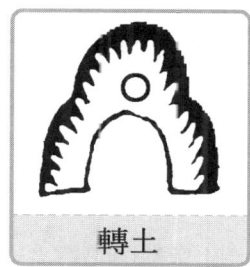
轉土

金火

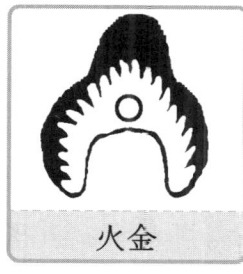
火金

火水

木水

火土

木土

火水

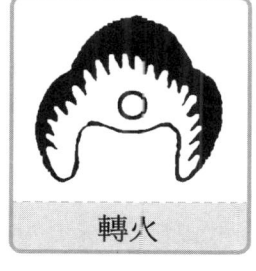
轉火

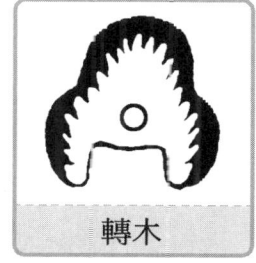
轉木

## 3. 현유자기(懸乳紫氣)

> **원문(原文)** ··· 懸乳紫氣

> 第三紫氣號懸乳 淸秀眞無比
> 亭亭盡是美人形 下着出公卿

此星腦員而身直面平 開兩脚生乳 故名曰懸乳紫氣 有體 其乳直者爲夾木乘穴 分三停立穴 尖者爲帶火 當開口取火 穿兩眉立穴 曲者爲注水 當乘木取水 尋動處立穴 方者爲穿土 當扵木將出土處立穴 員者爲垂金 當倚木斷金 踏墮處立穴 此五者爲正格也 有兩乳者名曰雙是 有乳中生兩岐者 名曰麒麟 皆可兩穴 三乳者名曰三台 可下三穴 此三者爲變格也 立穴並以前五體爲法 諸體凡懸乳者 皆當以此論之 有帶曜者 圖說見正體篇 夫紫氣懸乳者 有發生之意 力量與正體大同 而爲福尤緊 凡懸乳星辰 生氣凝聚而下垂 靈光發落而外見 兩宮俱到 一乳正中 此故爲吉穴 惟要圈中舒暢 乳上光員 五氣分形 三停立穴 是爲得之 最忌堂塞則人物凶頑 水冲則田牛退損 乃不可不察 此星本蔭三六九位衣祿 故不畏右砂送水 由寅宮之勢而行脉 得震宮之氣而成形 坐向得寅甲卯乙巽 皆爲氣旺而形應 喜傍江湖 好臨田驛 若安扦合法 生人相貌淸秀 心性質美 行事矯揉 寅甲卯乙命人受蔭 亥卯未年發達

> 若后龍合上格者 官至拜相封侯 合中格者 官至翰林之
> 賞 風憲之官 合下格者 中擧登科 若全無貴格者 亦主
> 請擧富實 初生條長之人 則氣至而盛也 至生腎癩之人
> 則氣盡而衰也 此體多爲美人抱鏡形 宜作火堆
>
> 詩曰　木星懸乳穴天然　此樣星辰造化全
> 　　　若得官星爲後主　兒孫策馬去朝天

### 시(詩)

**第三紫氣號懸乳　淸秀眞無比** (제삼자기호현유 청수진무비)

"세 번째 자기는 현유라 하니 청수함이 참되어 비길 데가 없음이다."

**亭亭盡是美人形　下着出公卿** (정정진시미인형 하착출공경)

"곧고 아름다운 미인형이면 하장한 후에 공경이 나오리라."

이 성신(星辰)은 두뇌 부분이 둥글고[腦圓] 몸[身]은 직(直)하고 면(面)은 평평(平平)하다. 두 다리[兩脚]를 개(開)하였고 그 가운데로 유(乳)를 생(生) 하였으므로 현유자기(懸乳紫氣)라 하였다.

이에 팔체(八體)가 있는데 그 유(乳)가 곧아 직(直)한 것을 협목승혈(夾木乘穴)이라 하며 삼정(三停)으로 구분(分)하여 입혈(立穴)한다. 첨(尖)한 것은 대화(帶火)라 하니 마땅히 개구취화(當開口取火)하는 것이니 양 어깨를 뚫고 입혈[穿兩眉立穴]하여야 한다. 곡(曲)한 것을 주수(注水)라 하는데 마땅히 승목취수(乘木取水)하는 것이니 동처(動處)를 찾아 입혈(立穴)한다. 방(方)한 것을 천토(穿土)라 하는데 마땅히 목(木)으로부터 출토(出土)하는 곳에 입혈(立穴)하여야 한다. 둥근[圓] 것을 승금(乘金)이라 하는데 마땅히 의목(倚木)하고 단금(斷金)하여야 하니 답타처(踏墮處)에 입혈(立穴)한다. 이상 오격(五格)이 정격(正格)이다.

또 쌍유(雙乳)로 된 것이 있는데 이름을 쌍성(雙星)이라 하기도 한다. 또 그 유중(乳中)에서 양기(兩岐)를 생(生)한 것이 있는데 이를 기린혈(麒麟穴)이라는 이름으로도 쓰인다. 이 두 격(格)에 모두 하장(下葬)이 가(可)하다. 또 삼유(三乳)로 된 것이 있는데 이를 삼태(三臺)라 하기도 하며 삼혈(三穴) 모두에 하장(下葬)이 가(可)하다. 이상 삼격(三格)을 변격(變格)이라 한다. 입혈(立穴)은 모두 앞의 다섯 정격[前五正格]과 법(法)이 같다.

무릇 현유(懸乳)로 된 것은 모든 체(體)가 이와 같은 논리(論理)로 기준(基準)을 삼는다. 이 체(體)에서도 요(曜)를 대(帶)한 것이 있는데 정체편(正體編)의 도설(圖說)을 참고하기 바란다.

무릇 자기현유격(紫氣懸乳格)은 발생(發生)에 의의(意義)가 있으므로 역량(力量)이 정체(正體)와 대동(大同)하기 때문에 복력이 긴밀(福緊)하다.

무릇 현유성신(懸乳星辰)은 생기(生氣)를 응취(凝聚)시킨 후에 아래로 드리우고 영광(靈光)을 발락(發落)한 다음에도 밖으로 나타내[外見] 주며 양궁(兩宮)이 함께 이르러[俱到] 한 유(一乳)를 정중(正中)에 놓고 생(生)하므로 길혈(吉穴)이 되는 것이다.

오직 중요(重要)한 것은 권중(圈中)이 서창(舒暢)하고 유상(乳上)이 광원(光圓)하여야 한다. 오기(五氣)로 분형(分形)하여서 삼정(三停)으로 입혈(立穴) 할 수 있으면 득지(得之)하는 것이다.

이 성신(星辰)에서 가장 꺼리[最忌]는 것은 당(堂)이 옹색(壅塞)한 것이고 더욱 혐오(嫌惡)하는 것은 수충(水沖)이니 당색(堂塞)하면 인물(人物)이 흉완(凶頑)하고 수충(水沖)하면 전우(田牛)를 퇴손(退損)시킨다.

이 성신(星辰)은 본시의 발음[本蔭]이 삼육구의 자리[三六九位]에서 복록(福祿)을 받으니 우사(右砂)가 송수(送水)함을 꺼려하지 아니한다.

이곳의 용(龍)은 인궁(寅宮)의 세(勢)를 경유(經由)하여야 행맥(行脉)하고 진궁(震宮)의 기(氣)를 득(得)하여야 성형(成形)한다. 좌향(坐向)에서도 인(寅)갑(甲)묘(卯)을(乙)손(巽)좌(坐)가 되면 왕성한 기운(氣運)이 형세(形勢)와 상응(相應)하는 것이다.

이 성신(星辰)은 강호(江湖)의 옆이나 근처[傍]에 거(居)하기를 기뻐하고 전역(田驛)에 임(臨)하기를 좋아한다.

이곳에 장법(葬法)이 최선(最善)이었다면 출생인(出生人)의 상모(相貌)가 청수(淸秀)하고 심성(心性)이 질미(質美)하며 행사(行事)가 교유(矯揉)하다. 인(寅)갑(甲)묘(卯)을(乙) 명인(命人)이 수음(受蔭)하고 해(亥)묘(卯)미(未)년(年)에 발달(發達)한다.

이 성신(星辰)을 만든 후용(後龍)이 만약 상격(上格)이라면 벼슬이 배상봉후(拜相封候)하고 중격(中格)이면 한림(翰林)의 상(賞)에 풍헌(風憲)의 관(官)이 되고 하격(下格)이면 중거(中擧)에 등과(登科)하고 귀격(貴格)이 전무(全無)하더라도 주 청거(主請擧)하며 부로는 진실(富實)하게 성공한다.

이곳에 묘(墓)를 쓴 후에 처음 출생(出生)하는 사람이 조장인(條長人)이 출생하면 왕성한 기운에 이른 것이고 신나인(腎癩人)이 출생(出生)하면 기가 쇠진(氣盡)한 것이다.

이 체(體)에 미인포경형(美人抱鏡形)이 많으며 화퇴(火堆)를 작(作)하면 길하다.

### 시(詩)

### 木星懸乳穴天然 此樣星辰造化全
(목성현유혈천연 차양성신조화전)

"목성이 현유를 달면 천연적인 혈이니 이 모양의 성신은 조화가 완전하다."

### 若得官星爲後主 兒孫策馬去朝天
(약득관성위후주 아손책마거조천)

"만약 관성을 득하였다면 뒷날의 주인이니 아손이 말을 채찍질 하여 조정의 천자 앞에서 조회 하리라."

## 현유자기(懸乳紫氣)

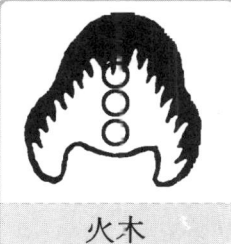
火木

帶火

生水

穿土

垂金

麒麟

雙星

三台

## 4. 궁각자기(弓脚紫氣)

**원문(原文)** … 弓脚紫氣

第四紫氣號弓脚 家業興隆也
美女抱兒形最似 淸貴爲朝主

此星腦尖而員 身直面平 開脚抱穴 故名曰弓脚紫氣 有二體 其脚一長一短者 爲正格也 穿長者下穴(卽撚殺穴) 兩脚交牙者 爲變格也 穿中心下穴 當以四煞法消息而用之 外有帶曜者 圖說見正體篇 夫紫氣弓脚 本氣爲盛 關鎖周密 發福極快 但胸襟窄狹若是石山勝不可以虎過明堂 及啣屍爲疑 凡弓脚星辰 靈光在內而隱藏 餘氣在先而回抱 明堂聚面 應案連枝 此故爲吉穴 惟要脚頭逆轉 可妨水口無關 欲定高低 當登左右 是爲得之 最忌脚高過眼 尤嫌虎遶擎拳 則子孫衰敗 乃不可不察 此星本蔭三六九位衣祿 故不畏右砂迄水 由寅宮而行脉 得震宮之氣而成形 坐向得寅甲卯乙巽 皆爲氣旺而形應 如臨水尾源頭 喜居壠脊山腰 若安扦合法 生人相貌俊秀 心性宛轉 行事矯揉 寅甲卯乙命人受蔭 亥卯未年發達 若后龍合上格者 身居玉堂 合中格者 職專使舘 合下格者 請擧登科 若全無貴格者 亦主讀書中擧 家業富足 觧典放錢 初生條長之人 則氣至而盛也 至生足跛之人 則氣盡而衰也 此體多爲美

女抱兒形. 宜作火堆

詩曰　木星腦丁脚先弓 左右弓來事不同
　　　此等星辰人易識 須知減虎與饒龍

### 시(詩)

**第四紫氣號弓脚　家業興隆也** (제사자기호궁각 가업흥융야)
"네 번째 자기성은 궁각이니 가업을 흥융케 할 것이다."

**美女抱兒形最似　淸貴爲朝主** (미녀포아형최사 청귀위조주)
"미녀 포아형이 가장 근사하니 청귀로 조정에 들리라."

이 성신(星辰)은 두뇌 부분이 뾰쪽한 것 같으면서도 둥글기도[腦尖而圓] 하며 몸[身]은 곧아 직(直)하고 면(面)은 평평(平平)한데 두 다리를 벌려 혈(穴)을 감싸고 안았다[開脚抱穴] 하여 궁각자기(弓脚紫氣)라 하였다.

두 체(二體)가 있는데 그 다리[脚]가 하나는 길고 하나는 짧은[一長一短] 것을 정격(正格)이라 하여 긴 다리 쪽을 뚫고[穿長] 장살혈(撚, 藏이 誤字 인듯, 煞穴)로 하혈(下穴)한다.

또 두 다리[兩脚]가 교아(交牙)된 것이 있는데 변격(變格)이 되며 중심을 뚫고[穿中心] 하혈(下穴)한다. 이에서도 사살장법(四殺葬法)으로 소식(消息)한다.

이밖에도 요(曜)를 대(帶)한 것이 있는데 정체편(正體篇)의 도설(圖說)을 참고(參考)하여 볼 것이다.

 대저 자기궁각(紫氣弓脚)은 본기(本氣)가 왕성(旺盛)하므로 관쇄(關鎖)가 주밀(周密)하여 발복(發福)이 극쾌(極快)하다. 다만 흉금(胸襟)이 착협(窄狹)한 것이 결함이나 석산(石山)인 경우라면 다소 해소된다. 그러나 백호(虎)가 명당(明堂)을 지나가는[過] 것은 불가(不可)한데 아울러 함시(啣屍)까지 될까 의심(疑心)해야 한다.

 무릇 궁각성신(弓脚星辰)은 영광(靈光)을 안으로 모아놓고도 은장[在內而隱藏]시키고 여기(餘氣)는 먼저 나아가 회포[在先而回抱]하며 명당 앞으로 모아주고[明堂聚面] 응안(應案)이 연지(連技)하므로 길혈(吉穴)이 된다.

 오직 중요(重要)한 것은 각두가 물을 거슬러 역전(脚頭逆轉)하여야 한다. 그러나 만약 수구에 관쇄함이 없는[水口無關] 것은 불가(不可)하다.

 이에서 고저(高低)를 정(定)하고 저 함에는 마땅히 등산하여 좌우(左右)가 맞는가를 비교하고 정할 것이다.

 이 성신(星辰)에서 가장 꺼리는[最忌] 것은 각이 높아서[脚高] 눈높이를 지나 과안(過眼)하는 것이요, 더욱 혐오(嫌惡)하는 것은 백호(白虎)가 주먹을 쥐고[虎遶擎拳] 처든 기세(氣勢)이니 과안(過眼)하면 출생인(出生人)이 어리석고 격권(擎拳)하면 자손(子孫)이 쇠패(衰敗)하기 때문이다.

 이 성신(星辰)은 본시 발음[本陰]이 삼육구의 자리[三六九位]에서 복록(福祿)을 받으므로 우사(右砂)의 송수(送水)를 두려워하지 않는다.

 이 성신(星辰)을 만든 용은 인궁(寅宮)의 세(勢)를 경유(經由)하여 행맥(行脈)하고 진궁(震宮)의 기(氣)를 득(得)하여야 성형(成形)한다. 좌향(坐向)에서도 인(寅)갑(甲)묘(卯)을(乙)손(巽) 좌(坐)가 되면 왕성한 기운과 형세(形勢)가 상응(相應)하는 것이다.

 이 성신(星辰)은 수미(水尾)나 원두(源頭)에 임(臨)함을 좋아하고 농척산요(壟脊山腰)에 거(居)함을 기뻐한다.

 이곳의 장법(葬法)이 최선(最善)이었다면 출생인(出生人)의 상모(相貌)가 준수(俊秀)하고 심성(心性)이 완전(宛轉)하며 행사(行事)가 교유(矯揉)하다. 인(寅)갑(甲)묘(卯)을(乙) 생인(生人)이 수음(受蔭)하며 해(亥)묘(卯)미(未)년(年)이 발달(發達)한다.

 만약 이 성신(星辰)을 만든 후용(後龍)이 상격(上格)이면 귀한 몸[身]이 되어 옥당(玉堂)에 거(居)하고 중격(中格)이면 사관직(使筦職)이 되고 하격(下格)이면 청거(請擧)에 등과(登科)하고 귀격(貴格)이 전무(全無)하더라도 독서(讀書)로 중거(中擧)하며 가업(家業)이 부 쪽으로 풍족[富足]하다.

 이곳에 묘(墓)를 쓴 후로 조장인(條長人)이 나오면 기가 왕성(氣旺)함에 이를 것이고 족파인(足跛人)이 출생(出生)하면 기(氣)가 다 되어 쇠진(盡衰)한 것이다.

 이 체(體)에 미녀포아형(美女抱兒形)이 많다. 화퇴(火堆)를 작(作)하면 길(吉)하다.

### 시(詩)

### 木星腦丁脚先弓　左右弓來事不同

(목성뇌정각선궁 좌우궁래사부동)

"목성이 두뇌가 둥근데 각이 선궁이면 좌우에서 함께 오는 궁이라도 일은 같지 아니 하리라."

### 此等星辰人易識　須知減虎與饒龍

(차등성신인역식 수지감호여요용)

"이들의 성신은 사람들이 쉽게 알 수 있으니 모름지기 알아야 할 것은 감호와 더불어 요용이니라."

## 궁각자기(弓脚紫氣)

左仙宮

右仙宮

左交牙

右交牙

## 5. 쌍비자기(雙臂紫氣)

**원문(原文)** ··· 雙臂紫氣

第五紫氣爲雙臂 不須疑叠指
形似仙人舞袖形 下後得官歸

此星腦尖面員 身直面平 邊開兩臂 故名曰雙臂紫氣有三體 其臂有左右俱雙者 須要臂皆彎抱 或作交牙尤佳 有內兩臂甚短者 名曰挾勢 內兩臂尖射者 名曰挾刀 立穴須鋤之使完 此俱爲正格也 有左雙右單者 有左單右雙者 要穴上見其均勻 此二者爲變格也 立穴當以四煞法消息而用之 外有帶曜者 圖說見正體篇 夫紫雙臂本氣爲盛本體資生 子母相見 故發福極快綿遠 其雙雙右勇者爲叠指 喜賭錢 然龍眞穴正 水聚山朝 決不破家 若穴上不見者 則亦不忌 凡雙臂星辰 靈光自足而舒徐 直氣有餘而磅礴 東西雙到 內外重回 此故爲吉穴 惟要應案臨近 明堂聚前 立穴要取天心 折水必依星步 是爲得之 最忌內臂尖射 尤嫌元辰直長 尖射則吉穴亦凶 直長則善星亦惡 乃不可不察 此星本陰三六九位衣祿 故不畏右砂逆水 由寅宮之勢而行脉 得震宮之氣而成形 坐向得寅甲卯乙巽 皆爲氣旺而形應 喜傍大溪之側 好居萬山之間 若安扞合法 生人相貌俊秀心性機巧 行事矯揉 寅甲卯乙命人受蔭 亥卯未年發達

若后龍合上格者 官至舘閣 合中格者 官入侍監 合下格者 官入幕職 若全無貴格者 亦主讀書請擧 富足初生條長之人 則氣至而盛也 至生折趾之人 則氣盡而衰也 此體多爲仙人舞袖形 宜作火堆

詩曰　木星雙臂要彎環 龍虎交牙對面前
　　　乘得地中生氣者 兒孫代代立朝班

### 시(詩)

**第五紫氣爲雙臂　不須疑疊指** (제오자기위쌍비 불수의첩지)

"다섯 번째 자기는 쌍비이니 모름지기 첩지를 의심치 말 것이다."

**形似仙人舞袖形　下後得官歸** (형사선인무수형 하후득관귀)

"형이 선인 무수형과 흡사하면 하장 후에 관직으로 나갈 것이다."

이 성신(星辰)은 두뇌 부분은 첨한 것 같으면서도[腦尖] 자세히 보면 둥글기도[圓] 하며 몸체[身]는 곧아서 직(直)하고 면(面)은 평평(平平)하다. 변(邊)으로 양 팔뚝[兩臂]을 벌려(開) 안았다 하여서 쌍비자기(雙臂紫氣)라 하였다.

삼체(三體)가 있는데 그 팔뚝[臂]이 좌우(左右)가 모두 쌍(雙)으로 된 것이 있는데 중요(重要)한 것은 만포(彎抱)하여야 하며 교아(交牙)가 되면 더욱 좋다. 이에서 안쪽[內]의 두 팔뚝[兩臂]이 심히 짧다면[甚短] 이것을 협세(挾勢)라 하고, 첨사(尖射)하여 혈을 쏜다면 이것을 협도(挾刀)라 하는 것인데, 입혈(立穴)은 조파(鋤)하여서 잘라 없애거나 바깥쪽으로 방향을 돌려서 완전(完全)하게 만들어야 하는 것이다. 이를 정격(正格)이라 한다.

또 좌측은 쌍인데 우측이 단[左雙右單]인 것과 우측이 쌍인데 좌측이 단[右雙左單]인 것이 있는데 중요(重要)한 것은 혈상(穴上)에서 볼 때 균균(均勻)하여야 한다. 이 두 격(格)을 변격(變格)이라 하는데 사살장법(四殺葬法)으로 소식(消息)하고 사용(使用)하여야 한다.

이밖에도 요(曜)를 대(帶)한 것이 있는데 정체편(正體篇)의 도설(圖說)을 참고(參考)하여 볼 것이다.

대저 자기쌍비(紫氣雙臂)는 본기(本氣)가 왕성(旺盛)하여서 본체(本體)로부터 자생(資生)함을 받으니 자모(子母)가 상견(相見)하므로 발복(發福)이 극쾌(極快)하면서도 면원(綿遠)하다. 팔뚝[臂]이 우쌍(右雙)이고 좌단(左單)인 것을 첩지혈(疊指)이라 한다. 첩지가 되면 도박[賭錢]을 좋아하는데 용진혈정(龍眞穴正)하고 수취산조(水聚山朝)하면 파가(破家)하지는 않는다. 그러나 만약 혈상(穴上)에서 보이지 않으면[不見] 더욱 꺼리지 않는다.

무릇 쌍비성신(雙臂星辰) 영광(靈光)은 자족(自足)하면서도 서서히 여유있게 펼쳐주고[靈光自足而舒徐], 진기는 유여하여 남음이 있지만 하나로 혼합시켜 공급하여[眞氣有餘而磅磚] 주며 동서(東西)에서 함께 쌍도(雙到)하고 내외(內

外)로 거듭 회포[重回]하므로 길혈(吉穴)이 되는 것이다.

　오직 중요(重要)한 것은 응안(應案)이 가까이에서 임(臨)하고 명당(明堂)은 혈(穴) 앞으로 모아[聚前]주어야 할 것이다. 이의 입혈(立穴)은 꼭 천심(天心)을 취(取)할 것이며 절수(折水)는 반드시 성브(星步)에 의(依)할 것이다. 이러하면 득지(得之)한 것이다.

　이 성신(星辰)에서 가장 꺼리는[最忌] 것은 내비(內臂)가 첨사(尖射)하는 것이며 더욱 혐오(嫌惡)하는 것은 원진(元辰)이 직장(直長)한 것이니 첨사(尖射)하면 길혈(吉穴)이라도 흉으로 변하고[變凶] 직장(直長)하면 선성(善星)이 악성으로 변하기[變惡] 때문이다.

　이 성신(星辰)은 본시의 발음이[本蔭]가 삼육구의 자리[三六九位]에서 복록(福祿)을 받으므로 우사(右砂)의 송수(送水)를 꺼리지 아니한다.

　이 성신(星辰)을 만든 용(龍)은 인궁(寅宮)의 세(勢)를 경유(經由)하여야 행맥(行脈)하고 진궁(震宮)의 기(氣)를 득(得)하여야 성형(成形)한다. 좌향(坐向)에서도 인(寅)갑(甲)묘(卯)을(乙)손(巽) 좌(坐)가 되면 왕성한 기운이 형세(形勢)와 상응(相應)하는 것이다.

　이 성신(星辰)은 큰 내[大溪]의 근처[傍]에 거(居)함을 기뻐하고 단산간(蒿山間)에 거(居)함을 좋아한다.

　이곳의 장법(葬法)이 최선(最善)이면 출생인(出生人)의 상모(相貌)가 준수(俊秀)하고 심성(心性)이 기교(機巧)하며 행사(行事)가 교유(矯揉)하다. 인(寅)갑(甲)묘(卯)을(乙) 생(生)

이 수음(受蔭)하고 해(亥)묘(卯)미(未)년(年)에 발달(發達)한다.

이 성신(星辰)의 후용(後龍)이 상격(上格)이면 벼슬이 관각(舘閣)에 이르고 중격(中格)이면 시감(侍監)에 이르고 하격(下格)이면 막직(幕職)에 이르며 귀격(貴格)이 전무(全無)하더라도 독서(讀書)로 청거(請擧)하고 부(富)는 풍족(豊足)하다.

이곳에 묘(墓)를 쓴 후 처음 출생하는 사람이 조장인(條長人)이 기가 왕성함에 이른 것이고 절지인(折趾人)이 출생(出生)하면 기(氣)는 다 되어 쇠진(盡衰)한 것이다.

이 체(體)에 선인(仙人)의 무수형(舞袖形)이 많다. 화퇴(火堆)를 쌓으면 좋다.

### 시(詩)

木星雙臂要彎環 龍虎交牙對面前
(목성쌍비요만환 용호교아대면전)
"목성의 쌍비는 만환되는 것이 중요하며 용호가 교아되면 전면을 대할 것이니라."

乘得地中生氣者 兒孫代代立朝班
(승득지중생기자 아손대대입조반)
"지중의 생기를 승득 한다면 아손을 대대로 조회의 반열에 세우리라."

## 쌍비자기(雙臂紫氣)

左右俱雙

挾勢

挾刃

右雙

左雙

## 6. 단고자기(單股紫氣)

> 원문(原文) … 單股紫氣

　　　　第六紫氣名單股 有龍便無虎
　　　　彎彎象鼻喝形眞 富貴足金銀

此星腦尖面平 身直脚員 開一脚 故名曰單股紫氣 有四體 其脚有微弓者 爲垂金 弓過者爲轉水 此皆爲正格也 宜對腦下穴 有腦下一邊結乳 一邊開脚 微弓者 百人謂之單提 亦有脚弓過者 昔人謂之蟠龍 此爲變格也 以左右前山定高低下穴 外有帶曜者 圖說見正體篇 去紫氣單股 上下獨秀 最爲奇妙 不可以折股爲疑 凡單股星辰 靈光本盛而中聚 餘氣不足而獨垂左右雖有一虧 上下初無一用 此所以謂之吉穴 然單股必須逆轉兩宮仍要 湊成 穴貴隈藏 尤宜周密是爲得之 最忌穴畔風吹 面前水去 風吹則飄散生氣 水去則牽動土牛 乃不可不察 此星本陰三六九位衣祿 故不畏右砂迸水 由申宮之勢而行脉 得震宮之氣而成形 坐向得寅甲卯乙巽 皆爲氣旺而形應 好落盡龍之所 喜臨大驛之傍 若安扦合法 生人相貌俊秀 心性直白 行事矯揉 寅甲卯乙命人受蔭 亥卯未年發達 若后龍合上格者 官至學士 合中格者 侍郎修撰 合下格者 官至幕職 若全無貴格者 亦主讀書請擧 人財兩旺 初生條長之人 則氣至

而盛也 至生折己之人 則氣盡而衰也 此體多爲鼻象形
宜作火堆

詩曰　木星端正自當中 一足彎環左右同
　　　四獸看來須缺一 安扦合法自興隆

### 시(詩)

**第六紫氣名單股　有龍便無虎** (제육자기명단고 유용편무호)
"여섯 번째 자기는 단고이니 용은 있으나 백호가 없을 수도 있으니"

**彎彎象鼻喝形眞　富貴足金銀** (만만상비갈형진 부귀족금은)
"물형으로 코끼리의 코처럼 만만하면 진형이니 부귀하여 금은이 족하리라."

이 성신(星辰)은 두뇌 부분이 삐쭉하여 첨[腦尖]하지만 면(面)은 평평(平平)하며 몸[身]은 곧아 직(直)하고 각은 둥근[脚圓]데 한 각(一脚)만을 개(開)하였다고 하여 단고자기(單股紫氣)라 하였다.

사체(四體)가 있는데 그 각(脚)이 미궁(微弓)한 것을 수금(垂金)이라 하고, 궁과(弓過)한 것을 전수(轉水)라 하는데 이 두 격(格)을 정격(正格)이라 하니 뇌(腦)를 대(對)하도록 맞추어 하혈(下穴)한다.

또 뇌하(腦下)의 한 변(一邊)으로 유(乳)를 결(結)작시켜 놓고 한 변(一邊)으로는 개각(開脚)하여 미궁(微弓)한 것을 옛사람들은 단제혈(單提穴)이라 하였고, 또 각(脚)이 궁과(弓過)한 것을 옛 사람은 반용(蟠龍)이라 하였으니 이 두 격(格)을 변격(變格)이라 하는데 좌우(左右)와 전산(前山)을 살펴보고 고저(高低)를 정(定)하여 하혈(下穴)한다.

이밖에도 요(曜)를 대(帶)한 것이 있는데 정체편(正體篇)의 도설(圖說)을 참고(參考)하여 볼 것이다.

무릇 자기단고(紫氣單股)는 상하(上下)가 독수(獨秀)하므로 가장 기묘(奇妙)한 점이 되는 것인데 절고(折股)됨은 불가(不可)하니 혈이 의심되기[爲疑] 때문이다.

무릇 단고성신(單股星辰)은 영광이 본시 왕성한데도 가운데로 모아주고[靈光本盛而中聚] 여기는 본시 부족하지만 독수하기[餘氣不足而獨秀] 때문에 좌우(左右)에서 비록 한쪽이 이즈러져 부족함이[一虧] 있다고 하나 역량(力量)에는 처음부터 두 쓰임이 없는 것이며 의심(疑心)될 것도 없으므로 길혈(吉穴)이 되는 것이다. 그러나 단고(單股)는 반드시 물을 거슬러 역전(逆轉)하여야 양궁(兩宮)이 주성(湊成)하는 것이 되니 외장(隈藏)됨을 귀혈(貴穴)로 하기 때문이다. 더욱 마땅한 것은 주밀(周密)하여야 한다. 이러하면 득지하는 것이다.

가장 꺼리는[最忌] 것은 혈반(穴畔)에 풍취(風吹)이며 더욱 혐오(嫌惡)하는 것은 면전(面前)으로 수거(水去)이니 풍취(風吹)하면 생기(生氣)가 표산(飄散)하고 수거(水去)하면 견동(牽動) 토우(土牛)하기 때문이다.

이 성신(星辰)은 본시 발음[本蔭]이 삼육구의 자리[三六九位]에서 복록(福祿)을 받으므로 우사(右砂)의 송수(送水)를 꺼리지 아니한다.

이 성신(星辰)을 만든 용(龍)은 인궁(寅宮)의 세(勢)를 경유(經由)하여야 행맥(行脈)하고 진궁(震宮)의 기(氣)를 득(得)하여야 성형(成形)한다. 좌향(坐向)에서도 인(寅)갑(甲)묘(卯)을(乙)손(巽) 좌(坐)가 되면 왕성한 기운이 형세(形勢)와 상응(相應)하는 것이다.

이 성신(星辰)은 용(龍)의 낙진처(落盡處)에 거(居)하기를 좋아하고 대역(大驛)의 옆(傍)에 임(臨)하기를 기뻐한다.

이곳의 장법(葬法)이 최선(最善)이면 출생인(出生人)의 상모(相貌)가 준수(俊秀)하고 심성(心性)이 직백(直白)하며 행사(行事)가 교유(矯揉)하다. 인(寅)갑(甲)묘(卯)을(乙) 생(生)이 수음(受蔭)하고 해(亥)묘(卯)미(未)년(年)에 발달(發達)한다.

만약 후용(後龍)이 상격(上格)이면 벼슬이 학사(學士)에 이르고 중격(中格)이면 시랑(侍郞)에 수선(修撰)되고 하격(下格)이면 막직(幕職)에 이르고 귀격(貴格)이 전무(全無)하더라도 독서(讀書)로 청거(請擧)하며 인재(人財)가 양왕(兩旺)하다.

이곳이 묘(墓)를 쓰고 조장인(條長人)이 나오면 왕성한 기운에 이른 것이고 절족인(折足人)이 출생(出生)하면 기(氣)가 진쇠(盡衰)하였음을 알 수 있다.

이 체(體)에 비상형(鼻象形)이 많으며, 화퇴(火堆)를 작(作)하면 좋다.

### 시(詩)

**木星端正自當中  一足彎環左右同**

(목성단정자당중 일족만환좌우동)

"목성이 단정하여 중정한 곳에 자라잡고 있는데 한 다리만으로 만환하면 좌우가 동일하여 균균 하여야 하고"

**四獸看來須缺一  安扦合法自興隆**

(사수간래수결일 안천합법자흥융)

"사수의 오는 것을 보았을 때 하나가 결손 되었더라도 장법이 합법이면 스스로 흥융 할 수 있으리라."

## 단고자기(單股紫氣)

左垂金

右垂金

左轉水

右轉水

左單提

右單提

左蟠龍

右蟠龍

## 7. 측뇌자기(側腦紫氣)

> **원문(原文)**　…側腦紫氣

> 第七紫氣爲側腦 駱駝初御寶
> 莫疑腦下似生窩 正穴本偏頗

此星腦尖而員 身直面平 開脚乳生肩下 故名側腦紫氣 有二體 其脚有均勻者 昔人名曰仙宮 此爲正格也 有一脚長一脚短弓過穴者 名曰紐會 此爲變格也 皆當坐樂立穴 外有帶曜者 圖說見正體篇 夫紫氣側腦 正腦斜而可下 穴居崩芽之處 如木之幹 或曲或直 皆有發生之性 凡側腦星辰 眞氣不凝於腦上 靈光自見扵乳中 昔人謂曰 左右仙宮 今號偏斜怪穴 頭顱雖別 力量本同 此所以謂之吉穴 惟要堂氣聚樂星聳后穴 宜踏逆而喜張朝 是爲得之 最忌案山飛走 尤嫌穴背空疎 飛走則是虛花 空疎則爲崩漏 乃不可不察 此星本蔭三六九位衣祿 故不畏右砂迗水 由寅宮之勢而行脉 得震宮之氣而成形 坐向得寅甲卯乙巽 皆爲氣旺而形應 好到落扵水口 喜融結扵龍腰 若安扞合法 生人相貌俊秀 心性㧞㦸 行事矯揉 寅甲卯乙命人受蔭 亥卯未年發達 若后龍合上格者 官至翰林 合中格者 官至侍從 合下格者 請擧登科 若全無貴格者 亦主讀書領薦 生初條長之人 則氣至而盛也 至生頭歪之人 則氣盡而衰也

> 此體多爲駱駝卸主人 宜作火堆
>
> 詩曰　木星側腦本奇哉 腦下安扦必見災
> 　　　肩下好尋眞氣脉 轉皮到處任君裁

### 시(詩)

**第七紫氣爲側腦　駱駝初御寶** (제칠자기위측뇌 낙타초어보)

"일곱 번째 자기는 측뇌이니 낙타가 처음으로 어보를 머금은 것이고"

**莫疑腦下似生窩　正穴本偏頗** (막의뇌하사생와 정혈본편파)

"뇌하에서 발생한 것이 와처럼 생겼다고 의심하지 말라, 정혈이라도 본시 편파한 것이다."

　이 성신(星辰)은 두뇌 부분이 삐쭉하여 첨[腦尖]하면서도 둥글[圓]며 몸[身]은 곧아 직(直)하고 면(面)은 평평(平平)하다, 양 다리를[開脚] 벌렸으며 한쪽 어깨 아래[肩下]로 유(乳)를 생(生)하였기 때문에 측뇌자기(側腦紫氣)라 하였다.
　두 체(二體)가 있는데 그 각(脚)이 균균(均勻)한 것은 옛 사람들은 선궁(仙宮)이라 하였으며 이것이 정격(正格)이 되고, 또 한 각(一脚)은 장(長)한데 다른 한 각(一脚)은 짧[短]은 것이 있는데 긴 다리가 궁과(弓過)한 것을 옛 사람들은 유회혈(紐會穴)이라 하였으며, 변격(變格)으로 한다. 모두 낙산(樂山)을 의지(依持)하여 입혈(立穴)한다.

이밖에도 요(曜)를 대(帶)한 것이 있는데 정체편(正體篇)의 도설(圖說)을 참고(參考)하기 바란다.

대저 자기(紫氣)의 측뇌(側腦)는 정뇌(正腦)가 한쪽으로 기운 상태에서 하장이 가한[正腦斜而可下] 것이므로 혈(穴)은 맹아처(崩芽處)에 거(居)하게 된다. 가령 목(木)의 줄기[幹]에라도 혹곡(或曲)하고 혹직(或直)한 곳에는 맹아(萌芽)가 있어서 가지가 발생하는 성질[發生性]이 있는 것과 같기 때문이다.

무릇 측뇌성신(側腦星辰)은 진기(眞氣)가 뇌상(腦上)에서는 엉기지 못하고[不凝於腦上] 영광(靈光)이 유중(乳中)으로 자현(自見) 하는 것이다. 옛 사람들은 이를 좌우선궁(左右仙宮)이라 하였고 지금은 편사(偏斜)한 괴혈(怪穴)이라 한다. 이는 편로(頭顱)함이 비록 다르다고 하나 역량(力量)은 정체(正體)와 동일(同一)하므로 길혈(吉穴)이 된다.

오직 중요(重要)한 것은 당기(堂氣)를 낙성(樂星)으로 모아야 하니 혈후(穴後)가 용발(聳拔)하여야 하며, 혈(穴)은 마땅히 답역(踏逆)하고 면희장조(面喜張朝)되어야 한다.

이 성신(星辰)에서 가장 꺼리는[最忌] 것은 안산(案山)이 비주(飛走)함이요, 더욱 혐오(嫌惡) 하는 것은 혈(穴)의 배후(背後)가 공소(空疎)함이니 비주(飛走)하면 이에 허화(虛花)가 되고 공소(空疎)하면 붕루(崩漏)되기 때문이다.

이 성신(星辰)은 본시 발음[本陰]이 삼육구의 자리[三六九位]에서 복록(福祿)을 받으므로 우사(右砂)가 송수(送水)함을 꺼려하지 아니한다.

이 성신(星辰)을 만든 용(龍)은 인궁(寅宮)의 세(勢)를 경유(經由)하여야 행맥(行脈)하고 진궁(震宮)의 기(氣)를 득(得)하여야 성형(成形)한다. 좌향(坐向)에서도 인(寅)갑(甲)묘(卯)을(乙)손(巽) 좌(坐)가 되면 왕성한 기운이 형세(形勢)와 상응(相應)하는 것이다.

이 성신(星辰)은 수구(水口)같은 곳에 도락(到落)하여 거(居)함을 좋아하고 용의 허리[龍腰]에서 융결(融結)됨을 기뻐한다.

이곳의 장법(葬法)이 최선(最善)이었다면 출생인(出生人)의 상모(相貌)가 준수(俊秀)하고 심성(心性)이 요집(拗執)하며 행사(行事)가 교유(矯揉)하다. 인(寅)갑(甲) 묘(卯)을(乙)생(生)이 수음(受蔭)하고 해(亥)묘(卯)미(未)년(年)에 발달(發達)한다.

만약 후용(後龍)이 상격(上格)이면 벼슬이 한림(翰林)에 이르고 중격(中格)이면 시종(侍從)에 이르고 하격(下格)이면 청거(請擧)에 등과(登科)하며 귀격(貴格)이 전무(全無)하더라도 독서(讀書)로 영천(領薦)한다.

이곳에 묘(墓)를 쓰고 처음 출생하는 사람[初生人]이 조장인(條長人)이면 왕성한 기운이 이른 것이고 두배인(頭歪人)이 출생(出生)하면 기(氣)가 진쇠(盡衰)한 것이다.

이 체(體)에 낙타형(駱駝形)이 많다. 화퇴(火堆)를 작(作)하면 길(吉)하다.

### 시(詩)

### 木星側腦本奇哉 腦下安扦必見災
(목성측뇌본기재 뇌하안천필견재)

"목성이 측뇌인데 근본을 어찌 기특하다 하겠는가? 뇌하에 안천 하면 반드시 재앙을 만나리라."

### 肩下好尋眞氣脈 轉皮到處任君裁
(견하호심진기맥 전피도처임군재)

"어깨 아래에서도 진기 맥을 찾으면 좋을 것이다 전피는 도처에서 나타나는 것이니 재혈은 군에게 맡기노라."

## 측뇌자기(側腦紫氣)

左仙弓

右仙弓

左紐會

右紐會

# 8. 몰골자기(沒骨紫氣)

**원문(原文)** … 沒骨紫氣

　　　　第八紫氣名沒骨 尖峰高突兀
　　　　形似仙人側臥時 動處合天機

此星腦員而身直 口開肩下 故名曰沒骨紫氣 有四體 其肩下開口 有一邊彎巧 一邊粗蠻者 名曰搖拳 有一邊單脚 一邊雙脚 名曰疊指 皆就肩上軟硬相夾處 斬截氣脈立穴 此二者爲正格也 有頂下生乳長直峻大 不可立穴者 名曰吐名(舌) 肩下兩傍 取應前後樂星 立穴須要分明 又有其乳彎曲 抱左抱右 不可立穴者 名曰張膽 肩下兩傍 皆可下穴 此二者爲變格也(師曰堂上斜側左右 扦知者是神仙是也) 有外帶曜者 圖說見正體篇 夫紫氣沒骨 乘木就水 於動處安穴 以其薄弱 故以沒骨名之 星辰形勢皆有偏斜 氣脈必趨左右 潛踪難認開口爲憑 雖奇怪不相同 與端正而何異 此故爲吉穴 必須前迎堂氣 後對樂星 莫嫌穿薄穿空 最要夾堅夾軟 是爲得之 最忌后龍失勢 尤嫌前案無情 失勢決定非眞 無情斷然是假 乃不可不察 此星本蔭三六九位衣祿 故不畏右砂送水 由寅宮之勢而行脈 得震宮之氣而成形 坐向得寅甲卯乙巽 皆氣旺而形應 好居后龍大盡 喜臨兩水合流 若安扦合法 生人相貌淸秀 心性柔弱 行事

矯揉 寅甲卯乙命人受蔭 亥卯未年發達 若后龍合上格
者 官至翰林 合中格者 官至給事 合下格者 請擧登科
若全無貴格者 亦主富足 初生條長之人 則氣至而盛也
至生背跎之人 則氣盡而衰也 此體多爲仙人側臥形 宜
作土堆

詩曰　木星腦下穴難扞 眞氣原來聚一邊
　　　動處安扞名沒骨 曾楊此訣實通仙

## 시(詩)

第八紫氣名沒骨　尖峰高突兀 (제팔자기명몰골 첨봉고돌올)

"여덟 번째 자기는 몰골이니 첨봉이 높고 오독하게 솟았으니"

形似仙人側臥時　動處合天機 (형사선인측와시 동처합천기)

"형이 선인이 모로 누워있는 모습을 닮았으니 동처가 천기와 합하니라."

이 성신(星辰)은 두뇌 부분이 둥글[腦圓]면서도 신(身)은 직(直)하다. 견하(肩下)로 개구(口開)하였으므로 몰골자기(沒骨紫氣)라 하였다.

사체(四體)가 있는데 그 견하(肩下)에 개구(開口)함이 한 변(一邊)은 만교(彎巧)하고 한 변(一邊)은 조만(粗蠻)한 것을 요권(搖拳)이라 하였고, 한 변(一邊)은 단각(單脚)인데 한 변(一邊)은 쌍각(雙脚)인 것을 첩지(疊指)라 하였는데 견상(肩上)의 연경(軟硬)이 상협(相夾)하는 곳을 참절(斬截)하여 기맥(氣脈)에 입혈(立穴)하는 것이니 이 두 격(格)이 정격(正格)이 된다.

또 정하(頂下)에서 유(乳)를 생(生)한 것이 있는데 장직(長直)함이 준대(峻大)하여 입혈(立穴)이 불가(不可)한 것을 명왈 토설혈(吐舌穴)이라 하는데 견하(肩下)의 양방(兩傍) 중에서 한 쪽을 취(取)하되 전응(應前)과 후의 낙성[後樂星]을 대하여 입혈(立穴)하는데 중요(重要)한 것은 대응(對應)이 분명(分明)해야 하는 것이다. 또 그 유(乳)가 만곡(彎曲)하여 포좌포우(抱左抱右)하므로 입혈(立穴)이 불가(不可)한 것이 있는데 이를 장첨혈(張膽穴)이라 하였는데 견하(肩下)의 양방(兩傍) 어느 쪽에든 대응(對應)을 보고 입혈(立穴)하는 것이니 이 두 격(格)을 변격(變格)이라 한다.

스승이 말하기를 "堂上斜側左右扦知者是神仙是也"= 당이 기울어[斜側] 좌우의 안천(安扦) 할 곳을 안다면 이는 신선(神仙)이라 함이 그것이다.

이밖에도 요(曜)를 대(帶)한 것이 있는데 정체편(正體篇)의 도설(圖說)을 참고(參考)하여 볼 것이다.

대저 자기(紫氣)의 몰골(沒骨)은 승목(乘木)하고 취수(就水)를 하되 동처(動處)에다가 안혈(安穴)하는 것이다. 그 기(氣)가 박약(薄弱)하다 하여서 몰골(沒骨)이라는 이름이 붙혀졌다. 이 성신(星辰)의 형세(形勢)는 이미 편사(偏斜)하므로 기맥(氣脈)은 반드시 좌우(左右) 어느 쪽을 따라 흐르므로 그 잠종(潛踪)을 알아보기가 어려워서 개구(開口)함을 보고 찾는 것이다. 비록 기괴(奇怪)하기는 하나 역량(力量)에는 단정(端正)과 다를 것이 없기 때문에 길혈(吉穴)에 드는 것이다. 이 혈(穴)은 반드시 꼭 전앙당기(前迎堂氣)하여야 하고 후(後)로는 낙성(樂星)이 대(對)하여야 하니 이렇게 되면 천박천공(穿薄穿空)이라고 혐오(嫌惡)하지 말 것이다. 이 성신(星辰)에서 중요(重要)한 것은 협견협연(夾堅夾軟)이니 이렇게 되어야 득지(得之)하는 것이다.

이 성신(星辰)이 가장 꺼리는 것은 후용(後龍)의 실세(失勢)이며 더욱 혐오(嫌惡)하는 것은 전안(前案)이 무정(無情)한 것이니 실세(失勢)하면 결정(決定)코 비진(非眞)이요, 무정(無情)하면 단정(斷定)코 가혈(假穴)이다.

이 성신(星辰)은 본시 발음[本蔭]이 삼육구의 자리[三六九位]에 복록(福祿)을 입으니 우사(右砂)의 송수(送水)를 두려워하지 않는다.

이 성신(星辰)을 만든 용(龍)은 인궁(寅宮)의 세(勢)를 경유(經由)하여야 행맥(行脈)하고 진궁(震宮)의 기(氣)를 득(得)하여야 성형(成形)한다. 좌향(坐向)에서도 인(寅)갑(甲)묘(卯)을(乙)손(巽) 좌(坐)가 되면 기(氣)와 형세(形勢)가 상응(相應)하는 것이다.

이 성신(星辰)은 후용(后龍)의 대진처(大盡處)에 거(居)하기를 좋아하고 양수(兩水)가 합류(合流)하는 곳에 임(臨)하기를 기뻐한다.

이곳의 장법(葬法)이 최선(最善)이라면 출생인(出生人)의 상모(相貌)가 청수(淸秀)하고 심성(心性)은 유약(柔弱)하며 행사(行事)가 교유(矯揉)하다. 인(寅)갑(甲) 묘(卯)을(乙) 생(生)이 수음(受蔭)하고 해(亥)묘(卯)미(未)년(年)에 발달(發達)한다.

이곳의 후용(後龍)이 상격(上格)이면 벼슬이 한림(翰林)에 이르고 중격(中格)이면 급사(給事)에 이르며 하격(下格)이면 청거(請舉)로 등과(登科)하며 귀격(貴格)이 전무(全無)하더라도 부(富)만은 충분하다.

이곳에 묘(墓)를 쓴 후 처음 출생하는 사람[初生人]이 조장(條長)하면 기(氣)가 왕성(盛旺)함에 이른 것이고 배타인(背跎人)이 나오면 기가 쇠진(氣盡)하여 쇠(衰)함을 알 것이다.

이 체(體)에 선인측와형(仙人側臥形)이 많다. 마땅히 토퇴(土堆)를 작(作)할 것이다.

### 시(詩)

**木星腦下穴難扦 眞氣原來聚一邊**
(목성뇌하혈난천 진기원래취일변)

"목성의 뇌하에서는 혈로서 천장하기 어려우니 진기가 원래 어느 한 변의 견하로 모이기 때문이다."

**動處安扦名沒骨 曾楊此訣實通仙**
(동처안천명몰골 증양차결실통선)

"몰골이라는 이름이 붙은 혈은 동처에 안장하는 것이니 일찍이 양씨 결에 이를 가리켜 실로 신선에 통함이라 하였다."

## 몰골자기(沒骨紫氣)

右搖拳

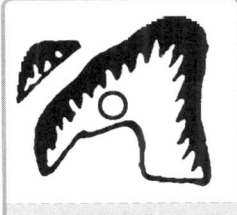
左搖拳

右疊指

左疊指

左吐舌

右吐舌

張胆

## 9. 평면자기(平面紫氣)

**원문(原文)** … 平面紫氣

第九紫氣是平面 淸秀人皆羨
形如拜笏更平常 金榜姓名香

此星身長而直 面平而低 故名曰平面紫氣 有六體 其脉直來有如卜字者 有如下字者 有如曲尺者 皆當腦下穴 爲犯主脉殺 宜以後龍來處 分左右 尋崩蘗 立倚穴 若粗大則立粘穴 其橫來有如一字者 如上字者 如曲尺者 皆不可當腰下穴 爲犯斬脉氣煞 宜以來龍左右中節 宜立衝穴 體亦難拘 但橫直不動者 便是皆要脊上立穴 兩弦起稜(一邊犯稜亦可用) 亦須要潤大 若狹小如帶 則無力量 夫紫氣諸體 皆有平落者 此星惟立處有之 眞龍起伏多者 方結此穴 力量與正體大同 凡平面星辰 靈光凝聚於垣夷 生氣流行於低下 精神收斂 造化完全 此所以謂之吉穴 必須形勢來止 堂局周密 賓主有情 左右無缺 細推動靜 詳察浮沉 是爲得之 最忌胎息孤寒 血脉反背 孤寒則人丁衰替 反背則家業消亡 乃不可不察 此星本蔭三六九位衣祿 故不畏右砂送水 由寅宮之勢而行脉 得震宮之氣而成形 坐向得寅甲卯乙巽 皆爲氣旺而形應 好臨溪傍路 好度水穿田 若安扦合法 生人相貌俊秀 心性平易 行事矯揉 寅甲卯乙命人受蔭

> 亥卯未年發達 若后龍合上格者 狀元及第 官至相國
> 合中格者 請擧及第 官至典郡 合下格者 神童鮮元官
> 至宰邑 若全無貴格者 亦主讀書請擧 必得領薦 家富
> 人旺 初生條長之人 則氣至而盛也 至生爬面之人 則
> 氣盡而衰也 此體多爲橫笛橫琴形 宜作火堆
>
> 詩曰　倒地貪狼最吉昌　龍高砂貴作侯王
> 　　　從來此穴人知少　千古金精永發揚

### 시(詩)

**第九紫氣是平面　淸秀人皆羨** (제구자기시평면 청수인개이)

"아홉 번째 자기는 평면 격이니 청수하여 사람들은 부럽다 하네."

**形如拜笏更平常　金榜姓名香** (형여배홀갱평상 금방성명향)

"형이 배홀과 같고 다시 평범하나 금방 장원으로 이름이 향기롭다."

이 성신(星辰)은 몸[身]이 길고[長] 곧으며[直] 면(面)은 평평(平平)하고 낮게[低] 위치(位置)하므로 평면자기(平面紫氣)라 하였다.

여섯 체(六體)가 있는데 그 맥(脈)이 직래(直來)하여 복자(卜字)와 같은 것이 있고 하자(下字)와 같은 것이 있고 곡척

(曲尺)과 같은 것이 있는데, 이 모두 당뇌(當腦)에다가 입혈(立穴)하면 주맥살(主脈殺)을 범(犯)하게 되니 마땅히 후용(後龍)의 오는 것을 보고[來處] 좌우(左右)를 나누어 놓고 맹얼(崩蘖)을 찾아 의혈(倚穴)로 입혈(立穴)하여야 한다. 만약 혈성(穴星)이 조대(粗大)하면 점혈(粘穴)로 입혈(立穴)하기도 한다.

 또 후용(後龍)이 횡으로 오는[橫來] 것은 일자(一字)와 같은 것이 있고 상자(上字)와 같은 것이 있고 곡척(曲尺)과 같은 것이 있는데, 이 모두 당요(當腰)에 하혈(下穴) 함이 불가(不可)하니 참맥기살(斬脈氣殺)을 범(犯)하게 되니 이때는 반드시 내용(來龍)을 좌우(左右)로 나누어 놓고 중절(中節)을 찾아 충혈(衝穴)로 입혈(立穴) 하는 것이다.

 이 체(體)를 잡고 재혈(裁穴) 하기가 매우 어렵기는 하나 다만 횡직(橫直)간에 동처(動處)가 없는(不動, 同이 아닌가로도 의심이 간다.) 경우는 모두 척상(脊上)에 입혈(立穴)하는 것이다. 그러나 양현(兩弦)이 두둑하게 이랑을 일으켰을[起稜] 때는 어느 한 변의 두둑을 침범할 수도 있으나 역시 가(可)한데, 이때 모름지기 중요(重要)한 것은 활대(濶大)하여야 한다. 협소(狹小)하기가 띠[帶]와 같으면 역량(力量)이 없기 때문이다.

 대저 자기(紫氣) 성신(星辰)의 제체(諸體)들은 모두 평지로 낙(落)하여 임(臨)하는 것이 많은데, 이 평면(平面) 자기(紫氣) 성신(星辰)만은 오직 입처(立處)에 있는 것이 특징이다. 진용(眞龍)에서 기복(起伏)이 많을 때에는 이 혈(穴)을 바야흐로 결작(結作)시키는 경우가 많다. 그러므로 역량(力量)에는 정체(正體)에 뒤지지를 아니하고 대동(大同)하다.

 무릇 평면성신(平面星辰)은 영광(靈光)이 탄이(坦夷)함에서 응취(凝聚)하고 생기(生氣)는 저하(低下)에서 유행(流行)하므로 정신(精神)을 수렴(收斂)하고 조화(造化)가 완전(完全)하므로 길혈(吉穴)이 된다. 그러나 모름지기 형세(形勢)가 이곳에 와서 그쳐줘야[來止] 하고 당국(堂局)이 주밀(周密)하고 빈주(賓主)가 유정(有情)하며 좌우(左右)가 무결(無缺)하여야 하니 동정(動靜)을 세밀하게 추리(細推)하고 부침(浮沉)을 상찰(詳察)하여야 한다.

 가장 꺼리는[最忌] 것은 태식(胎息)이 고한(孤寒)한 것이고 더욱 혐오(嫌惡)하는 것은 혈맥(血脈)이 반배(反背)한 것이니 고한(孤寒)하면 인정(人丁)이 쇠체(衰替)하고 반배(反背)하면 가업(家業)이 소망(消亡)하기 때문이다.

 이 성신(星辰)은 본시 발음[本蔭]이 삼육구의 자리[三六九位]에서 복록(福祿)을 받으므로 우사(右砂)의 송수(送水)를 꺼리지 아니한다.

 이 성신(星辰)을 만든 용(龍)은 인궁(寅宮)의 세(勢)를 경유(經由)하여야 행맥(行脈)하고 진궁(震宮)의 기(氣)를 득(得)하여야 성형(成形)한다. 좌향(坐向)에서도 인(寅)갑(甲)묘(卯)을(乙)손(巽) 좌(坐)가 되면 왕성한 기운(氣旺)이 형세(形勢)와 상응(相應)하는 것이다.

 이 성신(星辰)은 큰 내 큰 도로 옆[溪傍路]에 임(臨)하기를 좋아하고 물을 건너거나[度水] 넓은 들의 논밭[穿田] 근처에 거(居)하기를 좋아한다.

이곳의 장법(葬法)이 최선(最善)이었다면 출생인(出生人)의 상모(相貌)가 준수(俊秀)하고 심성(心性)이 평이(平易)하며 행사(行事)가 교유(矯揉)하다. 인(寅)갑(甲)묘(卯)을(乙) 생인(生人)이 수음(受蔭)하고 해(亥)묘(卯)미(未)년(年)에 발달(發達)한다.

만약 이 성신(星辰)의 후용(後龍)이 상격(上格)이면 장원급제(壯元及第)가 나오고 벼슬은 상국(相國)에 이른다. 중격(中格)이면 청거(請擧)로 급제(及第)하고 벼슬은 전군(典郡)에 이르고 하격(下格)이면 신동(神童)이 장원(狀元)하며 벼슬이 재읍(宰邑)에 이르고 귀격(貴格)이 전무(全無)하더라도 독서(讀書)에 청거(請擧)하며 필득영천(必得領薦)하고 가부(家富)가 세상을 놀라게 하고 인왕(人旺)하다.

이곳에 묘(墓)를 쓴 후 처음 출생하는 사람[初生人]이 조장인(條長人)이 나오면 기(氣)가 왕성(旺盛)함에 이르러 있는 것이고 파면인(爬面人)이 나오면 기(氣)가 쇠진(盡衰)한 것이다.

이 체(體)에 횡적횡금형(橫笛橫琴形)이 많다. 화퇴(火堆)를 작(作)하면 좋다.

### 시(詩)

**倒地貪狼最吉昌　龍高砂貴作侯王**

(도지탐랑최길창 용고사귀작후왕)

"누워있는 도지 탐랑이 가장 길창하니 용과 사가 고귀하면 왕후를 작하리라."

## 從來此穴人知少 千古金精永發揚

(종래차혈인지소 천고금정영발양)

"종래에는 이 혈을 알아보는 사람이 적었으나 천고에 금정으로 영구히 발양하리라."

**[필자(筆者) 주(註)]** 금정(金精)은 두 가지의 뜻이 있는데 ① 진기를 모아 핵심적인 효과가 있음을 말하기도 하고 ② 지리계의 7대 현인이라 할 수 있는 료금정(廖金精, 본명=廖瑀)씨의 결록을 말하는 것 같기도 함.

## 평면자기(平面紫氣)

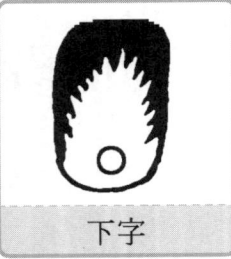
下字

下字

右曲尺

左曲尺

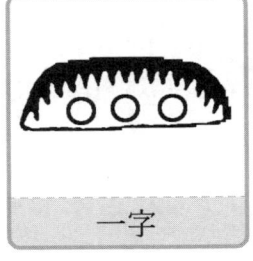
一字

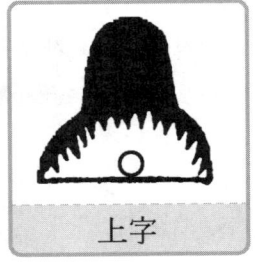
上字

左曲尺

右曲尺

# 5부
# 천재성(天財星)
## (1) 요뇌천재성(凹腦天財星)

## 1. 정체요뇌(正體凹腦)

**원문(原文)** … 正體凹腦

> 第一天財名正體 凹腦斯爲美
> 形如展誥最分明 富貴永傳名
>
> 此星腦員而凹 身方面平 不開脚 故名曰正體凹腦 天財有五體 其下員者爲出金 曲者爲出水 方者爲出土 此三者爲正格也 宜下藏殺穴 無腦宜下 貼脊穴 尖者 爲出火 直者爲出木 宜下壓殺穴 無脉宜下貼脊穴 背後要知仰瓦內之乾窠 則前非眞 外有擺燥拖蕩此穴 體帶曜者 宜下壓殺穴 主出貴有威權 九變多有帶曜者皆當依此論之 夫天財凹腦者 乃金土合形 倉庫之象也 所以重端厚 莊正體 故居第一 謂之天財者 言財從天

而下 最旺蠶絲禾穀金銀寶貨 然亦出貴 主雙妻 雙生騎坐鞍馬 凡正體星辰 包藏造化之妙 收斂精神之完 故力大而功弘 氣溥而用博 此故爲之吉穴 尤要面無破碎 身不崩傾 察動靜扵微茫 分高低扵隱約 是爲得之 最嫌無樂 尤忌腰長(腰長不可用出人黃腫) 無樂則穴受凹風 腰長則身侵蕩體 乃不可不察 此星本陰一四七位衣祿 故不畏左砂迏水 由辰戌丑未之勢而行脉 得坤宮之氣而成形 坐向得丑艮未坤 皆爲氣旺而形應 喜傍大溪大河 如臨大田大路 若安扦合法 生人相貌重厚 心性純實 行事扑直 戊巳辰戌丑未命人受蔭 甲子辰年發達 若后龍合上格者 官至轉運坑治 合中格者 茶盤市驛 合下格者 納栗官員 若全無貴格者 亦主爲商作賈 白手成家 廣進庄田 大發人丁 初生敦厚之人 則氣至而盛也 至生耳聾之人 則氣盡而衰也 此體多爲展誥形 大者爲官擔 宜作火堆

詩曰　玉皇發用號天財 多是橫龍出面來
　　　凹腦原來居金土 天然正穴請君裁

### 시(詩)

**第一天財名正體 凹腦斯爲美** (제일천재명정체 요뇌사위미)
"천재성의 첫 번째는 정체이니 요뇌라도 이것이 아름다움이 된다."

**形如展誥最分明 富貴永傳名** (행여전고최분명 부귀영전명)

"형이 전고와 같으니 가장 분명한 것은 부귀로 길게 이름을 전하리라."

이 성신(星辰)의 두뇌(頭腦) 부분은 우묵하게[凹] 들어갔고 몸체[身]는 모가 나 방(方)하며 면(面)은 평평(平平)하다. 양 다리를 벌리지 아니하였다[不開脚] 하여 정체요뇌(正體凹腦)라 이름 붙여졌다. 이 요뇌천재(凹腦天財)에는 오체(五體)가 있는데 그 하체가 둥근 것을 출금(出金)이라 하며 물결처럼 곡(曲)한 것을 출수(出水)라 하며 모가나 방(方)한 것을 출토(出土)라 하여 이 셋을 정격(正格)으로 한다. 또 그 하체(下體)에 첨각(尖脚)을 내린 것을 출화(出火)라 하고 하체에 각(脚)이 곧게 뻗은 각을 목각(木脚)이라 하는데 이 두 격이 변격(變格)이다. 이때 맥(脈)이 있을 때는 장살혈(藏殺穴)로 하장(下葬)하는 것이 마땅하고, 맥이 없으면[無脈] 마땅히 점척혈(貼脊穴)로 하장(下葬)하는 것이 마땅하다.

대저 요뇌천재격(凹腦天財格)에서는 배후(背後)가 앙와(仰瓦)가 되는 것이 보통이므로 앙와혈(仰瓦穴)이 되었을 때는 앞으로 나간 기를 쫓기[氣趨於前] 때문에 길혈(吉穴)이 되는 것이다.

만약 앙와(仰瓦) 안[內]에서 유(乳)를 내려 건소(乾巢)를 짓는 경우가 있는데 이때는 앞으로 나아가도 실맥(失脈)이 되었으므로 진혈(眞穴)이 될 수 없음을 아는 것이 중요하다.

이밖에도 패조격(擺燥格)과 타탕격(拖蕩格) 등 여섯 체(六

體)가 있는데 요(曜)를 대(帶)한 것들이니 정체격(正體格)의 도설(圖說)을 참고하기 바란다. 마땅히 이들도 역시 압살혈(壓殺穴)로 하장(下葬)하면 역시 출귀(出貴)하며 권위(權威) 있는 영화를 갖는다. 천재격(天財格)의 구변(九變)에서 요(曜)를 대한 것은 모두 이와 같다.

대저 천재요뇌(天財凹腦)라는 이름으로 불려진 것은 토금(土金)이 합(合)하여 형(形)을 이루었다는데서 붙여진 것이다. 그러므로 창고(倉庫) 형상(形象)을 한 모양이 많으므로 물형(物形)도 창고(倉庫) 이름이 많다.

[필자주(筆者註)] 이 요뇌(凹腦) 쌍뇌(雙腦) 평면(平面) 등 천재격(天財格)의 삼체(三體)에서는 대개는 창고(倉庫) 형상(形象)이 되는 것이 가장 많은데 중간크기 정도의 토성(土星)이기 때문이며, 더 큰 대형(大形) 토성(土星)은 대평원(大平原)의 토(土)이며, 아주 작은 토성은 상자(箱子)나 옥새(玉璽) 사각(四角)으로 된 도장[印章] 정도가 된다고 말 할 수 있다.

그러므로 중후(重厚)하고 단장(端莊) 한 것을 정체(正體)로 하고 제일(第一)로 친다.

천재(天財) 성신(星辰)을 가리켜 재(財)가 천(天)으로부터 쫓아오는 것이라 하니 잠사(蠶絲) 화곡(禾穀)과 금은보화(金銀寶貨)가 왕성(旺盛)하고 귀(貴) 또한 크다. 그러나 쌍처(雙妻)를 주재하고 쌍생(雙生)도 나타나지만 비단안장(안마, 鞍馬)에 검(劍)까지 갖춘 말 위에 높이 앉아(기좌,騎坐) 부(富)와 귀(貴)를 마냥 누린다.

무릇 중체(正體) 성신(星辰)은 스스로 포장(包藏)이 잘 되었으므로 조화(造化)의 묘(妙)를 갖추었으며 이에서 정신(精神)의 완전(完全)함을 수렴(收斂)하므로 역량(力量)은 크고 공(功) 또한 홍대(弘大)하며 기(氣)는 넓고 커서[氣溥] 쓰임 또한 다양하고 많으므로[用博] 길혈(吉穴)이 되는 것이다.

 이 성체(星體)에서 중요(重要)한 것은 면(面)에 파쇄(破碎)가 없어야 하고 몸체[身]는 붕괴(崩壞)되거나 기울지도[崩傾] 아니 하여야 하니 미망(微茫)간에서 동정(動靜)을 살피고 은약(隱約) 중에서도 고저(高低)를 나누어 살펴야 한다.

 이 성신(星辰)이 가장 혐오(嫌惡)하는 것은 낙산(樂山)이 없어서 뒤가 허(虛)한 것이며 더욱 꺼리는 것은 요처(凹處)인 허리가 지나치지 긴 것이니, 낙산이 없으면 혈(穴)에서 요풍(凹風)을 받기 때문이고 허리가 길면[腰長] 몸이 소탕(掃蕩) 체(體)로부터 잠기는 피해를 받기 때문이니[身浸蕩體] 자세히 살피지 않을 수 없는 것이다. 취용(取用)할 수 없는 것이다. 황종인(黃腫人)이 출(出)한다.

 이 성신(星辰)은 본시 일사칠(一四七) 위에게로 발음(發蔭)이 먼저 오므로 좌사(左砂)를 따라 송수(送水)하더라도 꺼리지 아니한다.

 이곳의 용(龍)은 반드시 신(辰)술(戌)축(丑)미(未)용(龍) 중에서 하나를 경유(經由)시켜야 기운(氣運)을 받아 세(勢)를 형성하고 행맥(行脈)할 수 있으며, 또한 곤궁(坤宮)의 기(氣)를 반드시 받고 난 다음이라야 성형(成形)한다. 좌향(坐向)에서도 축(丑)간(艮)미(未)곤(坤) 좌(坐)가 되면 기(氣)와 형세(形勢)가 상응(相應)하여 큰 힘이 생긴다.

이 성신(星辰)은 큰 냇가 근처[大溪]나 대하(大河)의 근처에서 거(居)함을 기뻐하고 큰 들판이나 큰 길가[大田大路]에 임(臨)함을 좋아한다.

이 혈(穴)에다 하장(下葬)할 때 장법(葬法)이 최선(最善)이었다면 출생하는 사람의 체격[相貌]이 중후(重厚)하고 심성(心性)은 순실(純實)하며 행사(行事)는 정직(正直)하고 소박(素朴)하다.

묘(墓) 쓴 후(後) 무(戊)기(己)신(辰)술(戌)축(丑)미(未) 명인(命人)이 음덕(蔭德)을 먼저 받아 발복하여 수음(受蔭)하고 신(申)자(子)신(辰)년(年)에 발달(發達)한다.

만약 이곳의 후룡(後龍)이 상격(上格)에 합(合)하면 벼슬이 전운(轉運,교통부장관 또는 국세청장)이 되어 갱치(坑治)까지 맡게 되고, 중격(中格)이면 다반(茶盤)시역(市驛)에 이르며, 하격(下格)이면 율관원(栗官員) 등이 된다. 만약 후룡(後龍)에서 귀격(貴格)이 전무(全無)하더라도 장사로서 대부(大富)하는 것을 주재하니 백수(白手)로서도 세상을 놀라게 하는 큰 부자를 일구어 내고 세상의 전답(田畓)을 다 사드리며 자손(子孫,人丁) 또한 대왕(大旺)하게 한다.

이곳에 묘(墓) 쓴 후 초생인(初生人)이 돈후(敦厚)한 사람이 나오면 기운(氣運)이 왕성(旺盛)함에 이르렀음을 알 수 있고, 만약 이농인(耳聾人)이 출생하면 기운이 다 되어 쇠진하였다는 것을 알 수 있다.

이 체(體)에서는 전고형(展誥形)이 많이 나온다. 이 자리가 큰 것에서는 벼슬이 나오는데 담세(擔稅)를 담당하게 된다. 화퇴(火堆)를 단들어 주면 더욱 좋다.

### 시(詩)

**玉皇發用號天財 多是橫龍出面來**

(옥황발용호천재 다시횡룡출면래)

"옥황발용을 천재라 하니 횡룡에서 많이 출면하고 나타난다."

**凹腦原來居金土 天然正穴請君裁**

(요뇌원러거금토 천연정혈청군재)

"요뇌는 원래 금토에 거하면 천연의 정혈이라 할 수 있으니 재혈은 군에게 맡기겠노라."

## 정체요뇌(正體凹腦)

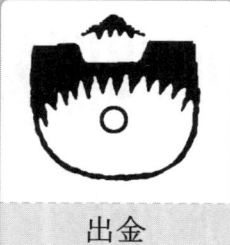
出金

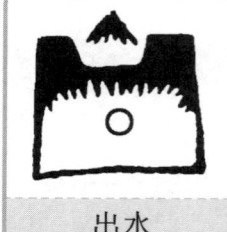
出水

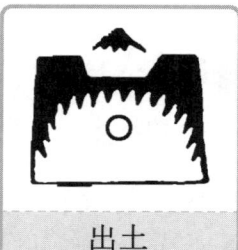
出土

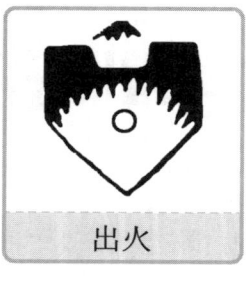
出火

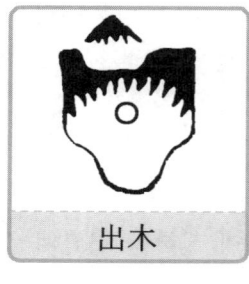
出木

雙擺燥

左擺燥

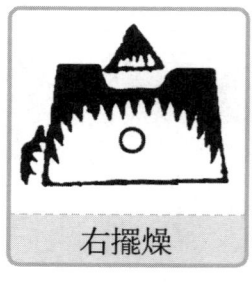
右擺燥

雙拖蕩

左拖蕩

右拖蕩

## 2. 개구요뇌(開口凹腦)

**원문(原文)** … 開口凹腦

第二天財號開口 凹腦樂居後
形如玉几貴人憑 後代看飛勝

按變格有二十體 今推圖煞穴 亦有左右二體爲式 其餘皆可類推 玆不贅圖

此星腦員而凹 身方面平 開兩脚 故名曰凹腦 天財有五體 其脚員者爲員金 曲者爲轉水 方者爲轉土 此三者爲正格也 宜下藏煞穴 尖者爲轉火 直者爲轉木 此二者爲次格也 宜下壓煞穴 又有一脚轉金一脚轉木水火土者 有一脚轉土 一脚轉金水木火者 共二十體爲變格也 其罰惟金火脚 金木脚 水火脚 水木脚 土火脚土木脚 宜下閃殺穴 木火脚 宜下壓煞穴 諸體凡轉脚星辰 皆當以此論之 外有擺煠拖蕩 此大體爲帶曜 圖見前 宜下藏煞穴 按天財多是橫山出面 生氣浮上 宜近脊立穴 閉斧就永諸穴 文當以參究 夫天財凹腦 乃金土合形 開口則成龍虎以衛區 其穴後要有樂星(曲樂背後 包裏亦吉) 力量次扵立射 而爲福尤緊 謂天財者 言財從天而下 最旺蠶絲禾穀金銀寶貨 主雙生 雙妻雙擧 但不宜腰長腰(則出人浮腫) 凡開口星辰 靈光合聚於中

餘氣分行扵下 雌雄相顧 血脉相通 此所以謂之吉穴
惟要口中員淨 窩內冲融 身俯則穴宜就脉揭高 面仰宜
蘸弦坐人(名藏頭紫氣穴) 是爲得之 最忌堂捲 尤嫌落槽
堂捲則外氣不橫 落槽則吉星自壞 乃不可不察 此星本
陰一四七位衣祿 故不畏左砂送水 由辰戌丑未之勢而
行脉 得坤宮之氣而成形 坐向得丑艮未坤 皆爲氣旺而
形應 好倒落於源頭 喜融結於水口 若安扦合法 生人
相貌重厚 心性疎通 行事撲寔 戊巳辰戌丑未之人受蔭
甲子辰年發達 若后龍合上格者 官至轉運 合中格者
市舶 合下格者貨財 若全無貴格者 亦主富實 初生敦
厚之人 則氣至而盛也 至生口斜之人 則氣盡而衰也此
體多爲貴人憑几形 宜作金堆

詩曰 凹腦天財見口開 口中高下訣中裁
　　　雙妻雙子兼雙擧 更主爲商進橫財

## 시(詩)

**第二天財號開口　凹腦樂居後** (제이천재호개구 요뇌낙거후)
"두 번째 천재는 개구이니 요뇌는 뒤에 낙산이 거하여야 한다."

**形如玉几貴人憑　後代看飛勝** (형여옥궤귀인빙 후대간비승)
"형은 옥범 귀인성이 신빙성이 있으니 후대에 비승함을 볼 수 있으리라."

이 성신(星辰)의 두뇌(頭腦) 부분은 둥글고[頭圓] 중간이 우묵하게[凹] 들어갔다. 몸체[身]는 모[方]가 난 편이고 얼굴은 평탄(面平)하다. 양각(兩脚)을 벌려 개구(開口)하였다 하여 요뇌천재(凹腦天財)라는 이름이 부쳐졌다.

이에는 오체(五體)가 있는데 그 각(脚)이 둥근 것은 금각(金脚)이니 전금(轉金)이라 하고, 각(脚)이 파도처럼 곡(曲)한 것은 수각(水脚)이니 전수(轉水)라 하고, 각(脚)이 모가 난 것은 토각(土脚)이니 전토(轉土)라 하는데 이 삼격(三格)이 정격(正格)이며 마땅히 장살혈(藏殺穴)로 하장(下葬)한다. 또 불꽃처럼 첨(尖)한 각(脚)을 전화(轉火)라 하고, 곧게 뻗은 각(脚)은 목(木)이니 전목(轉木)이라 하는데 이 두 격(格)이 길흉론(吉凶論)으로 차격(次格)이 되며 압살혈(壓殺穴)로 하장(下葬)한다.

또 한쪽 각(脚)은 전금(轉金)인데 다른 한쪽 각(脚)은 목수화토(木水火土)각(脚)으로 된 것도 있고, 또 한쪽 각(脚)은 목(木)인데 다른 한쪽 각(脚)은 금수토화(金水土火)각(脚)으로 된 것도 있으며, 또 한쪽 각(脚)은 전화(轉火)인데 다른 한쪽 각(脚)은 금목수토(金木水土)각(脚)으로 된 것이 있으며, 또 한쪽 각(脚)은 토각(土脚)인데 다른 한쪽 각(脚)은 금목수화(金木水火)각(脚)으로 된 것 등 이십여체(二十體)가 변격(變格)이 된다. 그 가운데에서 오직 금화각(金火脚)·금목각(金木脚)·수화각(水火脚)·수목각(水土脚, 원문에는 水木각으로 되어 있으나 필자가 수토로 수정함)·토수각(土水脚, 원문의 土火를 필자가 수정함)·토목각(土木脚) 등은 마땅히 섬살혈

(閃殺穴)로 하장(下葬)하여야 하고, 또 목화각(木火脚)은 압살혈(壓殺穴)로 하장(下葬)하여야 한다.

무릇 천재성(天財星) 삼체(三體)인 요뇌(凹腦) 쌍뇌(雙腦) 평면(平面) 중에서의 모든 전각성신(轉脚星辰)은 모두 이와 같은 방법(方法)으로 논(論)하는 것이다.

그밖에 또 패조격(擺燥格)과 타탕격(拖蕩格)이 있는데 요(曜)를 대동한 것들이니 앞의 대요격(帶曜格)의 도설(圖說)을 참고하기 바란다. 이의 장법(葬法)은 장살혈(藏殺穴)로 하장(下葬)한다.

무릇 천재(天財) 삼성(三星)들은 모두 횡산(橫山)에서 출면(出面)하는 것이 대부분이다, 그러므로 이에서는 생기(生氣)가 위로 부상(浮上)하게 되므로 마땅히 등척(登脊) 가까이에 입혈(立穴)하여야 하는 것이다. 이와 같은 것은 투부(鬪斧)격(格)에서 취맥(就脈)하는 여러 혈(穴)에서도 마땅히 참고해야 할 것이니 연구하기 바란다.

대저 천재요뇌(天財凹腦)는 금토(金土)가 협력하여 형(形)을 만들어낸 것이니 개구(開口)하면 용호(龍虎)가 되어 구역(區域) 안을 호위(護衛)하게 된다. 그러나 횡룡(橫龍)이므로 혈후(穴後)가 허(虛)하기 쉬우니 반드시 낙성(樂星)이 있어서 보호해야 함이 중요(重要)하다. 이와 같이 되었을 때 역량(力量)은 크고 발복(發福)은 더욱 긴요(緊要)하게 되므로 역량(力量)이 정체 다음으로 크고 복(福) 또한 길게 간다. 그러므로 천재성(天財星)을 가리켜 "재물(財物)을 천(天)으로부터 내려준다" 하니 가장 큰 대부(大富)가 나오며 아울러 쌍생(雙生)·쌍처(雙妻)·쌍거(雙擧, 형제나 숙질이 함께 급제함)가 난다고 한다.

[필자주(筆者註)1] 낙산(樂山)은 횡룡(橫龍) 입수(入首)에서 혈(穴)의 뒤를 허(虛)하지 않도록 호위(護衛)하는 산(山)이니 반드시 높다고만 하는 것은 아니고 낮더라도 곡(曲)으로 길게 안아주거나 여러 겹으로 되었다면 역시 길한 것이다.

이에서는 마땅치 못한 것이 허리[腰]가 긴 것이니 허리가 너무 길면 부종(浮腫)으로 고생하는 출인(出人)이 나기 때문이다.

무릇 가구성신(開口星辰) 영광(靈光)을 가운데[中]로 합취(合聚)하고 여기는 아래로 분행(分行)시키며 자웅(雌雄)이 서로를 도와주면서 혈맥(血脈)을 상통(相通)시키므로 이른바 길혈(吉穴)이 되는 것이다.

오직 중요(重要)한 것은 구중(口中)이 원정(圓淨)하고 와내(窩內)가 충융(冲融)하여야 하며 혈처(穴處)의 바닥이 낮게[身俯]하면 혈(穴)을 취맥(就脈)할 때 마땅히 게고(揭高)하여야 할 것이고 혈면(穴面)을 처 들었으면[面仰] 혈(穴)은 잠현좌입(蘸弦坐入)시켜야 함은 앞에서와 같은 것이다. 이것을 다른 이름으로 장두자기혈(藏頭紫氣穴)이라고도 한다.

이 성신(星辰)에서 가장 꺼리는[最忌] 것은 당권(堂捲)이며 더욱 혐오(嫌惡)하는 것은 낙조(落槽)이니 당권(堂捲)하면 외기(外氣)를 거슬러 막아 주지를 못하기[不橫] 때문이요, 낙조(落槽)하면 길성(吉星)이 스스로 붕괴(崩壞)되기 때문이다.

**[필자주(筆者註)2]** 당권(堂捲)= 혈면(穴面)이나 주위(周圍)의 사(砂)가 끝이 주먹을 불끈 쥐고 칠 듯이 대드는 기세.

이 성신(星辰)에서는 본시 첫째, 넷째, 일곱째 아들[位]에게서 먼저 발음을 받는 자리이니 좌사(左砂)의 송수(送水)를 꺼리지 아니한다.

이 성체(星體)를 만드는 용(龍)은 신(辰)술(戌)축(丑)미(未)의 세력(勢力)을 경유(經由)하여야 행맥(行脈)하고 곤궁(坤宮)의 기운(氣運)을 득(得)하여야 성형(成形)한다. 좌향(坐向)에서도 축(丑)간(艮)미(未)곤(坤)이 되면 용기(龍氣)와 형세(形勢)가 상응(相應)한다.

이 성체(星體)는 원두(源頭)로부터 도락(倒落)하여 성형(成形)하기를 좋아하고 수구(水口)에서 융결(融結)하기를 기뻐한다.

이곳에 하장(下葬)할 때 장법(葬法)이 최선(最善)이었다면 묘(墓) 쓴 후 출생하는 사람의 체격(體格)이나 상모(相貌)가 중후(重厚)하고 심성(心性)이 소통(疏通)하며 행사(行事)는 질박(質朴)하면서도 진실(眞實)하다. 무(戊)기(己)신(辰)술(戌)축(丑)미(未) 생(生)에게로 먼저 발복(發福)이 오고 신(申)자(子)신(辰)년에 발달(發達)한다.

만약 소조산(小祖山) 아래로 오는 후룡(後龍)이 상격(上格)에 들면 벼슬이 전운(轉運)에 이르고 중격(中格)이면 시박(市舶)이 되며 하격(下格)이면 화재(貨財)가 되며 귀격(貴格)이 전무(全無)하더라도 실속있는 큰 부자(富者)가 된다.

이곳에 묘(墓) 쓴 후 처음 출생하는 사람이 돈후(敦厚)하면 기운(氣運)이 왕성(旺盛)함에 이르러 있는 것이고 구사인(口斜人)이 출생(出生)하면 기운이 다 되어 쇠진(衰盡)하였음을 알아야 할 것이다.

이 체(體)에서 "귀인빙범형(貴人憑几形)"이 많이 나온다. 금퇴(金堆)를 만들어 놓으면 더욱 길하다.

### 시(詩)

凹腦天財見口開　口中高下訣中裁
(요뇌천재견구가　구중고하결중재)

"요뇌천재가 개구함을 만나면 고하간에 구중에다 재혈하라고 결에서 지시하고 있다."

雙妻雙子兼雙擧　更主爲商進橫財
(쌍처쌍자겸쌍거　갱주위상진횡재)

"쌍처쌍자에 겸하여 쌍거도 나타나는데 다시 또 상업으로 진재하고 큰 횡재까지 주장한다."

## 개구요뇌(開口凹腦)

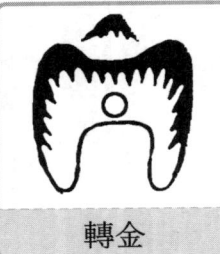
轉金

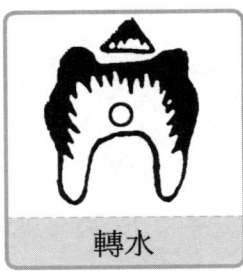
轉水

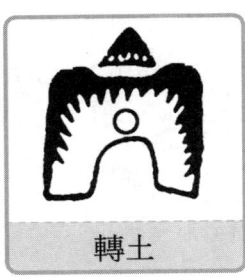
轉土

轉火

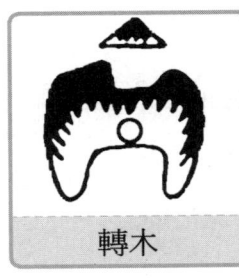
轉木

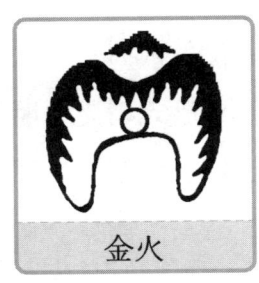
金火

金水

火水

木水

火土

水火

## 3. 현유요뇌(懸乳凹腦)

**원문(原文)** … 懸乳凹腦

> 第三天財號懸乳 凹腦尤堪取
> 形如踞虎聳雙肩 無樂也難遷

此星腦員而凹 身方面平 開脚生乳 故名曰懸乳凹腦 天財有八體 其乳方者爲穿土 當乘二穴 量中心立穴員者爲垂金 當鬪土取金 向墜開立穴 尖者爲帶火 當乘土取火 穿兩肩立穴 曲者爲生水 當舍土取水 尋動處立穴 直者爲夾木 當靠土斬木 踏中停立穴 此體爲正格也 有兩乳者 皆人謂之雙星 兩乳中生脚有岐者 爲麒麟 昔可兩穴 有三乳者 爲三台 可下三穴 此三者爲變格也 立穴並以前五體爲法 諸體凡懸乳者 皆當以此論之 外有帶曜者 圖說見正體篇 夫天財凹腦者 乃金土形合 垂乳則爲玄武 垂頭不須後樂 力量與正體爲凹腦 天財一同 而發福尤緊 不宜腰長 凡懸乳星辰 生氣凝聚而下垂 靈光發露於外見 兩宮俱到 一乳中出 此故爲之吉穴 惟要圈中舒暢 乳上員明 五氣分形 三停下穴 是爲得之 最忌堂捲 尤嫌落槽 堂捲則人物凶頑 水冲則田牛退損 乃不可不察 此星本蔭一四七位衣祿 故不畏左砂迬水 由辰戌丑未之勢而行脉 得坤宮之氣而要戌形 坐向得丑艮未坤 皆爲氣旺而形應 好近江湖

喜臨田澤 若安扦合法 生人相貌重厚 心性質實 行事撲眞 戊巳辰戌丑未命人受蔭 申子辰年發達 若后龍合上格者 官至轉運 父子同科 兄弟同榜 合中格者 主一門先後登科 官至市舶 合下格者 一家累世登科顯耀 若全無貴格者 亦主爲商大賈 廣進田宅 大旺人丁 初生敦厚之人 則氣至而盛也 至生脊癩之人 則氣盡而衰也 此體多爲踞虎形 駱駝啣寶形 宜作火堆

詩曰 天財腦上自生凹 有乳何須後樂高
　　　依法何須扦正穴 他年富貴産英豪

## 시(詩)

**第三天財號懸乳 凹腦尤堪取** (제삼천재호현유 요뇌우감취)

"세 번째 천재는 현유이니 요뇌를 감여에서는 더욱 많이 취하는 바"

**形如踞虎聳雙肩 無樂也難遷** (형여거호용쌍견 무락야난천)

"형이 호랑이를 걸터앉은 모양이니 쌍견이 용발하더라도 낙산이 없으면 천장이 어렵다."

이 성신(星辰)은 두뇌 부분이 둥글고[頭圓] 가운데가 약간 낮아 요(凹)하며 몸체[身]는 모가 나 방(方)하며 혈처(穴處)의 면(面)은 평탄(平坦)하고 양쪽의 다리를[兩脚] 벌려놓고[開脚] 그 안으로 젖꼭지를 내렸으므로[生乳] 현유요뇌(懸乳

凹腦)라 이름 부쳐졌다.

  이에는 여덟 종류의 체[八體]가 있는데 그 유(乳)가 토성(土星)으로 모가 난 것을[方乳] 천토(穿土)라 하니 토혈(土穴)로 다스리되 중심(中心)을 헤아려 입혈(立穴)한다. 또 젖꼭지가 둥글어 유원(乳圓)한 것을 수금(垂金)이라 하니 개토(開土)하여 취금(取金)하고 뚝 떨어지는 방향으로 추개(墜開)하여 입혈(立穴)한다. 또 젖꼭지가 삐죽삐죽한 화체[尖火]로 된 것을 대화(帶火)라 하는데 토를 다스리고[乘土] 헤아려 취화(取火)하는 것인데 양 어깨를[兩肩] 뚫고[穿] 입혈(立穴)한다. 또 젖꼭지가 파도와 같다거나 굽은 것을 수성[曲水]이라 하는데 이것을 생수(生水)라 하며 이에서는 마땅히 토(土)를 버리고[舍土] 수(水)를 취하여야[取水] 할 것이니 동처(動處)를 찾아 입혈(立穴)한다. 또 젖꼭지가 곧고 긴 것을[木直] 협독(夾木)이라 하는데 재혈(裁穴)은 마땅히 토(土)를 존중하여야 하니 토에 붙여 토를 위주로[靠土]하여 목(木)을 자르거나 변형(變形) 시켜야[斬木] 하는 것이니 그 가운데의 기(氣)가 머무르는 곳을 찾아[踏中停] 입혈(立穴)할 것이다. 이상의 다섯 체(五體)가 정격(正格)이다.

  또 유(乳)가 둘[兩乳]로 된 것이 있는데 쌍성(雙星)이라고도 한다. 이 양유(兩乳) 중에서 또 다시 가지를 내려[生脚]하여 두 갈래로 된 것이 있는데 이를 기린혈(麒麟穴)이라 한다. 이 기린혈에도 두 곳[兩穴] 다 하장(下葬)이 가하다. 또 삼유(三乳)로 된 것이 있는데 삼태(三台)라고도 하며 세 혈(三穴) 모두 하장이 가하다. 이상의 삼체(三體)를 모두 변격

(變格)이라 한다. 입혈(立穴)은 위의 다섯 체(五體)와 같은 방법으로 한다.

무릇 현유격(懸乳格)의 여러 체[諸體]는 모두 이 논(論)에 따른다. 이에 또 요(曜)를 대(帶)한 것이 있으나 생략하니 정체편의 도설(圖說)을 볼 것이다.

대저 천재요뇌(天財凹腦)는 금토(金土)의 합형(合形)으로 된 창고(倉庫)의 상(象)이 된 것을 말하며 수유(垂乳)하였다 함은 현무정(玄武頂)에서부터 수두(垂頭)한 것이기 때문에 후락(後樂)이 반드시 필요한 것은 아니다 그러나 역량(力量)은 정체(正體)와 더불어 요뇌천재격(凹腦天財格)들이 모두 동일(同一)하므로 발복(發福)이 더욱 빠르고 확실하다.

이 성체(星體)에서 마땅치 못한 것은 허리가 너무 긴 것[腰長]이며 허리가 길면 형(形)이 변하여 요뇌(凹腦)에서 나타나는 특수성을 잃어버리기 때문이다.

무릇 현유성신(懸乳星辰)은 생기(生氣)를 응취(凝聚)시켜서 아래에다 드리우며[下垂] 영광(靈光)은 밖으로 나타내어 발로(發露)시키며 양궁(兩宮)이 함께 이르러 가운데의 한 유[一乳]를 생(生)하여 주므로 길혈(吉穴)이 된다.

이 성체(星體)에서 오직 중요(重要)하게 살펴야 할 것은 권중(圈中)이 서창(舒暢)하고 유상(乳上)이 원명(圓明)하여야 하니 이를 놓쳐서는 안 된다. 대개 현유요뇌(懸乳凹腦)에서는 오기(五氣)로 분형(分形)하여 삼정(三停)을 만들기도 하는데 삼정(三停)을 헤아려 하혈(下穴)하면 이는 득지(得之)한 것이라 한다.

이 성신(星辰)에서 가장 꺼리는[最忌] 것은 당권(堂捲)이며 더욱 혐오(嫌惡)하는 것은 낙조(落槽)이니 당권(堂捲)이면 인물(人物)이 흉완(凶頑)하기 때문이고 낙조(落槽)가 되면 전답과 가축[田牛退損]에서 손실을 보기 때문이다.

이 성신(星辰)은 본시 발음이 첫째, 넷째, 일곱째[一四七位]에게 오는 자리이니 좌사(左砂)가 송수(送水)하더라도 꺼리지 않는다.

이 체(體)의 내룡(來龍)에서는 오직 신(辰)술(戌)축(丑)미(未)의 세(勢)를 경유(經由)하여야 행맥(行脈)하고 혈성(穴星) 근처에서는 곤궁(坤宮)의 기(氣)를 득(得)하여야 성형(成形)한다. 좌향(坐向)에서도 축(丑)간(艮)미(未)곤(坤)이 되면 기(氣)가 형(形)에 상응(相應)한 것이다.

이 체(體)는 강(江)이나 호수(湖水)에 가깝기를 좋아하고 전택(田澤) 근처에 임(臨)하기를 기뻐한다.

이곳의 장법(葬法)이 최선(最善)이면 생인(生人)의 상모(相貌)가 중후(重厚)하고 심성(心性)이 질박(質朴)하면서도 실천적(實踐的)이며 행사(行事)에도 박직(樸直)하다. 무(戊)기(己)신(辰)술(戌)축(丑)미(未) 생이 먼저 음덕을 받고 신(申)자(子)신(辰)년에 발달(發達)한다.

이곳으로 오는 후룡(後龍)이 상격(上格)이면 벼슬[官]이 전운(轉運)에 이르고 부자(父子)가 함께 등과[同科]하며 형제(兄弟)가 함께 게시판에 게시[同榜]된다. 내룡(來龍)이 중격(中格)이면 한 가문[一門]에서 먼저냐 뒤에냐 하며 등과[先後登科]하고 벼슬은 시박(市舶)에 이르고 하격(下格)이면 한 가문에서 누세(累世)를 이어가며 등과(登科)하여 빛내며[顯耀] 귀격(貴格)이 전무(全無)하더라도 장사(壯士)로서 이름을 내며 대부(大富)로도 광진(廣進) 전택(田宅)하며 자손[人丁]이 크게 왕성(旺盛)하다.

이곳에 묘(墓) 쓴 후(後) 초생(初生)인이 돈후(敦厚)한 사람이 탄생(誕生)하면 기가 왕성(旺盛)함에 이른 것이요, 곱사등이나 문둥병자[脊癩人]가 나오면 기(氣)가 쇠진(衰盡)하였음을 알아야 한다.

이 체(體)에 거호형(踞虎形)이나 낙타함보형(駱駝啣寶形) 등이 많다. 화퇴(火堆)를 작(作)하면 길(吉)하다.

### 시(詩)

**天財腦上自生凹　有乳何須後樂高**

(천재뇌상자생요 유유하수후락고)

"천재가 뇌상에 요를 발생하였을 때 유를 발생하였다면 어찌 반드시 후락이 높아야만 되겠는가?"

**依法何須扦正穴　他年富貴産英豪**

(의법하수천정혈　타년부귀산영호)

"법에 의하는데 무엇으로 반드시 정혈에 천장할 수 있다고 하겠는가? 어느 해에 부귀하고 영웅호걸이 탄생하리라."

## 현유요뇌(懸乳凹腦)

 穿土

 垂金

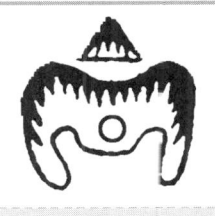 帶火

 生水

 夾水

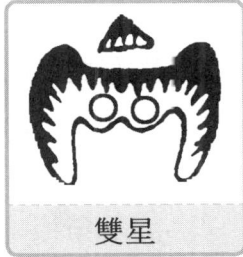 雙星

 麒麟

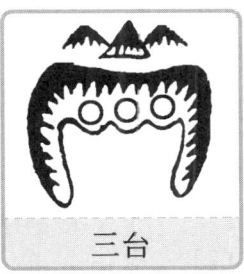 三台

## 4. 궁각요뇌(弓脚凹腦)

> **원문(原文)** … 弓脚凹腦

第四天財是弓脚 凹腦當心作
恰似蟠龍形體呼 定斷足家資

此星腦員而曲 身弓面平 開脚抱交 故名曰弓脚凹腦 天財有二體 其一短一長者 爲正格也 穿長下穴 兩脚交牙者爲變格也 中心下穴 文當以四殺法消息而用之 外有帶曜者 圖說見正體篇 夫天財凹腦弓脚 背後要樂 中要挾方爲吉體 內堂關鎖周密 發福極快 但胸襟窄狹 若是右脚須長 不可以虎過明堂爲疑 凡弓脚星辰 靈光向內而隱藏 餘氣挽先而迴抱 明堂聚面 應案連枝 此故爲之吉穴 惟要脚頭逆轉 可妨水口無關 欲定高低 當登左右 是爲得之 最忌脚高眼過 尤嫌虎遶擎拳 過眼則人品凡愚 擎拳則子孫衰敗 乃不可不察 此星本陰 一四七位衣祿 故不畏左砂迭水 由辰戌丑未之勢而行脉 得坤宮之氣而成形 坐向得丑艮未坤 皆爲氣旺而形應 好落源頭水尾 喜居壟脊山要 若安扦合法 生人相貌重厚 心性宛轉 行事朴直 戊巳辰戌丑未命人受蔭 申子辰年發達 若後龍合上格者 官掌坑治 合中格者 官掌市舶 合下格者 權貨之職 若全無貴格者 亦主雙子雙妻 富足旺人 初生敦厚之人 則氣至而盛也 至生

足跛之人 則氣盡而衰也 此體多(爲蟠龍形 宜作火堆)

詩曰　出面橫龍腦轉凹 一山弓脚逆來抱
　　　中心一穴天然定 正聚明堂水又交

### 시(詩)

第四天財是弓脚　凹腦當心作 (제사천재시궁각 요뇌당심작)
"네 번째 천재궁각이니 요뇌의 중심에 당하여 작 하여라."

恰似蟠龍形體呼　定斷足家資 (흡사반용형체호 정단족가자)
"흡사 반용의 형체와 같으면 결단코 가문에 자원이 풍족하리라."

이 성신(星辰)은 두뇌(頭腦)부분이 둥글[頭圓]면서도 곡(曲)하다 하였으며 몸체[身]는 활처럼(弓, 方인 듯함) 되었으며 바닥[面]은 평평한데 양다리를 개각(開脚)하여 양쪽에서 안았으므로[抱交] 궁각요뇌(弓脚凹腦)라 하였다.

이에는 두 체(二體)가 있는데 그 다리[脚]가 하나는 길고 하나는 짧은[一短一長] 것을 정격(正格)이라 하여 긴 다리를 뚫고[穿長] 하혈(下穴)한다. 또 두 다리[兩脚]가 교아(交牙)된 것을 변격(變格)이라 하고 중심(中心)에 하혈(下穴)한다. 그러나 당연히 사살장법(四殺葬法)으로 소식(消息)하여야 하니 입혈(立穴) 시에 사용(使用)할 것이다. 또한 요(曜)를 대(帶)한 성체가 있는데 이는 정체편(正體編)의 도설(圖說)에서 참고 할 것이다.

　대저 천재요뇌(天財凹腦)에서 궁각혈(弓脚穴)은 배후(背後)에 낙산(樂山)을 필요로 하며 특히 허리 가운데[腰中]가 중요(重要)하므로 협(挾)을 잘 껴야 길체(吉體)가 된다.

　대개 궁각(弓脚)혈은 내당(內堂)의 관쇄(關鎖)가 주밀(周密)하기 때문에 발복(發福)은 극쾌(極快)하나 다만 흉금(胸襟)이 너무나 좁은[窄狹] 것이 흠이 된다. 만약 이에서 우각(右脚)이 길어야 좋으나 백호(白虎)가 명당(明堂)을 지나는 것은 불가(不可)하니 이를 의심해야 한다.

　무릇 궁각성신(弓脚星辰)은 영광(靈光)이 안[內]으로 향(向)하여 은장(隱藏)하고, 여기(餘氣)는 먼저 끌어들여 회포(迴抱)하므로 명당(明堂)이 혈(穴) 앞으로 모이게[聚面] 하며, 응안(應案)이 연지(連枝)하므로 길혈(吉穴)이 된다.

　이 성신(星辰)이 오직 중요(重要)한 것은 다리의 끝이[脚頭] 수(水)를 기준으로 역전(逆轉)하여야 하며 만약 역전(逆轉)이 되었으면 수구(水口)가 관폐(關閉)됨이 없더라도 방해(妨害)가 없다. 이에서 만약 고저(高低)를 정하고져 할 때에는 중앙에 서서 좌우(左右)를 보고 대조하여 보면 확실하게 드러날 것이다.

　이 성신(星辰)에서 가장 꺼리는[最忌] 것은 양쪽의 다리가 높아[脚高] 눈 높이를 벗어나는[眼過] 것이며, 더욱 혐오(嫌惡)하는 것은 백호의 끝이 주먹을 쥐고 흔드는[虎遶擎拳] 것이니 과안(過眼)하면 출생하는 사람이 어리석고 격권(擎拳)

하면 자손(子孫)이 쇠패(衰敗)하기 때문이다.

이 성신(星辰)은 본시 발음[本蔭]이 첫째, 넷째, 일곱째[一四七位]에게 오기 때문에 좌사(左砂)가 송수(送水)하더라도 꺼리지 아니한다.

이 성신(星辰)의 내룡(來龍)은 신(辰)술(戌)축(丑)미(未)의 세(勢)를 반드시 경유(經由)하여야 행맥(行脈)이 옳은 것이고 곤궁(坤宮)의 기(氣)를 득(得)하여야 성형(成形)한다. 좌향(坐向)에서도 축(丑)간(艮)미(未)곤(坤)의 좌(坐)가 되면 기형(氣形)이 상응(相應)하는 것이다.

이 성신(星辰)의 성질은 원두수의 끝에 쯤[源頭水尾]에 낙(落)하여 있기를 좋아하고 큰 용(龍)의 등성이나[壟脊] 산의 허리[山腰]에 거(居)하기를 기뻐한다.

이 자리의 장법(葬法)이 만약 최선(最善)이었다면 출생인의 상모(相貌)가 중후(重厚)하고 심성(心性)이 미인의 눈썹처럼 아름답고 고우며[宛轉] 행사(行事)가 곧고 순박[朴直]하다. 태세(太歲)로 무(戊)기(己)신(辰)술(戌)축(丑)미(未) 생인이 발음(發蔭)을 먼저 받고 신(申)자(子)신(辰)년(年)에 발달(發達)한다.

이 자리의 후룡(後龍)이 상격(上格)이면 벼슬[官]이 갱치(坑治)에 이르고 중격(中格)이면 벼슬[官]이 시박(市舶)을 장악(掌握)하고 하격(下格)이면 권화(權貨)의 직(職)에 이르고 만약 귀격(貴格)이 전무(全無)하더라도 부가 풍족(富足)하고 자손(子孫)이 왕성(旺盛)하며 쌍둥이 아들과 두 처[雙子雙妻]를 두게 한다.

묘(墓) 쓴 후 처음 출생하는 사람[初生人]이 돈후(敦厚)한 사람이 탄생(誕生)하면 기가 왕성함[氣盛]에 이른 것이고 다리 불구자[足跛人]가 나오면 기가 다 되어[氣盡] 쇠진(衰盡)하였다는 것을 알 것이다.

이 체(體)에 반용형(蟠龍形) 등이 많다. 화퇴(火堆)를 작(作)하면 길(吉)하다.

### 시(詩)

**出面橫龍腦轉凹　一山弓脚逆來抱**

(출면횡용뇌전요 일산궁각역래포)

"횡용에서 두뇌를 회전하고 요를 만들어 출면 하였는데 한 산의 궁각이 역으로 와서 안아줬다면."

**中心一穴天然定　正聚明堂水又交**

(중심일혈천연정 정취명당수우교)

"중심에 한 혈이 천연적으로 결정 될 것이니 명당을 바르게 취하고 수 또한 교중 되어야 할 것이다."

## 궁각요뇌(弓脚凹腦)

左仙宮

右仙宮

左交牙

右交牙

## 5. 쌍비요뇌(雙臂凹腦)

**원문(原文)** ··· 雙臂凹腦

第五天財是雙臂 凹腦奇異龍
恰如龍馬飮泉形 最好救人貧

此星腦員而凹 身方面平 開兩臂 故名曰雙臂凹腦 天財有二體 其臂左右俱雙者 須要臂彎抱之 或作交牙者尤佳 若內兩臂甚短者 名曰夾臂 主貴須要抱穴 若太尖者 名曰夾刀 故主殺人 法用土鋤去小尖 使員淨爲吉 此爲正格也 有左雙右單 右雙左單者 須要穴上見其均勻 此二者爲變格也 立穴皆當以四煞法消息而用之 外有帶曜者 圖說見正體篇 夫天財凹腦 雙臂最是藏風聚氣 但背後要樂 腰中要夾 則發福綿遠 其左雙右單 右雙左單者 名曰疊指 喜賭錢煞 龍眞穴正 水聚山朝 決不破家 若穴上不見者 尤不忌也 凡兩臂星辰 靈光自足而舒徐 眞氣有餘而磅礡 東西雙到 外內重回 此故爲之吉穴 惟要應案臨近 明堂聚前 立穴必須天心 折水要依星步 是爲得之 最忌內腎尖射 尤嫌元辰直長 尖射則吉星亦凶 直尖則善星反惡 乃不可不察 此星本蔭一四七位衣祿 故不畏左砂送水 由辰戌丑未之勢而行脉 得坤宮之氣而成形 坐向得丑未坤艮 皆爲氣脉而行應 喜傍大溪之側 好居大道之傍 若安扦合

法 生人相貌重厚 心性執拗 行事撲直 戊巳辰戌丑未
命人受蔭 申子辰年發達 若后龍居上格者 官至知運
合中格者 官掌市舶 合下格者 權貨之職 若全無貴格
者 亦主富足 初生忠直之人 則氣至而盛也 至生折足
之人 則氣盡而衰也 其體多爲睡象形 宜作金

詩曰 單股天財不用疑 外山湊合不爲奇
　　　田鼉太旺多鞍馬 更生雙子及雙妻

### 시(詩)

**第五天財是雙臂 凹腦奇異龍** (제오천재시쌍비 요뇌기이용)

"다섯 번째 천재는 쌍비이니 요뇌가 이용에서 기이함이다."

**恰如龍馬飮泉形 最好救人貧** (흡여용마음천형 최호구인빈)

"흡사 용마가 음천하는 형과 같으니 가장 자랑스러운 것은 사람들의 가난을 구원한다."

이 성체(星體)는 두뇌(頭腦)가 둥글면서 가운데는 우묵하게 들어[凹]갔으며 몸체[身]는 방(方)하며 바닥[面]은 평평하고 양 팔뚝[兩臂]을 벌렸다 하여(開脚 보다는 높다) 쌍비요뇌(雙臂凹腦)라 하였다.

이 성신(星辰)에 두 체(二體)가 있는데 그 첫째는 팔뚝[臂]의 좌우(左右)가 함께 쌍(雙)으로 된 것이 있는데 중요(重要)

한 것은 팔뚝[臂]이 만포(彎抱)하여야 하며 혹 교아(交牙)가 되면 더욱 아름답다. 그러나 만약 두 팔뚝 가운데 안쪽의 두 팔뚝[兩內臂]이 많이 짧은 것을[甚短] 협비(夾臂)라는 이름으로 부르며 주귀(主貴)하는데 이 역시 반드시 포혈(抱穴)하여야 한다. 만약 안쪽의 팔뚝[兩內臂]이 칼끝처럼 뾰죽[太尖]한 것은 협도(夾刀)라 하여 살인(殺人)을 주장(主張)한다. 그러므로 삐쭉 한 끝[小尖]을 잘라내고[用土鋤去] 원정(圓淨)하게 하면 길(吉)하다. 이 하나가 정격(正格)이다.

둘째로 좌(左)는 두 팔[雙]인데 우(右)는 한 팔[單]인 것과 우측은 쌍(雙)인데 좌(左)가 단(單)인 것이 있는데 이는 모름지기 혈상(穴上)에서 볼 때에 균균(均勻)하여야 함이 조건이다. 이 두 격(格)을 변격(變格)이라 한다. 이상 모두 입혈(立穴)은 사살장법(四殺葬法)으로 소식(消息)하여야 하고 하장(下葬) 시(時)에 사용한다.

또 요(曜)를 대(帶)한 것이 있는데 정체(正體)편의 도설(圖說)을 볼 것이다.

대저 천재요뇌(天財凹腦)에서도 쌍비(雙臂)격은 가장 마땅[最宜]하니 장풍취기(藏風聚氣)가 더욱 잘 이루어졌다, 그러나 배후(背後)에는 낙산(樂山)이 있음을 요(要)하고 요중요협(腰中要夾)함이 중요하니 거하면 발복(發福)이 길고도 오래[綿遠]간다.

그 좌쌍우단(左雙右單)과 우쌍좌단(右雙左單)인 것을 첩지(疊指)라 하는데 도박(賭錢)을 좋아하는데 용이 참 되고 혈이 확실하고[龍眞穴正] 산조수취(水聚山朝)하면 도전(賭錢)

으로 파가(破家)하지는 아니한다. 만일 첩지(疊指)가 혈상(穴上)에서 보이지 않으면 더욱 꺼릴 것이 없다.

무릇 양비성신(兩臂星辰)은 영광(靈光)이 자족(自足)하여도 서서히 펼쳐[舒徐]나가므로 진기(眞氣)가 유여(有餘)하다. 하나로 합한 기운을[磅礴] 동서에서 쌍으로 이르게 하고[東西雙到] 내외(內外)에서 모두가 중회(重回)하므로 길혈(吉穴)이 된다.

이에서 오직 중요(重要)한 것은 응안(應案)이 가까이 임(臨)하여야 하고 명당(明堂)이 혈(穴) 앞에서[聚前] 모여줘야 하며 혈(穴)은 필수적으로[必須] 천심(天心)에다 세울 것이며 절수(折水)는 성보(星步)에 의(依)하여 헤아리는 것이 중요하다.

이 성신(星辰)의 가장 꺼리는 바는 내비(內臂)가 첨사(尖射)함이며 더욱 혐오(嫌惡)하는 것은 원진수(元辰水)가 곧게 빠져나가는[直長] 것이니 첨사(尖射)하면 길성(吉星)이라도 흉악(凶惡)함으로 변하고 직장유(直長流)하면 선성(善星)이 도리혀 흉악[反惡]하여지기 때문이다. 그러므로 자세하게 살피지 않으면 안 되는 것이다.

이 성신(星辰)은 본시 발음[本蔭]이 일사칠(一四七) 위에 나타나는 곳이니 좌사(左砂)가 송수(送水)하더라도 꺼리지 아니[不畏]한다.

이 성신(星辰)의 내룡(來龍)은 소조산(小祖山) 이하에서 신(辰)술(戌)축(丑)미(未)의 세(勢)를 경유(經由)하여야 행맥(行脈)하고 혈성(穴星)에서는 곤궁(坤宮)의 기(氣)를 득(得)하고

서야 성형(成形)한다. 좌향(坐向)에서도 축(丑)미(未)곤(坤) 간(艮) 좌가 되면 기(氣)와 맥(脈)이 형(形)에 응(應)한 것이 된다.

 이 성신(星辰)이 있어야 할 곳은 큰 내[大溪]의 근처에 거(居)함을 기뻐하고 큰 길[大道]의 옆이나 근처에 임(臨)하기를 좋아한다.

 이곳에 입혈(立穴)할 때 장법(葬法)이 최선(最善)이라면 출생(出生)하는 사람의 상모(相貌)가 중후(重厚)하고 심성(心性)이 집요(執拗)하며 행사(行事)가 곧으면서도 적극적[撲直]이다. 무(戊)기(己)신(辰)술(戌)축(丑)미(未) 생(生)이 음덕을 받고[受陰] 신(申)자(子)신(辰)년에 발달(發達)한다.

 만약 혈성으로 오는 후룡(後龍)이 상격(上格)이면 벼슬길이 지운(知運)에 이르고 중격(中格)이면 관장(官掌)이나 시박(市舶)이 되고 하격(下格)이면 권화(權貨)의 직책(職責)을 맡고 귀격(貴格)이 전무(全無)하더라도 주(主)는 부를 충분히[富足] 이룬다.

 또 이곳에 묘(墓)를 쓴 후 충성심 많고 곧고 바른 사람[忠直之人]이 출생(出生)하면 기(氣)가 왕성함에 이른[至盛] 것이고 절족인(折足人)이 출생(出生)하면 기(氣)가 쇠진(衰盡)하였다는 것을 알아야 한다.

 이 체(體)에서 수상형(睡象形)에 관계되는 형이 많이 나온다. 금퇴(金堆)를 작(作)하면 길(吉)하다.

### 시(詩)

**單股天財不用疑　外山湊合不爲奇**
(단고천저불용의 외산주합불위기)

"단고천재를 의심내고 쓰지 않는 것은 외산과 물이 모여 합주하여도 기특하게 보이지 않기 대문이다."

**田蠶太旺多鞍馬　更生雙子及雙妻**
(전잠태왕다안마 갱생쌍자급쌍처)

"전잠이 태왕하고 안마도 많으며 다시 쌍자를 생산하고 이어서 쌍처에까지 미치게 될 것이다."

[필자주(筆者註)] 아래의 여섯 번째 단고요뇌(單股凹腦) 격은 원문(原文)이 전(傳)하여지지 않으나 필자가 이 학문의 특수성을 알고 있으므로 해설(解說)로 보충 하였으니 독자들의 연구와 아울러 충고 있기를 기대합니다.

## 쌍비요뇌(雙臂凹腦)

左右俱雙

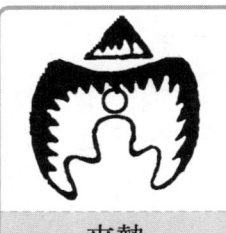
夾勢

挾刃

右雙左單

左雙右單

## 6. 단고요뇌(單股凹腦)

### 시(詩)

第六天財號單股　睡象形可取 (제육천재호단고 수상형가취)

"여섯 번째 천재는 단고 격이니 조는 코끼리 형이면 가히 취하라."

莫言無虎與無龍　扦着便興隆 (막언무호여무용 천착편흥융)

"용이 없고 호가 없다고 말하지 말라, 천착한 후 쉽게 흥융하리라."


이 성체(星體)는 두뇌(頭腦) 부분이 둥글면서도 곡(曲)하며 몸[身]은 모[方]가 나고 혈(穴)판인 얼굴[面]은 평평(平平)하다. 한쪽 다리[一脚]만을 벌렸다 하여 이름을 단고요뇌천재(單股凹腦天財)라 하였다.

이에는 네 종류의 체[四體]가 있는데 그 다리[脚]가 미미하게 둥근 활[微弓]을 만든 것을 금을 탔다[乘金] 하고 그 한 다리가 궁과(弓過)한 모양이 곡(曲)한 것을 전수(轉水)라 하여 이 두 체(體)가 정격(正格)이 된다. 이 정격의 입혈(立穴)은 뇌(腦)와 대(對)가 되도록 하혈(下穴)하여야 한다.

또 뇌 아래[腦下]로 한 변(一邊)은 유(乳)를 결작(結作)하여 놓고 또 한 변(一邊)은 개각(開脚)하여 미미하게 둥근 활[微弓]을 만든 것을 단제혈(單提穴)이라 하고, 또 한 다리만을 미미하게 둥근 다리를 만들어 계속 궁과(弓過)한 것을 반용(蟠龍)이라 하니 이 두 체(體)가 변격(變格)이 되는데 마땅히 좌우(左右)와 전산(前山)의 고저(高低)를 논(論)하여 하혈(下穴)한다.

이밖에도 요(曜)를 대(帶)한 것이 있는데 정체편(正體篇)의 도면과 설명(圖說)을 참고할 것이다.

대저 천재요뇌단고격(天財凹腦單股格)은 기(氣)를 한 변(一邊)으로 모아주는[聚] 것인데 그에 가장 기묘(奇妙)함이 있는 것이다. 그러므로 그 다리가 끊기거나 절고(折股)됨은 일체 불가(不可)하다. 만약 다리에 상처(傷處)가 생겼을 경우 혈(穴)이 되는 것 까지도 의심(疑心)이 생길 정도이다. 이에서 중요(重要)한 것은 배후(背後)에 낙산(樂山)이 있어야 하고 허리 사이가[腰間] 좁은[狹] 것은 오히려 아름다움인 것이다.

무릇 단고성신(單股星辰)은 영광(靈光)이 본래 왕성[本盛]하여 가운데다 모아주고[中聚] 여기(餘氣)는 부족(不足)하여도 아래다 드리워[下垂] 놓는 것이니 좌우(左右)가 비록 한쪽이 이지러져 모자랄[一虧]지라도 상하(上下)에는 처음부터 두 가지의 쓰임[二用]이 없는 것이다. 그러므로 이는 길혈(吉穴)이 되는 것이다. 그러나 중요(重要)한 것은 단고(單股)가 물을 기준으로 반드시 역전(逆轉)하여야 하고 양궁(兩宮)이 인하의 주성(湊成)됨을 요(要)한다. 혈(穴)은 숨어서 외장(隈藏)됨을 귀(貴)로 하고 국(局)은 주밀(周密)함이 마땅한 것이니 이것이 득지(得之)한 것이다.

가장 꺼리는 것은 혈반(穴畔)으로 풍천(風穿)됨이요, 더욱 혐오(嫌惡)하는 것은 면전(面前)으로 물이 도망[水去]하는 것이니 풍천(風穿)한 즉 생기(生氣)가 표산(飄散)하고 수거(水去)하면 견동토우(牽動土牛)하기 때문이다. 그러므로 자상하게 살피지 아니하면 아니 된다.

이 성신(星辰)은 본시 발음[本蔭]이 첫째, 넷째, 일곱째 자리[一四七位]에 록(祿)을 입으므로 좌사(左砂)로 송수(送水)함을 두려워하지 아니한다.

이 성체(星體)의 오는 용(龍)은 신(辰)술(戌)축(丑)미(未)의 세(勢)를 경유(經由)하여야 행맥(行脈)하고 곤궁(坤宮)의 기(氣)를 득(得)하여야 성형(成形)한다. 좌향(坐向)에서도 축(丑)간(艮)미(未)곤(坤) 좌(坐)가 되면 왕기(旺氣)가 형(形)과 상응(相應)한 것이다.

이 성체(星體)는 용(龍)의 대진처(大盡處)에 있기를 좋아하고 큰 도로변[大道邊]에 임(臨)하는 것을 기뻐한다.

이곳을 이용하는 장법(葬法)이 최선(最善)이면 출생인의 상모(相貌)가 중후(重厚)하고 심성(心性)이 완전(宛轉)하고 행사(行事)가 박직(朴直)하다. 무(戊)기(己)신(辰)술(戌)축(丑)미(未) 생인이 음덕을 먼저 받고(受蔭) 신(申)자(子)신(辰)년에 발달(發達)한다.

이 자리의 후룡(後龍)이 상격(上格)이면 벼슬이 항치(坑治)에 이르고 중격(中格)이면 남박(南舶)이 되고 하격(下格)이면 권화(權貨)의 직(職)을 맡게 된다. 만약 귀격(貴格)이 전무(全無)하더라도 주(主)는 부(富)를 크게 하고 예의(禮義)를 잃지 아니한다.

이곳에 묘(墓)를 쓴 후 처음 출생하는 사람이 돈후(敦厚)하면 기가 왕성(氣盛)함에 이른 것이고 출생인 중에 불구자가 나오면 기(氣)가 다 되어 쇠진하였음을 알 것이다.
 이 체(體)에서는 반용형(蟠龍形)이나 코끼리 이름이 붙은 [象類] 형(形)이 많이 나온다. 금퇴(金堆)를 작(作)하면 길(吉)하다.

## 단고요뇌(單股凹腦)

左垂金

右垂金

左轉水

右轉水

左單提

右單提

左蟠龍

右蟠龍

## 7. 측뇌요뇌(側腦凹腦)

**원문(原文)** … 側腦凹腦

第七天財名側腦 乍見令人腦
渴驥原來奔澗江 其穴側邊藏

此星腦員身方面平 開脚邊高邊低 故名曰側腦凹腦天財有二體 其脚有均勻者 故名曰扳鞍 如落平洋 出身低 其形如龜背者 名曰章光 此爲正格也 有一脚長一脚短 弓過穴者 名曰紐會 皆爲變格也 當坐樂星立穴外有帶曜者 圖說見正體篇 夫天財凹腦側腦星辰 其氣不凝扵腦下 靈光自見扵乳中 昔人名之曰左佃宮 右仙宮 今以號偏側怪穴 頭顱雖別 力量本同 此故爲之吉穴 惟要堂氣取前 樂山聳後 宜踏逆面喜張朝 是爲得之 最忌前案飛走 尤嫌穴背空虛 飛走則是虛花 空疎則爲騰漏 乃不可不察 此星本蔭一四七位衣祿 故不畏左砂送水 由辰戌丑未之勢而行脉 得坤宮之氣而成形 坐向丑艮未坤 皆爲氣旺而行應 好落扵水口 喜融結扵龍腰 若安扦合法 生人相貌重厚 心性拗執 行事撲寔 戊巳辰戌丑未命人受蔭 申子辰年發達 若后龍合上格者 官至轉運 合中格者 官治茶盤市人 合下格者權貨之職 若全無貴格者 亦主富足 旺人丁 主雙生雙妻 初生敦厚之人 則氣至而盛也 至生頭歪之人 則氣

盡而衰也 此體多爲渴馬飮泉形 宜作金堆

詩曰　天財頭腦有高低 穴法多應是轉皮
　　　須要明堂眞氣聚 兒孫白手立家基

### 시(詩)

**第七天財名側腦　乍見令人腦** (제칠천재명측뇌 사견영인뇌)

"일곱 번째 천재는 측뇌격이니 잠시 보아도 선인(善人)의 두뇌와 같이 생겼음이다."

**渴驥原來奔澗江　其穴側邊藏** (갈기원래분간강 기혈측변장)

"목마른 명마는 원래 간수 물처럼 분주하니 그 혈은 측변에다 결작하고 소장하는 것이다."

이 성체(星體)는 두뇌(頭腦) 부분이 둥글고[頭圓] 몸의 모양은 모가 났으며[身方] 얼굴 바닥은[穴面] 평탄(平坦)한데 양 다리를 벌렸으나[開脚] 그 변이 한쪽은 높고 한쪽은 낮다[邊高邊低]. 그러므로 측뇌천재(側腦天財)라 하였다.

이에는 이체(二體)가 있는데 그 각(脚)이 균균(均勻)한 것을 반안체(扳鞍體)이라 하며 평양(平洋)으로 낙(落)하여 출신(出身)이 낮고[低] 형태(形態)는 구배(龜背)와 같은 것을 장광혈(章光穴)이라 하며 이를 정격(正格)으로 한다.

또한 체(體)는 한 다리[一脚]는 긴[長]데 다른 한 다리[一

脚)는 짧다[短]. 긴 다리의 활(弓)이 혈(穴)을 지나[過] 안아 준 것을 유회(紐會)라 하는데 이것이 변격(變格)이다. 이들은 모두 낙산(樂星)을 의지하여 입혈(立穴) 하여야 한다.

요(曜)를 대(帶)한 것이 있는데 정체편의 도설(圖說)을 참고할 것이다.

대저 측뇌(側腦)의 요뇌성신(凹腦星辰)은 그 기(氣)를 뇌의 아래[腦下]에다는 응결(凝結)시키지 아니하고 영광(靈光)을 유(乳) 중에다 모아 스스로 나타내 주므로[自見] 참고해야 한다. 이 혈(穴)을 옛 사람이 좌측다리가 길면 좌선궁(左仙宮)이라 하고 우측다리가 길면 우선궁(右仙宮)이라 하였다. 그러나 지금은 편측(偏側)한 괴혈(怪穴)이라고 절하(切下)한다. 두로(頭顱)가 비록 다르나 역량(力量)은 본래 같으므로 길혈(吉穴)이 된다.

이 성체(星體)에서 오직 중요(重要)한 것은 당기(堂氣)를 전면으로 모아주고[聚前] 낙산(樂山)은 뒤에서 높이 보호(聳後)하므로 혈(穴)은 마땅히 답역(踏逆)하여 낙산(樂山)과 정대(正對)시키고 혈면(穴面)은 조산이 빼어나 장조(張朝)함을 기뻐한다.

그러나 이 성체(星體)에서 가장 꺼리는[最忌] 바는 전면의 안산(案山)이 날아 도망가는 것이고[飛走] 더욱 혐오(嫌惡)하는 것은 혈성의 뒤가[穴背] 비어 허전[空虛]한 것이니 비주(飛走)하면 헛꽃[虛花]이 피기 때문이고 공소(空疎)하면 쌓였던 기운(氣運)을 누설(등루=騰漏)시키기 때문이다.

이 성체(星體)은 본시 발음이[本蔭] 일사칠(一四七) 위(位)

에 녹(祿)을 입으므로 좌사(左砂)의 송수(送水)라도 꺼리지 [不忌] 아니한다.

이 성신(星辰)의 내룡(來龍)은 신(辰)술(戌)축(丑)미(未)의 세(勢)를 경유(經由)하여야 행맥(行脈)하고 곤궁(坤宮)의 기(氣)를 득(得)하여야 성형(成形)한다. 좌향(坐向)에서도 축(丑)간(艮)미(未)곤(坤)이 되면 기(氣)가 형(形)이 상응(相應)하는 것이다.

이 성신(星辰)은 수구(水口)에로 낙(落)하기를 좋아하고 용(龍)의 허리[腰]에서 융결(融結)하기를 기뻐한다.

이곳에 장법(葬法)이 최선(最善)이면 출생인의 상모(相貌)가 중후(重厚)하고 심성(心性)이 집요(執拗)하고 행사(行事)가 박실(樸實)하다. 무(戊)기(己)신(辰)술(戌)축(丑)미(未) 생인이 음덕을 받고[受蔭] 신(申)자(子)신(辰)년에 발달(發達)한다.

이곳으로 오는 후룡(後龍)이 상격(上格)이면 벼슬이 전운(轉運)에 이르고 중격(中格)이면 관치다반시인(官治茶盤市人)이 나오고 하격(下格)이면 권화(權貨)의 직(職)에 이르고 귀격(貴格)이 전무(全無)하더라도 부를 크게 이루어[富足]내고 자손 또한 왕성하며[旺人丁] 쌍생쌍처(雙生雙妻)를 두게 된다.

묘(墓) 쓴 후 처음 출생하는 사람이[初生人] 돈후(敦厚)한 사람이 나오면 기(氣)가 왕성(旺盛)함에 이른 것이요, 두배인(頭歪人)이 출생하면 기가 다 되어[氣盡] 쇠진(衰盡)하였음을 알아야 할 것이다.

이 체(體)에 갈마음수형(渴馬飮水形)이 많이 나온다. 금퇴(金堆)를 작(作)하면 좋다.

### 시(詩)

**天財頭(側)腦有高低　穴法多應是轉皮**

(천재측뇌유고저 혈법다응시전피)

"천재의 측뇌는 높고 낮은 곳이 있으니 혈법으로는 겉만 돌려 많이 응하기도 한다."

**須要明堂眞氣聚　兒孫白手立家基**

(수요명당진기취 아손백수입가기)

"모름지기 중요한 것은 명당으로 진기맥이 모여야 하니 아손이 맨손으로 가정의 기틀을 세울 것이다."

## 측뇌요뇌(側腦凹腦)

左扳鞍

右扳鞍

左紐會

右紐會

## 8. 몰골요뇌(沒骨凹腦)

> **원문(原文)** … 沒骨凹腦

第八天財名沒骨 穴向口中覓
喝作將軍拉馬形 富貴有聲名

此星腦員而凹身方 口開肩下 故名沒骨凹腦 天財有四體 其肩下開口 有一邊脚彎弓 一邊粗蠻者 昔人名之曰搖拳 有一邊雙脚 一邊單脚者 名曰叠指 中脚似乳環包 一邊皆就口上 軟硬相夾處 裁截氣脉立穴 此二者爲正格也 有腦下生乳 或長或直 或峻或大 不可立穴者 名曰吐舌 肩下兩傍 取前應後樂 分左右立穴 有其乳彎曲 抱左抱右 不可立穴者 名曰張膽 肩下兩傍 可立兩穴 此二者爲變格也 外有帶曜者 圖說見正體篇 夫天財凹腦沒骨氣聚 一邊凹中要挾 宜扵動處立穴以其薄弱 故名曰沒骨 凡沒骨星辰 形勢旣有偏斜 氣脉必趨左右潛踪難認 開口爲憑 須奇怪之不同 與端正而何異 此故爲之吉穴 必須前迎堂氣 後對樂星 莫嫌穿薄穿空 只要夾堅夾軟 是爲得之 最奇後龍失勢尤嫌案前無情 失勢一定非眞 無情斷然是假 乃不可不察 此星本蔭一四七位衣祿 故不畏左砂送水 由辰戌丑未之勢而行脉 得坤宮之氣而成形 坐向丑艮未坤 皆爲氣旺而行應 好居幹龍大盡 喜臨兩水合流 生人相貌厚重

心性柔弱 行事朴直 戊巳辰戌丑未命人受蔭 申子辰年
發達 若后龍合上格者 官至轉運 合中格者 主治市舶
合下格者 權貨之職 若全無貴格者 亦主富商巨賈大旺
蠶絲 三雙子雙妻 初生敦厚之人 則氣至而盛也 圣生
跎背之人 則氣盡而衰也 此體多爲將軍拉馬形 宜作金
堆

詩曰 沒骨天財體大奇 時師不識自生疑
　　　誰知蕩處爲眞穴 富貴雙全實在斯

### 시(詩)

**第八天財名沒骨　穴向口中覓** (제팔천재명몰골 혈향구중멱)
"여덟 번째 천재는 몰골이니 혈은 구중을 향하여 찾을 것이다."

**喝作將軍拉馬形　富貴有聲名** (갈작장군랍마형 부귀유성명)
"물형으로는 장군 랍마형이니 부귀와 이름을 날리리라."

　이 성신(星辰)은 두뇌(頭腦)가 둥글지만 사이가 요(凹)하며 몸체는 모가[身方] 났으며 어깨 아래[肩下]에서 개구(開口)하였으므로 몰골요뇌(沒骨凹腦)라 하였다.
　이에는 사체(四體)가 있는데 어깨 아래로[肩下] 개구(開口)한 다음에 한쪽 변의 다리[一邊脚]는 활처럼 둥글게 안아주고[彎弓] 다른 쪽의 다리[一邊脚]는 거칠고 악하여 추만(粗蠻)한 것이 있는데 이것을 옛 사람은 요권(搖拳)이라 하였다. 또 한쪽 변[一邊]은 쌍각(雙脚)으로 되어 있는데 다른 한 변[一邊]은 단각(單脚)인 것을 첩지(疊指)라 하는데 이때는 중각(中脚)이 유(乳)와 같이 생겼으며 함께 환포(環包)해 줘야 한다. 이곳의 입혈(立穴)은 한 변(一邊)의 구상(口上)을 취(就)하되 연경(軟硬)이 교체 되는 곳[相夾處]을 재단하고 재절(裁截)하여 기맥(氣脈)에 입혈(立穴)한다. 이 두 격(格)이 정격(正格)이다.

또 뇌하(腦下)에서 유(乳)를 발생(發生)시킨 것이 있는데 혹 길기도 하고[或長]·혹 곧기도 하며[或直]·혹 준급(峻急) 하기도 하고[或峻]·혹 크기도 하여[或大] 입혈(立穴)이 불가(不可)한 경우가 있는데 이것을 혀를 내민 모양이라 하여 토설(吐舌)이라 한다. 이때는 어깨 아래[肩下]의 양방(兩傍) 어느 쪽에 전응(前應)과 후락(後樂)을 취(取)하여 어느 한쪽으로 입혈(立穴)한다.

또 그 유(乳)가 꾸불꾸불[彎曲] 하여 한번은 좌측을 안아주었다가[抱左] 다시 한번은 우측을 안아주는 것[抱右] 것이 있는데 어느 쪽을 안았는지 확실하지 않을 때는 입혈(立穴)이 불가(不可)할 것 같으나 이런 것을 장첨혈(張膽穴)이라 한다. 이는 어깨 아래[肩下]의 어느 쪽이든지 안아주는 곳에서 양방혈(兩傍穴) 모두를 입혈(立穴)할 수 있다. 이 두 격(格)을 변격(變格)이라 한다.

이 밖에도 요(曜)를 대(帶)한 것이 있는데 정체편의 도설

(圖說)을 참고(參考)할 것이다.
 대저 천재성(天財星)에서 요뇌몰골(凹腦沒骨)은 한 변(一邊)으로 치우쳐 기(氣)를 모아주므로 요중(凹中)의 협(挾)을 중요(重要)하게 보아야 하고 동처(動處)를 찾아 입혈(立穴)하는 것이다. 그러므로 그 기(氣)가 박약(薄弱)하다 하여서 몰골(沒骨)이라 하였다.
 무릇 몰골성신(沒骨星辰)은 형세(形勢)가 한쪽으로 치우쳐 편사(偏斜)하므로 기(氣)의 맥(脈)은 반드시 좌우(左右) 어느 쪽인지를 알아 볼 수 없도록 잠종(潛踪)하고 숨어 있으므로 반드시 그 맥(脈)을 추적(追跡)하여 개구(開口)함을 증거(證據)로 하여 찾아야 하는 것이다. 그렇다고 이 혈을 기괴혈(奇怪穴)과도 꼭 같다고 할 수는 없으니 단정(端正)함이 다른데 어찌 다르다고 아니 하리요, 이 때문에 길혈(吉穴)이 되는 것이다.
 이 몰골성체(沒骨星體)에서 갖추어져야 할 필수조건(必須條件)은 당기 앞이 높아서 우러러 보여야[前迎堂氣] 하고 뒤쪽으로는 낙산(樂山)이 있어서 허(虛)하지 아니하게 하여야[後對樂星] 할 것이니 이렇게 전앙(前仰)과 낙산(落山)이 있어서 보호가 되면 천박천공(穿薄穿空)이라도 혐의(嫌疑)가 될 것이 없으며 단지 협(夾)이 견고함[夾堅]과 유연함[夾軟]만을 중요시(重要視) 한다.
 이 성신(星辰)에서 가장 꺼리는[最忌] 것은 후룡(後龍)에서 실세(失勢)하는 것이요, 더욱 혐오(嫌惡)하는 것은 안전(案前)이 무정(無情)한 것이니 실세(失勢)하면 올바른 혈[眞穴]

이 될 수 없고 무정(無情)하면 단정(斷定)코 가(假)일 수밖에 없기 때문이다.

이 성체(星體)에서는 본시 발음[本蔭]이 첫째, 넷째, 일곱째(一四七) 위(位)에 녹(祿)을 받게 되므로 좌사(左砂)의 송수(送水)하는 것을 꺼리지 아니한다.

이 자리의 용(龍)이 들어오는 과정에서 신(辰)술(戌)축(丑)미(未)의 세(勢)를 경유(經由)하여야 행맥(行脈)하고 곤궁(坤宮)의 기(氣)를 득(得)하여야 성형(成形)한다. 좌향(坐向)에서도 축(丑)간(艮)미(未)곤(坤)이 되면 기(氣)와 형(形)이 상응(相應)하는 것이다.

이 자리는 간용(幹龍)이 멀리 와서 대진하는 곳[大盡處]에 거(居)하기를 좋아하고 두 물[兩水]이 합류(合流)하는 곳에 임(臨)하기를 기뻐한다.

이 자리에 묘(墓) 쓰고 출생하는 사람의 상모(相貌)가 중후(重厚)하고 심성(心性)이 유약(柔弱)하며 행사(行事)는 박직(朴直)하다. 무(戊)기(己)신(辰)술(戌)축(丑)미(未) 생(生)이 음덕을 받고[受蔭] 신(申)자(子)신(辰)년에 발달(發達)한다.

만약 이곳의 후용(後龍)이 상격(上格)이면 벼슬이 전운(轉運)에 이르고 중격(中格)이면 시박(市舶)을 다스리게 되고 하격(下格) 용(龍)이면 권화(權貨)의 직(職)을 갖게 된다. 귀격(貴格)이 전무(全無)하더라도 큰 상업가(商業家)로서 대부(大富)를 하게 되며 쌍자(雙子)와 쌍처(雙妻)를 둔다.

이곳에 묘(墓) 쓴 후 처음 출생하는 사람이[初生人] 돈후한 사람[敦厚人]이면 기(氣)가 왕성함에 이른 것이고 낙타

등의 사릍이[生距背人] 나오면 기(氣)가 쇠진(盡衰)한 것임을 알아야 한다.

이 체(體)에 장군읍마형(將軍拉馬形)이 많이 나온다. 금퇴(金堆)를 작(作)하면 길(吉)하다.

### 시(詩)

**沒骨天財體大奇 時師不識自生疑**
(몰골천재체대기 시사불식자생의)

"몰골천재는 체가 크게 기특하므로 시사들은 알아보지 못하고 저절로 의심을 낸다."

**誰知蕩處爲眞穴 富貴雙全實在斯**
(수지탕처위진혈 부귀쌍전실재사)

"누가 알겠는가? 탕처에 진혈이 있다는 것을 부귀가 함께 온전하니 실로 이곳에 있다."

## 몰골요뇌(沒骨凹腦)

左搖拳

右搖拳

左疊指

右疊指

左吐舌

右吐舌

張膽

## 9. 평면요뇌(平面凹腦)

**원문(原文)** ··· 平面凹腦

第九天財是平面 低處星辰現
肩辰腰軟似橫琴 淸貴蟠聲名

此星身方而凹 面平而長 故名曰平面凹腦 天財有二體 其橫直來 而左右俱凹者 不可當頭立穴 恐犯主脉煞宜 以來龍分左右 扵凹邊立倚穴 若粗大則立粘穴 其橫 上下皆凹者 不可當腰立穴 爲犯斬脉殺 宜以龍來分左 右 扵凹邊立撞穴 若短狹則立蓋穴 凡四要任穴 左右 上下如無亦可 不可具圖 夫天財凹腦 諸體多有平落者 此星惟平處之眞龍起伏多者 方結此穴 力量與正體大 同 凡平面星辰 靈光凝聚扵垣夷 生氣流行扵低下 精 神收斂造化完全 此故爲之吉穴 必須形勢來止 當局周 蜜賓主有情 左右無缺細推動靜 詳察浮沉 是爲得之 最忌腹息孤寒血脉反背 孤寒則人丁衰替 反背則家業 消亡 乃不可不察 此星本蔭一四七位衣祿 故不畏左砂 送水 由辰戌丑未之勢而行脉 得坤宮之勢而成形 坐向 得丑艮未坤 皆爲氣旺而形應 喜臨傍路 好度水穿田 若安扞合法 生人相貌重厚 心性平易 行事撲實 戊巳 辰戌丑未命入受蔭 申子辰年發達 若后龍合上格者 官 至司農轉運 合中格者 茶盤市舶 合下格者 權貨之職

> 若全無貴格者 亦主爲商多積金銀 大旺蠶絲禾谷 初生
> 敦厚之人 則氣至而盛也 至生爬面之人 則氣盡而衰也
> 此體爲玉琴形 宜作金堆
>
> 詩曰　天財平腦號瑤琴 凹在穴邊响上尋
> 　　　橫直原來同一法 須知此訣値千金

### 시(詩)

**第九天財是平面　低處星辰現** (제구천재시평면 저처성신현)
"아홉 번째 천재는 평면이니 낮은 곳의 성신에서 나타난다."

**肩宬腰軟似橫琴　淸貴播聲名** (견의요연사횡금 청귀파성명)
"어깨 부분의 병풍과 허리부분이 유연하면 횡금이 되는데 청귀하여 이름을 전파하리라."

 이 성신(星辰)은 몸 전신(全身)이 모가 나고[方] 바닥이나 얼굴 면(面)이 평탄(平坦)하면서도 길다. 그러므로 평면요뇌(平面凹腦)라 하였다.
 이에 이체(二體)가 있는데 그 하나는 맥(脈)이 곧게 직래(直來)하면서도 좌우(左右) 양쪽이 함께 푹 낮게 가라앉은 [凹] 것이니 당두(當頭)하여 보아도 입혈(立穴)이 불가(不可)하게 보인다. 이러한데도 용의 척(脊)에 부쳐 당법(撞法)으로 쓰면 주(主)로 맥살(脈殺)을 범(犯)할까 두려우니 조심해야 하는데 그때에는 반드시 내룡(來龍)의 좌우(左右)에 나타난 요변(凹邊)에다가 의지하여 의혈(倚穴)로 세우는 것이 마땅하다. 그러나 만약 양쪽의 요변(凹邊)에도 조악(粗惡) 조급(粗急)함이 심하면 다시 평지로 내려가서 점혈(粘穴)로 입혈(立穴) 하야 할 것이다.

또 그것이 횡맥(橫脈)일 때 상하(上下)가 모두 요(凹)하다면 허리[腰脊]에 입혈(立穴)할 수 없으니 참맥살(斬脈殺)을 범(犯)하게 되기 때문이다. 이때에는 마땅히 내룡(來龍)을 좌우(左右)로 나누어서 어느 쪽이든 요변(凹邊)에다가 당혈(撞穴)로 입혈(立穴)하는 것이다. 그러나 만약 혈이 좁고 짧으면[短狹] 압살혈(壓殺穴)이 될 것이니 개혈(蓋穴=盖法)로 입혈(立穴)할 것이다.

무릇 사요혈(四要穴)의 선택(選擇)은 군(君)에게 맡기노니 좌우(左右) 상하(上下) 어느 곳이든 가(可)하여 안 되는 곳이 없는 것이다. 이를 다만 그림으로 나타내기가 어렵기 때문이다.

**[필자주(筆者註)1]** 사요혈(四要穴)= 사살장법(四煞葬法)을 지칭하는 사혈(四穴)을 말함.

대저 천재요뇌(天財凹腦)라는 이름이 붙은 여러 체들은[諸體] 모두가 평락(平落)한 것이 많이 있다. 또 달리는 평처(平處)의 진룡(眞龍)이 기복(起伏)을 한 곳에서 이 혈(穴)을 많이 결작(結作)한다. 그러므로 역량(力量)이 정체(正體)와 같은 길혈(吉穴)이 되는 것이다.

무릇 평면성신(平面星辰)은 영광(靈光)을 탄이(垣夷)한 곳으로 응취(凝聚)시키므로 생기(生氣)는 낮게 아래로[低下]로 유행(流行)한다. 이러한 특수성을 빌려 정신(精神)을 수렴(收斂)하였으니 조화(造化) 또한 완전(完全)하게 되어 길혈(吉穴)이 되는 것이다.

  이에는 필수조건(必須條件)이 따르는데 형세(形勢)가 와서 모이고 그쳐줘서 당국(當局)이 주밀(周密)해야 하며 빈주(賓主)가 다정(多情)해야 하고 좌우(左右) 어느 쪽도 결함(無缺)이 없어야 하니 동정(動靜)을 자세하게 추적(細推)하고 부침(浮沈)을 소상하게 살핀다면[詳察] 득지(得之)하는 것이다.

  이 성신(星辰)에서 최기(最忌)하는 바는 복식고한(腹息孤寒)이며 더욱 혐오(嫌惡)하는 것은 혈맥반배(血脉反背)이니 고한(孤寒)하면 자손과 인정(人丁)이 쇠체(衰替)하고 반배(反背)하면 가업(家業)이 소망(消亡)하기 때문이다.

  **[필자주(筆者註)2]** 복식고한(腹息孤寒) = 부모산(父母山)에서 혈성(穴星)으로 건너오는 과협(過峽)이 식(息)이니 부모산(父母山)이 식(息)을 만들기 위하여 기운을 모아 주는 곳이 복(腹)이다. 즉 이곳에서는 과협(過峽) 주위(周圍)가 허술하여 바람을 타면 고한(孤寒)이니 꺼린다는 것이다. 비단 이곳 뿐만 아니라 과협(過峽)에서 바람 타는 것은 모든 혈(穴)에서 다 꺼린다.

  이 성신(星辰)은 본시 발음이[本蔭]이 첫째, 넷째, 일곱째 위(位)에 있으므로 좌사(左砂)가 송수(送水)하는 것을 꺼리지 아니한다.

이 성신(星辰)을 만든 용(龍)은 신(辰)술(戌)축(丑)미(未)의 세(勢)를 경유(經由)하여야 행맥(行脈)하고 곤궁(坤宮)의 기운(氣運)을 득(得)하여야 성형(成形)한다. 좌향(坐向)에서도 축(丑)간(艮)미(未)곤(坤)이 되면 기(氣)가 왕성(旺盛)하여 형세(形勢)에도 상응(相應)하는 것이 된다.

이 성신(星辰)은 큰 길 옆에[傍路] 임(臨)하기를 기뻐하고 물을 건너고[度水] 들을 건너[穿田] 거(居)하기를 좋아한다.

이곳을 사용할 때 장법(葬法)이 최선(最善)이었다면 출생하는 사람의 상모(相貌)가 중후(重厚)하고 심성(心性)이 평이(平易)하고 행사(行事)가 박실(樸實)하다. 무(戊)기(己)신(辰)술(戌)축(丑)미(未) 생(生)이 먼저 수음(受蔭)하고 신(申)자(子)신(辰)년(年)에 발달(發達)한다.

만약 이곳으로 들어오는 후용(後龍)이 상격(上格)이면 벼슬이 사농(司農)이나 전운(轉運)에 이르고 중격(中格)이 되면 다반(茶盤)이나 시박(市舶)에 이르고 하격(下格)이면 권화(權貨)의 직책(職責)을 맡으며, 귀격(貴格)이 전무(全無)하더라도 장사로서 금은보석(金銀寶石)을 산(山)과 같이 쌓아둔다.

이곳에 묘(墓)를 쓰고 처음 출생하는 사람이[初生人] 돈후(敦厚)하면 기가 왕성함(氣盛)에 이르러 있는 것이요. 파면인(爬面人)이 출생하면 기가 쇠약함에(氣衰)이르렀다는 것을 알 것이다.

이 체(體)에 은금형(玉琴形)이 많이 나온다. 금퇴(金堆)를 쌓으면 길(吉)하다.

### 시(詩)

**天財平腦號瑤琴 凹在穴邊响上尋**

(천재평뇌호요금 요재혈변향상심)

"천재평뇌를 요금이라 하니 요가 혈의 변 쪽으로 있으면 향상에서 찾을 것이다."

**橫直原來同一法 須知此訣値千金**

(횡직원래동일법 수지차결치천금)

"횡직은 원래 동일한 법이니 모름지기 이 결이 천금의 가치가 있음을 알아야 한다."

## 평면요뇌(平面凹腦)

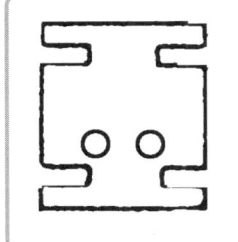
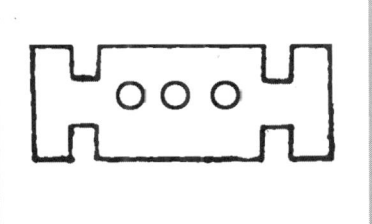

# 5부
# 천재성(天財星)
## (2) 쌍뇌천재성(雙腦天財星)

### 1. 정체쌍뇌(正體雙腦)

**원문(原文)** … 正體雙腦

第一天財名正體 雙腦木金水
貴人馬上勢軒昂 富貴此中藏

此星腦員而曲 身方面平 不開脚 故名曰雙腦 天財有五體 其下員者爲出金 曲者爲出水 方者爲出土 此三者爲正格也 有脉宜下藏煞穴 無脉宜下貼脊穴 尖者爲出火 直者爲出木 此三者爲變格也 有脉宜下壓殺穴 無脉宜下貼脊穴 脊後得以仰瓦 則氣趨於前 若仰瓦內又生乳 則前面兆直 外有拖蕩擺燥六體 宜下藏殺穴 主出貴有威權 九變多有帶曜者 皆當依此論之 夫天財雙腦 乃金水合形 倉禀之象也 所貴者重厚端正 此故

居第一 謂之天財 言者言財自天而下也 最旺蠶絲米谷 金銀寶財煞 亦主貴乃雙妻雙生 騎坐鞍馬至驗 凡正體星辰 包含造化之妙 收斂精神之完 故力大而功弘 氣溥而用博 此所以謂之吉穴 更要而無破碎 身不崩傾 察動靜於微茫 分高低於隱約 是爲得之 最忌無樂 尤嫌腰長 無樂則穴受凹風 腰長則身侵蕩體 乃不可不察 此星本蔭一四七位衣祿 故不畏左砂送水 由辰戌丑未之勢而行脉 得坤宮之氣而成形 坐向得丑未艮坤 皆爲氣旺而形應 喜傍大江大河 好迎大田大路 若安扞合法 生人枏貌厚重 心性誠寔 行專撲直 戊巳辰戌丑未命人受蔭 申子辰年發達 若后龍合上格者 官至轉運 主治坑冶 合中格者 掌治茶盤市舶 合下格者 錢穀之官 若全無貴格者 亦貴爲商賈 白手成家 廣置田庄 大旺人丁 初生敦厚之人 則氣至而盛也 至生耳聾之人 則氣盡而衰也 此星高者多爲馬上貴人形 低者多爲天馬飮泉形宜作金堆

詩曰　正體天財腦本雙　最宜樂聳忌腰長
　　　雙子雙妻乘鞍馬　禾穀金銀貴一鄕

### 시(詩)

**第一天財名正體　雙腦木金水** (제일천재명정체 쌍뇌목금수)
"제일 천재는 정체이니 쌍뇌는 목금수이며"

**貴人馬上勢軒昻　富貴此中藏** (귀인마상세헌앙 부귀차중장)
"귀인이 마상에서 헌앙한 형세이니 부귀가 이중에 소장되어 있다."

이 성신(星辰)은 두뇌(頭腦) 부분이 둥글면서도[圓] 곡(曲)하며 몸[身]의 모양은 방(方)하며 얼굴의 바닥[面]은 평평하나 다리는[不開脚]는 벌리지 아니하였으므로 쌍뇌천재(雙腦天財)라는 이름이 부쳐졌다.

이 체에는 다섯 체(五體)가 있는데 그 하체(下體)가 둥근 것을 출금(出金)이라 하고 구불구불한[曲] 것을 출수(出水)라 하며 모난[方] 것을 출토(出土)라 한다. 이 삼격(三格)을 정격(正格)이라 하며 맥(脈)이 있으면 장살혈(藏殺穴)로 하장(下葬)하고 맥(脈)이 없으면 마땅히 점척혈(貼脊穴)로 하장(下葬)한다.

또 첨(尖)한 것을 출화(出火)라 하고 다소 길고 곧은[直] 것을 출목(出木)이라 하는데 이들을 변격(變格)이라 한다. 이에서 입혈(立穴)은 맥(脈)이 있으면 마땅히 압살혈(壓殺穴)로 하장(下葬)하고 맥(脈)이 없으면 마땅히 점척혈(貼脊穴)로 하장(下葬)한다.

→ 만약 척후(脊後)로 앙와(仰瓦)를 득(得)하였으면 기(氣)

는 곧 앞으로[前] 달아나 버리는데 만약 앙와내(仰瓦內)로 다시 또 유(乳)를 발생하면 전면(前面)으로 곧게 뻗을 징조이다 ← (脊後得以仰瓦, 則氣趨於前, 若仰瓦內又生乳, 則前面兆直)

**[필자주(筆者註)]** → ←까지의 문장(文狀)은 번역(飜譯)은 해 보았으나 의심(疑心)이 많으므로 고수(高手)의 조언을 기다리겠습니다.

이외(外)로도 타탕(拖蕩)과 패조(擺燥) 등 육체(六體)가 있는데 장살혈(藏殺穴)로 쓰는 것이며 이에서도 역시 출귀(出貴)도 하고 위권(威權)을 갖는다.

이후(後)로 논(論)하는 다른 성신(星辰)의 구변(九變)에도 요(曜)를 대(帶)한 것이 많으나 모두를 이와 같은 방법으로 논(論)하는 것이다.

대저 천재(天財)의 쌍뇌격(雙腦格)은 금수(金水)가 합하여 하나의 형을[合形] 만들었으므로 대개 창고(倉庫)의 상(象)을 품수받는[食稟] 경우가 많다. 이 성신(星辰)의 귀(貴)한 것은 중후단정(重厚端正)한 것이다.

또 이 성신(星辰)이 제일위(第一位)에 거(居)하면서 천재(天財)라는 이름이 붙은 것은 하늘로 부터 재물(財物)을 내려 준다고 하여 거부(巨富)가 되고 금은(金銀) 재보(財寶)가 가장 왕성(最旺)하며 연후에는 귀(貴)까지도 크게 한다는 것이다. 그러나 주(主)는 역시 쌍처(雙妻)와 쌍생(雙生)을 하게 되며, 말과 마부를 두고 말 위에 높이 앉아[騎坐鞍馬] 위세

(威勢)를 부리는 증험(證驗)이 있을 것이다.

　무릇 정체(正體)의 성신(星辰)은 조화(造化)의 묘(妙)를 포함(包含)하고 정신(精神)이 완전(完全)함을 수렴(收斂)한다. 그러므로 힘이 크고 공도 위대하며[力大而功弘] 기(氣)는 넓고 크지만 그 쓰임도 많고 두텁다[氣溥而用博]. 그러므로 길혈(吉穴)이 되는 것이다.

　다시 중요(重要)한 것은 파쇄(破碎)됨이 없고 몸체에서는 무너지거나 넘어질듯이 기울지도[崩傾] 아니하여야 하니 미망간(微茫間)에서 동정(動靜)을 살피고 은약중(隱約中)에서 고저(高低)를 분별(分別)하여야 득지(得之)한다.

　이 성신(星辰)이 가장 꺼리는[最忌] 것은 낙산(無樂)이 없어 뒤가 허(虛)한 것이며 더욱 혐오(嫌惡)하는 것은 허리가 긴 것(腰長)이니 낙산이 없으면 혈(穴)이 요풍(凹風)을 받게 되고 허리(腰)가 너무 길면(腰長) 몸체가 소탕(掃蕩)체로[身侵蕩體] 변(變)할까 의심(疑心)되기 때문이다.

　이 성신(星辰)은 본시 발음[本陰]이 첫째, 넷째, 일곱째[一四七位]자리에 오므로 좌사(左砂)가 송수(送水)하더라도 꺼리지 아니한다.

　이곳의 용(龍)은 신(辰)술(戌)축(丑)미(未)의 세(勢)를 경유(經由)하여야 행맥(行脈)하고 곤궁(坤宮)의 기(氣)를 득(得)하여야 성형(成形)한다. 좌향(坐向)에서도 축(丑)간(艮)미(未)곤(坤) 좌(坐)가 되면 기(氣)와 형(形)이 협조(協助)하여 상응(相應)한 것이 된다.

　이 성신(星辰)은 대강(大江)이나 대하(大河)의 옆에 있기를 기뻐하고 대전(大田)이나 대로(大路)변이 영접(迎接)하는 것을 좋아한다.

　만약 이곳의 장법(葬法)이 최선(最善)이었다면 출생인의 상모(相貌)가 중후(厚重)하고 심성(心性)이 성실(誠實)하며 행사(行事)가 박직(撲直)하다. 무(戊)기(己)신(辰)술(戌)축(丑)미(未) 생인이 먼저 수음(受蔭)하고 신(申)자(子)신(辰)년에 발달(發達)한다.

　이곳의 후용(後龍)이 만약 상격(上格)에 합(合)한다면 벼슬이 전운(轉運)이거나 주치(主治) 또는 항치(坑治)에 이르며, 중격용(中格龍)이 되면 장치다반(掌治茶盤)이나 시박(市舶)이 나오고 하격용(下格龍)이라도 금전과 곡식[錢穀]을 다스리는 벼슬이 나오며 귀격(貴格)이 전무(全無)하더라도 장사로서 큰 부자[大富]가 되고 자손(子孫)과 인물[人丁]이 왕성(旺盛)하며 귀(貴)도 할 수 있다.

　묘(墓) 쓰고 처음 출생하는 사람[初生人]이 돈후(敦厚)하면 기가 왕성함[氣盛]에 이른 것이요, 이농인(耳聾人)이 출생하면 기(氣)가 쇠약(衰弱)함에 이른 것을 알아야 한다.

　이 성신(星辰)에서는 높은[高] 곳에서는 마상귀인형(馬上貴人形)이 많고 낮은(低) 곳에서는 천마음수형(天馬飮水形)이 많다. 금퇴(金堆)를 작(作)하면 좋다.

### 시(詩)

**正體天財腦本雙　最宜樂聳忌腰長**

(정체천재뇌본쌍 최의낙용기요장)

"정체 천재쌍뇌는 두뇌가 쌍이니 가장 바람직한 것은 낙산이 용발하여야 하고 허리가 긴 것은 꺼린다."

**雙子雙妻乘鞍馬　禾穀金銀貫一鄕**

(쌍자쌍처승안마 화곡금은관일향)

"쌍자쌍처로 안마에 오르고 곡식과 금은이 한 고을에서 제일이네."

## 정체쌍뇌(正體雙腦)

出金

出水

出土

出火

出木

## 2. 개구쌍뇌(開口雙腦)

**원문(原文)** … 開口雙腦

第二天財號開口 便是重金斗
形如天馬攝雲飛 撞脉有玄微

此星腦員耳曲 身方面平 開兩脚 故名曰開口雙腦 天財有五體 其兩脚員者爲轉金 曲者爲轉水 方者爲轉土 此三者爲正格也 宜下藏煞穴 尖者爲轉火 直者爲轉木 此二者爲次格也 宜下壓殺穴 又有員曲直尖方五體 交互參錯湊成 二十體爲變格也 有一脚轉金 一脚轉木水火土者 有一脚轉水 一脚轉金木火土者 有一脚轉木 一脚轉金水火土者 有一脚轉土 一脚轉金水木火者 有一脚轉金木水土者 其間惟金火脚 金木脚 水土脚 土火脚 土木脚 宜下閃殺穴 火木脚 宜下壓殺穴 諸體凡開脚 皆當依此論之 外有擺燥拖蕩六體 謂之帶曜 亦宜下藏殺穴 圖說見正體篇 按天財便是橫山出面 生氣浮扵面上宜迎脊立穴 門斧就脉諸穴 又當以此參之 夫天財雙腦者 乃金水合形 開口成龍虎以衛區穴 後要有樂托其力量 須次扵正體 而爲福尤緊 但不宜腰長 凡開口星辰 靈光合聚扵中 餘氣分行扵下 雌雄相顧 血脉相通 此故爲之吉穴 惟要口中員淨 窩內冲融身俯則穴 宜就脉渴高 面仰則脉 宜蘸弦坐入 是爲得之 最

忌堂捲 尤嫌落槽 堂捲則內氣不橫 落槽則星自壞 乃不可不察 此星조陰一四七位衣祿 故不畏右砂逆水 由辰戌丑未之勢而行脉 得坤宮之氣而戌形 坐向得丑艮未坤 皆爲氣旺而形應 好落扵源 喜融結扵水尾 若安扦合法 生人相貌重厚 心性疎通 行事撲直 戊巳辰戌丑未命人受蔭 申子辰年發達 若后龍合上格者 官至轉運 主治坑冶 合中格者 官掌茶盤市舶 合下格者 權貴之職 若全無貴格者 亦祖富商 初生敦厚之人 則氣盛也 至生口乞之人 則氣衰也 此體多爲天馬躡雲形 宜作金堆

詩曰 雙腦天財開口音 脉來急緩審高低
　　　作塋梁廣須當忌 水重元來發違遲

### 시(詩)

**第二天財號開口　便是重金斗** (제이천재호개구 편시중금두)
"두 번째 천재쌍뇌는 개구이니 금전을 말로서 헤아려야 한다."

**形如天馬攝雲飛　撞脉有玄微** (형여천마섭운비 당맥우현미)
"형이 천마 천마가 구름을 헤치고 날으는 것과 같으면 당맥혈로 하장하여야 현미함이 있다."

이 성신(星辰)은 두뇌(頭腦) 부분이 둥글[圓]면서도 곡(曲)하며 신체(身體)는 토체(土體)이니 방(方)하며 얼굴[面]은 평평(平平)하다. 두 다리[兩脚]를 벌렸다 하여[開脚] 개구쌍뇌(開口雙腦)라 하였다.

　이에 다섯 체(五體)가 있는데 그 두 다리[兩脚]가 둥근 것을 전금(轉金)이라 하고, 곡(曲)한 것을 전수(轉水)라 하며, 방(方)한 것을 전토(轉土)라 하는데, 이상 삼격(三格)이 정격(正格)이다. 이 세 정격(正格)은 장살혈(藏殺穴)로 하장(下葬)한다.

　또 첨(尖)한 것을 전화(轉火)라 하고 직(直)한 것을 전목(轉木)이라 하는데 이 두 격(二格)이 정격(正格) 다음이니 차격(次格)이 되는데 마땅히 압살혈(壓殺穴)로 하장(下葬)한다.

　또 원(圓)·곡(曲)·직(直)·첨(尖)·방(方) 오체(五體)가 번갈아 가며[交互] 만나는 것을 합치면 모두 이십오체(二十五體)가 되는데 이들을 모두 변격(變格)이라 한다. 즉, 한 각(一脚)은 금체(金體)를 전금(轉金) 하였는데 다른 한 각(一脚)이 전목(轉木)이거나 수(水)이거나 화(火)이거나 토각(土脚)이 된 것이 있고, 또 한 각은 수체(水體, 轉水)를 하였는데 다른 한 각이 금체가[一脚轉金] 되었거나 목각(木脚)이 되었거나 화각(火脚)이 되었거나 토각(土脚)이 된 것이 있고. 또 한 각은 전목(轉木)인데 다른 한 각이 전금(轉金)이거나 전수(轉水)이거나 전화(轉火)이거나 전토(轉土)로 된 것이 있으며. 또 한 각은 전토(轉土)인데 다른 한 각은 전금(轉

金)인 것이 있고 전수(轉水)로 된 것이 있고 전목(轉木)으로 된 것이 있고 전화(轉火)인 것이 있으며, 또 한 각은 전화(轉火)인데 다른 한 각은 전금(轉金)인 것이 있고 전목(轉木)인 것이 있고 전수(轉水)인 것이 있고 전토(轉土)로 된 것 등이 있다. 이 가운데서 금화각(金火脚)·금목각(金木脚)·수토각(水土脚)·토화각(土火脚)·토목각(土木脚)은 섬살혈(閃殺穴)로 하장(下葬)하여야 하고 화목각(火木脚)만은 압살혈(壓殺穴)로 하장(下葬)하여야 한다.

이외의 혈격가(穴格歌)의 구성(九星)주변에서 나오는 개각혈(開脚穴)의 모든 체[諸體]는 모두 이와 같이 논(論)한다.

이밖에도 패조(罷燥)와 타탕(拖蕩) 등 여섯 체(六體)가 있는데 요(曜)를 대(帶)한 것이라 하여 역시 장살혈(藏殺穴)로 하장(下葬)한다.

본시 천재(天財) 성신(星辰)이라 함은 주로 횡산(橫山)에서 출면(出面)하는 것이므로 생기(生氣)를 면상(面上)으로 부상(浮上)시키게 되어 영척상(迎脊上)에 입혈(立穴)함이 보통이다. 이의 예로는 문부취맥혈(門斧就脈穴)로 쓴 제혈(諸穴)들이 그것이다.

대저 천재(天財)의 쌍뇌(雙腦) 성신(星辰)은 금수(金水)의 합형(合形)으로 이루어진 것이니 개구(開口)하면 용호(龍虎)가 되기 때문에 스스로 성형(成形)하여 일정한 구역을 호위(衛區)하는 혈(穴)이 된다.

이에서 반드시 중요(重要)한 것은 뒤(後)에 의탁할 수 있는 낙산(樂托)이 있어야만 역량(力量)이 커진다는 것이다.

이는 정체(正體) 다음으로 복력(福力)이 크다. 그러나 허리가 너무 긴 것은[腰長] 마땅치 못한[不宜] 것이다.

 무릇 개구성신(開口星辰)은 영광(靈光)을 가운데[中]에다 합취(合聚)시키며 여기(餘氣)는 아래쪽으로 분행(分行)시킨 다음 자웅(雌雄)이 서로 협력하며 돌보아[相顧] 주고 혈맥(血脈)이 상통(相通)하는 고로 길혈(吉穴)이 되는 것이다. 이에서 오직 중요(重要)한 것은 구중(口中)이 원정(圓淨)하고 와내(窩內)가 충융(冲融)하여야 한다. 또한 몸[身]이 구부려 낮으면[身俯] 혈(穴)은 급한 곳까지 올려 취맥(就脈)하고 게고방관(揭高放棺)할 것이고 바닥의 면(面)이 처 들었으면 면앙(面仰)이니 낮은 곳으로 내려 취맥(就脈)하고 잠현좌입(蘸弦坐入)으로 방관(放棺)할 것이다.

 이 성신(星辰)이 가장 꺼리는[最忌] 것은 주먹을 쥔 당권(堂捲)이요, 더욱 혐오(嫌惡)하는 것은 낙조(落槽)이니 당권(堂捲)이 되면 내기(內氣)를 거슬러 막아주지를 못하니 불횡(不橫)이 되고 낙조(落槽)가 되면 성신(星辰)이 스스로 붕괴[自壞]되기 때문이다.

 이 성신(星辰)은 발음이 본시(本陰) 첫째, 넷째, 일곱째 위[一四七位]에서 녹(祿)을 입게 되므로 좌사(左砂)가 송수(送水)함을 두려워하지 아니한다.

 이곳의 용(龍)은 반드시 신(辰)술(戌)축(丑)미(未)의 세(勢)를 경유(經由)하여야 행맥(行脈)하고 곤궁(坤宮)의 기(氣)를 득(得)한 연후에야 성형(成形)한다. 좌향(坐向)에서도 무(戊)신(辰)축(丑)신(辰)미(未)곤(坤)이 되면 왕성한 기운(氣旺)과 형세(形勢)가 상응(相應)하게 된다.

이 성체(星體)는 원두(源頭)에서 낙(落)하여 거(居)함을 좋아하고 수미(水尾)에 임(臨)하여 융결(融結)함을 기뻐한다.

이곳의 입혈(立穴)에서 만약 장법(葬法)이 최선(最善)이었다면 출생인(出生人)의 상모(相貌)가 준후(厚重)하고 심성(心性)이 소통(疎通)하며 행사(行事)가 박직(撲直)하다. 무(戊)기(己)신(辰)술(戌)축(丑)미(未) 생인(生人)이 수음(受蔭)하고 신(申)자(子)신(辰)년(年)에 발달(發達)한다.

만약 후룡(後龍)이 상격(上格)이면 벼슬이 전운(轉運)에 이르러 주치(主治)와 항치(坑治)하며 중격(中格)에 들면 관장다반(官掌茶盤)하고 시박(市舶)에 이르고 하격(下格)이면 권력으로 귀함이 따르는[權貴] 직(職)에 들고 귀격(貴格)이 전무(全無)하더라도 장사로서 대부(大富)를 하며 유산(遺産)도 많이 있다.

이곳에 묘(墓) 쓴 후 처음 출생하는 사람[初生人]이 돈후(敦厚)하면 기(氣)가 왕성(旺盛)함에 이른 것이고 구걸인(口乞人)이 나오면 기(氣)가 쇠진(盡衰)하였음을 알 것이다.

이 체(體)에서 천마섭운형(天馬躡雲形)이 많다. 금퇴(金堆)를 작(作)하면 길(吉)하다.

### 시(詩)

**雙腦天財開口音　脈來急緩審高低**

(쌍뇌천재개구음 맥래급완심고저)

"쌍뇌천재가 개구하였으면 오는 맥의 급완을 보고 고저를 심사하고."

**作塋深廣須當忌　水重元來發達遲**

(작영심광수당기 수중원래발달지)

"무덤을 깊고 넓게 작하는 것을 꺼려하고 수성이 중첩되는 것은 발달을 더디게 한다."

## 개구쌍뇌(開口雙腦)

轉金

轉水

轉土

轉火

轉木

金火

木金

火水

木水

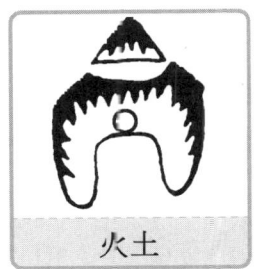
火土

木火

## 3. 현유쌍뇌(懸乳雙腦)

**원문(原文)** … 懸乳雙腦

第三天財是懸乳 無樂也堪取
驛騮乘蹬是眞情 列位在朝廷

此星腦員而曲 開脚生乳 故名曰懸乳雙腦天財 有八體 其乳方者爲穿土 乘土穴暈 中心立穴 員者爲垂金 宜開土取金 向墜處立穴 尖者爲帶火 乘木就火 穿兩肩立穴 曲者爲生水 宜舍土就水 尋動處立穴 直者爲來木 當靠土轉木 踏中停立穴 此五者爲正格也 有兩乳者爲雙星 兩乳中生脚 有岐者爲麒麟 皆可 兩穴者 有三者 名曰三台 可下三穴 此三者爲變格也 立穴並以前五體爲式 諸體凡懸乳者 皆當依此論之 外有帶曜圖見正體篇 夫天財雙腦者 乃金水合形 懸乳者爲玄武垂頭 不須后樂 力量與正體一同 而爲福尤緊 但不宜腰長 凡懸乳雙腦 生氣凝聚於下垂 靈光發露而外見 兩宮俱到 一乳當中 此所以謂吉之穴 惟要圈中舒暢 乳上光員 五氣分形 三穴下穴 是爲得之 最忌堂塞 尤嫌水冲 堂捲則人物凶頑 水冲則田牛退失 乃不可不察 此星本蔭一四七位衣祿 故不畏右砂送水 由辰戌丑未之勢而行脉 得坤宮之氣而成形 坐向得丑艮未坤 皆爲氣旺而形應 喜傍江湖 好臨田驛 若安扦合法 生人相

> 貌重厚 心性質直 行事模寔 戊巳辰戌丑未生人受蔭
> 申子辰年發達 若后龍合上格者 父子兄弟同科 官三市
> 舶 合下格者 㩀貨之職 若全無貴格者 亦主巨商富賈
> 廣置田庄 大旺人丁 初生敦厚之人 則氣至而盛也 至
> 生瘋癲之人 則氣衰也 此體多爲驊騮乘蹬形 宜作金堆
>
> 詩曰　天財頭腦自成雙 無樂元來要乳長
> 　　　　五氣分形須作用 他年福祿有非常

### 시(詩)

**第三天財是懸乳　無樂也堪取** (제삼천재시현유 무락야감취)
"세 번째 쌍뇌천재는 현유이니 낙산이 없더라도 감여에서는 취한다."

**癱騮乘蹬是眞情 列位在朝廷** (탄류승등시진정 열위자조정)
"탄류마를 타고 오르는 상과 같으면 진정한 것이니 조정에 열립하고 서서 조회할 것이다."

이 성신(星辰)은 두뇌(頭腦) 부분이 둥글[圓]면서드 수성(水性)을 띠어 곡(曲)하며 몸[身]은 토체(土體)이니 방(方)하며 얼굴[面]은 평탄(平坦)하다. 양 다리를 벌리고 그 안으로 유(乳)를 개구생유(開脚生乳) 하였으므로 현유쌍뇌천재(懸乳雙腦天財)라 하였다.

이에는 여덟 체(八體)가 있는데 그 유(乳)가 방(方)한 것을 천토(穿土)라 하니 혈(穴)은 토(土)를 타고 앉아 있으니 중심(中心)근처에서 혈(穴)을 헤아려[乘土穴量] 중심(中心)에 입혈(立穴)한다. 유(乳)가 둥근 것을 수금(垂金)이라 하니 개토(開土)는 승금(乘金)을 확인하고 금을 취하여[取金] 움직이는 향추처(向墜處)에 입혈(立穴)한다. 유(乳)가 첨(尖)한 것을 대화(帶火)라 하니 목성(木性)을 띤 곳을 찾아[乘木] 화를 취하여[就火] 양 어깨 중에서 혈(穴)이 되는 곳을 뚫어[穿兩肩] 입혈(立穴)한다. 유(乳)가 곡(曲)한 것은 생수(生水)라 하는데 마땅히 토를 버리고[舍土] 수를 취하여[就水] 동처(動處)를 찾아 입혈(立穴)한다. 유(乳)가 곧은[直] 것을 협목(夾木)이라 하니 마땅히 토에 가까이 부치고[靠土] 목은 다소 멀리하여[轉木] 중간의 머무르는 곳을[中停] 답보하고 헤아려[踏] 입혈(立穴)한다. 이상 다섯 격(五格)을 정격(正格)이라 한다.
　또 유(乳)가 두 개[兩乳]로 된 것을 쌍성(雙星)이라 하는데 두 곳 모두 하장(下葬)이 가하다. 또 두 유[兩乳] 중에서 다시 다리를 발생[生脚]시켜 두 가지의 기(岐)로 된 것이 있는데 이를 기린(麒麟)이라 하며 양쪽 모두에 하장(下葬)이 가하다. 또 유(乳)가 셋[三乳]으로 된 것이 있는데 이를 삼태(三台)라 하며 삼유혈(三乳穴) 모두 하장(下葬)이 가하다. 이 삼격(三格)을 변격(變格)이라 한다. 입혈(立穴)은 앞의 오격(五格)을 기준으로 법식(法式)을 삼아야 한다. 혈격(穴格)에서 모든[諸體] 현유혈(懸乳穴)은 모두 이 논(論)과 같이 처리하는 것이다. 이밖에도 요(曜)를 대(帶)한 것이 있는데 정체편의 도설(圖說)을 참고(參考) 할 것이다.

대저 천재쌍뇌(天財雙腦)라 함은 금수(金水)가 합하여 만들어 낸 형이며[合形] 현유(懸乳)란 현무정(玄武頂)으로부터 수두(垂頭)하였음을 말하는 것이니 반드시 후락(後樂)을 필요로 하는 것은 아니니 낙산(樂山)이 없더라도 역량(力量)은 정체(正體)와 동일(同一)하며 복력도 긴밀(福緊)하다. 단지 유요(乳腰)가 너무 긴 것은 마땅치 못한 것이다.

무릇 현유쌍뇌(懸乳雙腦)는 생기(生氣)를 아래로 드리워서(下垂) 응취(凝聚)시키고 영광(靈光)은 밖으로 나타내어[外見] 발로(發露)시키며 양궁(兩宮)이 함께 이르러서[俱到] 그 가운데로 한 유(一乳)가 자리 잡으니 이른바 길혈(吉穴)이 되는 것이다.

이에서 오직 중요(重要)한 것은 권중(圈中)이 서창(舒暢)하고 유상(乳上)이 광원(光圓)하며 오기(五氣) 가운데서 어느 형이든[五氣形] 확실하게 만들어야 한다. 이에서는 삼정(三停)으로 나누어 입혈(立穴)할 수 있다. 이러하면 득지(得之)한 것이다

가장 꺼리는[最忌] 것은 명당(明堂)이 좁아서 당색(堂塞)한 것이며 더욱 혐오(嫌惡)하는 것은 물이 곧게 쏘는 수충(水冲)것이니 당색(堂塞)하면 출생인(出生人)이 흉완(凶頑)하고 수충(冲水)하면 전답과 가축[田牛]을 퇴실(退失)하기 때문이다.

이 성신(星辰)은 본시 발음이[本陰] 첫째, 넷째, 일곱째 자

리[一四七位]에 녹(祿)이 되므로 좌사(左砂)가 송수(送水)하더라도 꺼리지 아니한다.

이 성신(星辰)의 용(龍)은 신(辰)술(戌)축(丑)미(未)의 세(勢)를 반드시 경유(經由)하여야 행맥(行脈)하고 곤궁(坤宮)의 기운(氣運)을 득(得)하여야 성형(成形)한다. 좌향(坐向)에서도 축(丑)간(艮)미(未)곤(坤) 중에서 좌(坐)가 되면 왕성한 기운(氣旺)이 형세(形勢)에 상응(相應)하는 것이다.

이 성신(星辰)은 큰 강이나 호수[江湖]의 옆[傍]에 있기를 기뻐하고 전답이나 사람이 많이 모이는 곳[田驛]의 근처에 임(臨)하기를 좋아한다.

이곳에 묘(墓) 쓸 때 장법(葬法)이 최선(最善)이었다면 출생인(出生人)의 상모(相貌)가 중후(厚重)하고 심성(心性)이 질직(質直)하고 행사(行事)가 진실한 모범[模寔]생이다. 이 자리에서는 무(戊)기(己)신(辰)술(戌)축(丑)미(未) 생인이 먼저 음덕을 받고(受蔭) 신(申)자(子)신(辰)년에 발달(發達)한다.

이곳으로 들어오는 후용(後龍)이 만약 상격(上格)이라면 부자나 형제[父子兄弟]가 함께 등과(同科)하고 중격(中格)에 들면 벼슬이 시박(市舶)에 이르고 하격(下格)이면 권화(權貨)의 직(職)에 들며 귀격(貴格)이 전무(全無)하더라도 큰 장사로서 거부(巨富)를 하며 자손[人丁]과 인물(人物)이 크게 왕성(大旺)하다.

이곳에 묘(墓) 쓰고 처음 출생하는 사람[初生人]이 돈후(敦厚)하면 기(氣)가 왕성(旺盛)함에 이른 것이고 풍나인(瘋癩

人)이 탄삽하면 기(氣)가 쇠진(盡衰)하였음을 알 것이다.
 이 체(體)에서 탄류승등형(驛騮乘蹬形)이 많다. 금퇴(金堆)를 작(作)할 것이다.

### 시(詩)

**天財頭腦自成雙　無樂元來要乳長**
(천재두뇌자성쌍 무락원래요유장)

 "천재의 두뇌가 쌍뇌를 이루었을 때 낙산이 없으면 원래 유가 장함을 요한다."

**五氣分形須作用　他年福祿有非常**
(오기분형수작용 타년복록유비상)

 "오기로 형을 나누어 작용하게 되면 어느 해 갑자기 복록이 비상하리라."

## 현유쌍뇌(懸乳雙腦)

穿金

穿土

帶火

生水

夾木

變雙乳

麒麟

三台

## 4. 궁각쌍뇌(弓脚雙腦)

> **원문(原文)** … 弓脚雙腦

第四天財是弓脚 此穴宜斟酌
神駒搖尾寔相如 玉帶佩金魚

此星腦員而凹 身方面平 開脚抱穴 故名曰弓脚雙腦天財 有二體 其脚一長一短者 爲正格也 穿長者下穴 兩脚交牙者 爲變格也 中心下穴 然立穴者 當以四殺法消息而用之 夕有帶曜者 圖見正體篇 夫天財雙腦弓脚背後要樂 腰中要狹 方合吉格 明堂關鎖周密 發越極快 但胸襟穿狹 若是右脚長 不可以虎過明堂 又啣屍爲疑 凡弓脚星辰 靈光向內而隱藏 餘氣挽先而回抱 明堂聚歛 應案連枝 此所以謂之吉穴 惟要脚長逆轉可妨水口無關 欲定高低 當登左右 是爲得之 最忌脚高過眼 尤嫌虎遶擎拳 過眼則人品凡愚 擎拳則子孫衰敗 乃不可不察 此星本陰一四七位衣祿 故不畏右砂送水 由辰戌丑未之勢而行脉 得坤宮之氣而成形 坐向得丑艮坤 爲氣旺而形應 好落源頭水尾 喜尾鼇足山腰 若安扦合法 生人相貌重厚 心性宛轉 行事撲直 戊己辰戌丑未命人受蔭 申子辰年發達 若后龍合上格者 官主坑治 合中格者 官主市舶 合下格者 權貨之職 若全無貴格者 亦主富足 初生敦厚之人 則氣盛也 至生足

跛之人 則氣衰也 此體多爲神駒搖尾形 宜作金堆

詩曰　天財撚打亦奇哉 流水何曾見去來
　　　　雙妻雙子有鞍馬 更因商賈足資財

## 시(詩)

**第四天財是弓脚　此穴宜斟酌** (제사천재시궁각 차혈의짐작)
"네 번째 천재궁각이니 이 혈을 짐작하는 것이 마땅하리라."

**神駒搖尾寔相如　玉帶佩金魚** (신구요미식상여 옥대패금어)
"신구가 요미하는 상과 같으면 참이니 옥대를 매고 금어를 차리라."

이 성신(星辰)은 두뇌(頭腦)부분이 둥글면서도[頭圓] 우묵하게 들어갔으며[凹] 몸[身]은 방(方)하고 바닥의 면(面)은 평평(平平)하다. 양 다리를 벌려[開脚] 혈(穴)을 포혈(抱穴)하였으므로 궁각쌍뇌천재(弓脚雙腦天財)라는 이름이 부쳐졌다. 이에 두 체(二體)가 있으니 그 다리가 하나는 길고 하나는 짧은[一長一短] 것을 정격(正格)이라 하며 긴 다리를 뚫고[穿長] 하혈(下穴)한다. 또 하나는 두 다리가[兩脚] 교아(交牙)한 것인데 이를 변격(變格)이라 하여 중심(中心)에 하혈(下穴)한다. 그러나 입혈(立穴) 할 때에는 반드시 사살장법(四殺葬法)으로 소식(消息)하는 것이다.

이밖에도 요(曜)를 대(帶)한 것이 있는데 정체편(正體編)의 도설(圖說)을 참고할 것이다.
 대저 천재쌍뇌(天財雙腦)의 궁각혈(弓脚穴)은 배후(背後)에 낙산(樂山)을 필요(必要)로 하고 요중(腰中)으로는 협(狹)을 필요(必要)로 하니 그러하면 바야흐로 길격(吉格)에 합(合)할 수 있는 것이다.
 이 성신(星辰)은 명당(明堂)이 관쇄주밀(關鎖周密)하므로 발월(發越)이 지극히 빠르고 극쾌(極快)하다. 다만 흉금(胸襟)이 천협(穿狹)한 것이 흠(欠)일 수는 있다. 만약 이에서 우각(右脚)이 길 때는 백호(白虎)가 긴 것이 되는데 이 백호(白虎)가 길어서 명당(明堂)을 지나치는 것은 불가(不可)하니 시신(屍身=일명, 송장산)으로 보일까봐 의심되기[卿屍爲疑] 때문이다.
 무릇 궁각성신(弓脚星辰)은 영광(靈光)을 안[內]으로 향(向)하여 은장(隱藏)시키고, 여기(餘氣)는 끌어 안아주듯 회포(回抱)하며, 명당(明堂)으로 거두어 고아주고[收斂], 응안(應案)이 연지(連枝)하므로 이른바 길혈(吉穴)이 된다.
 오직 중요(重要)한 것은 긴 다리[長脚]가 물을 기준으로 역전(逆轉)하는 것을 원(願)하는데 그러하다면 수구(水口)가 관쇄(關鎖)됨이 없다[無關]하여 무엇이 방해(妨害)가 되겠는가? 높고 낮은[高低] 것은 마땅히 좌우(左右)로 번갈아 올라가서 자세하게 살핀 후에 결정(決定)하여야 할 것이다.
 이 성신(星辰)에서 가장 꺼리는[最忌] 것은 다리[脚]가 높아서 눈높이를 지나는[過眼] 것이요, 더욱 혐오(嫌惡)하는 것은 백호가 주먹을 쥔[虎遶擎拳] 것이니 과안(過眼)하면 인품(人品)이 어리석고[愚] 격권(擎拳)하면 자손(子孫)이 쇠패(衰敗)하기 때문이다.

이 성신(星辰)은 본시 발음[本蔭]이 첫째, 넷째, 일곱째 자리[一四七位]에 녹(祿)을 입으므로 좌사(左砂)가 송수(送水)하는 것을 꺼리지 아니한다.

이곳으로 오는 용(龍)은 신(辰)술(戌)축(丑)미(未)의 세(勢)를 경유(經由)하여야 행맥(行脈)하고 곤궁(坤宮)의 기(氣)를 득(得)하여야 성형(成形)한다. 좌향(坐向)에서도 축(丑)간(艮)미(未)곤(坤) 좌(坐)를 득(得)하면 왕성한 기운이[氣旺] 형상(形象)과도 상응(相應)한다.

이 자리는 원두(源頭)에서 수미(水尾)로 낙(落)하여 거(居)하기를 좋아하고 농족(壟足)이나 산요(山腰)의 끄트머리인 꼬리[尾]에 임(臨)하기를 기뻐한다.

이곳에 묘(墓) 쓸 때 장법(葬法)이 최선(最善)이면 출생인(出生人)의 상모(相貌)가 후중(厚重)하고 심성(心性)이 완전(宛轉)하며 행사(行事)가 박직(撲直)하다. 무(戊)기(己)신(辰)술(戌)축(丑)미(未) 생인(生人)이 먼저 발복(受蔭)하고 신(申)자(子)신(辰)년에 발달(發達)한다.

이곳의 후용(後龍)이 만약 상격(上格)이면 벼슬이 항치(坑治)에 이르고 중격(中格)이면 벼슬이 시박(市舶)에 이르고 하격(下格)이면 권화(權貨)의 직(職)을 갖는다. 만약 귀격(貴格)이 전무(全無)하더라도 부는 만족[富足]한다.

이곳에 묘(墓)를 쓰고 처음 출생하는 사람[初生人]이 돈후

(敦厚)하면 기가 왕성(氣盛)함에 이른 것이요, 족피인(足跛人)이 탄생하면 기(氣)가 쇠진(盡衰)한 것임을 알아야 한다.

이 체(體)에서 신구요미형(神駒搖尾形)이 많다. 금퇴(金堆)를 작(作)하면 길(吉)하다.

### 시(詩)

**天財撚打亦奇哉　流水何曾見去來**

(천재년타역기재 유수하증견거래)

"천재가 연타인데 역시 기라 하겠는가? 유수까지도 어찌하여 오가는 곳을 보이는가?"

**雙妻雙子有鞍馬　更因商賈足資財**

(쌍처쌍자유안마 경인상가족자재)

"쌍처 쌍자에 안마까지 있으며 다시 상업으로 인하여 자재까지도 풍족함이라."

## 궁각쌍뇌(弓脚雙腦)

左仙宮

右仙宮

左交牙

右交牙

## 5. 쌍비쌍뇌(雙臂雙腦)

> **원문(原文)** … 雙臂雙腦

第五天財號雙臂 雙腦相巧比
鳳凰展翅喝形眞 福在子孫身

此星腦員而曲 身方面平 邊開兩臂 故名曰兩臂雙腦天財 有三軆 其臂有左右俱雙者 須要內臂彎環 或作交牙尤佳 此爲正格也 有左雙右單者 有右雙左單者 但穴上要見其均勻 此二者爲變格也 立穴皆當以四殺法消息而用之 外有帶曜者 圖見正軆篇 夫雙腦雙臂 最最 聚氣藏風 但背后要樂 凹中要狹 則發福極快 尤爲綿遠 有右雙左單者 爲之叠指 喜賭錢財 然龍眞穴止水聚山朝 決不破家 若穴上不見 則亦不忌 凡兩臂星辰 靈光自足而舒徐 眞氣有餘而磅礴 東西雙到 內外重回 此故爲之吉穴 惟要應案臨近 明堂聚前 立穴必須天心 折水要依星步 是爲得之 最忌內臂尖射 尤嫌元辰直長 尖射則吉星亦凶 直長則善生反凶 乃不可不察 此星本蔭一四七位衣祿 故不畏右砂逆水 由辰戌丑未之勢而行脉 得坤宮之氣而成形 坐向得丑艮未坤 皆爲氣旺而形應 喜傍大溪之側 好居萬山之間 若安扦合法 生人相貌重厚 心性機巧 行事撲寔 戌巳辰戌丑未命人受蔭 申子辰年發達 若后龍合上格者 官至簿使

合中格者 官至市舶 合下格者 權貨之職 初生敦厚之
人 則氣盛也 至生六指之人 則氣衰也 此體多爲鳳凰
展翅形 宜作金堆

詩曰　雙腦天財雙臂開 狹腰高樂始奇哉
　　　雙星雙擧雙妻妾 更旺田蠶足貨財

### 시(詩)

**第五天財號雙臂　雙腦相巧比** (제오천재호쌍비 쌍뇌상교비)

"다섯 번째 천재는 쌍비인데 쌍뇌와 공교함이 비교가 됨이다."

**鳳凰展翅喝形眞　福在子孫身** (봉황전혈갈형진 복재자손신)

"물형이 봉황전혈이면 참이니 그 복은 자손의 신상에 있으리라."

이 성신(星辰)은 두뇌(頭腦) 부분이 둥글면서도[頭圓而] 곡(曲)하며 몸체[身]는 방(方)하며 바닥과 얼굴[面]은 평탄(平坦)하다. 변(邊) 쪽으로 양 팔뚝[兩臂]을 벌렸다[開] 하여 양비쌍뇌천재(兩臂雙腦天財)라 하였다.

이에 삼체(三體)가 있는데 그 팔뚝[臂]이 좌우(左右)에서 함께 쌍(雙)으로 된 것이 있으니 이때는 모름지기 안쪽 팔뚝[內臂]이 만환(彎環)하여야 하며 혹 교아(交牙)되었으면 더욱 아름답다. 이를 정격(正格)이라 한다.

또 좌(左)측은 쌍(雙)인데 우(右)측이 단(單)인 것과 우(右)측은 쌍(雙)인데 좌(左)측이 단(單)인 것이 있는데 이 모두 혈상(穴上)에서 볼 때에는 반드시 균균(均勻)하여야 한다. 이 두 격(格)이 변격(變格)이니 입혈(立穴)은 모두 사살장법(四殺葬法)으로 소식(消息)하여 쓰는 것이다.

이밖에도 요(曜)를 대(帶)한 것이 있는데 정체편(正體編)의 도설(圖說)을 참작(參酌)할 것이다.

대저 쌍뇌쌍비(雙腦雙臂)는 취기장풍(聚氣藏風)이 가장 마땅하게 잘 되었어야 하고 배후(背後)에는 낙산(樂山)이 있음을 요(要)하며 요중(凹中)에는 협(狹)이 있음을 요(要)하는데 이렇게만 되었으면 발복(發福)이 지극히 빨라 극쾌(極快)하고 오랫동안 면원(綿遠)하다.

이중에서 우쌍좌단(右雙左單)이면 첩지(疊指)가 되는데 첩지는 도박(賭博)이나 도전(賭錢)으로 재물(財物)을 모으기를 좋아하는데 용(龍)이 참되어 그쳐주고 혈(穴)이 적실(的實)하며 수취(水聚) 산조(山朝)하면 쉽게 파가(破家)하지는 않는다. 첩지(疊指)가 혈상(穴上)에서 보이지 않으면 더욱 꺼리지 아니한다.

무릇 양비성신(兩臂星辰)은 영광(靈光)이 자족(自足)하면서도 서서히 펼쳐주고[舒徐] 진기(眞氣)는 유여(有餘)하므로 널리 방박(磅礴)하여서 동서(東西)에서 쌍으로 이르고[雙到] 내외(內外)가 이중으로 중회(重回)하므로 길혈(吉穴)에 드는 것이다. 오직 중요(重要)한 것은 응안(應案)이 가까이에 임

(臨)하고 명당(明堂) 앞으로 모아주어야[聚前] 한다. 이에서 입혈(立穴)은 반드시 천심(天心)에 들어야 하며 절수(折水)는 반드시 성보(星步)에 의지(依持)하는 것이 중요(重要)하다.

가장 꺼리는 것은 내비(內臂)가 첨사(尖射)하여 혈(穴)을 쏘는 것이요, 더욱 혐오(嫌惡)하는 것은 원진(元辰)이 직장(直長)한 것이니 첨사(尖射)하면 길성(吉星)이라도 역시 흉(凶)함으로 변하고 직장(直長)하면 선생(善生)이 도리어 반흉(反凶)하기 때문이다.

[필자주(筆者註)] 원진(元辰)=골육수(骨肉水)이니 부모산(父母山)과 혈성(穴星) 사이에서 나뉘어진 물이 혈(穴) 앞에서 만나는데 이 물이 곧게 빠져 나간다는 뜻임.

이 성신(星辰)은 본시 발음[本蔭]이 첫째, 넷째, 일곱째 자리[一四七位]에 녹(祿)을 입으므로 좌사(左砂)의 송수(送水)를 꺼리지 아니한다.

이 성신(星辰)은 신(辰)술(戌)축(丑)미(未)의 세(勢)를 경유(經由)하여야 행맥(行脈)하고 곤궁(坤宮)의 기(氣)를 득(得)하여야 성형(成形)한다. 좌향(坐向)에서도 축(丑)간(艮)미(未)곤(坤) 좌(坐)를 득(得)하면 왕성한 기[氣旺]가 형세(形勢)에 상응(相應)한다.

이 성신(星辰)은 큰 내[大溪]의 옆에서 거(居)하기를 좋아하고 만산(萬山)의 사이에서 임(臨)하기를 기뻐한다.

이곳에 묘(墓) 쓸 때 장법(葬法)이 최선(最善)이었다면 출생인(出生人)의 상모(相貌)가 중후(重厚)하고 심성(心性)이 기교(機巧)하며 행사(行事)가 박실(撲塞)하다. 무(戊)기(己)신(辰)술(戌)축(丑)미(未) 생이 먼저 음덕을 받고[受蔭] 신(申)자(子)신(辰)년에 발달(發達)한다.

만약 후룡(後龍)이 상격(上格)이면 벼슬이 장부(帳簿)를 관리하는 부사(簿使)에 이르고 중격(中格)이면 벼슬이 시박(市舶)에 이르고 하격(下格)이면 권화(權貨)의 직(職)에 이른다. 묘(墓) 쓴 후 처음 출생하는 사람[初生人]이 돈후(敦厚)하면 기(氣)가 왕성(旺盛)함에 이른 것이고 여섯 손가락의 사람[六指人]이 출생(出生)하면 기(氣)가 쇠진(盡衰)하였음을 알 것이다.

이 체(體)에 봉황전혈형(鳳凰展翅形)이 많다. 금퇴(金堆)를 작(作)하면 길(吉)하다.

### 시(詩)

**雙腦天財雙臂開 狹腰高樂始奇哉**
(쌍뇌천재쌍비개 협요고락시기재)

"쌍뇌천재가 양 팔뚝을 벌렸는데 허리가 짧고 낙산이 높은 것을 기기함이 되었다고 하겠는가?"

**雙星雙擧雙妻妾 更旺田蠶足貨財**
(쌍성쌍거쌍처첩 갱왕전잠족화재)

"쌍성에 쌍거인데 처첩까지 쌍이며 다시 전잠이 왕성하고 재화도 풍족하리라."

## 쌍비쌍뇌(雙臂雙腦)

左右俱雙

夾勢

夾刃

左單右雙

右單左雙

# 6. 단고쌍뇌(單股雙腦)

**원문(原文)** ··· 單股雙腦

第六天財號單股 人號蜯虬土
此星發越極非常 還要湊成雙

此星腦員而曲 身方面平 開一脚 故名單股雙腦天財
有四體 其脚有微弓者爲乘金 有弓過曲者爲轉水 此爲
正格也 宜對腦下穴 有腦下一邊結乳 一邊開脚微弓者
謂之單提 亦有弓過者 謂之蟠龍 此爲變格也 宜以左
右前山論高低下穴 外有帶曜者 圖見正體篇 夫天財雙
腦單股 氣聚一邊 最爲奇妙不可以折股爲疑 但要背後
有樂 腰間宜狹者 乃佳 凡單股星辰 靈光本盛而中聚
餘氣不足而下垂 左右雖有一虧 上下初無二用 此故爲
之吉穴 然單股必須逆轉 兩宮仍要湊成 穴貴隈藏 局
宜周密 是爲得之 最忌穴畔風穿 面前水去 風穿則飄
散生氣 水去則牽動土牛 乃不可不察 此星本蔭一四七
位衣祿 故不畏左砂逆水 由辰戌丑未之勢而行脉 得坤
宮之氣而成形 坐向得丑艮未坤 皆爲氣旺而形應 好落
盡龍之所 喜臨大驛之傍 若安扦合法 生人相貌重厚
心性直白 行事撲寔 戊巳辰戌丑未命人受蔭 申子辰年
發達 若后龍合上格者 官掌坑治 合中格者 官掌南舶
合下格者 權貨之任 全無貴格者 亦主富而好禮 初生

> 敦厚之人 則氣盛也 至生折足之人 則氣衰也 此體多
> 爲蟠龍形 宜作金堆
>
> 詩曰　雙腦天財股獨單 外山合湊穴堪安
> 　　　高低左右龍依法 必定兒孫做大官

### 시(詩)

**第六天財號單股　人號蟠虯土** (제육천재호단고 인호반규토)

"여섯 번째 천재쌍뇌는 단고이니 사람들은 반규 토성이라고도 한다."

**此星發越極非常　還要湊成雙** (차성발월극비상 환요주성쌍)

"이 성신의 발월은 지극히 비상하니 돌아 앉는 것이 중요하니 쌍을 주성하기 때문이다."

이 성신(星辰)은 두뇌(頭腦) 부분이 둥글면서도[頭圓而曲] 하며 몸체[身]는 방(方)하며 바닥과 얼굴[面]은 평탄(平坦)하다. 한 각(一脚)만을 벌렸다고[開] 하여 단고쌍뇌천재(單股雙腦天財)라 하였다.

이 체(體)에는 사체(四體)가 있는데 미미하게 활을[微弓] 만든 것을 수금(水金)이라 하고 그 활[弓]이 많이 곡한[過曲] 것을 전수(轉水)라 하는데 이 두 격(格)을 정격(正格)으로 한다. 입혈(立穴)은 뇌(腦)와 대(對)가 되도록 하혈(下穴)한다.

또 뇌하(腦下)의 한 변(一邊)으로 유(乳)를 결구(結構)시키고 다시 한 변(一邊)으로 개각(開脚)하여 미미하게 활[微弓]을 만들어 내린 것을 이른바 단제(單提)라 하며, 각(脚)이 궁과(弓過)한 것을 이른바 반용(蟠龍)이라 하는데, 이 두 격(格)이 변격(變格)으로서 마땅히 좌우(左右)와 전산(前山)의 고저(高低)까지를 보고 하혈(下穴)한다.

이밖에도 요(曜)를 대(帶)한 것이 있는데 도설(圖說)은 정체편(正體篇)에서 참고(參考)하기 바란다.

대저 천재쌍뇌단고(天財雙腦單股) 격(格) 기(氣)가 한 변(一邊)으로 모이므로 가장 기묘(奇妙)함이 되는 것이니 그 다리를 절고(折股)함은 절대로 불가(不可)하다. 단지 중요(重要)한 것은 배후(背後) 쪽으로 낙산(樂山)이 반드시 있어야 하고 요간(腰間)은 좁아야[狹] 더욱 아름다운 것이 된다.

무릇 단고성신(單股星辰)은 영광(靈光)이 본시 왕성[本盛]하여 가운데로 모아놓고[中聚] 여기(餘氣)는 부족(不足)하여 아래로 드리워[下垂] 놓았다. 좌우(左右)가 같지 아니하고 비록 한쪽은 이지러져(一虧) 있다고 하나 상하가 처음부터 두 가지의 쓰임을 허용하지 아니 하는[上下初無二用] 길혈(吉穴)인 것이다.

그러나 단고(單股)격은 물을 기준으로 역전(逆轉)하여야 함이 필수적(必須的)인 조건(條件)이며 또한 양궁(兩宮)이 함께 주성(湊成)하여 주는 것이 중요(重要)하다. 또한 혈(穴)은 구석구석까지 감추어 외장(隈藏)됨을 귀(貴)로 하고 국(局)은 주밀(周密)함을 마땅한 바로 삼는다.

이 성신(星辰)에서 가장 두려워 하는[最忌] 것은 혈반풍천(穴畔風穿)이요, 더욱 혐오(嫌惡)하는 것은 면전(面前)으로 물이 쭈욱 빠져 나가는 것이니 풍천(風穿)하면 생기(生氣)가 표산(飄散)하고 수거(水去)하면 견동토우(牽動土牛)하기 때문이다.

 이 성신(星辰)은 본시의 발음[本蔭]이 첫째, 넷째, 일곱째 자리[一四七位]에서 녹(祿)을 입으므로 좌사(左砂)가 송수(送水)하더라도 꺼리지 아니한다.

 이곳의 용(龍)은 신(辰)술(戌)축(丑)미(未)의 세를 경유(經由)하여야 행맥(行脈)하고 곤궁(坤宮)의 기운(氣運)을 득(得)하여야 성형(成形)한다. 좌향(坐向)에서도 축(丑)간(艮)미(未)곤(坤) 좌(坐)가 되면 왕성한 기[氣旺]가 형(形)에 상응(相應)하는 것이다.

 이 성신(星辰)은 용이 끝나는[盡龍] 장소(場所)에 낙(落)하여 거(居) 하기를 좋아하고 대역(大驛)의 옆이나 근처[傍]에 임(臨)하기를 기뻐한다.

 이 성신(星辰)에 묘(墓)를 쓸 때 장법(葬法)만 합법(合法)이면 생인(生人)의 상모(相貌)가 중후(重厚)하고 심성(心性)이 직백(直白)하며 행사(行事)가 박실(撲寔)하다. 무(戊)기(己)신(辰)술(戌)축(丑)미(未) 생인(生人)이 먼저 발복(受蔭)하고 신(申)자(子)신(辰)년(年)에 발달(發達)한다.

 이곳으로 들어오는 후용(後龍)이 만약 상격(上格)이면 벼슬이 항치(坑治)에 이르고 중격(中格)이면 벼슬이 남박(南舶)을 장악(掌握)하고 하격(下格)이면 권화(權貨)의 직(職)에 이른다. 만약 후용(後龍)에 귀격(貴格)이 전무(全無)하더라도 주(主)는 큰 부자가[大富] 되고 또한 예의도 좋아[好禮]한다.

이곳에 묘(墓)쓰고 처음 출생하는 사람[初生人]이 돈후(敦厚)하면 기(氣)의 왕성(旺盛)함에 이른 것이고 절족인(折足人)이 출성하면 기가 다 되어 쇠약(氣衰)하였음을 알 것이다.

이 체(體)에서 반용형(蟠龍形)이 많이 나온다. 마땅히 금퇴(金堆)를 작(作)하여야 한다.

### 시(詩)

**雙腦天財股獨單 外山合湊穴堪安**
(쌍뇌천재고독단 외산합주혈감안)

"쌍뇌단고천재는 다리가 단독이니 외산이 합주하면 혈은 안전하게 자리 잡게 되고."

**高低左右龍依法 必定兒孫做大官**
(고저좌우용의법 필정아손주대관)

"고저좌우는 용법에 의할 것이니 결단컨대 아손이 큰 벼슬을 지으리라."

## 단고쌍뇌(單股雙腦)

左垂金

右垂金

左轉水

右轉水

左單提

右單提

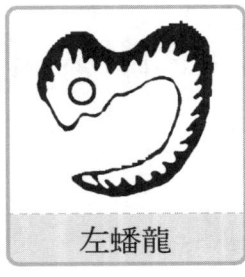
左蟠龍

右蟠龍

# 7. 측뇌쌍뇌(側腦雙腦)

**원문(原文)** … 側腦雙腦

第七天財名側腦 定要腦冐倒
元來此體號攀鞍 章光平處看

此星腦員而曲 身方邊開一脚 乳生低處 故名曰側腦天財 有二體 其腦有均勻者 名曰攀鞍 如落平洋者 出身低軟 形如圭背 昔人名曰章光此爲正格也 有一脚短一脚長弓過穴者 昔人名曰紐會 此爲變格也 皆當坐落立穴 外有帶曜者 圖說見正體篇 夫天財雙腦側腦 氣聚一邊從有乳氣 亦要后樂分明 不宜腰長 不嫌腦側 生氣聚處 卽是眞穴 凡側腦星辰 生氣不凝於腦下 靈光自現於乳中 昔人名曰左右仙宮 今號偏側怪穴 頭顱須別 力量本同此故爲之吉穴 惟要堂聚前 樂星聳后 穴宜踏逆 面喜張朝 是爲得之 最忌案山飛走 尤嫌穴背空疎 飛走則是虛花 空疎則爲崩漏 乃不可不察 此星本陰一四七位衣祿 故不畏左砂送水 由辰戌丑未之勢而行脈 得坤宮之氣而成形 坐向得壬艮未坤 皆爲氣旺而形應 好倒落於深潭水口 喜融結於龍腰 若安扦合法 生人相貌重厚 心性拗執 行事撲直 戊巳辰戌丑未命人受蔭 申子辰年發達 若后龍合上格者 官至轉逼 合中格者 主治茶盤 市舶 合下格者 權貨之職 若全無貴

> 格者 亦主富商 多積金銀 大旺蠶絲 禾谷 主雙生雙妻
> 雙擧 騎坐鞍馬至驗 初生敦厚之人 則氣盛也 至生頭
> 歪之人 則氣衰也 此體多爲渴馬飮泉形 宜作金堆
>
> 詩曰　天財頭腦有高低 穴法多應是轉皮
> 　　　須要明堂眞氣聚 兒孫白手立家基

### 시(詩)

**第七天財名側腦　定要腦間倒** (제칠천재명측뇌　정요뇌간도)
"일곱 번째 쌍뇌천재는 측뇌이니 뇌간으로 도락하는 것이 중요하다."

**元來此體號攀鞍　章光平處看** (원래차체호반안 장광평처간)
"원래 차체는 반안혈이라 하니 장광은 평처에서 볼 것이다."

이 성신(星辰)은 두뇌(頭腦) 부분이 둥글면서도 굽어[圓曲] 있으며, 바닥의 몸[身]은 부분적이거나 또는 전체 모양이 모가 나[方]있고, 변(邊)으로는 한 각(一脚)만을 벌려[開] 안았고 그 안에다 낮게[低處] 유(乳)를 발생(發生)하였다. 그러므로 측뇌천재(側腦 天財)라 하였다. 이에 두 체(二體)가 있는데 그 각(脚)이 균균(均勻)한 것을 반안혈(攀鞍穴)이라 하고, 평양(平洋)으로 낙(落)하여 출신(出身)이 낮고 부드럽게 깔려 저연(低軟)하므로 형(形)이 거북등[龜背]과 같은 것을 옛 사람들은 장광혈(䒳光穴)이라 하였다. 이 두 체(體)를 정격(正格)이라 한다.

또 한쪽 각(一脚)은 짧고(短) 다른 한쪽 각(一脚)은 길어서(長) 그 활[弓]이 혈(穴)을 지나간[過] 것을 유회혈(紐會冗)이라 하였으니 이것이 변격(變格)이 된다. 이 모두 당연히 좌락입혈(坐落立穴)하여야 한다. 이밖에도 요(曜)를 대(帶)한 것이 있는데 정체(正體)편의 도견과 설명(圖說)을 참고(參考)할 것이다.

대저 천재혈(天財穴) 중에서 쌍뇌측뇌(雙腦側腦)는 기(氣)가 한쪽의 변(一邊)으로 모았으므로[聚] 유(乳)를 따라 기(氣)는 쫓아 흐르는데 역시 중요(重要)한 것은 뒤쪽을 호위(護衛)하는 낙산[後樂]이 분명(分明)하여야 하고, 마땅치 못한 것은 허리[腰]가 긴[長] 것이다. 이렇게만 되었다면 뇌(腦)가 편측(偏側)이라도 생기(生氣) 모이는 것이나 장소(場所)에는 혐의(嫌疑)가 되지 않는 것이니[不嫌] 마땅히 진혈(眞穴)이 될 수 있는 것이다.

무릇 측뇌성진(則腦星辰)은 생기(生氣)가 뇌하(腦下)에로는 응결(凝結)하지 아니하고 영광(靈光)이 유중(乳中)으로 저절로 나타나는[自現] 것이다. 그러므로 옛날 사람들은 이를 좌우(左右)간에 선궁(仙宮)이라 하였고 지금 사람들은 편측(偏側)한 괴혈(怪穴)이라 한다. 이 성체(星體)가 비록 두로(頭顱)는 바르게 짊어지지 않았으므로 정체(正體)와는 다르지만 역량(力量)은 본래 같게 나타나기 때문에 길혈(吉穴)이 된다.

이 성신(星辰)에서 오직 중요(重要)한 것은 당기(堂氣)를 앞에다 모아야[聚前] 하고, 낙산(樂星)은 용발(聳拔)하여 뒤를 받쳐줘야[聳後] 하며, 혈(穴)은 마땅히 답역(踏逆)하여야 하고 면(面)으로는 장조(張朝)하여야 한다.

가장 꺼리는[最忌] 것은 안산(案山)이 등을 돌려 비주(飛走)함이며 더욱 혐오(嫌惡)하는 것은 혈의 뒤가[穴背] 공소(空疎)하여 허전한 것이니 비주(飛走)하면 허화(虛花)가 되고 공소(空疎)하면 붕루(崩漏)가 되기 때문이다.

이 성신(星辰)은 본시의 발음[本蔭]이 일사칠위[一四七位]에서 먼저 녹(祿)을 입으므로 좌사(左砂)의 송수(送水)라도 꺼리지 않는다.

이 성신(星辰)을 만든 용(龍)은 신(辰)술(戌)축(丑)미(未)의 세(勢)를 경유(經由)하여야 행맥(行脈)하고 곤궁(坤宮)의 기(氣)를 득(得)하여야 성형(成形)한다. 좌향(坐向)에서도 축(丑)간(艮)미(未)곤(坤) 좌가 되면 왕성한 기운이[氣旺] 형세(形勢)에 상응(相應)하는 것이다.

이 성신(星辰)은 심담(深潭)이 있는 수구(水口)에 도락(倒落)하여 거(居)하기를 좋아하고 용의 허리[龍腰]에서 융결(融結)되기를 기뻐한다.

이곳은 장법(葬法)이 최선(最善)이면 출생인(出生人)의 상모(相貌)가 중후(重厚)하고 심성(心性)이 요집(拗執)하며 행사(行事)가 박직(撲直)하다. 무(戊)기(己)신(辰)술(戌)축(丑)미(未) 생인(生人)이 수음(受蔭)하고 신(申)자(子)신(辰)년에 발달(發達)한다.

이 성신(星辰)을 만든 후용(後龍)은 만약 상격(上格)이라면 벼슬이 전운(轉運)에 이르고 중격(中格)이면 주치다반(主治茶盤)하고 시박(市舶)에 이르고 하격(下格)이면 권화(權貨)의 직(職)에 이르며 만약 귀격(貴格)이 전무(全無)하더라도 주(主)는 장사로서 큰 부자[商富]가 되며 금은(金銀)보화를 쌓아 놓고[多積] 자손과 인물[人丁]도 왕성(旺盛)하다. 이곳은 쌍생(雙生)과 쌍처(雙妻) 쌍거(雙擧)를 주재하며 기좌안마(騎坐鞍馬)를 증험(證驗)하게 될 것이다.

이곳에 묘(墓)쓰고 처음 출생하는 사람[初生人]이 돈후(敦厚)한 사람이 나오면 기가 왕성함에 이른 것이고 두왜인(頭歪人)이 나오면 기운(氣運)이 다 되어 쇠진(衰盡)함에 이르렀음을 알 것이다.

이 체(體)에서 갈마음천형(渴馬飮泉形)이 많다. 금퇴(金堆)를 작(作)하면 길(吉)하다.

### 시(詩)

**天財頭腦有高低 穴法多應是轉皮**
(천재두뇌유고저 혈법다응시전피)

"천재의 두뇌는 고저가 있으니 혈법에서는 다양하게 응하나 이에는 전피를 말한다."

**須要眀堂眞氣聚 兒孫白手立家基**
(수요명당진기취 아손백수입가기)

"모름지기 중요한 것은 명당으로 진기가 모여야 하니 아손이 맨손으로 가문의 기반을 세울 것이다."

## 측뇌쌍뇌(側腦雙腦)

左扳鞍

右扳鞍

右紐會

左紐會

## 8. 몰골쌍뇌(沒骨雙腦)

**원문(原文)** … 沒骨雙腦

第八天財名沒骨 奇異人皆忽
腦似寒牛初出欄 穴向靜中安

此星腦員而曲 身方 開口肩下 故名曰沒骨雙腦天財
有四體 其肩下開口 有一邊彎巧 一邊粗蠻者 名曰搖
拳 有一邊雙脚 一邊單脚 名曰疊指 皆就口上軟硬相
夾處 斬截氣脉立穴 此二者爲正格也 有腦下生乳 或
長或直或峻大 不可立穴者 名曰吐舌 肩下兩傍 取前
應後樂 分左右立穴 有其乳彎曲 抱左抱右 不可立穴
者 名曰張膽 肩下兩傍 皆可立穴 此二者爲變格也 外
有帶曜者 圖見正體篇 夫天財雙腦沒骨 氣聚一邊 腰
中腰狹 宜於動處立穴 以其薄弱 故以沒骨名也 凡沒
骨星辰 形勢旣有偏斜 氣脉必趨左右 潛踪難認 開口
爲憑 穴須奇怪之不同 與端正而何異 此所以謂之吉穴
必須前迎堂氣 後對樂星 莫嫌穿薄穿空 最喜夾堅夾軟
是爲得之 最忌後龍失勢 尤嫌前案無情 失勢決定非
眞 無情斷然是假 乃不可不察 此星本蔭一四七位衣祿
故不畏左砂送水 由辰戌丑未之勢而行脉 得坤宮之氣
而成形 坐向得丑艮未坤 皆爲氣旺而形應 好居幹龍大
盡 喜臨兩水合流 若安扦合法 生人相貌重厚 心性柔

弱 行事撲直 戊巳辰戌丑未生人受蔭 申子辰年發達
若后龍合上格者 官至轉運 若合中格者 主治市舶 合
下格者 權貨之職 若全無貴格者 亦主富商廣積金銀
大旺蠶絲 禾穀 主雙子雙妻 初生敦厚之人 則氣盛也
至生背跎之人 則氣衰也 此體多爲寒牛出欄形 宜作金
堆

詩曰 沒骨天財本異形 穴居薄處得斬名
　　 安扦須用天機訣 世代兒孫受寵榮

### 시(詩)

**第八天財名沒骨 奇異人皆忽** (제팔천재명몰골 기이인개홀)
"여덟 번째 천재쌍뇌는 몰골이니 기이하여 사람들은 놀라워 한다."

**腦似寒牛初出欄 穴向靜中安** (뇌사한우초출난 혈향정중안)
"두뇌의 형이 한우가 처음 출간하는 것과 같으니 혈은 정중에 안장한다."

이 성신(星辰)은 두뇌(頭腦) 부분이 둥글면서도[圓] 굽어[曲] 있으며 몸[身]은 방(方)하다. 어깨 아래[肩下]로 개구(開口)하였으므로 몰골쌍뇌천재(沒骨雙腦天財)라 하였다.
이에 사체(四體)가 있는데 그 어깨 아래[肩下]에다가 개구

(開口)하여 한 변(一邊)은 부드럽게 만고(彎巧)하였고 한 변(一邊)은 힘차게 조만(粗彎)한 것을 옛 사람들은 요권(搖拳)혈(穴)이란 이름을 부쳐 놓았고, 한 변(一邊)은 쌍각(雙脚)이고 한 변(一邊)은 단각(單脚)인 것을 첩지혈(疊指穴)이라는 이름으로 불려졌는데, 이 두 혈(穴) 모두 구상(口上)의 연경상협처(軟硬相夾處)에 참절기맥(斬截氣脈)하여 입혈(立穴)한다. 이 두 격(格)이 정격(正格)이 된다.

또 뇌하(腦下)트 유(乳)를 발상(發生)한 것이 있는데 그 유(乳)가 혹 길기도[或長] 하고 혹 곧기도[或直] 하고 혹 거칠고 크기도[或峻大] 하여 입혈(立穴)이 불가(不可)한 것을 토설혈(吐舌穴)이란 이름을 부쳐 놓았는데 어깨 아래[肩下]의 양방(兩傍)으로 어느 쪽에서건 전응(前應)과 후락(後樂)을 취(取)하여 좌우(左右) 어느 쪽에다 입혈(立穴)하는 것이다. 또 그 유(乳)가 만곡(彎曲)하여 좌측으로 돌았거나 우측으로 돌았으므로[抱左抱右] 입혈(立穴)이 불가(不可)한 것을 옛 사람들은 장담혈(張膽穴)이라 하였는데 견하양방(肩下兩傍) 어느 쪽이든 입혈(立穴)이 가능(可能)하다. 이 두 격(格)을 변격(變格)이라 한다.

이밖에도 요(曜)를 대(帶)한 것이 있는데 정체편(正體篇)의 도설(圖說)을 참고(參考)할 것이다.

대저 천재성(天財星) 중에서 쌍뇌몰골(雙腦沒骨)은 기(氣)가 한쪽 변(一邊)으로만 모이고 요중(腰中)으로는 협(狹)이 중요하다. 마땅히 동처(動處)를 찾아 입혈(立穴)하는 것이다. 이는 모양이 박약(薄弱)한 것처럼 보인다 하여서 몰골

(沒骨)이라는 이름이 부쳐졌다.

　무릇 몰골성신(沒骨星辰)은 형세(形勢)가 이미 편사(偏斜)하므로 기맥(氣脉)은 반드시 좌우(左右) 어느 한쪽으로 따르는 것인데 감추어 잠종(潛踪)하므로 알아내기가 어렵기 때문에 개구(開口)한 것으로 증거(證據)를 삼아 알아내는 것이다. 이 혈(穴)은 본시 기괴(奇怪)한 것만 다를 뿐 역량(力量)만은 단정(端正)함과 전혀 다르다고 할 수 없는 것이다. 따라서 길혈(吉穴)이 되는 것이다. 이 체(體)에서 필수적인 조건[必須條件]을 든다면 전앙(前迎)이 당기(堂氣)를 맞이하여야 하고 후대(後對)로는 낙성(樂星)이 있어서 받쳐준다면 천박천공(穿薄穿空)이라도 혐의(嫌疑)될 것이 없는 것이다. 또한 가장 기쁜 것은 협이 견고함과 유연함[夾堅夾軟]이 구분되어야 하는데 그러하다면 이른바 득지(得之)하는 것이다.

　이 성신(星辰)에서 가장 꺼리는 것은 후용(後龍)에서 실세(失勢)함이고 더욱 혐오(嫌惡)하는 것은 전안(前案)이 무정(無情)한 것이니, 실세(失勢)하면 결정코 진(眞)이 될 수 없으며 무정(無情)하면 단정코 가화(假花)일 수밖에 없기 때문이다.

　이 성신(星辰)은 본시 발음(本蔭)이 첫째, 넷째, 일곱째 자리[一四七位]에 녹(祿)을 입으므로 좌사(左砂)의 송수(送水)라도 꺼리지 않는다.

　이 성신(星辰)을 만든 용(龍)은 신(辰)술(戌)축(丑)미(未)의 세(勢)를 경유(經由)하여야 행맥(行脈)하고 곤궁(坤宮)의 기(氣)를 득(得)하여야 성형(成形)한다. 좌향(坐向)에서도 축

(丑)간(艮)미(未)곤(坤)이 되면 왕성한 기운(氣旺)이 형세(形勢)에 상응(相應)하는 것이다.

 이 성신(星辰)은 간용(幹龍)의 대진처(大盡處)에 거(居)하기를 좋아하고 양수(兩水)가 합류 하는 곳(合流處)에 임(臨)하기를 기뻐한다.

 이곳을 재혈(裁穴) 할 때 만약 장법(葬法)이 최선(最善)이면 출생인(出生人)의 상모(相貌)가 중후(重厚)하고 심성(心性)이 유약(柔弱)하며 행사(行事)가 박직(撲直)하다. 무(戊)기(己)신(辰)술(戌)축(丑)미(未) 생인 먼저 발복(受蔭)하고 신(申)자(子)신(辰)년에 발달(發達)한다.

 이 성신(星辰)을 만든 후용(後龍)이 만약 상격(上格)이면 벼슬이 전운(轉運)에 이르고 중격(中格)이면 주치시박(主治市舶)하며 하격(下格)이면 권화(權貨)의 직(職)에 이르고 귀격(貴格)이 전무(全無)하더라도 주(主)는 장사로서 대부(大富)를 하고 자손과 인물이 왕성(人旺)하다. 이 성신(星辰)은 쌍자(雙子)와 쌍처(雙妻)를 주재(主宰)한다.

 이곳에 묘(墓)쓰고 처음 출생하는 사람[初生人]이 돈후한 사람[敦厚人]이 나오면 기(氣)가 왕성(旺盛)함에 이른 것이고 배타인(背跎人)이 나오면 기가 쇠약(氣衰)하였음을 알 것이다.

 이 체(體)에 한우출란형(寒牛出欄形)이 많다. 금퇴(金堆)를 쌓으면 길(吉)하다.

### 시(詩)

### 沒骨天財本異形　穴居薄處得斬名
(몰골천재본이형 혈거박처득참명)

"몰골천재는 본시 형이 다르니 혈이 박처에 있기 때문이니 이름을 잘라 버려라."

### 安扞須用天機訣　世代兒孫受寵榮
(안천수용천기결 세대아손수총영)

"안천은 모름지기 천기결을 사용하여야 아손이 대대로 총영함을 받으리라."

## 몰골쌍뇌(沒骨雙腦)

左搖拳

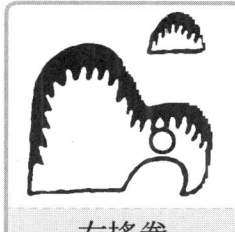
右搖拳

右疊指

左疊指

右吐舌

左吐舌

張膽

## 9. 평면쌍뇌(平面雙腦)

> **원문(原文)** … 平面雙腦

第九天財是平面 員曲眞堪羨
繭形柿蒂任安扦 福祿最綿延

此星身員而曲 面平而低 故名日平面雙腦天財 有如繭子者 有如柿蒂者 與平面金水相似(金水體員天財體方) 高低少見 多在平洋 或居土墩之上 或在淺水土洲之巓 有似羅星 但羅星孤露 此必有前後應樂 纏護自是不同 尋脉息窟突處立穴 夫天財雙腦平面 惟平處有之 眞龍起伏 多者方結 此穴力量與正體一同 凡平面星辰 靈光凝聚於坦夷 生氣流行於低處 精神收斂 造完全比 故爲之吉穴 必日形勢來止 堂局周完 賓主有情 左右無缺 細推動靜 詳察浮沈 是爲得之 最忌胎息孤寒 血脉反背 孤寒則人丁衰替 反背則家業消亡 乃不可不察 此星本陰一四七位衣祿 故不畏左砂逆水 由辰戌丑未之勢而行脉 得坤宮之氣而成形 坐向得丑艮未坤 皆爲氣旺而形應 喜居溪傍路 好度水穿田 若安扦合法 生人相貌重厚 心性平和 行事撲直 戊巳辰戌丑未命人受蔭 申子辰年發達 若后龍合上格者 官治坑治 合中格者 官治市舶 合下格者 權貨之職 若全無貴格者 亦主富足 初生敦厚之人 則氣盛也 至生爬面之人 則氣衰

> 也 此體多爲金鍋煮繭形 及柿蒂形 宜作金堆
> 詩曰 玉繭元來浮釜中 金盤柿蒂最難逢
> 　　　須知穴向中心作 妙法還當串後龍

### 시(詩)

**第九天財是平面　圓曲眞堪羨** (제구천재시평면 원곡진감이)
 "아홉 번째 쌍뇌천재는 평면이니 원곡모양이면 진이며 감여에서 넘치는 기운으로 하고"

**繭形柿蒂任安扦　福祿最綿延** (견형시체임안천 복록최면연)
 "형이 고치나 감꼭지 모양이면 안천을 맡기니 복록이 가장 길게 연결 되리라."

이 성신(星辰)의 몸체는 둥글면서도 곡[身圓而曲]하며 바닥과 면은 평탄 하면서도 바닥에 낮게 깔려[面平而低] 있다. 그러므로 평면쌍노천재(平面雙腦天財)라 하였다. 이 형체(形體)는 "우여견자자(有如繭子者)"라 하였으니 누에고치와 같은 것이 있고, 또 "유여시체(有如柿蒂)"라 하였으니 감꼭지와 같은 것이 있다는 것인데, 그렇다면 평면금수체(平面金水體)와 비슷한 바가 된다. 다만 평면금수체(平面金水體)는 둥근데[圓] 비하여 평면천재체(平面天財體)는 방(方)한 것만이 다르다.

이 성신(星辰)은 고저(高低)의 차(差)가 많이 없는 평양(平
洋)에서 많이 볼 수 있다. 혹 토돈(土墩)의 위(上)에 거(居)한
다거나 혹 천수토주(淺水土洲)의 꼭대기[巓]에서 나타나기
도 하므로 나성(羅星)과 비슷하여 혼돈(混沌)하기도 쉽다.
다만 나성(羅星)은 고로(孤露)하고 이 평면쌍뇌(平面雙腦)는
반드시 전후(前後)에 응락(應樂)이 있는 것이 다르며, 전호
(纏護)만은 이들 스스로가 그 특징(特徵)에 맞도록 따로따로
나타내기 때문에 모두 같지 아니하다[自是不同].
 이곳의 입혈(立穴)은 맥식굴돌(脈息窟突)을 찾아서 하장
(下葬)하는 것이다.
 대저 천재쌍뇌(天財雙腦)에서 평면성신(平面星辰)은 오직
평처(平處)에만 있는 것이다. 그러나 기복(起伏)이 많은 진
용(眞龍)이 대진하는 근처에서 이 혈(穴)이 많이 결작(方結)
하는 것이니 그 역량(力量)이 정체(正體)와 동일(同一)한 것
이다.
 무릇 평면성신(平面星辰)은 영광(靈光)이 탄이(坦夷)한 곳
에서 응취(凝聚)하므로 생기(生氣)는 저처(低處)로 유행(流
行)시킨다. 또한 정신(精神)을 건전(健全)하게 수렴(收斂)하
고 조화(造化)가 완전(完全)하므로 길혈(吉穴)이 되는 것이
다. 그러나 반드시 형세(形勢)가 와서 그쳐주는 곳이어야 하
고 당국(堂局)은 조목조목 주완(周完)하여야 하며 빈주(賓
主)가 유정(有情)하고 좌우(左右)가 무결(無缺)하여야 하니
동정(動靜)을 세추(細推)하고 부침(浮沈)을 자상하게 살펴야
[詳察] 할 것이다.

이 성신(星辰)에서 가장 꺼리는 바는 태식(胎息)이 고한(孤寒)함이요, 더욱 혐오(嫌惡)하는 것은 혈맥(血脈)이 반배(反背)함이니 고한(孤寒)하면 인정(人丁)이 쇠체(衰替)하고 반배(反背)하면 가업(家業)이 소망(消亡)하게 되기 때문이다.

이 성신(星辰)은 본시 발음[本蔭]이 첫째, 넷째, 일곱째 자리[一四七位]에 녹(祿)이 되므로 좌사(左砂)가 송수(送水)하더라도 꺼리지 아니한다.

이 성신(星辰)을 만든 용(龍)은 신(辰)술(戌)축(丑)미(未)의 세(勢)를 경유(經由)하여야 행맥(行脈)하고 곤궁(坤宮)의 기(氣)를 득(得)하여야 성형(成形)한다. 좌향(坐向)에서도 축(丑)간(艮)미(未)곤(坤) 좌가 되면 왕성한 기운(氣旺)이 형세(形勢)와 상응(相應)한다.

이 성신(星辰)은 큰 내의 옆이나 도로 근처에[溪傍路] 거(居)하기를 좋아하고 물을 건너가고 들을 지나서[度水穿田] 임(臨)하기를 기뻐한다.

이 성신(星辰)을 이용 할 때 장법(葬法)이 최선(最善)이었다면 출생인(出生人)의 상모(相貌)가 중후(重厚)하고 심성(心性)이 화평(平和)하며 행사(行事)가 박직(樸直)하다. 무(戊)기(己)신(辰)술(戌)축(丑)미(未) 생인(生人)이 먼저 발복(受蔭)하고 신(申)자(子)신(辰)년에 발달(發達)한다.

만약 이 성신(星辰)을 만든 후룡(後龍)이 상격(上格)이면 관치항치(官治坑治)하고 중격(中格)이면 관치시박(官治市舶)하고 하격(下格)이면 권화(權貨)의 직(職)에 이르며 귀격(貴格)이 전무(全無)하더라도 역시 주(主)는 부를 크게(富足)

한다.

이곳에 묘(墓)를 쓰고 처음 출생하는 사람[初生人]이 돈후(敦厚)하면 기(氣)의 왕성(旺盛)함에 이른 것이고 파면인(爬面人)이 출생하면 기(氣)가 쇠진(盡衰)하여 다 되었음을 알 것이다.

이 체(體)에 금와자견형(金鍋煮繭形)과 시체형(柿蒂形)이 많다. 마땅히 금퇴(金堆)를 작(作)하면 좋다.

### 시(詩)

玉繭元來浮釜中  金盤柿蒂最難逢
(옥견원래부부중 금반시체최난봉)

"누에고치(옥견)는 원래 솥 안에서 떠 있는 것이니 금반이나 감꼭지 모양을 만나기가 가장 어려우니라."

須知穴向中心作  妙法還當串後龍
(수지혈향중심작 묘법환당관후용)

"혈을 향하는데 모름지기 알아야 할 것은 중심에 작하여야 묘법은 도리혀 후용을 관중하리라."

## 평면쌍뇌(平面雙腦)

玉繭

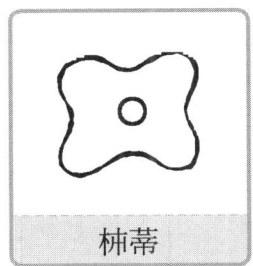
柹蒂

# 5부
# 천재성(天財星)
## (3) 평면천재성(平面天財星)

### 1. 정체평면(正體平面)

**원문(原文)** … 正體平面

> 第一天財名正體 眞形元在彼
> 垂珠倒氣始堪扦 玉枕出魁元
>
> 此星腦方身狹 面平不開脚 故名曰正體平面天財 與諸體不同 蓋方平本無起伏 其氣不聚 不可立穴 書云 形如橫几 孫滅子死 若中心垂珠倒 如太陰太陽者則可
>
> 詩曰 掛壁土星人道惡 穴向何方作
> 　　　垂珠倒氣妙安扦 左右認來龍
>
> 謂之轉金(土轉金方丁立穴) 要貼在方土上 近看則有 遠看則無方可 若出脉起頂腦方 爲龍格員者 爲星穴 又不可作天財論矣 若中心無垂珠倒氣 當在兩角認穴 亦要如小太陽太陰頭面則可

詩曰　土長應下当心穴 兩角宜裁截
　　　　中心便是惡星辰 枉死少年人
　　　　又如土角只宜小 金腦微方開口
　　　　敎君口裏好安藏

此星須名正體 亦非金土故方體帶曜者不必辨矣 夫天財名者 言財自天來下也 最旺田桑寶貨 然亦出貴 凡此等星辰 博換形勢之妙 收斂氣脉之全 故力大而功弘 氣純而用博 性純而福厚 故爲吉穴 必畧合情序 起突分明 察動靜於微茫 分高低於隱約 是爲得之 最嫌無托 尤忌有牽 無托則穴受風吹 有牽則欄中牛去 乃不可不察 此星本蔭一四七位衣祿 故不畏左砂逆水 由辰戌丑未之勢而行脉 得坤宮之氣而成形 坐向得丑艮未坤 皆爲氣旺而形應 喜傍大江大河 好臨大田大路 若安扦合法 生人相貌重厚 心性誠寔 行事撲直 戊巳辰戌丑未命人受蔭 申子辰年發達 若后龍合上格者 官至轉運 主治坑冶 合中格者 主掌蓋盤市舶 合下格者 錢谷之官 若全無貴格者 亦主爲商賈 廣置田庄大旺人丁 初生敦厚之人 則氣盛也 至生耳聾之人 則氣衰也 此體小者多爲玉几形 大者乃玉屛形 宜作金堆

詩曰　土星無穴古今傳 倒氣垂珠始可扦
　　　　兩角傳金居角上 開塋若大壞天然

### 시(詩)

**第一天財名正體　眞形元在彼** (제일천재명정체 진형원재피)

"첫 번째 평면천재는 정체이니 진형은 원래 저쪽에 있다."

**垂珠倒氣始堪扦　玉枕出魁元** (수주도기시감천 옥침출괴원)

"수주가 도기한 모양이면 비로소 감천 할 것이니 옥침에 으뜸 가는 원수가 나오리라."

이 성신(星辰)은 두뇌(頭腦)는 방(方)하고 신(身)은 협(狹)하며 면(面)은 평탄(平坦)하고 개각(開脚)은 하지 않았다. 그러므로 정체평면천재(正體平面天財)라 하였다. 이에 여러 체(體)가 있으나 모두가 같지 아니하므로 부동(不同)이라 하였다. 대개 방평(方平)하다 함은 본래 기복(起伏)이 없음을 말하는 것이니 그에서 기(氣)가 모일 리 없으니 입혈(立穴) 또한 불가(不可)한 것이다. 서(書)에 말하기를 "형여횡범(形如橫几)이면 손멸자사(孫滅子死)라" 한 것이 그것이다. 그러나 만약 중심(中心)에 수주(垂珠)를 깔아[倒珠] 놓았으므로 태음(太陰)과 태양(太陽)의 모양과 같이 되었을 때에는 가(可)하다. 이를 시(詩)에서도 아래와 같이 표현(表現)하였다.

### 시(詩)

**掛壁土星人道惡　穴向何方作** (괘벽토성인도악 혈향하방작)

"토성이 벽(壁)과 같이 매끈하면 인간(人間)의 도리(道理)를 흉악(凶惡)하게 하는 것인데 혈(穴)을 어느 방향(方向)으로 향(向)하여 작(作)하겠는가?"

垂珠倒氣妙安扦　左右認來龍 (수주도기묘안천 좌우인래용)

"구슬을 땅에 끌어 놓은 듯하면 천장(扦葬)에 아름다움이 되었으니 좌우(左右)와 내룡(來龍)을 확인(確認)하여 쓸 수 있으리라."

이는 이른바 전금(轉金)을 말하는 것이다, 토(土)가 전금(轉金)이면 당장[方丁]이라도 입혈(立穴)하여도 좋은 것이다. 다만 중요(重要)한 것은 첩용(貼用)이 방토상(方土上)에 있어야 함이니 가까이서 보면 있고 멀리서 보면 없는 것 같기도 한 것인데 확인(確認)이 되었으면 방금이라도 가(可)하다.

만약 이 성신(星辰)의 출맥(出脈)이 두뇌의 정수리[頂腦方]로부터 기(起)하고 용격(龍格)이 둥글[圓]하면 금성혈(金星穴)이 될 것이니 굳이 평면천재(平面天財)로 논(論)하지 말 것이다. 또 만약 중심(中心)에 수주(垂珠)를 늘어뜨려 도기(倒氣)함이 없는 경우에는, 마땅히 양각(兩角)으로 혈(穴)을 알아낼 수 있으나 이때도 역시 태양태음(太陽太陰)의 두면(頭面)을 나타낼 수 있어야만 가(可)하다.

### 시(詩)

土長應下當心穴　兩角宜裁截 (토장응하당심혈 양각의재절)

"토가 넓고 두터운데 양각(兩脚) 사이 당심혈(當心穴)로 하장해야 한다면 재절(裁截)함이 마땅하리라."

中心便是惡星辰　枉死少年人 (중심편시악성신 왕사소년인)

"중심(中心)은 곧 악성신(惡星辰)이 되는 것이니 젊고 유능한 사람이 원통한 죽음을 만나기 때문이다."

### 又如土角只宜小 金腦微方開口 (우여토각지의소 금뇌미방개구)

"또한 토각(土角)은 다만 작은 것이 마땅함이니 금뇌(金腦)에서 미미하게 개구(開口)하였으면"

### 敎君口裏好安藏 (교군구이호안장)

"군에게 가르쳐 주노니 그 입안으로 안장함이 좋으리라."

**[필자주(筆者註)]** 뒤의 두 구절(句節)은 절구(絶句)가 맞지 않는 듯 하나 필자(筆者)가 말을 만들어 보았으니 양지하시기 바랍니다.


이 성신(星辰)은 이름이 비록 정체(正體)라 하였으나 역시 금토(金土) 합형(合形)만을 지칭(指稱)하는 것이 아니다. 그러므로 방체(方體)이든 요(曜)를 대동(帶同)한 것이든 모두 이에 준(準)할 수 있는 것이므로 굳이 분변(分辨)을 할 필요도 없는 것이다.

대저 천재(天財)라는 이름을 붙여 놓은 것은 재물(財物)을 하늘로부터 내려준다는 뜻이기 때문에 전상보화(田桑寶貨)가 가장 왕성(最旺)한 성신(星辰)이라는 것이다. 그러나 천재성신(天財星辰)에서도 역시 대귀(大貴)도 함께 나올 수 있다는 것을 잊어서는 아니된다.

무릇 이 같은 성신(星辰)에서도 여러 차례 박환(博換)을 거치는 동안 형세(形勢)의 아름다움을 득하게 되었으며 기맥(氣脈)의 온전(溫全)함도 수렴(收斂)하게 되었으므로 힘이 크고 공(功) 또한 홍대(弘大)하다. 따라서 기(氣)가 순전(純全)

하기 때문에 쓰임이 넓고, 성정(性情)이 순수(純粹)하면서도 복(福)을 두텁게[厚] 받으므로 길혈(吉穴)이 되는 것이다.

그러나 중요(重要)한 것은 정서(情序)에 합(合)하고 기와 돌[起突]이 분명(分明)하여야 한다. 그러므로 미망간(微茫間)에서 동정(動靜)을 살펴야 하고 은약(隱約)한 중에서 고저(高低)를 분변(分辨)할 수 있어야만 득지(得之)하는 것이다.

이 평뇌(平腦) 성신(星辰)에서 가장 꺼리는 것은 의탁 할 곳이 없는 것[無托]이요, 더욱 혐오(嫌惡)하는 것은 유견(有牽)이니 무탁(無托)이면 혈(穴)에서 바람[風吹]을 받게 되고 유견(有牽)이면 외양간의 소가 도망[欄中牛去] 하기 때문이다.

이 성신(星辰)은 본시 발복[本蔭]이 첫째, 넷째, 일곱째 자리[一四七位]에서 나타나니 좌사(左砂)가 송수(送水)함을 꺼려하지 아니한다.

이 성신(星辰)을 만든 용(龍)은 신(辰)술(戌)축(丑)미(未)의 세(勢)를 경유(經由)하여야 행맥(行脈)하고 곤궁(坤宮)의 기(氣)를 득(得)하여야 성형(成形)한다. 좌향(坐向)에서도 축(丑)간(艮)미(未)곤(坤) 좌(坐)가 되면 왕성한 기운(氣旺)이 형세(形勢)에 상응(相應)하는 것이다.

이 성신(星辰)은 대강(大江)이나 대하(大河)의 옆[傍]에 거(居)하기를 기뻐하고 대전(大田)이나 대로(大路)의 변(邊)에 임(臨)하는 것을 좋아한다.

이곳을 사용할 때 장법(葬法)이 최선(最善)이었다면 출생인(出生人)의 상모(相貌)가 중후(重厚)하고 심성(心性)이 성실(誠實)하며 행사(行事)가 박직(樸直)하다. 무(戊)기(己)신

(辰)술(戌)축(丑)미(未) 생인(生人)이 먼저 발복[受蔭]하고 신(申)자(子)신(辰)년에 발달(發達)한다.

만약 이 성체(星體)를 만든 후용(後龍)이 상격(上格)이면 벼슬이 전운(轉運)에 이르고 주치항치(主治坑治)하며 중격(中格)이면 주장(主掌)이 개반시박(蓋盤市舶)하며 하격(下格)이면 전곡관(錢穀官)이 되며 귀격(貴格)이 전무(全無)하더라도 주(主)는 장사로서 큰 부자[商富]가 되며 자손과 인물[人丁]도 왕성(旺盛)하다.

이곳에 장사한 후 처음 출생하는 사람[初生人]이 돈후(敦厚)하면 기가 왕성함[盛氣]에 이른 것이고 이농인(耳聾人)이 출생하면 기가 쇠약(氣衰)하였음을 알 것이다.

이 체(體)에서 작은 것은 옥범형(玉几形)이 많이 나오고 큰 것은 옥병형(玉屛形)이 많다. 금퇴(金堆)를 작(作)하면 좋다.

### 시(詩)

**土星無穴古今傳　倒氣垂珠始可扦**

(토성무혈고금전 도기수주시가천)

"토성에 혈이 없음은 고금으로 전해지는 것이나 도기수주일 때는 비로소 천장이 가하다."

**兩角轉金居角上　開塋若大壞天然**

(양각전금거각상 개영약대괴천연)

"양각이 전금이라면 금이 각상에 거하는 것이니 개영을 만약 크게 한다면 천연이 어그러질 것이다."

## 정체평면(正體平面)

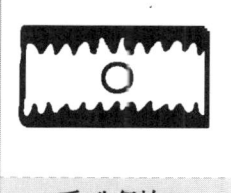

垂珠倒氣

右角

左角

## 2. 개구평뇌(開口平腦)

> 원문(原文) … 開口平腦

第二天財號開口 平腦如覆斗
莫言橫几最爲凶 吉穴在其中

此星腦方身狹 面平開脚 故名曰開口平腦天財 有五體 其兩脚員者爲轉金 曲者爲轉水 方者爲轉土 此三者爲正格也 宜下藏殺穴 尖者爲轉火 直者爲轉木 此二者爲次格也 宜下壓煞穴 又有員直曲尖方五體交互糸錯 湊成二十體 爲變格也 有一脚轉金 一脚轉水火木土者 有一脚轉水 一脚轉金木火土者 其間惟有金火脚 金木脚 水火脚 水木脚 土火脚 宜下閃煞穴 火木脚 宜下壓殺穴 其餘宜下藏煞穴 圖見凹腦篇 按天財多是橫山出面 生氣上浮宜貼脊立穴 開斧就脉 諸穴皆當依此糸之 夫天財平腦者 乃土星眞元 開口則成龍虎 以衛區其穴 是爲穿水 故可取也 力量次於正體 而爲福尤緊 最旺蠶絲禾穀金銀 背后要包畏周密 平腦不宜太長 恐成蕩體 枉死少年 此至驗也 凡開口星辰 靈光合聚於中 餘氣分行於內 雌雄相顧 血脉交通 此故爲之吉穴 惟要以中員淨窩內冲融身 俯則穴宜就脉揭高面仰則穴 宜蘸 弦坐入 是爲得之 最忌堂捲 尤嫌落槽 堂捲則外氣不橫落槽則吉星自壞 乃不可不察 此星本蔭一

四七位衣祿 故不畏左砂送水 由辰戌丑未之勢而行脉
得坤宮之氣而成形 坐向得丑艮未坤 皆爲氣旺而形應
好倒落於源頭 喜融結於水口 若安扦合法 生人相貌重
厚 心性疎通 行事撲寔 戊巳辰戌丑未生人受蔭 申子
辰發達 若至坑冶 合中格者 主治市舶 合下格者 權貨
之任 若全無貴格者 亦主爲富商 廣進田庄 大旺人口
初生敦厚之人 則氣盛也 至生口乞之人 則氣衰也 此
體多爲玉几形 宜作金堆

詩曰 天財平腦穴宜扦 開口元來福力小
　　　要識高低分俯仰 兒孫代代出名賢

## 시(詩)

**第二天財號開口　平腦如覆斗** (제이천재호개구 평뇌여복두)
"두 번째 평뇌천재는 개구이니 평뇌가 말을 뒤집어 놓은 것과 같음이라."

**莫言橫几最爲凶　吉穴在其中** (막언횡궤최위흉 길혈재기중)
"횡범을 보고 가장 흉성이라 말하지 말라, 길함이 그 중에 있는 것이다."

이 성신(星辰)은 두뇌(頭腦) 부분이 도가[方] 있고 몸통[身]은 협(狹) 하며 바닥과 면(面)은 평평(平平)한데 양다리를 벌렸다고[開脚] 하여 천재격(天財格) 중에서 개구평뇌천재(開口平腦天財)라 하였다. 이에 다섯 체(五體)가 있는데 그 양각(兩脚)이 둥근[圓] 것을 전금(轉金)이라 하고 곡(曲)한 것을 전수(轉水)라 하며 방(方)한 것을 전토(轉土)라 하니 이 세 격(三格)이 정격(正格)이다. 마땅히 장살혈(藏殺穴)로 하장(下葬)할 것이다.

또 첨(尖)한 것을 전화(轉火)라 하고 곧은[直] 것을 전목(轉木)이라 하는데 이 두 격(二格)이 차격(次格)이 되는데 마땅히 압살혈(壓殺穴)로 하장(下葬)할 것이다.

또 원(圓), 곡(曲), 직(直), 첨(尖), 방(方)의 다섯 체(五體)가 다시 번갈아가며 만나 체를 이루는 경우가 있는데 이것을 교호참착(交互參錯)이라고 표현하였으며 이들 이십격(二十格)을 변격(變格)이라 한다. 이들 변격(變格) 중에서는 한 각이 전금[有一脚轉金]하였는데 다른 한 각이 전수, 전화, 전목, 전토[一脚轉水火木土者]를 한 것이 있으며, 또 한 각은 전수인데[有一脚轉水] 다른 한 각은 전금, 전목, 전화, 전토[一脚轉金木火土者]를 한 것이 있으며, 또 한 각은 전화[有一脚轉火]인데 다른 한쪽의 각이 전금, 전수, 전토, 전목[一脚轉金水木土]을 한 것이 있고, 또 한 각은 전토[有一脚轉土]인데 다른 한 각이 전금, 전수, 전화, 전목[轉金水火木]을 한 것이 있으며, 또 한 각은 전목[有一脚轉木]인데 다른 한쪽의 각이 전금, 전수, 전화, 전토[轉金水火土]를 한 것 등이 있는데, 이들 중에서 금화각(金火脚)과 금목각(金木脚)·수화각(水火脚)·수목각(水木脚) 토화각(土火脚)만은 마땅히 섬살혈(閃殺穴)로 하장(下葬)하고 화목각(火木脚)은 반드시 압살혈(壓殺穴)로 하장(下葬)할 것이고 그 나머지는 장살혈(藏殺穴)로 하장(下葬)하여도 된다. 이들의 그림은 요뇌편(凹腦篇)을 참고(參考)하기 바란다.

무릇 천재(天財)는 횡산(橫山)에서 출면(出面)한 것이 많은데 생기(生氣)가 위쪽[上]으로 부(浮)하는 것이니 마땅히 점척(貼脊)에 입혈(立穴)하는 것이다. 개부혈(開斧穴)로 취맥(就脈) 방관(放棺)하는 것인데 횡용(橫龍)의 모든 혈(穴)은 모두 이와 같은 방법(方法)으로 재혈(裁穴) 하는 것이니 참고하기 바란다.

대저 천재(天財)성에서 평뇌(平腦)격은 토성(土星)의 진원(眞元)이 되는 것인데 개구(開口)하였다 함은 용호(龍虎)를 만들어 놓은 것이니 그 혈(穴)을 호위하는 구역[衛區]을 설정한 것이다. 이는 이를 천수(穿水)라 하는 것이니 가히 취(取)할 수 있는 것이다. 그러므로 그 역량(力量)도 정체(正體)의 다음가는 것으로 복록(福祿)도 빠르고 금은보화도 가장 왕성[最旺金銀]하다. 이에서 중요(重要)한 것은 배후(背後)에서 안을 쌓아주므로 주밀(周密)하여야 하며, 이에서 마땅치 아니한 것은 평뇌(平腦)가 지나치게 길어서[太長] 도리어 탕체(蕩體)가 되어서 왕사소년(枉死少年)할까 걱정되는 것이다. 이는 꼭 그러하니 의심하지 말 것이다.

무릇 개구성신(開口星辰)은 영광(靈光)이 중(中)으로 합취(合聚)하고 여기(餘氣)는 안[內]으로 분행(分行)하며 자웅(雌雄)이 상고(相顧)하고 혈맥(血脈)이 교통(交通)하는 고로 이를 길혈(吉穴)이라 한다.

　이에서 오직 중요(重要)한 것은 권중(圈中)이 원정(圓淨)하고 와내(窩內)가 충융(冲融)하며 신(身)이 낮게 부(俯)하였으면 혈(穴)은 마땅히 취맥(就脈)하여 게고(揭高) 방관(放棺)할 것이고 면이 높이 쳐 들었으면[面仰] 혈(穴)은 마땅히 잠현좌입(蘸弦坐入)으로 방관(放棺)할 것이다. 이렇게 되어야 득지(得之)라 한다.

　이 성신(星辰)에서 가장 꺼리[最忌]는 것은 당권(堂捲)이며 더욱 혐오(嫌惡)하는 것은 낙조(落槽)이니 당권(堂捲)하면 외기(外氣)가 불횡(不橫)이요, 낙조(落槽)하면 길성(吉星)이 자괴(自壞)하기 때문이다.

　이 성신(星辰)은 본시 발음[本蔭]이 일사칠의 자리[一四七位]에서 복록(福祿)을 입으므로 좌사(左砂)의 송수(送水)를 꺼리지 아니한다.

　이 성신(星辰)을 만든 용(龍)이 신(辰)술(戌)축(丑)미(未)의 세력(勢力)을 경유(經由)하여야 행맥(行脈)하고 곤궁(坤宮)의 기(氣)를 득(得)하여야 성형(成形)한다. 좌향(坐向)에서도 축(丑)간(艮)미(未)곤(坤) 좌(坐)가 되면 왕성(旺盛)한 기운(氣運)이 형세(形勢)와 상응(相應)하게 되는 것이다.

　이 성신(星辰)은 원두(源頭)에서 도락(倒落)하여 거(居)하기를 좋아하고 수구(水口)에서 융결(融結)하기를 기뻐한다.

　이곳을 입혈(立穴) 할 때에 만약 장법(葬法)이 최선(最善)이었다면 출생인(出生人)의 상모(相貌)가 중후(重厚)하고 심성(心性)이 소통(疎通)하며 행사(行事)가 박실(撲寔)하다. 무

(戊)기(己)신(辰)술(戌)축(丑)미(未) 생인(生人)이 먼저 발음(受蔭)하고 신(申)자(子)신(辰)년(年)에 발달(發達)한다.

만약 후용(後龍)이 상격(上格)이면 벼슬이[官至] 항치(坑治)에 이르고 중격(中格)이면 주치시박(主治市舶)하고 하격(下格)이면 권화(權貨)의 직(職)에 들고 귀격(貴格)이 전무(全無)하더라도 역시 큰 장사로서 대부(富商)를 하고 자손과 인물[人丁]이 또한 크게 왕성[大旺]하다.

이곳에 묘(墓)를 쓰고 처음 출생하는 사람[初生人]이 든후(敦厚)하면 기가 왕성함[氣盛]에 이른 것이고 구걸인(口乞人)이 출생(出生)하면 기가 쇠약함[氣衰]에 이른 것이다.

이 체(體)에서 옥궤형(玉几形)이 많이 나온다. 금퇴(金堆)를 작(作)하면 좋다

### 시(詩)

**天財平腦穴宜扦 開口元來福力小**

(천재평뇌혈의천 개구원래복력소)

"평뇌천재를 혈로서 천장하여도 마땅한데 개구하면 원라 작은 복력이 있는 것이다."

**要識高低分俯仰 兒孫代代出名賢**

(요식고저븐부앙 아손대대출명현)

"고저를 중요하지 알아야 하니 부앙을 나누면 아손에 대대로 명현이 출생하리라."

## 개구평뇌(開口平腦)

轉金

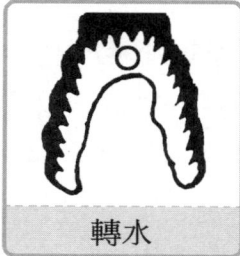
轉水

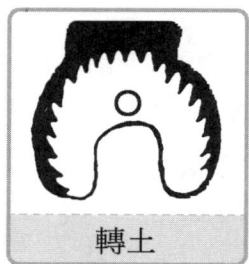
轉土

轉火

轉木

金火

水金

火水

木水

火土

木火

## 3. 현유평뇌(懸乳平腦)

**원문(原文)** … 懸乳平腦

　　　　第三天財是懸乳 此穴人皆取
　　　　看來端的是牛眠 乳上好安扦

此星腦方身狹 面平開兩脚生乳 故名曰懸乳平腦天財
有八體 其乳方者爲穿土 當乘土穴 量中心立穴 員者
爲乘金 當開土取金 向墜處立穴 尖者爲帶火 乘土就
火 穿兩臂立穴 曲者爲生水 當舍土就水 尋動處立穴
直者爲夾木 富靠土斬木 踏中停立穴 此五者爲正格也
有兩乳者 名曰雙星 有乳中生脚有歧者 名曰麒麟 並
可兩穴 有三乳者 名曰三台 此三者爲變格也 立穴並
以前五體爲法 諸體凡懸乳者 皆依此論之 外有帶曜者
圖見正體篇 夫天財平腦者 乃土星眞形 懸乳則爲金水
玄武垂頭 故可取也 力量與正體平腦一同 而爲福尤緊
最旺蠶絲禾穀 金銀寶貨 背后要包畏周密 平腦不宜太
長 凡懸乳星辰 生氣凝聚而下垂 靈光發露而外現 兩
宮俱到 一乳中生 此故爲之吉穴 惟要圈中舒暢 乳上
員淨 王氣分形 三停下穴 是爲得之 最忌堂塞 尤嫌水
冲 堂塞則人物凶頑 水冲則田牛退敗 乃不可不察 此
星本陰一四七位衣祿 故不畏左砂送水 由辰戌丑未之
勢而行脉 得坤宮之氣而成形 坐向得丑艮未坤 皆爲氣

旺而形應 喜傍江河 臨好田驛 若安扦合法 生人相貌
重厚 心性質寔 行事撲直 戊巳辰戌丑未命人受蔭 申
子辰年發達 若后龍合上格者 官治坑治 合中格者 主
治市舶 合下格者 權貨之任 若全無貴格者 亦主富足
初生敦厚之人 則氣盛也 至生腎癩之人 則氣衰也 此
體多爲牛眠形 宜作金堆

詩曰 天財平腦是眞形 生乳分明穴自成
　　 五體三形宜細認 一門朱紫御街行

### 시(詩)

**第三天財是懸乳　此穴人皆取** (제삼천재시현유 차혈인개취)

"세 번째 평뇌천재는 현유이니 이 혈을 사람들은 다 취한다."

**看來端的是牛眠　乳上好安扦** (간래단적시우면 유상호안천)

"이 성신을 보면 단적으로 우면형이니 유상에 안천하는 것이 좋으리라."

　이 성신(星辰)은 두뇌(頭腦) 부분이 모가나 방(方)하고 몸통[身]은 협(狹)하며 바닥과 면(面)은 평탄(平坦)하다. 양 다리[兩脚]를 개각(開脚)하고 그 안으로 유(乳)를 생(生)하였으므로 현유평뇌천재(懸乳平腦天財)라 하였다.
　이에 팔체(八體)가 있는데 그 유(乳)가 방(方)한 것을 천토

(穿土)라 하니 마땅히 토혈(土穴)로 다스릴 것이니[乘] 중심(中心)을 헤아려 입혈(立穴)하여야 한다. 그 유(乳)가 둥근 것은 승금(乘金)이라 하니 마땅히 개토(開土)에 취금(取金)하여 추락처[墜處]를 향(向)하여 입혈(立穴)한다. 첨(尖)한 것을 대화(帶火)라 하니 승토(乘土)하고 취화(就火)하여 양팔[兩臂]을 천(穿)하여 입혈(立穴)한다. 곡(曲)한 것을 생수(生水)라 하니 마땅히 토를 버리고[舍土] 취수(就水)하여야 하므로 동처(動處)를 찾아 입혈(立穴)한다. 직(直)한 것을 협목(夾木)이라 하니 마땅히 토를 따르고 목을 잘라[靠土斬木] 답중정(踏中停)하여 입혈(立穴)한다. 이상 다섯 격(五格)을 정격(正格)이라 한다.

 또 양유(兩乳)로 된 것이 있는데 쌍성(雙星)이라고도 하며, 또 양유(兩乳) 중에서 다시 생각(生脚)한 것이 있는데 그것이 기(歧)처럼 된 것을 기린(麒麟)이라 하며 양혈(兩穴) 모두 가(可)하다. 또 삼유(三乳)로 된 것이 있는데 삼태(三台)라 한다. 이상 세 격(三格)을 변격(變格)이라 하는데 입혈(立穴)은 앞의 다섯 체의 격국[五體格]과 같은 방법(方法)으로 한다. 이외의 현유격(懸乳格)으로 된 제체(諸體) 모두를 이 논(論)에 의(依)할 것이다.

 이밖에도 요(曜)를 대(帶)한 것이 있는데 정체편(正體編)의 도설(圖說)을 참고(參考)하기 바란다.

 대저 천재평뇌(天財平腦)는 토성(土星) 중에서도 진형(眞形)을 말하는 것이며 현유(懸乳) 후라 함은 곧 금수(金水)형이 된 것이니 현무(玄武)에 수두(垂頭)한 것이 되므로 반드시 후에 낙산[後樂]이 없더라도 길혈(吉穴)로 가(可)히 취(取)할 만한 것이다. 이는 정체평뇌(正體平腦)와 역량(力量)이 동일(同一)하므로 복(福)이 더욱 긴[緊]하고 재물(財物)이 최왕(最旺)하다. 이는 낙산이 아니라도 배후(背後)나 좌우에서 안을 쌓아주어 주밀(周密)함을 요(要)하고 평뇌(平腦)가 태장(太長)함도 마땅치 못한[不宜] 것이다.

무릇 현유성신(懸乳星辰)은 생기(生氣)는 응취(凝聚)하여 하수(下垂)하고 영광(靈光)은 발로(發露)하여서 밖으로 나타내주며[外現] 양궁(兩宮)이 함께 이르러서[俱到] 가운데의 한 유(一乳)를 생(生)하는 것이니 길혈(吉穴)이 된다. 오직 중요(重要)한 것은 권중(圈中)이 서창(舒暢)하고 유상(乳上)이 원정(圓淨)하며 오기(五氣)로 분형(分形)되는 것이니 삼정(三停)을 찾아 하혈(下穴)할 것이다. 이렇게 되면 득지(得之)하는 것이다.

이 성신(星辰)에서 가장 꺼리는[最忌] 것은 당색(堂塞)이요, 더욱 혐오(嫌惡)하는 것은 수충(水冲)이니 당권(堂塞)이면 인물(人物)이 흉완(凶頑)하고 수충(水冲)하면 전우(田牛)가 퇴패(退敗)하기 때문이다.

이 성신(星辰)은 본시의 발음[本蔭]이 첫째, 넷째, 일곱째 자리[一四七位]에 녹(祿)을 입으므로 좌사(左砂)의 송수(送水)를 꺼리지 아니한다.

이 성신(星辰)을 만든 용(龍)은 신(辰)술(戌)축(丑)미(未)의 형세(形勢)를 경유(經由)하여야 행맥(行脈)하고 곤궁(坤宮)의 기(氣)를 득(得)하여야 성형(成形)한다. 좌향(坐向)에서도 축(丑)간(艮)미(未)곤(坤) 좌(坐)가 되면 왕성한 기운이(氣旺) 형세(形勢)와 상응(相應)하는 것이 된다.

이 성신(星辰)은 강하(江河)의 옆[傍]에 거(居)함을 기뻐하고 들이나 사람이 갋이 통래하는 전역(田驛)에 임(臨)하기를 좋아한다.

이 성신(星辰)을 이용할 때 장법(葬法)이 최선(最善)이면 출생인(出生人)의 상모(相貌)가 중후(重厚)하고 심성(心性)이 질실(質寔)하고 행사(行事)가 박직(撲直)하다. 무(戊)기(己)신(辰)술(戌)축(丑)미(未) 생인(生人)이 먼저 발복(受蔭)하고 신(申)자(子)신(辰)년(年)에 발달(發達)한다.

만약 이 성신(星辰)을 만든 후용(後龍)이 상격(上格)이면 벼슬이 항치(坑治)를 하게 되고 중격(中格)이면 시박(市舶)을 다스리고 하격(下格)이면 권화(權貨)의 직(職)을 맡게 되고 귀격(貴格)이 전무(全無)하더라도 큰 부자로서[大富] 이름을 남긴다.

이곳에 묘(墓)를 쓰고 처음 출생하는 사람[初生人]이 돈후(敦厚)하던 기가 왕성(氣盛)함에 이른 것이고 풍나인(瘋癩人)이 출생하면 기가 다 되어 쇠약하였음을[氣盡衰] 알 것이다.

이 체(體)에 우민형(牛眠形)이 많이 나온다. 금퇴(金堆)를 작(作)하면 길(吉)하다.

### 시(詩)

### 天財平腦是眞形 生乳分明穴自成
(천재평뇌시진형 생유분명혈자성)

"평뇌천재는 이것이 진형이니 생유가 분명하면 혈은 저절로 만들어진다."

### 五體三形宜細認 一門朱紫御街行
(오체삼형의세인 일문주자어가행)

"오체삼형을 자세히 살피는 것이 마땅하니 한 가문의 주자 관복이 어가를 행하리라."

## 현유평뇌(懸乳平腦)

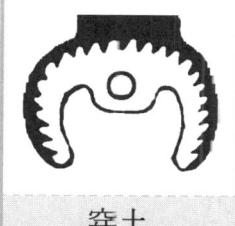
穿土

垂金

帶火

生水

夾木

雙星

麒麟

三台

## 4. 궁각평뇌(弓脚平腦)

**원문(原文)** ⋯ 弓脚平腦

第四天財號弓脚 橫來要後托
蒼龍顧尾是眞形 家富有聲名

此星腦方身狹 面平開口抱穴 故名曰弓脚平腦天財 有二體 其脚一短一長者 爲正格也 穿長者下穴 兩脚交牙者 爲變格也 穿中心下穴 然立穴 皆當以四煞法消息而用之 有帶曜者 圖見正體篇 夫天財平腦弓脚 背後要包裹周密 平腦不宜太長 長則主出少亡枉死 內堂關鎖周密 發越極快 但胸襟窄狹 若是右脚須長 不可以虎過明堂及啣屍爲疑 凡弓脚星辰 靈光向內而隱藏 餘氣挽先而回抱 明堂聚而應案連枝 此故爲吉穴 惟要脚頭逆轉 可防水口無關 欲定高低 當登左右 是爲得之 最忌脚高過眼 尤嫌虎遶擎拳 過眼則人品凡愚 擎拳則子孫衰敗 乃不可不察 此星本蔭一四七位衣祿 故不畏左砂逆水 由辰戌丑未之勢而行脉 從坤宮受氣而成形 坐向得未坤艮丑 皆爲氣旺而形應 好落源頭水尾 喜居龍脊山腰 若安扦合法 生人相貌重厚 心性宛轉 行事撲直 戊巳辰戌丑未命人受蔭 申子辰年發達 若后龍合上格者 官治坑治合中格者 官治市舶 下格者 權貨之任 若全無貴格者 亦主富足 初生敦厚之人 則氣

盛也 至生跛足之人 則氣衰也 此體多爲蒼龍捲尾形
宜作金堆

詩曰 弓脚天財腦本平 穴居聚處古今稱
　　　明堂虎過何須滯 富貴無窮有令名

### 시(詩)

**第四天財號弓却　橫來要後托** (제사천재호궁각 횡래요후탁)
"네 번째 평뇌천재는 궁각이니 횡용이면 후탁이 중요하고"

**蒼龍顧尾是眞形　家富有聲名** (창용고미시진형 가부유성명)
"창용고미형이면 참된 것이니 가문의 부로 이름을 날리리라."

이 성신(星辰)의 두뇌(頭腦)는 둥글지 못하여 방(方)하고 몸통[身]은 좁아서 협(狹)하며 바닥과 얼굴[面]은 평탄(平坦)하다. 양다리를 만들어 개구(開口)한 다음 포혈(抱穴)하였으므로 궁각평뇌천재(弓脚平腦天財)라 하였다.

이에 두 체(二體)가 있는데 그 각(脚)이 한쪽은 장(長)하고 한쪽은 짧은[短] 것을 정격(正格)이라 하는데 장각을 뚫고[穿長] 하혈(下穴)한다. 또 양각(兩脚)이 교아(交牙)한 것을 변격(變格)이라 하며 중심(中心)을 뚫어서[穿] 하혈(下穴)한다. 그러나 입혈(立穴)은 모두 사살장법(四殺葬法)으로 소식

(消息)하고 사용할 것이다.

이 체(體)에도 요(曜)를 대(帶)한 것이 있는데 정체편의 도설(圖說)을 참고(參考)할 것이다.

대저 천재평뇌궁각(天財平腦弓脚)은 배후(背後)에 낙산(樂山)이 있으면 좋으나 없더라도 안을 겹겹이 싸주어 주밀(周密)함을 요(要)하나 평뇌(平腦)가 태장(太長)한 것은 마땅치 못하다. 만약 장(長)하면 주(主)는 소망을 주장하고 바르지 못한 죽음[少亡枉死]이 나타나게 하기 때문이다.

이곳의 국세(局勢)는 내당(內堂)이 관쇄주밀(關鎖周密)하므로 발월(發越)은 극쾌(極快)하나 다만 흉금(胸襟)이 핍착(窄狹)한 점이 불만이다. 만약 우각(右脚)이 길어서[長] 백호가 되었을 때 백호(白虎)가 명당(明堂)을 지나치는[過] 것은 불가(不可)하니 시신(屍身) 모양의 사(砂)가 될까봐 의심되기[喞屍爲疑] 때문이다.

무릇 궁각성신(弓脚星辰)은 영광(靈光)이 안[內]으로 향(向)게 하여 놓고 은장(隱藏)시켰으며 여기(餘氣)는 먼저 끌어들여 놓고 회포(回抱)하였으며, 또한 명당(明堂)으로 끌어 모아놓고 응안(應案)을 연지(連枝)시켰으므로 길혈(吉穴)에 드는 것이다. 오직 중요(重要)한 것은 각두(脚頭)가 역전(逆轉)하여야 하고, 방해(妨害)가 되는 것은 수구(水口)에 관쇄됨이 없는[無關] 것이다.

이곳을 답산(踏山)할 때 고저(高低)를 정(定)하고자 할 때에는 마땅히 좌우(左右)를 번갈아 올라보고 결정(決定)할 것이다.

이 성신(星辰)에서 가장 꺼리는[最忌] 것은 다리가 너무 높아서[脚高] 눈높이[過眼]를 넘는 것이며 더욱 혐오(嫌惡)하는 것은 백호가 주먹을 쥐고 덤비는 기세[虎澆擎拳]이니 과안(過眼)하면 인품(人品)이 어리석고 격권(擎拳)하면 자손(子孫)이 쇠패(衰敗)하기 때문이다.

이 성신(星辰)에서의 발음은 본시[本蔭] 첫째, 넷째, 일곱째 자리[一四七位]에서 녹(祿)을 입으므로 좌사(左砂)가 송수(送水)하는 것을 꺼리지 않는다.

이 성신(星辰)을 만든 용(龍)은 신(辰)술(戌)축(丑)미(未)의 세력(勢力)을 경유(經由)하여야 행맥(行脈)하고 곤궁(坤宮)의 기(氣)를 받아야 성형(成形)한다. 좌향(坐向)에서도 미(未)곤(坤)간(艮츤(丑) 좌(坐)가 되면 왕성한 기운(氣旺)이 형세(形勢)와 상응(相應)하고 있는 것이다.

이 성신(星辰)은 원두(源頭)에서부터 낙(落)하여 수미(水尾)에 임(臨)하기를 좋아하고 용의 척상(龍脊)인 산의 허리[山腰]에 거(居)하기를 기뻐한다.

이곳을 이용할 때에 장법(葬法)이 최선(最善)이었다면 출생인(出生人)의 상모(相貌)가 중후(重厚)하고 심성(心性)이 완전(宛轉)하며 행사(行事)가 박직(撲直)하다. 무(戊)기(己)신(辰)술(戌)축(丑)미(未) 생인(生人)이 먼저 수음(受蔭)하고 신(申)자(子)신(辰)년에 발달(發達)한다.

만약 이 성신(星辰)의 후용(後龍)이 상격(上格)이면 관치(官治)에 항치(坑治)하고 중격(中格)이면 관치(官治)에 시박(市舶)에 이르고 하격(下格)이면 권화(權貨)의 직(職)을 맡게 되며 귀격(貴格)이 전무(全無)하더라도 역시 주(主)는 부를 족하게[富足] 한다.

이곳에 묘(墓)를 쓰고 처음 출생하는 사람[初生人]이 돈후(敦厚)하면 기(氣)가 왕성(旺盛)함에 이른 것이고 피족인(跛足人)이 출생(出生)하면 기(氣)가 쇠진(衰盡)하였음을 알 것이다.

이 체(體)에 창용권미형(蒼龍捲尾形)이 많다. 금퇴(金堆)를 작(作)하면 길(吉)하다.

### 시(詩)

#### 弓脚天財腦本平 穴居聚處古今稱
(궁각천재뇌본평 혈거취처고금칭)

"궁각평뇌천재는 두뇌 부분이 평평하니 혈은 모이는 곳에 거한다는 것이 고금에서 칭하는 바이다."

#### 明堂虎過何須滯 富貴無窮有令名
(명당호과하수체 부귀무궁유령명)

"명당을 백호가 지나치면 어찌하여 반드시 체한다고 하는가? 부귀가 무궁하고 영명까지 있는데!"

## 궁각평뇌(弓脚平腦)

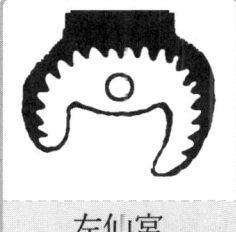
左仙宮

右仙宮

左交牙

右交牙

## 5. 쌍비평뇌(雙臂平腦)

> 원문(原文) … 雙臂平腦

第五天財是雙臂 平腦尤難過
形如伏虎最威雄 世代自與隆

此格腦方身狹 面平身開兩臂 故名曰雙臂平腦天財 其臂有左右俱雙者 須要彎抱 或作交牙尤佳 此爲正格也 有左雙右單者 有右雙左單者 須要穴上見其均勻 此二者爲變格也 立穴皆當以四煞法消息而用之 有帶曜者 圖見正體篇 夫天財平腦雙臂最宜藏風聚氣 但背後須要包畏周密 平腦不宜太長 長則枉死少亡 此體福極快綿遠 其右雙左單者 爲之叠指 喜賭錢財 然龍眞穴正 決不破家 若穴不見者 則尤不忌 若雙臂星辰 靈光自足而舒徐 眞氣有餘而磅礴 東西兩到 內外重回 此斷爲之吉穴 惟忌案應臨近明堂聚前 立穴必取天心 折水要依星步 是爲得之 最忌內臂尖射 尤嫌元辰直長 尖射則吉星亦凶 直長則善星反惡 乃不可不察 此星本蔭一四七位衣祿 故不畏左砂迭水 由辰戌丑未之勢而行脉 得坤宮之氣而成形 坐向得丑艮未坤 皆爲氣旺而形應 好傍大溪之側 喜臨兩水合流 若安扦合法 生人相貌寬厚 心性機巧 行事撲直 戊巳辰戌丑未生人受蔭申子辰年發達 若后龍合上格者 官之轉運 合中格者

主治市舶 合下格者 權貨之任 若全無貴格者 亦主富
足 初生敦厚之人 則氣盛也 至生六趾之人 則氣衰也
此體爲伏虎形 宣作金堆

詩曰 平腦天財臂出雙 元辰多是水流長
　　　案山若近斯爲美 人口旺庄冠一鄕

### 시(詩)

**第五天財是雙臂 平腦尤難過** (제오천재시쌍비 평뇌우난과)
 "다섯 번째 쌍비천재는 쌍비이니 평뇌에서는 더욱 지나치기 어려워라."

**形如伏虎最威雄 世代自與隆** (형여복호최위웅 세대자여융)
 "형이 복호와 같으면 가장 웅위한 것이니 세대를 이어 스스로 흥융하리라."

이 성신은 두노가 모가 나서 방(方)하고 몸통[身]은 좁아 협(狹)하며 바닥이나 얼굴[面]은 평탄(平坦)하며 몸[身]에서 양 팔둑[兩臂]을 열었다. 그러므로 쌍비평뇌천재(雙臂平腦天財)라 하였다.

그 팔둑[臂]이 좌우(左右)로 모두 쌍(雙)으로 된 것이 있는데 이때에 반드시 중요한 것은 팔둑이 안쪽으로 굽어 감싸 안아줘야[須要彎抱] 하는데 혹 교아가 되었으면 더더욱 아름다운[或作交牙尤佳] 것이다. 이것을 정격(正格)이라고 한다. 또 어느 한쪽은 쌍(雙)인데 한쪽은 단(單)으로 된 것을 변격(變格)이라 하며, 모름지기 중요(重要)한 것은 혈상(穴上)에서 볼 때 균균(均勻)하여야 한다. 이상 모두 입혈(立穴)은 마땅히 사살장법(四殺葬法)으로 소식(消息)하여 쓰는 것이다.

또 다시 요(曜)를 대(帶)한 것이 있는데 정체편의 그림과 설명[圖說]을 참고(參考)하기 바란다.

대저 천재평뇌쌍비(天財平腦雙臂)는 장풍취기(藏風聚氣)함이 가장 마땅한 것이고 배후(背後)에서도 안을 쌓아주어 주밀(周密)하여야 한다. 그러나 평뇌(平腦)가 너무 길어 태장(太長)한 것은 불가(不可)하니 평뇌(平腦)가 태장하면 바르지 못한 뜻밖의 죽음이 소년에게서[枉死少亡] 나타나기 때문이다. 이 체(體)는 발복(福)이 극쾌(極快)하기도 하고 오래[綿遠]간다. 그러나 우쌍좌단(右雙左單)한 것을 첩지(疊指)라 하는데 도박으로 재산을 모으기도[喜賭錢財] 하는데 용진(龍眞)하고 혈정(穴正)하면 결단코 파가(破家)하지는 않는다. 만약 혈상(穴上)에서 보이지 않으면 더욱 꺼릴 것이 없다.

무릇 쌍비성신(雙臂星辰)은 영광(靈光)이 자족(自足)하지만 서서히 펼쳐[舒徐] 나가며 진기(眞氣)는 유여(有餘)하여 널리 가득[磅礴]하며 동서(東西)에서 함께 이르고[兩到] 내외(內外)가 거듭 회포[重回]하므로 이 혈(穴)은 길혈(吉穴)이 되는 것이다.

오직 중요(重要)한 것은 응안(應案)이 가까이에서 임하여야 하고[臨近] 명당(明堂) 앞으로 모여줘야[聚前] 하는 것이다. 이 혈(穴)을 반드시 천심(天心)을 취(取)할 것이며 절수(折水)는 반드시 성보(星步)에 의(依)함이 중요(重要)하다.

이 성신(星辰)에서 가장 꺼리는[最忌] 것은 안쪽의 팔뚝이 칼끝처럼 삐쭉하여 혈을 쏘는 것이며[內臂尖射] 더욱 혐오(嫌惡)하는 것은 원진(元辰)이 직장(直長)한 것이니 첨사(尖射)하면 길성(吉星)이 흉성(凶星)으로 변(變)하기 때문이고 직장(直長)하면 선성(善星)이 도리혀 악성의 성정을[又惡] 갖기 때문이다.

이 성신(星辰)은 본시 발음[本蔭]이 첫째, 넷째, 일곱째 자리[一四七位]에 녹(祿)을 입으므로 좌사(左砂)의 송수(送水)를 꺼리지 아니한다.

이 성신(星辰)을 만든 용(龍)은 신(辰)술(戌)축(丑)미(未)의 세력(勢力)를 경유(經由)하여야 행맥(行脈)하고 곤궁(坤宮)의 기(氣)를 받아 득(得)하여야 성형(成形)한다. 좌향(坐向)에서도 축(丑)간(艮)미(未)곤(坤) 좌(坐)가 되면 왕성한 기운(氣旺)이 형세(形勢)와 상응(相應)하는 것이다.

이 성신(星辰)은 큰 내[大溪]를 끼고 그 옆[側]에 거(居)하기를 좋아하고 두 물이 합하여 흐르는[兩水合流] 곳에 임(臨)하기를 기뻐한다.

이곳의 장법(葬法)이 최선(最善)이면 출생인(出生人)의 상모(相貌)가 관후(寬厚)하고 심성(心性)이 기교(機巧)하며 행사(行事)가 박직(樸直)하다. 무(戊)기(己)신(辰)술(戌)축(丑)미(未) 생인(生人)이 먼저 수음(受蔭)하고 신(申)자(子)신(辰)

년(年)에 발달(發達)한다.

만약 후용(後龍)이 상격(上格)이면 벼슬이 전운(轉運)에 이르고 중격(中格)이면 주치(主治) 시박(市舶)하며 하격(下格)이면 권화(權貨)의 직(職)에 이르고 귀격(貴格)이 전무(全無)하더라도 주(主)는 부를 크게[富足]하다.

이곳에 묘(墓)를 쓰고 처음 출생하는 사람[初生人]이 돈후(敦厚)하면 기가 왕성(盛氣)함에 이른 것이고 여섯 손가락[六指(趾는 오자(誤字)인듯)人]이 출생(出生)하면 기(氣)가 쇠진(衰盡)한 것임을 알 것이다.

이 체(體)에 복호형(伏虎形)이 많다. 금퇴(金堆)를 작(作)하면 좋다.

### 시(詩)

平腦天財臂出雙　元辰多是水流長
(평뇌천재비출쌍 원신다시수류장)

"평뇌천재에서는 팔뚝이 쌍으로 생출 한 것이니 원진수가 많아 길게 흐르는 경우가 많으며"

案山若近斯爲美　人口田壓冠一鄕
(안산약근사위미 인구전압관일향)

"안산이 만약 가까우면 이것이 아름다움이니 인구와 전답으로 한 고을을 덮으리라."

## 쌍비평뇌(雙臂平腦)

左右俱雙

夾勢

夾刃

左雙右單

右雙左單

## 6. 단고평뇌(單股平腦)

> **원문(原文)** … 單股平腦

　　　　　第六天財是單股　此是平頭土
　　　　　形如睡象最奇哉　扞着足田財

此星腦方身狹　面平開一脚　故名單股平腦天財　有四體　其脚有微弓者　爲垂金弓過者　爲正格也　宜對腦下　一邊開脚微弓者　名單提　亦有弓過者　名曰蟠龍　皆爲變格也　宜以左右前後定其高低下穴　外有帶曜者　圖見正體篇　夫天財單股平腦　不宜太長　凡單股星辰　靈光本盛而中聚　餘氣不足而獨垂　左右須有一虧　上下初無二用　此故爲之吉穴　然單股必須逆轉　兩宮定要湊成　穴貴隈藏　局宜周密　是爲得之　最忌穴畔風吹　面前水去　風吹則諷散生氣　水去則牽動土牛　乃不可不察　此星本蔭一四七位衣祿　故不畏左砂迏水　由辰戌丑未之勢而行脉　得坤宮之氣而成形　坐向得丑艮未坤　皆爲氣旺而形應　好居盡龍之所　喜臨大驛之傍　若安扞合法　生人相貌重厚　心性質寔　行事撲直　戊巳辰戌丑未命人受蔭　申子辰年發達　若后龍合上格者　官治坑治　合中格者　主治市舶　合下格者　權貨之任　若全無貴格者　亦主富足　初生敦厚之人　則氣盛也　至生折足之人　則氣衰也　此體爲睡象形　宜作金堆

> 詩曰　天財單股腦元平　龍虎須還外湊成
> 　　　逆水轉來爲第一　功名富貴此中評

### 시(詩)

**第六天財是單股　此是平頭土** (제육천재시단고 차시평두토)

"여섯 번째 천재는 단고인데 이곳의 평뇌는 평두토를 말함이다."

**形如睡象最奇哉　扦着足田財** (형여수상최기재 천착족전재)

"형이 즐고 있는 코끼리와 같으면 가장 기특함이로다! 이를 알아보고 하장하면 전재가 풍족하리라."

이 성신(星辰)은 두뇌(頭腦) 부분이 토성(土星)이니 방(方)하고 몸통[身]은 협(狹)하며 바닥의 얼굴[面]은 평탄(平坦)하다, 한쪽 다리[一脚]만을 벌렸다고 하여 단고평뇌천재(單股平腦天財)라 하였다.

이에는 사체(四體)가 있는데 그 각(脚)이 미미하게 둥근 미궁(微弓)인 것을 수금(垂金)이라 하고 궁과(弓過)하여 곡곡(曲)한 것을 전수(轉水)라 하는데 이 두 격(格)이 정격(正格)이다. 입혈(立穴)은 뇌(腦)를 대(對)하도록 하혈(下穴)한다.

또 뇌하(腦下) 어느 한쪽 변(一邊)으로 유(乳)를 내려 결작(結乳)시켜놓고 다른 한 변(一邊)으로는 개각(開脚)하여 미궁(微弓)한 것을 단제(單提)라 하며 각(脚)이 완전히 궁과(弓

過)한 것을 반용혈(蟠龍穴)이라 하는데 이 둘이 변격(變格)이니 좌우전후(左右前後)의 고저(高低)를 보고 하혈(下穴)하는 것이다.

이밖에도 요(曜)를 대(帶)한 것이 있는데 정체편의 도설(圖說)을 참고(參考)할 것이다.

대저 천재단고평뇌(天財單股平腦)는 다리가 태장(太長)함이 불의(不宜)하고 절고(折股)함도 불가(不可)하니 혈(穴)이 되는 지가 의심되기 때문이다.

무릇 단고성신(單股星辰)은 영광(靈光)이 본시 왕성[本盛]하고 중으로 모아[中聚]주며 여기(餘氣)는 부족(不足)하나 한 다리로만 독수(獨垂)하며 좌우(左右) 중에서 비록 한쪽이 이즈러져[一虧] 있다고 하나 상하(上下) 간에 당초부터 두 쓰임이 없는[初無二用] 것이니 역시 길혈(吉穴)이 된다. 그러나 단고(單股)는 그 한 다리가 반드시 역전(逆轉)하여야 하고 양궁(兩宮)이 협력하여 주성(湊成)함을 요(要)하며 혈(穴)은 한쪽으로 감추어[隈藏] 줌을 귀(貴)로 하고 국(局)은 마땅히 주밀(周密)하여야 한다.

이 성신(星辰)에서 가장 꺼리는[最忌] 것은 혈반(穴畔)에서 바람 타는[風吹] 것이요, 더욱 혐오(嫌惡)하는 것은 면전(面前)으로 물이 빠져 나가는[水去] 것이니 풍취(風吹)하면 생기(生氣)가 표산(飄散)되고 수거(水去)하면 견동(牽動) 토우(土牛)하기 때문이다.

이 성신(星辰)은 본시 발음[本蔭]이 첫째, 넷째, 일곱째 자리[一四七位]에 녹(祿)을 입으므로 좌사(左砂)의 송수(送水)

를 꺼리지 아니한다.

 이 성신(星辰)을 신(辰)술(戌)축(丑)미(未)의 세력(勢力)을 경유(經由)하여야 행맥(行脈)하고 곤궁(坤宮)의 기(氣)를 득(得)하여야 성형(成形)한다. 좌향(坐向)에서도 축(丑)간(艮)미(未)곤(坤) 좌(坐)가 되면 왕성한 기운(氣旺)이 형세(形勢)와 상응(相應)하는 것이다.

 이 성신(星辰)은 본시 장원(長遠)한 용(龍)이 끝나는 대진 처[龍盡]에 거(居)하기를 좋아하고 사람이 많이 내왕하는 대역(大驛)의 옆에 임(臨)하기를 기뻐한다.

 이곳을 이용할 때 만약 장법(葬法)이 최선(最善)이었다면 출생인(出生人)의 상모(相貌)가 중후(重厚)하고 심성(心性)이 질식(質寔)하며 행사(行事)가 박직(撲直)하다.

 이곳에 묘(墓) 쓴 후 무(戊)기(己)신(辰)술(戌)축(丑)미(未) 생인(生人)이 먼저 수음(受蔭)하고 신(申)자(子)신(辰)년에 발달(發達)한다.

 만약 이 성신을 만든 후용(後龍)이 상격(上格)이면 관치(官治)에 항치(坑治)하고 중격(中格)이면 주치(主治) 시박(市舶)하고 하격(下格)이면 권화(權貨)의 직(職)에 이르고 귀격(貴格)이 전므(全無)하더라도 부(富)만은 풍족(豊足)하다.

 묘(墓) 쓴 후 처음 출생하는 사람[初느人]이 돈후(敦厚)하면 기가 왕성(氣盛)함에 이른 것이고 절족인(折足人)이 출생하면 기가 다 되어 쇠약[氣衰]함에 이른 것이다.

 이 체(體)에서 수상형(睡象形)이 많이 나온다. 금퇴(金堆)를 작(作)할 것이다.

### 시(詩)

### 天財單股腦元平　龍虎須還外湊成
(천재단고뇌원평 용호수환외주성)

"천재단고의 평뇌는 두뇌가 원평하니 용호가 반드시 돌아주어 외기를 주성시켜야 하니"

### 逆水轉來爲第一　功名富貴此中評
(역수전래위제일 공명부귀차중평)

"역수가 전래하는 것을 제일로 삼는 것이니 부귀와 공명을 이 중에서 평론 되리라."

## 단고평뇌(單股平腦)

左垂金

右垂金

左轉水

右轉水

左單提

右單提

左蟠龍

右蟠龍

## 7. 측뇌평뇌(側腦平腦)

**원문(原文)** … 側腦平腦

第七天財名側腦 醜中還有好
駱駝飮水是眞形 乳在側邊生

此星腦方面狹 邊高邊低 開脚生乳低處 故名曰側腦天財 有二體 其脚有均勻者 名曰仙宮 此爲正格也 有一脚短一脚長弓過者 名曰紐會 此爲變格也 皆當樂立穴 外有帶曜者 圖見正體篇 夫天財平腦側腦 氣聚一邊 縱須有乳氣 亦要后樂分明 不宜直長 長則人主枉死 不嫌腦側生氣 聚處卽穴也 凡側腦星辰 直氣不凝於腦下 靈光自現於乳中 昔人名曰左右仙宮 今號偏斜怪穴 頭顱雖別 力量本同 此故爲之吉穴 惟應要案聚前 樂星聳后 穴宜踏逆 面喜張朝 是爲得之 最忌案山飛走 尤嫌背后空疎 飛走則是虛花 空疎則爲騰漏 乃不可不察 此星本蔭一四七位衣祿 故不畏左砂迸水 由辰戌丑未之勢而行脉 得坤宮之氣而成形 坐向得丑艮未坤 乃爲氣旺而形應 好倒落於水口 喜融結於山腰 若扞合法 生人相貌重厚 心性扐執 行事撲直 戊巳辰戌丑未命人受蔭 申子辰年發達 若后龍合上格者 官治坑冶 合中格者 主治市舶 合下格者 權貨之任 若全無貴格者 亦主富足 初生敦厚之人 則氣盛也 至生歪腦之人 則

氣衰也 此體爲駱駝卸寶形 宜作金堆

**詩曰** 腦平生俱號天財 有乳分明自可裁
若得樂星來照后 榮華富貴有梯媒

### 시(詩)

**第七天財名側腦 醜中還有好** (제칠천재명측뇌 추중환유호)

"일곱 번째 천재는 측뇌이니 추 한가운데 도리혀 좋은 곳이 있는 것이다."

**駱駝飮水是眞形 乳在側邊生** (낙타음수시진형 유재측변생)

"낙타음수형이 되면 이것이 진형이니 유는 한쪽 변에다 발생시킨다."

이 성신(星辰)은 두뇌(頭腦) 부분이 모가나 방(方)하고 바닥과 얼굴[面]은 평탄하면서도 몸통은 좁으며[狹] 한쪽 변은 높고 한쪽 변은 낮은데[邊高邊低] 양쪽 다리를 벌려[開脚] 낮은 곳으로[低處] 유를 생[生乳] 하였다 하여 측뇌천재(側腦天財)라 하였다.

이에 두 체(二體)가 있는데 그 각(脚)이 균균(均勻)한 것을 선궁(仙宮)이라 하며 정격(正格)으로 삼으며, 또 한 각(一脚)은 장(長)하고 한 각(一脚)은 짧은데 긴 다리가 짧은 다리를 궁과(弓過)한 것을 유회(紐會)라 하며, 변격(變格)이 된다.

이 모두 낙산(樂山)을 의지(依持)하여 입혈(立穴)하는 것이다.

이밖에도 요(曜)를 대(帶)한 것이 있는데 정체편(正體編)의 도설(圖說)을 볼 것이다.

대저 천재(天財) 성신(星辰)에서 평뇌측뇌(平腦側腦)는 기(氣)가 한쪽 변(一邊)으로 모이는 것이기는 하나 이에서는 유기(乳氣)가 반드시 있어야 증거를 잡을 수 있으며 후락(後樂)이 분명(分明)하여야 함도 빼놓을 수 없는 것이다. 이에서 다시 주의해야 할 것은 유(乳)가 곧고 긴[直長] 것은 마땅치 못하니[不宜] 젊은 자손의 바르지 못하고 원통한 죽음[枉死]을 주장하기 때문이다.

이 성신(星辰)이 두뇌(頭腦)가 한쪽으로 편측(側)하다고 하여 혐오(嫌惡)가 되지는 않으나 생기(生氣)가 모이는 곳을 찾아서 하혈(下穴)하여야 함이 요구되는 것이다.

무릇 측뇌성신(側腦星辰)에서는 진기(眞氣)가 뇌하(腦下)에서 엉키지 아니하므로 영광(靈光)을 유중(乳中)에다가 자연스럽게 나타나게[自現] 하는 것이다. 옛 사람이 "좌선궁이다 우선궁이다[左右仙宮]"하는 것이 이것이다. 그러나 지금 사람들은 편사(偏斜)한 괴혈(怪穴)이라고 한다. 두로(頭顱)가 혈(穴)과는 비록 다르나 역량(力量)은 본시 같이 나타[本同]내므로 길혈(吉穴)이 되는 것이다.

이 성신(星辰)에서 오직 중요(重要)한 것은 응안(應案)이 앞으로 모여줘야[聚前] 하고 낙성(樂星)이 높이 뒤를 받쳐줘야[聳後] 한다. 혈(穴)은 마땅히 답역(踏逆)함이 마땅하며 면(面)으로는 안산(案山)과 조산(朝山)이 장조(張朝)하여야 득지하는 것이다.

이 성신(星辰)에서 가장 꺼리는[最忌] 것은 안산(案山)이 비주(飛走)하는 것이고 더욱 혐오(嫌惡)하는 것은 배후(背後)에 텅 비어 공소(空疎)한 것이니 비주(飛走)하면 허화(虛花)일 뿐이고 공소(空疎)하면 진기(眞氣)가 붕루(騰漏=崩漏가 오자임)하기 때문이다.

이 성신(星辰)은 본시 발음[本蔭]이 첫째, 넷째, 일곱째 자리[一四七位]에서 녹(祿)을 입으므로 좌사(左砂)의 송수(送水)를 꺼리지 아니한다.

이 성신(星辰)을 만든 용(龍)은 신(辰)술(戌)축(丑)미(未)의 세력(勢力)을 경유(經由)하여야 행맥(行脈)하고 곤궁(坤宮)의 기(氣)를 득(得)하여야 성형(成形)한다. 좌향(坐向)에서도 축(丑)간(艮)미(未)곤(坤) 좌(坐)가 되면 왕성한 기운(氣旺)이 형세(形勢)와 상응(相應)하는 것이다.

이 성신(星辰)은 수구(水口)에로 도락(倒落)하여 거(居)함을 좋아하고 산으(山腰)에서 융결(融結)하는 것을 기뻐한다.

이곳을 이용(利用)할 때에 만약 장법(葬法)이 최선(最善)이었다면 출생인(出生人)의 상모(相貌)가 중후(重厚)하고 심성(心性)이 요집(抝執)하며 행사(行事)가 박직(撲直)하다.

무(戊)기(己)신(辰)술(戌)축(丑)미(未) 생인(生人)이 먼저 수음(受蔭)하고 신(申)자(子)신(辰)년에 발달(發達)한다.

만약 후용(後龍)이 상격(上格)이면 관치(官治) 항치(坑治)하고 중격(中格)이면 주치(主治) 시박(市舶)하고 하격(下格)

이면 권화(權貨)의 직(職)을 맡게 되며 귀격(貴格)이 전무(全無)하더라도 부(富)만은 충분[足]하다.

이곳에 묘(墓)를 쓴 후 처음 출생하는 사람[初生人]이 돈후(敦厚)하면 기(氣)의 왕성(旺盛)함에 이른 것이고 왜노인(歪腦人)이 출생하면 기(氣)가 다 되어 쇠진(衰盡)한 것임을 알 것이다.

이 체(體)에 낙타함보형(駱駝卸(啣인 듯)寶形)이 많다. 마땅히 금퇴(金堆)를 작(作)할 것이다.

### 시(詩)

### 腦平生側號天財 有乳分明自可裁
(뇌평생측호천재 유유분명자가재)
"평평한 뇌를 한 옆에다 발생시킨 것을 천재라 하였는데 유가 분명하게 나타나 있으면 재혈이 가한 것이다."

### 若得樂星來照後 榮華富貴有梯媒
(약득낙성내조후 영화부귀유제매)
"만약 낙성이 뒤에 와서 비쳐주면 부귀와 영화에 오르는 매개가 되리라."

## 측뇌평뇌(側腦平腦)

左扳鞍

右扳鞍

左紐會

右紐會

## 8. 몰골평뇌(沒骨平腦)

**원문(原文)** … 沒骨平腦

第八天財名沒骨 此法休尋突
山林猛虎使人驚 穴向動中生

此星腦方身狹 口開肩下 故名曰沒骨平腦天財 有四體 其肩下開口 有一脚彎巧 一脚粗蠻者 名曰搖拳 有一邊雙脚 一邊單脚者 名曰疊指 皆從口上軟硬相夾處 斬斷氣脈立穴 此二者爲正格也 有腦下生乳 或長直 或峻大 不可立穴者 名曰吐舌 肩下兩傍 取前應後樂 分左右立穴 有其乳彎曲 抱左抱右 不可立穴者 名曰張膽 肩下兩傍 可兩穴 此二者爲變格也 外有帶曜者 圖見正體篇 夫天財平腦沒骨 氣聚一邊 腰中宜狹 若長則出人枉死 於凹處立穴 必須細小 以其薄弱 故以沒骨名之 凡沒骨星辰 形勢旣有偏斜 氣脈必趨左右 潛踪難認 開口爲憑 須奇怪之不同 與端正而何異 此故爲之吉穴 必須前迎堂氣 後對樂星 莫嫌穿薄穿空 只要夾堅夾軟 是爲得之 最忌后龍失勢 尤嫌前案無情 失勢決定非眞 無情斷然是假 乃不可不察 此星本蔭 一四七位衣祿 故不畏左砂送水 由辰戌丑未之勢而行 脈 得坤宮之氣而成形 坐向得丑艮未坤 皆爲氣旺而形應 好居餘龍大盡 喜臨兩水合流 若安扦合法 生人相

> 貌重厚 心性柔弱 行事撲直 戊巳辰戌丑未生人受蔭
> 申子辰年發達 若后龍合上格者 官至轉運 合中格者
> 主治市舶 合下格者 權貨之任 若全無貴格者 亦主富
> 商 大旺蠶絲禾谷 初生敦厚之人 則氣盛也 至生跎背
> 之人 則氣衰也 此體多爲猛虎出林形 宜作金堆
>
> 詩曰 平腦沒骨號搖拳 穴法從來背後邊
> 　　 莫泥穿空斜與側 若還無樂亦堪扦

### 시(詩)

**第八天財名沒骨　此法休尋突** (제팔천재명몰골 차법휴심돌)

"여덟 번째 평뇌천재는 몰골이니 이는 법이 돌을 찾는데 있음이다."

**山林猛虎使人驚　穴向動中生** (산림맹호사인경 혈향동중생)

"산림 속의 맹호에 사람들을 놀라게 할 것이니 혈은 동중에서 발생하리라."

이 성신(星辰)의 두뇌(頭腦) 부분이 모가나 방(方)하고 몸통[身]은 협(狹)하며 어깨 아래로[肩下] 개구(開口)하였으므로 몰골평뇌천재(沒骨平腦天財)라 하였다.

이에는 사체(四體)가 있는데 그 하나는 견하(肩下)에 개구(開口)한 것인데 한 각(一脚)은 부드럽게 돌아 안아주어 만교(彎巧)하고 다른 한 각(一脚)은 거칠고 억세게 조만(粗蠻)한 것인데 이것을 요권(搖拳)이라 하고, 또 한 변(一邊)은 쌍각(雙脚)이고 일변(一邊)은 단각(單脚)인 것을 첩지(疊指)라 하는데 이 모두 구상(口上)의 연경상협처(軟硬相夾處)에 참단기맥(斬斷氣脈)하여 입혈(立穴)한다. 이 두 격(格)이 정격(正格)이 된다.

또 뇌하(腦下)로 유(乳)를 생(生)한 것이 있는데 혹 장직(長直)하기도 하고 혹 준대(峻大)하기도 하여 입혈(立穴)할 수 없는 경우인데 옛 사람들은 "토설형(吐舌形)"이라 하여 견하(肩下)의 양방(兩傍) 어느 쪽이든 전응(前應)이 아름답고 후락(後樂)이 확실한 것을 취(取)하여 입혈(立穴)하는 것이다. 또 그 유(乳)가 만곡(彎曲)하여 좌측을 안았거나 우측을 안았으므로[抱左抱右] 입혈(立穴)이 불가(不可)할 때에는 이를 옛 사람들은 "장첨혈(張膽穴)"이라 하는데 이때에는 견하(肩下)의 양방(兩傍) 어느 쪽에 입혈(立穴)하는 것이다. 이상 둘을 변격(變格)이라 한다.

이밖에도 요(曜)를 대(帶)한 것이 있는데 정체편(正體篇)의 도설(圖說)을 참고(參考)할 것이다.

대저 천재평뇌몰골(天財平腦沒骨)은 기(氣)를 한 변으로(一邊) 모아 놓는 것이다. 그러므로 허리 가운데[腰中]가 좁고 짧아야 아름다운[宜狹] 것인데 만약 너무 길면 출생인(出生人)이 바르지 못하고 변칙한 사망(死亡)을 주장하기 때문이다. 재혈은 동처(動處)인 요처에 입혈[凹處立穴] 하는 것이 마땅하다.

이 체(體)는 본시 박약(薄弱)한 혈성(穴星)이므로 작은 것까지 놓치지 않고 세소(細小)하게 살펴야 한다. 그러므로 몰골(沒骨)이란 이름을 사용한 것이다.

 무릇 몰골성신(沒骨星辰)은 형세(形勢)가 이미 편사(偏斜)하므로 기맥(氣脈)이 반드시 좌나 우로 쫓아 흐르는데 잠종(潛踪)되어 감추어졌으므로 알아보기가 어려우므로 개구(開口)한 것을 증거로 하여서 찾는 것이다. 비록 기괴(奇怪)하므로 정체와 부동(不同)한 것 같으나 실제로는 단정(端正)함과 다를 바가 없으므로 길혈(吉穴)이 된다.

 이에서 필수적인 조건[必須條件]은 전앙(前迎)으로 당기(堂氣)를 누설치 않아야 하고 후로[後對]는 낙성(樂星)이 있어야 하니 이와 같다면 천박천공(穿薄穿空)이라고 혐오(嫌惡)할 것이 없고 단지 협견협연(夾堅夾軟)만을 분별(分別)하여 재혈(裁穴)하여야 함을 요(要)하는 것이다.

 또 이 성신(星辰)에서 가장 꺼리는 것은 후용(後龍)이 실세(失勢)됨이요, 더욱 혐오(嫌惡)하는 것은 전안(前案)이 무정(無情)한 것이니 실세(失勢)하면 결정(決定)코 비진(非眞)이요, 무정(無情)하면 단정(斷定)코 가짜[假]일 뿐이기 때문이다.

 이 성신(星辰)은 본시 발음[本蔭]이 첫째, 넷째, 일곱째 자리[一四七位]에서 녹(祿)을 입으므로 좌사(左砂)의 송수(送水)를 꺼리지 아니한다.

 이 성신(星辰)을 만든 용(龍)은 신(辰)술(戌)축(丑)미(未)의 세력(勢力)을 경유(經由)하여야 행맥(行脈)하고 곤궁(坤

宮)의 기(氣)를 득(得)하여야 성형(成形)한다. 좌향(坐向)에서도 축(丑)간(艮)미(未)곤(坤) 좌(坐)가 되면 왕성한 기운(氣旺)이 형세(形勢)와 상응(相應)하는 것이다.

이 성신(星辰)은 간용(幹龍)의 대진처(大盡處)에 거(居)하기를 좋아하고 양수(兩水)가 합하여 흐르는[合流] 곳에 임(臨)하기를 기뻐한다.

이곳을 이용할 때 장법(葬法)이 최선(最善)이었다면 출생인(出生人)의 상모(相貌)가 중후(重厚)하고 심성(心性)이 유약(柔弱)하며 행사(行事)가 박직(撲直)하다. 무(戊)기(己)신(辰)술(戌)축(丑)미(未) 생인이 먼저 음덕을 받고[受蔭] 신(申)자(子)신(辰)년에 발달(發達)한다.

만약 후용(後龍)이 상격(上格)이면 벼슬이 전운(轉運)에 이르고 중격(中格)이면 주치(主治) 시박(市舶)하고 하격(下格)이면 권화(權貨)의 직(職)에 이른다. 귀격(貴格)이 전무(全無)하더라도 역시 주부(主富)하고 잠사(蠶絲)와 화곡(禾穀)이 크게 왕성(大旺)하다.

이곳에 묘(墓)를 쓴 후 처음 출생하는 사람(初生人)이 돈후(敦厚)하면 기(氣)가 왕성(旺盛)함에 이른 것이고 타배인(跎背人)이 출생(出生)하면 기(氣)가 쇠진(衰盡)함에 이른 것을 알 것이다.

이 체(體)에 맹호출림형(猛虎出林形)이 많이 나온다. 금퇴(金堆)를 작(作)하면 좋다.

### 시(詩)

### 平腦沒骨號搖拳　穴法從來背後邊

(평뇌몰골호요권 혈법종래배후변)

"평뇌몰골을 요권이라 하는데 혈법은 종래부터 배후의 변에서 찾는 것이다."

### 莫泥穿空斜與側　若還無樂亦堪扦

(막니천공사여측 약환무낙역감천)

"천공에 빠지고 기울고 편측하다고 말하지 말라, 만약 돌아서 안으면 낙성이 없더라도 역시 천장이 가한 것이다."

## 몰골평뇌(沒骨平腦)

左搖拳

右搖拳

左疊指

右疊指

右吐舌

左吐舌

張膽

## 9. 평면평뇌(平面平腦)

> **원문(原文)** … 平面平腦

第九天財是平面 土氣聚須辨
若還四直號方盤 中心最好安

此星腦員直而方 面平而低 故名曰平腦平面天財 有七體 其脉直來 有如卜字 有如下字 有如曲字 不可當頭中下穴 爲犯主脉煞 宜以龍來分左右 尋窟突處倚穴 若粗大則立枯穴 其脉橫來 有如一字者 有如上字者 有如曲字者 然者不可當腰中下穴 爲犯斬脉煞 宜以龍來分左右中 尋窟突處立撞穴 又四方穴 居中心四傍 力輕須要分曉 體亦難拘 但橫直不亂 方正不偏者 便是偏財平腦 諸體多有平落者 此處惟平處有之 眞龍起伏多結此穴 力量與正體大同 凡平腦星辰 靈光凝聚於坦夷 生氣流行於低下 精神收斂 造化完全 此所以謂之吉穴 必須形勢來止 堂局周密 賓主有情 左右無缺 細推動靜 詳察浮沉 是爲得之 最忌胎息孤寒 血脉反背 孤寒則人丁衰替 反背則家業消亡 乃不可不察 此星本蔭一四七位衣祿 故不畏左砂逆水 由辰戌丑未之勢而行脉 得坤宮之氣而成形 坐向得艮未坤 皆爲氣旺而形應 喜臨溪傍路 好度水穿田 若安扞合法 生人相貌重厚 心性平相 行事樸直 戌巳辰戌丑未命人受蔭

> 申子辰年發達 若后龍合上格者 官掌坑治 轉運 合中
> 格者 主掌市舶茶盤 合下格者 權貨之任 若全無貴格
> 者 亦主富商巨賈 多積金銀 大旺蠶絲禾谷 初生敦厚
> 之人 則氣盛也 至生爬面之人 則氣衰也 此體多名隨
> 其狀以喝形 更宜大開塋 宜作金堆
>
> 詩曰 天財平腦有多般 紫氣同形請細看
> 　　 依法安扦休犯煞 兒孫享福更爲官

### 시(詩)

**第九天財是平面　土氣聚須辨** (제구천재시평면 토기취수변)

"아홉 번째 천재는 평면이니 토기가 모이는 곳을 분변 하여야 한다."

**若還四直號方盤　中心最好安** (약환사직호방반 중심최호안)

"만약 사직이 되었으면 도리어 방반(네모난 소반)이 될 것이니 중심에 안장함이 가장 좋으리라."

　이 성신(星辰)의 두뇌(頭腦) 부분은 둥글고 모가 나며 곧으면서도 길다[直長而方]. 바닥과 얼굴[面]은 평탄(平坦)하고 낮게[低] 누워 있다. 그러므로 평뇌평면천재(平腦平面天財)라 하였다.
　이에는 칠체(七體)가 있는데 그 맥(脈)이 직래(直來)하여

복자(卜字)와 같다거나 하자(下字)와 같은 것과 곡자(曲字)와 같은 것 등이 있는데, 이들은 당두중(當頭中)에다가 하혈(下穴)함이 불가(不可)하니 주(主)는 주맥살(主脈殺)을 범(犯)하기 때문이다. 이들은 마땅히 내용(來龍)을 좌우(左右)로 나누어 굴돌처(窟突處)를 찾아 의혈(倚穴)의 장법(葬法)으로 하장(下葬) 하여야[倚穴] 하는데 만약 조대(粗大)하면 점혈(枯穴=粘穴이 잘못 된 듯)로 바꿔 입혈(立穴) 할 것이다.

또한 맥(脈)이 횡래(橫來)하여 일자(一字)와 같이 되었거나 상자(上字)와 같이 되었다거나 곡자(曲字)와 같은 것 등이 있는데, 이 모두 요중(腰中)에는 하혈(下穴)함이 불가(不可)하니 참먹살(斬脈殺)을 범(犯)하기 때문이다. 이들은 마땅히 오는 용[龍來]으로서 좌우중(左右中)을 나누어 굴돌처(窟突處)를 찾아내어 당혈(撞穴)로서 입혈(立穴) 할 것이다.

또 사방혈(四方穴)이 있는데 사방(四傍)의 중심(中心)에 거(居)하는 것으로 역량(力量)이 가우며 체(體)도 잡기 어려우나 분요(分曉)가 확실(確實)함이 중요(重要)하고 횡직(橫直) 간(間)에 난잡(亂雜)하거나 산란하지 아니 하여야[不亂] 하며 방정(方正)하고 편벽(偏僻)하지도 아니 하여야 한다.

이상의 천재 격(偏財=天財인 듯) 중에서 평뇌(平腦)의 여러 체[諸體]들은 평양(平洋)으로 평락(平落)한 곳에 많으며 진용(眞龍)이 기복(起伏)한 곳에 이 혈(穴)을 많이 결작(結作)하는 것이니 역량(力量)은 정체(正體)와 비교하여 대동(大同)하다.

무릇 천재(天財)에서 평뇌(平腦) 성신(星辰)은 영광(靈光)

이 평탄(坦夷)한 곳으로 응취(凝聚)하고 생기(生氣)는 낮은 아래쪽[低下]으로 유행(流行)하며 정신(精神)을 수렴(收斂)하여 조화(造化)를 완전(完全)하게 하므로 길혈(吉穴)이 되는 것이다.

　이 성신(星辰)에서 반드시 지켜져야 할 필수조건(必須條件)은 큰 용(龍)의 세(勢)가 와서 그치는 곳이어야 하고 당국(堂局)이 주밀(周密)하여야 하며 빈주(賓主)가 유정(有情)하여야 하고 좌우(左右)가 무결(無缺)하여야 하니 동정(動靜)을 세밀(細密)하게 추리하고 부침(浮沈)을 상찰(詳察)하여야 득지(得之)한다.

　이 성신(星辰)에서 가장 꺼리는[最忌] 것은 태식(胎息)이 고한(孤寒)함이요, 더욱 혐오(嫌惡)하는 것은 혈맥(血脈)이 반배(反背)함이니 고한(孤寒)하면 곧 인정(人丁)이 쇠체(衰替)하고 반배(反背)하면 가업(家業)이 소망(消亡)하기 때문이다.

　이 성신(星辰)은 본시 발음[本蔭]이 첫째, 넷째, 일곱째 자리[一四七位]에 녹(祿)을 받게 되므로 좌사(左砂)의 송수(送水)를 꺼리지 아니한다.

　이 성신(星辰)을 만드는 용(龍)은 신(辰)술(戌)축(丑)미(未)의 세력(勢力)을 경유(經由)하여야 행맥(行脈)하고 곤궁(坤宮)의 기운(氣運)을 득(得)하여야 성형(成形)한다. 좌향(坐向)에서도 축(丑)간(艮)미(未)곤(坤) 좌(坐)가 되면 왕성한 기운(氣旺)이 형세(形勢)와 상응(相應)한 것이다.

　이 성신(星辰)은 큰 내나 도로[溪路]의 옆[傍]에 임(臨)하기를 좋아하고 물을 건너서[度水] 들 가운데[穿田]에 거(居)하기를 좋아한다.

이곳을 이용(利用) 할 때 장법(葬法)이 최선(最善)이었다면 출생인(出生人)의 상모(相貌)가 중후(重厚)하고 심성(心性)이 평탄(㞗相)하며 행사(行事)가 박직(撲直)하다.

이곳에 묘(墓)를 썼다면 무(戊)기(己)신(辰)술(戌)축(丑)미(未) 생인(生人)이 먼저 수음(受蔭)하고 신(申)자(子)신(辰)년에 발달(發達)한다.

만약 후용(後龍)이 상격(上格)이면 관장(官掌)이 항치(坑治)에 이르고 전운(轉運) 벼슬까지 하며 중격(中格)이면 주장(主掌)이 시박다반(市舶茶盤)하며 하격(下格)이면 권화(權貨)의 직(職)에 들게 된다. 만약 귀격(貴格)이 전무(全無)하더라도 주(主)는 거상부족(巨商富足)하고 금은다적(金銀多積)한다.

묘(墓) 쓴 후 처음 출생하는 사람[初生人]이 돈후(敦厚)하면 기가 왕성함[氣盛]에 이른 것이고 파면인(爬面人)이 출생(出生)하면 기(氣)가 다 되어 쇠진(衰盡)하였음을 알 것이다.

이 체(體)에는 그 형상(形狀)에 따라 각각 알형(喝形)을 세우게 되는 경우가 많다. 마땅히 크게 개영(開塋)하여 하혈(下穴)하되 금퇴(金堆)를 작(作)하면 길(吉)하다.

### 시(詩)

**天財平腦有多般　紫氣同形請細看**

(천재평뇌유다반 자기동형청세간)

"천재 평뇌에는 일반적으로 자기와 같은 형이 많으니 청컨대 자세히 살펴야 하리라."

**依法安扦休犯殺　兒孫享福更爲官**

(의법안천휴범살 아손향복갱위관)

"안천을 법에 의하면 살을 범치 않을 것이니 아손이 향복하고 다시 벼슬까지 하리라."

## 평면평뇌(平面平腦)

卜字

下字

左曲尺

右曲尺

方盤

一字

上字

左曲尺

右曲尺

金斗

# 6부 천강성(天罡星)

## 1. 정체천강(正體天罡)

**원문(原文)** … 正體天罡

> 第一天罡爲正體 車蓋形無二
> 此星凶毒最難當 囚死陣中亡

此星腦員身尖 面飽不開脚 故名曰正體天罡 惟有一體 天罡者 乃甲宮之象也 金頂火脚 相戰不受穴凶 宜居龍虎 外守禦門戶 然有正體太陽 出火攞燥 與此相似 但太陽腰軟面平 天罡腰硬面飽 若誤托之者 生人相貌粗大 心性狼戾 行事强暴 主爲軍賊 充劊爲屠 女姤妻淫 父頑子逆 其爲禍也 發瘟動火 杠子杠屍 剋子刑妻 興訟招謗 遭兵被劫 徒配他州 初敗長位 次及中小 丙丁巳午命人受蔭 寅午戌年 乃爲禍發之期 此格最爲凶毒

> 詩曰　天罡惡曜號天魁　正本言來是禍胎
> 　　　帶曜太陽最相似　請君仔細莫輕裁

### 시(詩)

**第一天罡爲正體　車盖形無二** (제일천강위정체 거개형무이)
"첫 번째 천강은 정체이니 거개형으로 둘도 없음이다."

**此星凶毒最難當　囚死陳中亡** (차성흉독최난당 수사진중망)
"이 성신은 흉독하여 가장 감당하기 어려우니 수사와 진중에서 사망하기 때문이다."

이 성신(星辰)의 두뇌(頭腦) 부분은 둥글고 신(身)은 첨(尖)하며 면(面)은 불룩[面飽]한데 개각(開脚)함이 없으므로 이름을 정체천강(正體天罡)이라 하였다. 이에는 유일(唯一)하게 한 체(體)밖에 없다.

천강(天罡)이라 함은 갑자(甲字) 모양이라 하여 갑궁(甲宮)의 상(象)이라 한다. 이는 금정(金頂)에 화각(火脚)을 띠었으므로 상극(相剋) 상전(相戰)하므로 흉성(凶星)이 되어 혈(穴)을 결작(結作) 시키지 못한다. 그러므로 용호(龍虎) 밖으로 문호(門戶)를 지키는 수어(守禦) 사(砂)로서 마땅한 것이다.

이 천강격(天罡格)은 정체태양(正體太陽)의 출화격(出火格)이나 파조격(擺燥格)과 유사(類似)함이 있어서 혼돈(混沌)하기 쉬우므로 주의해야 한다. 정체태양(正體太陽)은 요연면평(腰軟面平)이라 하였으니 허리가 유연(柔軟)하고 얼굴 바닥은 평평(平平)하나, 천강(天罡)은 요경면포(腰硬面飽)라 하였으니 허리가 굳어 부어있고 얼굴 바닥도 불러 불룩한 것이 다르다.

 만약 태양성(太陽星)인 줄 잘못 알고 천장(罡葬)한다면 출생인(出生人)의 상모(相貌)가 조대(粗大)하고 심성(心性)이 한려(狠戾)하며 행사(行事)가 강폭(强暴)하다. 그러므로 군적(軍賊)을 주재(主宰)하기도 하지만 끊고 베고 죽이는 일을 [充憎爲屠] 즐겨하며 남자는 탈선 오역(忤逆)하고 여자는 음란하며[女姤妻淫] 부완자역(父頑子逆) 한다는 것이 이 성신(星辰)에서 나타나는 화(禍)이다. 또한 발온동화(發瘟動火)하고 강자강시(杠子杠屍)하며 가정에서는 극자형처(剋子荊妻)하고 초패장위(初敗長位)하며 이어서 둘째, 셋째까지도 쇠패하게 되며 밖으로는 흥송초방(興訟招搒)하고 조병 피겁(遭兵被劫)하며 주배타주(走配他州)하는 것이 그 화이다.

 이곳에 묘(墓)를 쓴 후 병(丙)정(丁)사(巳)오(午) 생인(生人)이 음해(陰害)를 먼저 받고 인(寅)오(午)술(戌)년(年)에 처음으로 화(禍)가 발생하기 시작한다.

 지리학(地理學)에서 이 성신(星辰)의 격국(格局)이 되는 것이 가장 흉독(凶毒)하다.

### 시(詩)

**天罡惡曜號天魁　正本言來是禍胎**

(천강악요호천괴 정본언래시화태)

"천강악요를 천괴라 하는데 바른 체를 원래부터 화를 잉태하는 성신이라 말한다."

**帶曜太陽最相似　請君仔細莫經裁**

(대요태양최상사 청군자세막경재)

"태양이 요를 더한 것과 가장 상사하므로 군에게 청하건대 자세히 볼 것이며 경솔하게 하혈하지 말 것이다."

## 2. 개구천강(開口天罡)

**원문(原文)** … 開口天罡

第二天罡號開口 轉水休嫌醜
將軍大坐最威權 邊閫立奇功

此星腦員身尖 面平開兩脚 故名曰開口天罡 惟有一體 直下壓殺穴(謂之挨金剪失也) 與開口太陽帶火者相似(太陽腰軟天罡腰硬) 宜細辨認 夫天罡本四凶之一 金頭火脚 上下交戰 穴之觸怒犯威 若開員口 則爲穿水 水來剋火 母破鬼傷 子來救護 魁退則母安 故爲吉轉 凡開口星辰 靈光合聚於 餘氣分行於下 雌雄相顧 血脈相通 此故爲之吉穴 惟要口中員淨 穴內冲融 身俯則穴宜就下揭高 面仰則穴宜蘸弦坐入 是爲得之 最忌巒頭破碎 身體巉巖 破碎則金氣有虧 巉巖則穴神愈熾 乃不可不察 此星本蔭一四七位衣祿 故不畏右砂送水 由巳宮之勢而行脉 得離宮之氣而成形 坐向得巳丙午丁 皆爲氣旺而形應 好倒落於水口 喜融結於源頭 若安扦合法 生人相貌雄偉 心性疎通 行事果敢 丙丁巳午命人受蔭 寅午戌年發達 若后龍合上格者 官至帥閫 合中格者 邊臣之任 合下格者 奉使之職 若全無貴格者 亦主武斷鄕曲 白手成家 廣置田庄 大旺人丁 初生壯大之人 則氣盛也 至生乞口之人 則氣衰也 此體多爲

> 將軍大坐形 宜作金堆 開塋宜深廣 不忌水重
>
> 詩曰　名號天罡身可憎 若還開口便堪稱
> 　　　騎形破煞君須記 豪覇鄕邦白手興

### 시(詩)

**第二天罡號開口　轉水休嫌醜** (제이천강호개구 전수휴혐추)

"두 번째 천강은 개구이니 전수이므로 추하다고 혐오하지 말 것이다."

**將軍大坐最爲權　邊閫立奇功** (장군대좌최위권 변곤입기공)

"장군대좌가 가장 큰 권력이니 변방의 경계에서 기특한 공을 세울 것이다."

이 성신(星辰)은 두뇌(頭腦) 부분이 둥글고 몸[身]은 삐쭉삐쭉하여 첨(尖)하고 얼굴 바닥은 평평(面平)한데 양 다리를 벌렸다 하여 이름을 개구천강(開口天罡)이라 하였다.

이에는 오직 한 체(一體) 밖에 없는데 압살혈(壓煞穴)로 하장(下葬) 하는 것이 마땅하다.

**[필자주(筆者註)]** ○ 때의 압살혈(壓殺穴)은 이른바 금(金)을 끌어주고 화(火)를 전지(剪枝)하여 주는 방법(方法)을 말하는 것이다.(挨金剪火)

이 성신(星辰)은 개구태양(開口太陽)의 대화자(帶火者)와 매우 흡사하여 오판하기 쉬운데 태양(太陽)에서는 요연(腰軟)하고 천강(天罡)은 요경(腰硬)한 것이 다르니 마땅히 자세하게 살펴보고 분별하여야 한다.

대개 천강성(天罡星)이란 사대(四大) 흉성(凶星) 중의 하나이니 금두(金頭)에 화각(火脚)을 달았기 때문에 상하(上下)가 교전(交戰)하기 때문에, 상사(上使) 격인 혈(穴)의 비위를 거슬려놓고 두려워하는 촉노범위(觸怒犯威)라 하여 흉격(凶格)이 된다는 것이다.

그러나 만약 둥글게 개구(開口)를 하였다면 수(水)의 형세(形勢)를 만들었으니[穿水] 수가 극화[水剋火]하므로 어미가 관귀(官鬼)로부터 손상(損傷)되는 것을 모파귀상(母破鬼傷)이라 하고 그 어미를 자식이 와서 구해 주는 것을 자래구호(子來救護)라 하여 구원(救援)해 주니 그 어미가 평안(平安)함을 찾는다는 것이다. 그러므로 길혈(吉穴)로 전환(轉換)되는 것이다.

무릇 개구성신(開口星辰)은 영광(靈光)이 그 가운데로 합취(合聚)하고 여기(餘氣)는 아래로 분행(分行)하며 자웅(雌雄)이 상고(相顧)하고 혈맥(穴脈)이 상통(相通)하니 이른바 길혈(吉穴)이 되는 것이다.

오직 중요(重要)한 것은 구중(口中)이 원정(圓淨)하고 혈내(穴內)가 충융(冲融)하여야 하며 몸이 낮아 신부(身俯)하면 혈(穴)은 마땅히 아래를 취하여[就下] 게고(揭高) 방관(放棺)할 것이며 얼굴을 쳐들어 면앙(面仰)하면 혈(穴)은 마땅히 높이 쳐들려 있으니 잠현(蘸弦)으로 좌입(坐入)시킬 것이다.

이렇게 되었어야 득지(得之)하는 것이다.

　이 성신(星辰)에서 가장 꺼리는[最忌] 것은 만두(巒頭)가 파쇄(破碎)된 것이고 더욱 혐오(嫌惡)하는 것은 신체(身體)가 참암(巉巖)한 것이니 파쇄(破碎)되면 금기(金氣)가 깨져 버리기 때문이고 참암(巉巖)하면 혈신(穴神)에 화기(火氣)가 더욱 더 유치(愈熾)하기 때문이다. 그러므로 자상하게 살피지 않을 수 없는 것이다.

　이 성신(星辰)은 본시 발음[發蔭]이 일사칠의 자리[一四七位]에서 복록(福祿)을 받으므로 좌사(左砂)로 송수(送水)함을 두려워하지 않는다.

　이 성신(星辰)을 만든 용(龍)은 사궁(巳宮)의 세(勢)를 경유(經由)하여야 행맥(行脈)하고 이궁(離宮)의 기(氣)를 득(得)하여야 성형(成形)한다. 좌향(坐向)에서도 사(巳)병(丙)오(午)정(丁) 좌(坐)가 되면 왕성(旺盛)한 기운(氣運)이 형세(形勢)와 상응(相應)하는 것이다.

　이 성신(星辰)은 수구(水口) 근처(近處)에 도락(倒落)하여 거(居)하기를 좋아하고 원두(源頭)에 임(臨)하여서 융결(融結)하기를 기뻐한다.

　만약 이 성신(星辰)에 장법(葬法)이 최선(最善)이었다면 출생인(出生人)의 상모(象貌)가 웅위(雄偉)하고 심성(心性)이 소통(疏通)하며 행사(行事)가 과감(果敢)하다.

　이곳에 묘(墓)를 쓴 후 병(丙)정(丁)사(巳)오(午) 생인(生人)이 수음(受蔭)하고 인(寅)오(午)술(戌)년에 발달(發達)한다.

이 성신(星辰)을 만든 후용(後龍)이 만약 상격(上格)이라면 벼슬이 사곤(師閫)에 이르고 중격(中格)이면 변신(邊臣)의 임무(任務)를 맡게 되고 하격(下格)에 들면 봉사(奉使)의 직책(職責)이 되며 만약 귀격(貴格)이 전무(全無) 하더라도 주(主)는 무단(武斷) 향곡(鄕曲)은 되며 백수(白手)로 성가(成家)하며 전답(田畓)을 널리까지 소유(所有)한다.

이곳에 묘(墓)를 쓴 후 인정(人丁)이 대왕(大旺)하고 처음 출생하는 사람이 장대(壯大)하면 왕성(旺盛)한 기운(氣運)에 이른 것이고 걸구인(乞口人)이 출생(出生)하면 기(氣)가 다되어 쇠진(衰盡)한 것이다.

이 체(體)에 장군대좌형(將軍大坐形)이 많이 나온다. 금퇴(金堆)를 쌓으면 좋다. 개영(開塋)은 깊고 넓어야 하며 수(水)가 중복(重複)되는 것을 꺼리지 아니한다.

### 시(詩)

#### 名號天罡身可憎 若還開口便堪稱
(명호천강신가증 약환개구편감칭)

"이름이 천강이니 몸은 가증할 것이나 만약 개구하여 돌아주었다면 곧바로 칭송이 되리라."

#### 騎形破殺君須記 豪霸鄕邦白手興
(기형파살군수기 호패향방백수흥)

"기형이 되어 살을 파괴하면 군은 반드시 기억할 것이니 향방의 호패를 차고 백수로서 일어서리라."

## 3. 현유천강(懸乳天罡)

**원문(原文)** … 懸乳天罡

第三天罡是懸乳 凶中有吉取
從來此體象人形 扦着正光榮

此星腦員身尖 面平開脚生乳 故名懸乳天罡 有八體 其乳方者 爲穿上 當開火取土 中心立穴 尖者爲帶火 常乘火就肩立穴 曲者爲生水 踏重處立穴 直者爲來木 當舍火就木 分三停立穴 員者爲垂金 當舍火從金 向墜處立穴 燃火法必騎刑破殺方可 此五者爲正格也 有兩乳者 昔人謂之雙星 有兩乳中生 脚有歧者 名曰麒麟 皆可兩穴 有三乳者 名曰三台 可三穴 此三者 爲變格也 往以前五體爲法 夫懸乳者 皆當以此論之 與懸乳太陽乘穴者 畧相似宜細詳之 夫天罡有凶惡之名 以其上金下火 剛燥不受穴 此體開脚生乳 是穿金水母盛子衰 故爲轉吉 凡懸乳星辰 生氣凝聚於下垂 靈光發露而外見 兩宮俱到一乳中生 此故爲之吉穴 惟要圈中舒暢 乳上光圓 五氣分形 三停作穴 是爲得之 最忌巒頭破碎 身體巉巖 破碎則金氣有傷 巉岩則火神愈熾 乃不可不察 此星本蔭一四七位衣祿 故不畏左砂逆水 由巳宮之勢而行脉 得離宮之氣而成形 坐向得巳丙午丁 皆爲氣旺而形應 喜傍江湖 好臨田驛 若安扦合法

> 生人相貌雄偉 心性質寔 行事果敢 丙丁巳午命人受蔭
> 寅午戌年發達 若后龍合上格者 官至節度 合中格者
> 官至統御 合下格者 武擧登科 若全無貴格者 亦主富
> 豪 白手成家 初生肥大之人 則氣盛也 至生瘋癲之人
> 則氣衰也 此體多爲武公端坐形 宜作金堆
>
> 詩曰 天罡人道極爲凶 懸乳垂中勢更雄
> 　　　位鎭邊疆元在此 請君着眼看仙踪

### 시(詩)

**第三天罡是懸乳 凶中有吉取** (제삼천강시현유 흉중유길취)
"세 번째 천강은 현유이니 흉중에서 길함을 취할 수 있으리라."

**從來此體象人形 扦着正光榮** (종래차체상인형 천착정광영)
"이 체를 종래에는 상인형이라 하였는데 천착하면 바른 광영이 있으리라."

이 성신(星辰)의 두뇌(頭腦) 부분은 둥글고[腦圓] 몸[身]은 삐쭉삐쭉하여 첨(尖)하며 면(面)은 평평(平平)하다. 양 다리를 벌려[開脚]놓고 그 가운데로 유(乳)를 발생(發生)하였으므로 현유천강(懸乳天罡)이라 하였다.

이에는 팔체(八體)가 있는데 그 유(乳)가 방(方)한 것을 천토(穿土)라 하는데 마땅히 개화취토(開火取土)하여 중심(中心)에다 입혈(立穴)한다. 첨(尖)한 것을 대화(帶火)라 하는데 상승화

취(常乘火就="當"슥 취화인 듯)하여 어깨[肩]에 입혈(立穴)한다. 곡(曲)한 것을 생수(生水)라 하여 답동처(踏 "重은" 動인 듯, 處)에 입혈(立穴)한다. 직(直)한 것을 협목(夾木)이라 하여 사화취목(舍火就木)하는데 삼정(三停)으로 분(分)하여 입혈(立穴)한다. 유(乳)가 둥근[圓] 것을 수금(垂金)이라 하는데 사화종금(舍火從金) 하고 향추처(向墜處)에 입혈(立穴)한다. 이상 다섯 격(五格)을 정격(正格)이라 하는데 연화법(燃火法)을 사용하되 반드시 기형파살법(騎形破殺法)으로 하여야 가(可)하다.

또 양유(兩乳)로 된 것이 있는데 옛 사람들은 이름을 쌍성(雙星)이라 하였으며, 양유중(兩乳中)에서 다시 생각(生脚)한 것이 있는데 그 각(脚)이 기(歧)로 된 것을 옛 사람들은 기린혈(麒麟穴)이라 하였으며, 두 혈[兩穴] 모두 혈을 취(取)할 수 있다. 또 삼유(三乳)로 된 것이 있는데 이를 삼태(三台)라고도 하며 삼혈(三穴) 모두 가히 취할만[可取] 하다. 이상 삼격(三格)을 변격(變格)이라 한다. 법(法)은 앞의 오체(五體)를 참고하고 의존(依存)하여야 한다.

대저 현유(懸乳)란 마땅히 모두 이와 같은 방법(方法)으로 논(論)하는 것임을 원리라 할 것이다.

이 천강현유(天罡懸乳) 성신(星辰)은 현유태양(懸乳太陽)의 승혈법(乘穴法)과 서로 유사(類似)한 바가 있으므로 자상[詳細]하게 살피지 않으면 안 될 것이다.

대저 천강(天罡)이란 흉악(凶惡)한 성신(星辰)의 이름이니 상금하화(上金下火)로서 강조(剛燥)하기 때문에 혈(穴)을 받지 못하는 것이니 이 체(體)에서는 개각(開脚)하여 유(乳)를 생(生)하였으므로 금수를 뚫어[穿金水]내어 모성자쇠(母盛子衰)라 하여 길(吉)함으로 전환(轉換)되는 것이다.

무릇 현유성신(懸乳星辰)은 생기(生氣)를 아래[下垂]에로 내려 응취(凝聚)시키고 영광(靈光)을 발로(發露)시켜 밖으로 나타내었으며[外見] 양궁(兩宮)이 협력하여 함께 감싸주는 가운데로 한 유(一乳)를 내렸으니 길혈(吉穴)이 되는 것이다.

오직 중요(重要)한 것은 권중(圈中)이 서창(舒暢)하고 유상(乳上)이 광원(光圓)하여야 하며 오기(五氣)로 분형(分形)할 수 있고 삼정(三停)으로 나누어서 작혈(作穴) 하였다면 득지(得之)한 것이다.

이에서 가장 꺼리는[最忌] 것은 만두(巒頭)가 파쇄(破碎)됨이요, 더욱 혐오(嫌惡)하는 것은 신체(身體)가 참암(巉巖)한 것이니 파쇄(破碎)하면 금기(金氣)가 손상(損傷)될 것이고 참암(巉岩)하면 화신(火神)이 유치(愈熾)하기 때문이다.

이 성신(星辰)은 본시 발음[本陰]이 일사칠의 자리[一四七位]에서 복록(福祿)을 입으므로 좌사(左砂)의 송수(送水)라도 꺼리지 않는다.

이 성신(星辰)을 만든 용(龍)은 사궁(巳宮)의 세(勢)를 경유(經由)하여야 행맥(行脉)하고 이궁(離宮)의 기(氣)를 득(得)하여야 성형(成形)한다. 좌향(坐向)에서도 사(巳)병(丙)오(午)정(丁) 좌(坐)가 되면 왕성한 기운(氣旺)이 형세(形勢)에 상응(相應)하는 것이다.

이 성신(星辰)은 강호(江湖)의 옆에서 거(居)하기를 기뻐하고 전역(田驛)의 근처에 임(臨)하기를 좋아한다.

이곳의 장법(葬法)이 최선(最善)이면 출생인(出生人)의 상모(相貌)가 웅위(雄偉)하고 심성(心性)이 질시(質寔)하며 행사(行事)가 과감(果敢)하다. 병(丙)정(丁)사(巳)오(午) 생인(生人)이 수음(受蔭)하고 인(寅)오(午)술(戌)년(年)에 발달(發達)한다.

만약 후용(後龍)이 상격(上格)이면 벼슬이 절도(節度)에 이르고 중격(中格)이면 벼슬이 통어(統御)에 이르며 하격(下格)이면 무거(武擧)로 등과(登科)하며 혹 귀격(貴格)이 전무(全無)하더라도 부(富)만은 크게 하나 자수성가(自手成家)한다.

묘(墓)를 쓴 후 처음 출생하는 사람[初生人]이 비대(肥大)하면 기(氣)가 왕성(盛)함에 이른 것이고 풍나인(瘋癲人)이 출생(出生)하면 기(氣)가 다되어 소진(衰盡)한 것이다.

이 체(體)에 무공단좌형(武公端坐形)이 많다. 금퇴(金堆)를 작(作)하면 아름답다.

### 시(詩)

**天罡人道極爲凶　懸乳垂中勢更雄**

(천강인도극위흉 현유수중세갱웅)

"천강을 인도에서는 지극히 흉하다 하니 현유를 내린 중에는 세가 다시 웅위하여진다."

**位鎭邊疆元在此　請君着眼看仙踪**

(위진변강원재차 청군착안간선종)

"변방을 진압하는 자리에 편안함이 있을 것이니 군에게 청하건대 선종에 착안하라."

## 4. 궁각천강(弓脚天罡)

**원문(原文)** … 弓脚天罡

第四天罡號弓脚 不須嫌醜惡
將軍蹻足最形眞 邊塞立功勳

此體腦員身尖面平 開脚抱穴 故名曰弓脚天罡 有二體 其脚一短一長者 爲正格也 穿長者下穴 兩路交牙者爲變格也 穿中心下穴 犯罡之穴 皆宜壓殺穴 挨金作用 此與弓脚太陽 帶火脚者相似 宜細辨之 夫天罡乃四凶之一 以下剋土 所以凶毒 若兩脚弓環 則爲轉水 母傷子救 故爲轉吉 其脚太長利體穴 用人力鋤之 以使其員方可 內明堂關鎖周密 發越極快 但胸襟窄狹 若是右脚不可虎過明堂 及啣屍爲疑 凡弓脚星辰 靈光在內而隱藏 餘氣挽來而回抱 明堂聚前 應案連技 此故爲之吉穴 惟要脚頭逆轉 可妨水口無關 若定高低高登左右 是爲得之 最嫌破碎 尤忌巉巖 破碎則金氣有虧 巉岩則火神愈熾 乃不可不察 此星本蔭一四七位衣祿 故不畏右砂逆水 由巳宮之勢而行脉 得離宮之氣而成形 坐向得巳丙午丁 皆爲氣旺而形應 好落源水尾 喜居壟脊山腰 若安扦合法 生人相貌雄偉 心性宛轉 行事果敢 巳丙午丁命人受蔭 寅午戌年發達 若后龍合上格者 官至節度 合中格者 統御之職 合下格者 亦主豪覇

> 一脚. 廣進田牛 大旺人丁 白手成家 初生大壯之人
> 則氣盛也 至乞足跛之人 則氣衰也 此體先弓者 多爲
> 將軍蹻足形 交牙者 多爲眞武大坐形 宜作金堆
>
> 詩曰　天罡腦下脚先弓 堪笑時師判作凶
> 　　　 只要騎刑高作穴 如斯扦后日興隆

### 시(詩)

**第四天罡號弓脚　不須嫌醜惡** (제사천강호궁각 불수혐추악)

"네번째 천강은 궁각이니 추악이라고 반드시 혐오는 아니다."

**將軍蹻足最形眞　邊塞立功勳** (장군교족최형진 변새입공훈)

"장군 교족이면 가장 진형이니 변방의 요새에서 공훈을 세우리라."

이 성신(星辰)은 두뇌 부분만이 둥글고[腦圓] 몸통[身]은 삐죽삐죽하여 첨(尖)하며 얼굴인 면(面)은 평평(平平)하다. 길게 다리를 벌리고[開脚] 혈(穴)을 감싸 안았다[抱穴] 하여 궁각천강(弓脚天罡)이라 하였다.

이에 두 체(二體)가 있는데 그 각(脚)이 한 다리는 짧고 한 다리는 긴[一短一長] 것을 정격(正格)이라 하며 긴 다리를 뚫어[穿長] 수혈(受穴)한 곳에 하혈(下穴)한다. 또 두 다리[兩脚]가 교아(交牙)한 것을 변격(變格)이라 하여 중심을 뚫고[穿中心] 하혈(下穴)한다.

 무릇 천강혈(天罡穴)은 압살법(壓殺法)으로 하혈(下穴)하는 것이 가장 마땅한 것이니 금을 따르는 애금법(挨金法)을 작용(作用)하기 위함이다.

 이 천강혈(天罡穴)은 궁각태양(弓脚太陽)이 화각(火脚)을 대(帶)한 것과 매우 비슷하여 자상하게 분변(細辨)하지 않으면 오판(誤判)하기 쉬우니 조심해야 한다.

 대저 천강(天罡)체는 사흉(四凶)성 중의 하나로서 아래에서 위를 극[下剋 "土" 上 인듯]하므로 흉독(凶毒)하다고 하는 것이다. 그러나 만약 양각(兩脚)이 궁환(弓環)하였다면 전수(轉水)가 되어 모상자구(母傷子救)하므로 길성(吉星)으로 바뀌는 것이다. 그러나 만약 그 각(脚)이 태장(太長)하고 첨리(尖利)하면 쓰임에서 인력(人力)으로 조파(鋤破)하여 원(圓)이나 방(方)으로 만들어야 하는 것이다.

 이 성신(星辰)은 내명당(內明堂)이 관쇄주밀(關鎖周密)하므로 발월(發越)이 지극히 빠르므로 극쾌(極快)하다고 하였다. 단지 흉금(胸襟)이 착협(窄狹)한 것은 어쩔 수 없는 결함이다. 만약 이것이 우각(右脚)이라면 백호(虎)가 되는데 백호가 명당(明堂)을 지나[過]가는 것은 불가(不可)하니 대개 시신(屍身)모양의 형상이 되기 쉽기 때문이다. 이를 함시위의(啣屍爲疑)라 하였다.

 무릇 궁각성신(弓脚星辰)은 영광(靈光)을 안에다 감추어 놓았는데도 은장(隱藏)시키고 여기(餘氣)는 안으로 끌어당기는 듯 회포(回抱)하여 명당 앞으로 모아[明堂聚前]주고 응안(應案)이 연지(連技)하므로 길혈(吉穴)이 되는 것이다.

  오직 중요(重要)한 것은 각두(脚頭)가 물을 기준으로 역전(逆轉)하여야 하고 수구(水口)가 관쇄(關鎖)되어야 한다. 고저(高低)를 결정하고자 할 때에는 좌우(左右)에 올라가 보고 정(定)하여야 한다. 이러하면 득지(得之)하는 것이다.

  이에서 가장 꺼리는[最忌] 것은 두뇌가 파쇄(破碎)함이요, 더욱 혐오(嫌惡)하는 것은 참암(巉岩)이니 파쇄(破碎)하면 금기(金氣)가 이지러지기 때문이고 참암(巉巖)하면 화신(火神)이 더욱 치열(愈熾)하기 때문이다.

  이 성신(星辰)은 본시 발음[本蔭]이 일사칠의 자리[一四七位]에서 복록(福祿)을 받으므로 좌사(左砂)의 송수(送水)라도 꺼리지 않는다.

  이 성신(星辰)을 만든 용(龍)은 사궁(巳宮)의 세(勢)를 경유(經由)하여야 행맥(行脈)하고 이궁(離宮)의 기(氣)를 득(得)하여야 성형(成形)한다. 좌향(坐向)에서도 사(巳)병(丙)오(午)정(丁) 좌(坐)가 되면 왕성한 기운이(氣旺)이 형세(形勢)에 상응(相應)하는 것이다.

  이 성신(星辰)은 원두수(源頭水)의 끝[尾]에 낙(落)하여 거(居)하기를 좋아하고 농척(壟脊)의 산요(山腰)에 임(臨)하기를 기뻐한다.

  이곳의 장법(葬法)이 최선(最善)이었다면 출생인(出生人)의 상모(相貌)가 웅위(雄偉)하고 시성(心性)이 완전(宛轉)하며 행사(行事)가 과감(果敢)하다. 사(巳)병(丙)오(午)정(丁) 생인(生人)이 수음(受蔭)하고 인(寅)오(午)술(戌)년(年)에 발달(發達)한다.

 이 성신(星辰)의 후용(後龍)이 상격(上格)이면 벼슬이 절도(節度)에 이르고 중격(中格)이면 통어(統御)의 직책(職責)을 맡게 되며 하격(下格)이면 주(主)는 한 고을에 호패인(豪覇人)이 되고 귀격(貴格)이 전무(全無)하더라도 광진전우(廣進田牛)하며 인정(人丁)이 대왕(大旺)하고 자수성가(自手成家) 대부(大富) 한다.

 이곳에 묘(墓)를 쓰고 처음 출생하는 사람[初生人]이 장대(大壯)하면 왕성한 기운을 받은[氣盛] 것이고 족파인(足跛人)이 출생(出生)하면 기(氣)가 쇠진(衰盡)한 것이다.

 이 체(體)에 선궁혈(先弓穴)은 장군교족형(將軍蹻足形)이 많고 교아혈(交牙穴)에서는 진무대좌형(眞武大坐形)이 많다. 금퇴(金堆)를 작(作)하면 좋다.

### 시(詩)

**天罡腦下脚先弓　堪笑時師判作凶**
(천강뇌하각선궁 감소시사판작흉)

 "천강은 뇌하에서 각이 선궁 하였으니 시사들은 가소로워 하며 흉을 작하는 것으로 판단한다."

**只要騎刑高作穴　如斯扦后日興隆**
(지요기형고작혈 여사천후일흥융)

 "단지 중요한 것은 기형으로 높이 혈을 짓는 곳이니 이곳에 천장한 후 날로 흥융하리라."

## 5. 쌍비천강(雙臂天罡)

**원문(原文)** ··· 雙臂天罡

第五天罡名雙臂 凶神有吉氣
金雞鼓翼是眞形 邊塞仰威名

此星腦員尖面平 邊開兩臂 故名曰雙臂天罡 有三體 其臂有左右俱雙者 須要臂彎弓抱 或作交牙尤佳 此爲正格也 有左雙右單者 有右雙左單者 須要穴上見其均勻 此二者 爲變格也 宜壓殺穴 若穴上見其尖射 宜下藏煞穴 與雙臂天陽帶火者相似 宜細辨別 夫天罡本金火合形 相戰相凌 故不受穴 所以爲凶 此成雙臂 得水氣爲多 水能制火 故吉 其右雙左單者 爲之疊指 喜賭博財帛 然龍眞穴正 水聚山朝 決不破家 若穴上不見 則亦不忌 凡雙臂星辰 靈光自足而舒徐 眞氣有餘而磅礡 東西兩到 內外重回 此所以謂之吉穴 惟宜應案臨近 明堂聚前 立穴必須天心 折水要依星步 是爲得之 最忌巒頭破碎 尤嫌身體巉岩 破碎則金氣有虧 巉岩則火神愈熾 乃不可不察 此星本蔭一四七位衣祿 故不畏左砂送水 由巳宮之勢而行脉 得離宮之氣而成形 坐向得丙丁巳午 皆爲氣旺而形應 喜傍大溪之側 好居萬山之間 若安扞合法 生人相貌雄偉 心性機巧 行事果斷 巳丙午丁未人受蔭 寅午戌年發達 若后龍合上格者 官

> 至帥閫 合中格者 邊臣之任 合下格者 奉使之職 若全無貴格者 亦主豪富 初生大肚之人 則氣盛也 至生六指之人 則氣衰也 此體多爲金溪鼓翼形 宜作土堆
>
> 詩曰 天罡雙臂却爲奇 兩臂彎環兩臂飛
> 　　　須信凶中原有吉 兒孫豪富有嚴威

### 시(詩)

**第五天罡名雙臂　凶神有吉氣** (제오천강명쌍비 흉신유길기)
"다섯 번째 천강은 쌍비이니 흉신이나 그 속에는 길기가 있다."

**金雞鼓翼是眞形　邊塞仰威名** (금계고익시진형 변색앙위명)
"금계고익형이 되면 진형이 되니 변방의 요새에서 위명을 떨치리라."

이 성신(星辰)은 두뇌 부분이 둥글[腦圓]고 몸통은 첨(尖)하며 얼굴 면(面)은 평평(平平)하다. 변(邊)으로 양 팔뚝[兩臂]을 벌려[開] 안았다고 하여 쌍비천강(雙臂天罡)이라 하였다.
　이에 삼체(三體)가 있는데 그 팔뚝[臂]이 좌우(左右)가 함께 쌍(雙)으로 된 것이 있는데 중요한 것은 팔[臂]이 만궁(彎弓)하여 안을 안아[抱]주어야 하고 혹은 교아(交牙)가 되면 더욱 아름답다. 이것이 정격(正格)이 된다.

또 좌(左)는 쌍(雙)인데 우(右)는 단(單)인 것과 우쌍좌단(右雙左單)인 것 등이 있는데 이 모두 혈상(穴上)에서 볼 때에 균균(均勻)하여야 한다. 이 두 격(格)을 변격(變格)이라 한다. 이들 모두 압살혈(壓殺穴)로 사용함이 가(可)하나 만약 혈상(穴上)에서 그 첨사(尖射)가 보이면 장살혈(藏煞穴)로 쓰기도 한다.

이 성신(星辰)은 쌍비태양(雙臂太陽)이 대화(帶火)한 것과 서로 비슷한 점이 많으니 대단히 세밀하게 분별(分別)하여야 오판하지 아니한다.

대저 천강체(天罡體)란 원래부터 금화(金火)가 합성(合成)하여 성형(成形)하였으므로 서로 싸우고 서로 미워하여 상전상능(相戰相凌)하므로 흉(凶)하여 혈(穴)을 받지 못하는 것이다. 그러나 이같이 쌍비성신(雙臂星辰)이 되었을 때는 수기(水氣)를 많이 득(得)하였음과 같으니 수(水)가 화(火)를 능히 제압(制壓)하여 주므로 길성(吉星)으로 변(變)할 수 있는 것이다.

이에서 우쌍좌단(右雙左單)인 것을 첩지(疊指)라 하며 도박(賭博)으로 치부(致富)하는데 용진혈정(龍眞穴正)하고 수취산조(水聚山朝)하면 파가(破家)하지는 않는다. 만약 혈상(穴上)에서 보이지 않으면 더욱 꺼릴 것이 없다.

무릇 쌍비성신(雙臂星辰)은 영광(靈光)이 자족(自足)하면서도 서서히 펼쳐[舒徐]나가며 진기(眞氣)는 유여(有餘)한데도 방박(磅礴)하고 동서(東西)에서 함께 양도(兩到)하며 내외(內外)가 중회(重回)하므로 길혈(吉穴)이 된다. 오직 가땅

한 바는 응안(應案)이 가까이에서 임[臨近]하여야 하고 명당(明堂) 앞으로 전취(聚前)하여야 한다. 입혈(立穴)은 반드시 천심(天心)에다 하고 절수(折水)는 성보(星步)에 의(依)하는 것이 중요하다.

가장 꺼리는[最忌] 바는 만두(巒頭)가 파쇄(破碎)함이고 더욱 혐오(嫌惡)스러운 것은 신체(身體)가 참암(巉岩)한 것이니 파쇄(破碎)하면 금기(金氣)가 이지러지기 때문이고 참암(巉岩)하면 화신(火神)이 더욱 치열(愈熾)하여지기 때문이다.

이 성신(星辰)은 본시 발음[本蔭]이 첫째, 넷째, 일곱째 자리[一四七位]에서 복록(福祿)을 입으므로 좌사(左砂)의 송수(送水)를 꺼리지 아니한다.

이 성신(星辰)의 용(龍)은 사궁(巳宮)의 세(勢)를 경유(經由)하여야 행맥(行脈)하고 이궁(離宮)의 기(氣)를 득(得)하여야 성형(成形)한다. 좌향(坐向)에서도 병(丙)정(丁)사(巳)오(午) 좌(坐)가 되면 왕성한 기운(氣旺)이 형세(形勢)에 상응(相應)하는 것이 된다.

이 성신(星辰)은 큰 내[大溪]의 옆[側]이나 근처에 거(居)함을 기뻐하고 만산(萬山)의 사이에 임(臨)함을 좋아한다.

만약 이곳의 장법(葬法)이 최선(最善)이면 출생인(出生人)의 상모(相貌)가 웅위(雄偉)하고 심성(心性)이 기교(機巧)하며 행사(行事)가 과단(果斷)하다. 사(巳)병(丙)오(午)정(丁) 생인(生人)이 수음(受蔭)하고 인(寅)오(午)술(戌)년(年)에 발달(發達)한다.

만약 이곳의 후용(後龍)이 상격(上格)이면 벼슬이 수곤(帥

闌)에 이크고 중격(中格)이면 변신(邊臣)으로 임무(任務)를 맡고 하격(下格)이면 봉사(奉使)의 직(職)에 들고 귀격(貴格)이 전무(全無)하더라도 주부(主富)하는데 크다.

이곳에 묘(墓)를 쓰고 처음 출생하는 사람(初生人)이 대두지인(大肚之人)이 출생(出生)하면 기(氣)가 왕성(旺盛)함에 이른 것이고 육지인(六指人)이 출생(出生)하면 기(氣)가 쇠진(衰盡)한 것이다.

이 체(體)에서 금계고익형(金溪鼓翼形)이 많다. 마땅히 토퇴(土堆)를 작(作)하면 좋다.

### 시(詩)

**天罡雙臂却爲奇 兩臂彎環兩臂飛**

(천강쌍비각위기 양비만환양비비)

"천강쌍비가 문득 기묘함이 있으니 양비는 만환하고 양비는 높게 날아 앉는다."

**須信凶中原有吉 兒孫豪富有嚴威**

(수신흉중원유길 아손호부유엄위)

"모름지기 믿을 수 있는 것은 흉중에도 길함이 있다는 것이니 아손이 부호하고 엄위함이 있으리라."

## 6. 단고천강(單股天罡)

**원문(原文)** ··· 單股天罡

> 第六天罡號單股 惡毒如狼虎
> 若還誤認亂安扦 凶禍不堪言
>
> 此星腦員身尖而瘦 開一脚 故名曰單股天罡 有四體
> 皆如戈矛 不可作穴 與單股太陽相似 誤扦之者 其禍
> 與正體天罡同 多出跛跛之人

**시(詩)**

**第六天罡號單股 惡毒如狼虎** (제육천강호단고 악독여랑호)
 "여섯 번째 천강은 단고이니 악독하기가 이리나 호랑이와 같다."

**若還誤認亂安扦 凶禍不堪言** (약환오인난안천 흉화불감언)
 "만약 오인하고 안천이 난잡하다면 흉화가 도리어 말로서도 감당하기 어렵다."

 이 성신(星辰)은 두뇌 부분이 둥글고[腦圓] 몸통[身]은 삐쭉삐쭉하여 첨(尖)한 가운데 깡마르기도[瘦] 하다. 한 다리(一脚)만을 개(開)하였다고 하여 단고천강(單股天罡)이라 하였다.

이에도 사체(四體)가 있으나 모두 창칼[戈矛,과모]과 같기 때문에 혈을 받지[受穴] 못한다.

이를 얼핏 보면 단고태양(單股太陽)과 흡사하므로 잘못 판단(判斷)하기 쉬우나 조심(操心)하여 잘 보면 확연하게 다르다는 것을 알 것이다.

만약 오판(誤判)하고 쓰게 되면 그 화(禍)가 정체천강(正體天罡)에서와 같이 대흉(大凶)하게 될 것이다. 또한 가피인(跏跛人)이 많이 나온다.

# 7. 측뇌천강(側腦天罡)

**원문(原文)** … 側腦天罡

第七天罡名側腦 凶中還有好
從來形狀號紅旗 富貴此中推

此星腦員身尖開脚 乳生肩下 故名曰側腦天罡 有均勻者 昔人名之曰紅旗 此爲正格也 有一脚短一脚長 弓過者 名曰紐會 此爲變格也 皆當有樂 宜壓殺穴 血與側腦太陽 帶火脚者相似 宜細辨認 夫天罡爲凶神 以其金火脚 金性況下 火性尖上 上下交戰 犯之者其禍尤慘 若是開肩開口 謂之生水 則變凶爲吉 肩下有垂珠轉皮 自能制服 動高腦氣脉 不以側腦爲嫌 凡側腦星辰 眞氣不疑於腦下 靈光自現於乳中 昔人名曰左右仙宮 今號偏斜怪穴 頭顱雖別 力量本同 此所以謂之吉穴 惟要堂氣聚前 樂星聳后 穴宜踏逆面喜張朝 是爲得之 最忌巒頭破碎 身體巉岩 破碎則金氣有虧 巉岩則火神愈熾 乃不可不察 此星本蔭一四七位衣祿 故不畏左砂送水 由巳宮之勢而行脉 得離宮之氣而成形 坐向得巳丙午丁 皆爲氣旺而形應 好落於水口 喜融結於龍腰扦 若安扦合法 生人相貌雄偉 心性執拗 行事果決 巳丙午丁命人受蔭 寅午戌年發達 若后龍合上格者 官至將帥 合中格者 職任邊臣 合下格者 奉使之

> 任 若全無貴格者 亦主豪覇一鄕 白手成家 廣進田庄
> 大旺人丁 初生大肚之人 則氣盛也 至生歪頭之人 則
> 氣衰也 此體多爲紅旗出洞形 宜作土堆
>
> 詩曰 紅旗原是側天罡 火尾尖長本不妨
> 　　　到氣垂沫爲上吉 兒孫開闢鎭邊塞

### 시(詩)

**第七天罡名側腦 凶中還有好** (제칠천강명측뇌 흉중환유호)
"일곱 번째 천강은 측뇌이니 흉중에 도리어 양호함이 있음이다."

**從來形狀號紅旗 富貴此中推** (종래형상호홍기 부귀차중추)
"종래는 이 형상을 홍기혈이라 하였는데 부귀를 이 중에서 추개하여 주리라."

이 성신(星辰)의 두뇌 부분은 둥글[腦圓]고 몸통[身]은 삐죽삐죽하여 첨(尖)하며 양 다리를 벌려 개각(開脚)까지 하였다. 이 성신(星辰)은 어깨를 만들고 그 아래[肩下]에다 유(乳)를 생(生)하였으므로 측뇌천강(側腦天罡)이라 하였다.

이에는 두 체(二體)가 있는데 그 각(脚)이 균균(均勻)한 것을 옛 사람들은 홍기혈(紅旗穴)이라 하였으니 이것이 정격(正格)이 되고, 또 한 각(一脚)은 짧은데 한 각(一脚)은 길어서 궁과(弓過)한 것을 가리켜 옛 사람들은 유회혈(紐會穴)이라 하였으니 이것이 변격(變格)이다. 이 모두 반드시 낙성(樂星)이 있어야 가하다. 압살혈(壓殺穴)로 입혈(立穴)하는 것이 마땅하다.

이는 측뇌태양(側腦太陽)이 화각(火脚)을 대(帶)한 것과 서로 비슷하여 자세히 살피지(細辨) 않으면 오판(誤判)하기 쉬우니 조심해야 할 것이다.

대저 천강성(天罡星)이란 본시 대 흉신(凶神)이다. 금두(金頭)에 화각(火脚)을 달았기 때문인데 금성(金性)은 아래로 가라앉아 안정[沈下]하려 하고 화성(火性)은 위로 치솟아 염상(炎上)하려고 하니 상하(上下)가 부딪쳐 교전(交戰)하니 그 화(禍)가 참혹(慘酷)하게 나타나게 되는 것이다.

그러나 만약 개견(開肩)하고 개구(開口)하였다면 이른바 수체(水體)로 변한[生水] 것이니 흉(凶)이 길(吉)로 바뀌게 되는 것이다. 또한 견하(肩下)에 수주전피(垂珠轉皮)함이 있으면 스스로 능히 화기(火氣)를 제복(制服)시킬 수 있고 고뇌(高腦)의 기맥(氣脈)이라도 동(動)하였다면 측뇌(側腦)라도 혐의(嫌疑)가 되지 아니하는 것이다.

무릇 측뇌(側腦)의 성신(星辰)은 진기(眞氣)가 뇌하(腦下)에로 응결(凝結)하지 아니하며 영광(靈光)을 유중(乳中)에다가 자현(自現)시킨다. 이를 옛 사람들은 이르기를 좌우선궁(左右仙宮)이라 하였고 지금 사람은 편사(偏斜)한 괴혈(怪穴)이라 한다. 이는 두로(頭顱)가 비록 다르기는 하나 역량(力量)은 본체와 같게 나타나므로[本同] 길혈(吉穴)이 되는 것이다.

  오직 중요(重要)한 것은 당기(堂氣)가 명당 앞으로 모여야(聚前)하고 낙성(樂星)이 용후(聳後)하여야 한다. 또한 혈(穴)은 마땅히 답역(踏逆)되어야 하고 면전(面前)으로는 장조(張朝)함을 기뻐한다.

  이 성신(星辰)에서 가장 꺼려하는[最忌] 것은 만두(巒頭)가 파쇄(破碎)됨이요, 더욱 혐오(嫌惡)하는 것은 신체(身體)가 참암(巉岩)한 것이니 파쇄(破碎)하면 금기(金氣)가 이지러지기 때문이고 참암(巉岩)하면 화신(火神)이 더욱 치열(熾熱)하고 예리(銳利)하며 치밀(緻密)하여지기 때문이다.

  이 성신(星辰)은 본시 발음[本蔭]이 일사칠의 자리[一四七位]에로 복록(福祿)을 입으므로 좌사(左砂)의 송수(送水)를 꺼리지 아니한다.

  이 성신(星辰)의 용(龍)은 사궁(巳宮)의 세(勢)를 경유(經由)하여야 행맥(行脈)하고 이궁(離宮)의 기(氣)를 득(得)하여야 성형(成形)한다. 좌향(坐向)에서도 사(巳)병(丙)오(午)정(丁) 좌(坐)가 되면 왕성한 기운(氣旺)이 형세(形勢)에도 상응(相應)하는 것이다.

  이는 성신(星辰)은 수구(水口)에 낙(落)하여 거(居)하기를 좋아하고 궁요(龍腰)에서 융결(融結)하기를 기뻐한다.

  이곳의 장법(葬法)이 최선(最善)이면 출생인(出生人)의 상모(相貌)가 웅위(雄偉)하고 심성(心性)이 집요(執拗)하고 행사(行事)가 과결(果決)하다. 사(巳)병(丙)오(午)정(丁) 명인(命人)이 수음(受蔭)하고 인(寅)오(午)술(戌)년(年)에 발달

(發達)한다.

만약 이 성신(星辰)의 후용(後龍)이 상격(上格)이면 벼슬이 장수(將帥)에 이르고 중격(中格)이면 변방(邊方)을 지키는 무신이 되고 하격(下格)이면 봉사(奉使)를 맡게 된다.

이곳에 묘(墓)를 쓴 후 대두지인(大肚之人)이 출생(出生)하면 기(氣)가 왕성(旺盛)함에 이른 것이고 왜두인(歪頭人)이 출생(出生)하면 기(氣)가 쇠진(盡衰)함에 이른 것을 알 것이다.

이 체(體)에 홍기출동형(紅旗出洞形)이 대개 많다. 마땅히 토퇴(土堆)를 작(作)하면 좋다.

### 시(詩)

### 紅旗原是側天罡 火尾尖長本不妨
(홍기원시측천강 화미첨장본불방)

"홍기혈은 원래 측뇌천강을 말하니 화미가 첨장하여도 본시 방해됨이 아니다."

### 倒氣垂珠爲上吉 兒孫開閫鎭邊塞
(도기수주위상길 아손개곤진변새)

"형이 도기수주가 되면 상길이 되어 아손 문호를 열고 변방의 요새를 진압하리라."

## 8. 몰골천강(沒骨天罡)

**원문(原文)** … 沒骨天罡

> 第八天罡名沒骨 不必問窩突
> 原來動處好安墳 形象似牛眠

此星腦員身尖 口開肩下 故名曰沒骨天罡 有四體 其肩下開脚 有一邊彎巧 一邊粗大者 昔人名曰搖拳 有一邊雙脚 一邊單脚者 名曰疊指 皆就口上軟硬相夾 數斬截其氣立穴 此二者爲正格也 有腦下生乳 或長直或峻大 不可立穴者 名曰吐舌 肩下兩傍 取前應後樂 分左右立穴 其有乳彎曲 抱左抱右 不可立穴者 名曰張膽 肩下兩傍 可立兩穴 此二者爲變格也 此體與沒骨太陽 帶火者相似 宜細辨別 九星中天罡居四凶之首 金受火剋生氣鎔燥 若開脚轉土 爲母救子也 故變凶爲吉 當乘金就水 求動處 以其薄弱 改以沒骨名之 凡沒骨星辰 形勢旣有偏斜 氣脉未趨左右 潛踪難認 開口爲憑 穴雖奇怪之不同 與端正而何異 此故爲之吉穴 必須前迎堂氣 後對樂星 莫疑穿薄穿空 只要夾堅夾軟 是爲得之 最忌巒頭破碎 尤嫌身體巉岩 乃不可不察 此星本蔭一四七位衣祿 故不畏左砂逆水 由巳宮之勢而行脉 得離宮之氣而成形 坐向得巳丙午丁 皆爲氣旺而形應 好居幹龍之盡 喜臨兩水合流之處 若安扦合法

生人相貌雄偉 心性柔弱 行事果敢 巳丙午丁命人受蔭
寅午戌年發達 若后龍合上格者 官至帥閫 合中格者
官至鎭邊 合下格者 奉使之任 若全無貴格者 亦主豪
覇一方 武斷鄕曲 白手成家 初生大肚之人 則氣盛也
至生跎背之人 則氣衰也 此體多爲牛眠形 宜作土堆

詩曰　天罡不可例言凶 沒骨元來吉氣鍾
　　　誰識動中爲妙穴 爲官必定立邊功

### 시(詩)

**第八天罡名沒骨　不必問窩突** (제팔천강명몰골 불필문와돌)

"여덟 번째 천강은 몰골이니 혈의 와돌을 묻는 것이 불필요하다."

**原來動處好安墳　形象似牛眠** (원래동처호안분 형상사우면)

"원래 동처에 안천하는 것이 좋으니 형상이 우면과 흡사하다."

이 성신(星辰)의 두뇌 부분은 둥글고[腦圓] 몸통[身]은 삐쪽삐쪽하여 첨(尖)하다. 이 성신(星辰)을 견하(肩下)에다 만들어 놓고 개구(開口)하였다 하여서 몰골천강(沒骨天罡)이라 하였다.

이에 사체(四體)가 있는데 견하(肩下)에다 개각(開脚)하였어도 한 변(一邊)은 만교(彎巧)하고 한 변(一邊)은 조대(粗大)한 것이 있는데 옛 사람들은 요권(搖拳)이라 하였다. 또 한 변(一邊)은 쌍각(雙脚)이고 한 변(一邊)은 단각(單脚)인 것을 첩지(疊指)라 하였다. 이 모두 구상(口上)의 연경상협처(軟硬相夾處)를 취(就)하여 참절(斬截)하고 그 기(氣)를 찾아 입혈(立穴)하는 것이다. 이 두 격(格)을 정격(正格)이라 한다.

또 뇌하(腦下)에서 유(乳)를 생(生)하여 혹 장직(長直)하고 혹 준대(峻大)하여 입혈(立穴)이 불가(不可)한 것을 토설혈(吐舌穴)이라 이름 붙여 놓았는데 견하(肩下)의 양방(兩傍) 어느 쪽이든 전응(前應)과 후락(後樂)을 정대(正對) 되도록 하여 입혈(立穴)하는 것이다. 또 하나는 유(乳)가 만곡(彎曲)하여 포좌포우(抱左抱右)하였으므로 입혈(立穴)이 불가(不可)한 것을 장첨혈(張膽穴)이라 하는데 견하(肩下)의 양방(兩傍) 어느 쪽이든 입혈(立穴)이 가(可)하다. 이 두 격(格)을 변격(變格)이라 한다.

이 체(體)는 몰골태양(沒骨太陽)에서 대화(帶火)한 것과 대단히 비슷하므로 세밀(細密)하게 변별(辨別)하여야 오판(誤判)하지 아니한다.

구성성체(九星星體) 중에서 천강성(天罡星)은 흉성 네 개[四凶星] 중에서도 으뜸가는 흉성(凶星)이 되는 것은 금(金)이 화(火)로부터 극을 받으므로[受剋] 생기(生氣)가 소조(銷燥)되기 때문이다. 그러나 만약 개각(開脚)하여 전토(轉土)함은 모(母)를 아들[子]이 구원(救援)하는 연고(緣故)로 흉성

(凶星)이 변(變)하여 길성(吉星)으로 되는 것이다. 그러므로 마땅히 승금취수(乘金就水) 하여야 하니 반드시 동처(動處)를 취(取)하여야 하는 것이다. 이와 같이 이 성신(星辰)은 외형(外形)상으로 기(氣)가 박약(薄弱)한 것처럼 보이는 곳에 입혈(立穴)한다 하여서 몰골(沒骨)이라는 이름이 부쳐졌다.

무릇 몰골성신(沒骨星辰)은 형세(形勢)가 이미 편사(偏斜)하고 기맥(氣脈)은 반드시 좌우(左右) 어느 쪽으로 잠종(潛踪)하여 모이므로 알아보기가 매우 어렵다. 그러므로 개구(開口)하였음을 증거(證據)로 삼고 찾아내는 것이다. 이 혈(穴)은 비록 기괴(奇怪)하기는 하나 단정(端正)함과 다를 바가 없으니 길혈(吉穴)이 되는 것이다. 이 성신(星辰)이 갖추어야 할 필수요건(必須要件)은 전앙당기(前迎堂氣)하고 후대낙성(後對樂星)이니 이 조건(條件)을 갖추었다면 천박천공(穿薄穿空)이라고 의심(疑心)하지 말 것이다. 다시 또 요구(要求)되는 것은 협견협연(夾堅夾軟)이니 이를 득지(得之)한 것이라 한다.

이 성신(星辰)에서 가장 꺼리는[最忌] 것은 만두가 파쇄[巒頭破碎]되는 것이며 더욱 혐오(嫌惡)하는 것은 신체(身體)가 참암(巉岩)한 것이니 파쇄(破碎)하면 금기(金氣)가 이지러지고 참암(巉岩)하면 화신(火神)이 더욱 치열(熾烈)하여지기 때문이다.

이 성신(星辰)은 본시 발음[本蔭]이 일사칠의 자리[一四七位]에서 복록(福祿)을 입으므로 좌사(左砂)의 송수(送水)를 꺼리지 아니한다.

이 성신(星辰)을 만든 용(龍)은 사궁(巳宮)의 세(勢)를 경유(經由)하여야 행맥(行脈)하고 이궁(離宮)의 기(氣)를 득(得)하여야 성형(成形)한다. 좌향(坐向)에서도 사(巳)병(丙)오(午)정(丁) 좌(坐)가 되면 왕성한 기운(氣旺)이 형세(形勢)에 상응(相應)하는 것이다.

간용(幹龍)의 대진(大盡)하는 곳에 거(居)하기를 좋아하고 양수(兩水)가 합류(合流)하는 곳에 임(臨)하기를 기뻐한다.

이곳의 장법(葬法)이 최선(最善)이면 출생인(出生人)의 상모(相貌)가 웅위(雄偉)하고 심성(心性)이 유약(柔弱)하며 행사(行事)가 과감(果敢)하다. 사(巳)병(丙)오(午)정(丁) 생인(生人)이 수음(受蔭)하고 인(寅)오(午)술(戌)년(年)에 발달(發達)한다.

만약 이 성신(星辰)의 후용(後龍)이 상격(上格)이면 벼슬이 수곤(帥閫)에 이르고 중격(中格)이면 벼슬이 변방(邊方)을 지키는 책임(責任)을 맡고 하격(下格)이면 봉사(奉使)를 맡게 되고 귀격(貴格)이 전무(全無)하더라도 주(主)는 한 고을에서 호패(豪霸)하고 무단(武斷)이 으뜸가며 자수(自手)로 성가(成家)한다.

이곳에 묘(墓)를 쓰고 처음 출생하는 사람[初生人]이 대두인(大肚人)이 출생(出生)하면 기(氣)가 왕성(旺盛)함에 이른 것이고 타배인(跎背人)이 출생(出生)하면 기(氣)가 쇠진(盡衰)한 것이다.

이 체(體)에 우민형(牛眠形)이 많다. 토퇴(土堆)가 좋다.

### 시(詩)

### 天罡不可例言凶 沒骨元來吉氣鍾

(천강불가예언흉 몰골원래길기종)

"천강은 원래 말로 다 할 수 없이 흉하나 몰골이 되어서는 길기가 모임이다."

### 誰識動中爲妙穴 爲官必定立邊功

(수식동중위묘혈 위관필정입변공)

"동처 중에 묘혈이 있음을 누가 알소냐! 벼슬은 반드시 변방에서 공을 세울 것이다."

## 9. 평면천강(平面天罡)

**원문(原文)** … 平面天罡

> 第九天罡是平面 乍見令人眩
> 在地形如鐵蒺藜 埋子更傷妻
>
> 此星身員而尖 面突而低 故名曰平面天罡 惟有一體 多身平地 或是土洲 或在平山 或居水口脚 或帶石四傍無護 形如蒺藜 只可作羅屋 與平面金水相似 悟扦之者 其禍與正體天罡一同

**시(詩)**

**第九天罡是平面 乍見令人眩** (제구천강시평면 사견령인현)
  "아홉 번째 천강은 평면이니 잠깐 보아도 령인(선인)을 현란시킴이다."

**在地形如鐵蒺藜 埋子更傷妻** (재지형여철질려 대자갱상처)
  "재지 한 천강의 형은 철조망과 같으니 자식을 묻고 다시 상처까지 하게 된다."

이 성신(星辰)의 전체 몸통은 둥글[身圓]지만 삐쭉삐쭉한 첨각(脚尖)을 달고 있으며 면(面)은 돌(突)이라도 전체가 낮으므로[低] 평면천강(平面天罡)이라 하였다.
  오직 한 체(一體)만이 있는데 신(身)이 평지(平地)에 많다.

혹 토주(土洲) 혹 평산(平山) 혹 수구에 거하면서 혹 사방으로 석(石)을 대동한다.(居水口脚 帶石四傍)

이 성신은 호위(護威)가 없으므로 형(形)이 마치 질려(蒺藜= 철조망의 가사)와 같기도 하다. 이 성신(星辰)은 단지 나옥(羅屋=?)이 되면 가(可)하다.

이는 평면금수(平面金水)와 비슷한 점이 많으니 오판(誤判)하지 않도록 조심(操心)할 것이다. 만약 잘못 판단(判斷)하고 쓰게 되면 그 화(禍)가 정체천강(正體天罡)에서와 같이 흉악(凶惡)하게 나타난다.

## 천강성(天罡星)

| 정체천강<br>(正體天罡) | 개구천강<br>(開口天罡) | 현유천강<br>(懸乳天罡) |
|---|---|---|
|  |  |  |
| 궁각천강<br>(弓脚天罡) | 쌍비천강<br>(雙臂天罡) | 단고천강<br>(單股天罡) |
|  |  |  |
| 측뇌천강<br>(側腦天罡) | 몰골천강<br>(沒骨天罡) | 평면천강<br>(平面天罡) |
|  |  |  |

# 7부
# 고요성
# (孤曜星)

## 1. 정체고요(正體孤曜)

**원문(原文)** … 正體孤曜

第一孤曜名正體 覆磬形可擬
少年相繼入泉塋 無板山上埋

此星腦員而方 身高面飽 故名曰正體孤曜 惟有一體
天孤曜者 囹圄之象也 金頭木脚 相戰不受穴正 宜居
明堂之外 關鎖門戶 然與正體太陽出木者相似 但太陽
子小面平 孤曜身高面飽 若惧扞之者 生人相貌臃腫
心性愚頑 行事誑妄 主男爲僧道 女作妮姑 乞養過房
奴婢其爲禍也 坐牢獄縊死妻亡 羅賴公事 男鰥女寡
覆宗絕嗣 其至驗也 初敗小房 次及長中二位 庚申辛
酉命人受害 巳酉丑年爲發禍之期 至爲凶毒

### 시(詩)

**第一孤曜名正體　覆磬形可擬** (제일고요명정체 복경형가의)
"첫 번째 고요를 정체라 하니 경쇠를 뒤집어 놓은 모양을 추측함이 가하다."

**少年相繼入泉塋　無板山上埋** (소년상계입천영 무판산상매)
"소년이 상계하고 천영에 들게 되니 판각도 없는 산상에 매장될 것이다."

이 성신(星辰)은 두뇌 부분은 둥글[腦圓]면서도 방(方)함을 함께 하였으며 몸은 높고 크며[身高] 면(面)은 불룩(飽)하다. 그러므로 정체고요(正體孤曜)라 하였다.

오직 한 체(一體)가 있을 뿐이다.

대저 고요(孤曜)란 영어(囹圄)의 상(象)인 것이다. 금두(金頭)에 목각(木脚)이니 상전(相戰)되어 혈(穴)을 바르게 받지 못하는 것이므로 마땅히 명당(明堂)밖으로 거(居)하거나 문호를 관쇄[關鎖門戶] 함이 좋다.

이는 정체태양(太陽正體)에서 출목(出木)한 형체(形體)와 매우 비슷하므로 세밀(細密)하게 살피지 않으면 오판(誤判)하기 쉽다. 다만 태양(太陽)은 신원면평(身圓面平)한데 고요(孤曜)는 신고(身高) 면포(面飽)한 것이 다른 점이다.

이를 오천(悞扦)하면 출생인(出生人)의 상모(相貌)가 옹종(臃腫)하고 심성(心性)은 우완(愚頑)하며 행사(行事)가 광망(誑妄)하고 주(主)는 남(男)은 승도(僧道)요, 여(女)는 니고

(妮姑)이며 어려서는 걸식(乞養)하고 커서는 노비(奴婢)가 되는 것이 그 화(禍)이다.

 좌(坐)가 만약 뇌옥(牢獄)이 되면 본인은 목매어 죽고 처까지 일찍 죽으며[縊死妻亡] 남자는 홀아비요, 여자는 과부이고 마침내는 절손하여 종사를 뒤집어 엎어 버리고[覆宗絶嗣] 만다는 것이 이 성신(星辰)이 이르는 지험(至驗)인 것이다. 이는 초패(初敗)가 소방(小房)으로 먼저 오고 이어서 장중(長中) 그 아래[二位]에 까지 미치게 되는 것이다. 경(庚)신(申)신(辛)유(酉) 생인(生人)이 먼저 해(害)를 받고 사(巳)유(酉)축(丑)년(年)에 그 화가 발생(禍發)하는 흉독(凶毒)한 성신(星辰)인 것이다.

## 2. 개구고요(開口孤曜)

**원문(原文)** … 平面金水

> 第二孤曜號開口 誰識無中有
> 形似金釵最好看 下後出高官

此星頭員而方 身直面平開兩脚 故名曰開口孤曜 有四體 其兩脚般齊者 昔人名曰夾木 立穴在腦下 要外看則直 內畧抱 穴下平夷 穴面甜軟方可 若兩脚不開抱 必須鋤開穴前 左右使令彎環 若不鋤開 則人丁不旺 有兩脚一長一短者 名折股金釵立穴 亦在腦下 短臂高則高下 低則低下 亦須穴前左右畧開 如窄狹則依前鋤開 宜大塋基 謂之孤曜 此二體必須案近 或有山纏過穴則可 如無是高山初扦之后 有二十四年退敗 以明堂急峻故也 自此進橫財 生貴子 然家業漸至富貴 若在平地 却不退敗 有開高在員脚之上者 有似平面太陰太陽脚不開 孤曜脚直不同 有畧在上者不開脚

昔人名天地在上 要四遮護 在下只要有三四大平地 不使元辰陡瀉 方可比星 與開口太陰帶水者相似 宜細辨驗 夫孤曜所以爲凶者 以其金頭木脚 上剋乎下 生氣憔悴 故不可犯若開口員 則爲穿水 上下相生 故變凶爲吉 凡開口星辰 靈光合聚於中 餘氣分行於下 雌雄相顧 血脉相通 此故爲之吉穴 惟要口中員淨 窩內冲

融 身俯則穴宜就下揭高 面仰則穴宜蘸弦坐入 是爲得
之 最忌無護 尤嫌不歸 無護則山水無情 不歸則星辰
愈露 乃不可不察 此星本蔭三六九位衣祿 故不畏左砂
送水 由申宮之勢而行脉 得乾宮之氣而成形 坐向得庚
申辛酉乾 皆爲氣旺而形應 好倒落於水頭 喜融結於水
尾 若安扦合法 生人相貌古怪 心性通疎 行事簡畧 庚
申辛酉命人受蔭 巳酉丑年發達 若后龍合上格者 官至
司天太鑑 合中格者 從官雜職 合下格者 侍從之任 若
全無貴格者 亦主富足 若合貴格而孤露 主僧道爲官
初生禿髮之人 則氣盛也 至生爭乞之人 則氣衰也 此
體兩脚般齊者爲金釵形 一長一短者爲折股金釵形 上
聚者爲笑天獅子形 宜作金堆

詩曰 孤曜星辰有吉凶 若還開口穴當中
　　　金槽銀惧無人識 扦着他年富貴等

### 시(詩)

**第二孤曜號開口 誰識無中有** (제이고요호개구 수식무중유)
　"두 번째 고요는 개구이니 누가 알리요, 없는 것 같은 가운데 있음을"

**形似金釵最好看 下後出高官** (형사금채최호간 하후줄고관)
　"형이 금차와 같으면 가장 좋게 보이는 것이니 하장 후에 고광이 나오리라."

이 성신(星辰)의 두뇌(頭腦) 부분은 둥근 듯[頭圓] 하면서도 전체적으로는 모가 나 방(方) 하며 신(身)은 직(直)하고 면(面)은 평평(平平)한데 두 다리[兩脚]를 벌렸다. 그러므로 개구고요(開口孤矅)라 하였다.

이에 사체(四體)가 있는데 그 양각(兩脚)이 반듯반듯하고 간조롱[殷齊]한 것을 협목(夾木)이라 하는데 입혈(立穴)은 뇌하(腦下)에 한다. 중요(重要)한 것은 밖에서 볼 때에는 직(直)하지만 내략(內畧)적으로는 혈(穴)을 살짝 안아(抱)주어야 하고 혈 아래(穴下)가 평이(平夷)하여야 하며 혈(穴)은 첨연(甛軟)하여야 가하다.

만약 양 다리[兩脚]가 개포(開抱)하지 아니하였으면 필수적(必須的)으로 인위적(人爲的)으로 파고 벌려서 조개(鋤開)하여 혈전(穴前)이나 좌우(左右)로 하여금 만환(彎環)케 하여야 한다. 이때에 만약 조개(鋤開)하지 않고 그대로 놓아두면 인정(人丁)이 줄어든다.

또 양각(兩脚)이 하나는 장(長)하고 하나는 단(短)한 것을 절고(折股)라 하며 금차(金釵)에 입혈(立穴)한다. 이들 역시 위치는 뇌하(腦下)에 있는 것인데 단비(短臂)에 따라서 높으면 높게 하혈(下穴)하고 낮으면 낮게 하혈(下穴)한다. 이 역시 혈전(穴前)과 좌우(左右)를 약개(略開)하여 쓸 수 있는 것인데 착협(窄狹)하면 앞[前]을 조개(鋤開)하되 크게 영기(塋基)하여 쓰는 것이 마땅하니 이것이 이른바 고요격(孤矅格)의 특징(特徵)이다.

이상 두 체(體)는 반드시 안산(案山)이 가깝고 혹 산전과

혈(山纏過穴)이 심할 것이기 때문에 가(可)하나 만약 고산(高山)이 되어 안산(案山)이 없거나 낮을 때에는 불가하니 묘(墓)를 처음 쓴 날로부터[初扦] 이십사년(二十四年)이 되면 퇴패(退敗)하게 되는데 이는 명당(明堂)이 준급(急峻)하기 때문이다.

**[필자주(筆者註)]** 아래 문장은 전후로 연결이 잘 안되므로 오자(誤字)나 궐문(闕文)인 것으로 생각된다. 번역을 생략하니 독자들의 연구가 있기를 바란다. (自此進橫財 生貴子 然家業漸至富貴 若在平地 却不退敗 有開高在員脚之上者 有似平面太陰 太陽脚不開 孤曜脚直不同 有畧在上者不開脚 昔人名天地在上 要四遮護 在下只要有三四大平地 不使元辰陡瀉 方可比星 與開口太陰帶水者相似 宜細辨驗)

대저 고요성신(孤曜星辰)은 사대(四大) 흉성(凶星) 중의 하나이다. 두(頭)는 금(金)이요, 각(脚)은 목(木)이므로 위[上]에서 아래[下]를 극(剋)하므로 생기(生氣)가 초췌(憔悴)하기 때문에 수혈(受穴)이 불가(不可)한 것이다. 그러나 만약 개구(開口)하여 둥글[圓]게 변하면 천수(穿水)함이니 상하(上下)를 통관상생(通關相生) 시켜 주므로 흉(凶)이 변(變)하여 길(吉)이 되는 것이다.

무릇 개구성신(開口星辰)은 영광(靈光)이 중(中)으로 합취(合聚)하고 여기(餘氣)는 아래[下]로 분행(分行)하며 자웅(雌雄)이 상고(相顧)하고 혈맥(血脈)이 상통(相通)한다. 그러므로 길혈(吉穴)이 되는 것이다.

오직 중요(重要)한 것은 구중(口中)이 원정(圓淨)하고 와내

(窩內)가 충융(沖融)하여야 하며 신부(身俯)하면 혈(穴)은 마땅히 하(下)에서 취(就)하게 될 것이니 게고방관(揭高放棺)할 것이고, 면앙(面仰)하면 혈(穴)은 마땅히 잠현좌입(蘸弦坐入)할 것이다. 이것이 득지(得之)한 것이다.

이 성신(星辰)에서 가장 꺼리는[最忌] 것은 무호(無護)이며 더욱 혐악(嫌惡)하는 것은 불귀(不歸)이니 무호(無護)이면 산수(山水)가 무정(無情)하기 때문이고 불귀(不歸)하면 성신(星辰)이 더욱 노출(愈露)하기 때문이다.

이 성신(星辰)은 본시 발음[本蔭]이 삼육구의 자리[三六九位]에서 복록(福祿)을 입으므로 좌사(左砂)의 송수(送水)를 꺼리지 않는다.

이 성신(星辰)을 만든 용(龍)은 신궁(申宮)의 세(勢)를 경유(經由)하여야 행맥(行脈)하고 건궁(乾宮)의 기(氣)를 득(得)하여야 성형(成形)한다. 좌향(坐向)에서도 경(庚)신(申)신(辛)유(酉)건(乾) 좌(坐)가 되면 왕성한 기운(氣旺)이 형세(形勢)에 상응(相應)하는 것이다.

이 성신(星辰)은 수두(水頭)에서 도락(倒落)하여 거(居)함을 좋아하고 수미(水尾)에서 융결(融結)함을 기뻐한다.

이곳의 장법(葬法)이 최선(最善)이면 출생인(出生人)의 상모(相貌)가 고괴(古怪)하고 심성(心性)이 소통(通疎)하며 행사(行事)가 간략(簡略)하다. 경(庚)신(申)신(辛)유(酉) 생인(生人)이 수음(受蔭)하고 사(巳)유(酉)축(丑)년(年)에 발달(發達)한다.

만약 이곳의 후룡(後龍)이 상격(上格)이면 벼슬이 사천(司

天)의 태감(太鑑)에 이르고 중격(中格)이면 잡직(雜職)이기는 하나 관록(官祿)이 떠나지 않고 하격(下格)이면 시종(侍從)의 임무(任務)를 맡게 된다. 귀격(貴格)이 전무(全無)하더라도 주(主)는 부(富)를 크게 한다. 만약 용(龍)이 귀(貴)격인데도 고로(孤露)의 직(職)이 되는 수도 있으며 승도(僧道)로서 관(官)을 자유롭게 부리는 경우도 있다.

이곳에 묘(墓)를 쓰고 처음 출생하는 사람[初生人]이 두발인(禿髮人)이 출생(出生)하면 기(氣)가 왕성(旺盛)함에 이른 것이고 정걸인(爭乞人)이 출생(出生)하면 기(氣)가 쇠진(衰)함에 이른 것이다.

이 체(體)에서 양각(兩脚)이 반제(般齊)할 때에는 금차형(金釵形)이 많고 일장일단(一長一短)한 것에서는 절고금차형(折股金釵形)이 많으며 상취혈(上聚穴)에서라면 소천사자형(笑天獅子形)이 많다. 금퇴(金堆)를 작(作)하면 길(吉)하다.

### 시(詩)

**孤曜星辰有吉凶 若還開口穴當中**

(고요성신유길흉 약환개구혈당중)

"고요성신은 길함도 있고 흉함도 있으니 만약 도리어 개구를 하였다면 혈은 가운데에 있으리라."

**金槽銀梘無人識 扦着他年富貴等**

(금조은견무인식 천착타년부귀등)

"금조은견을 아는 사람이 없으니 천착하고 어느 해가 되면 부귀가 비등하리라."

## 3. 현유고요(懸乳孤曜)

> 원문(原文) … 懸乳孤曜

第三孤曜名懸乳 最喜開金水
喝作胡僧禮拜形 一發得人驚

此星腦員而方 身直面平 開脚生乳 故名曰懸乳孤曜 有八體 其乳員者爲垂金 當乘金穴 向墜處立穴 曲者 爲生水 宜開取水 尋動處吉穴 方者爲穿土 當乘土就 金 中心立穴 直者爲夾木 宜合金從木 分三停立穴 尖 者帶火 當挨金剪火 穿兩肩立穴 燃塋法 必須穴高廣 濶 此五者爲正格也 有兩乳者 名曰雙星中生 脚有歧 者 名曰麒麟 皆可兩穴 有三乳者 名曰三台 可三穴 此三者 爲變格也 立穴並以前五位爲法 諸本凡懸乳者 皆當依此論之 此與懸乳太陰帶火脚者略相似 宜細辨 之 夫孤曜乃金木合形 上下交戰 金悴木枯 全無生氣 故不可用 若開脚生乳 子助父威 故爲變吉 凡懸乳星 辰 生氣凝聚而下垂 靈光發露而外現 兩宮俱到 一乳 中生 此故爲之吉穴 惟要圈中舒暢 乳上光員 五氣分 形 三停下穴 是爲得之 最忌兩傍無護 尤嫌田水不歸 此謂山水無情 星辰愈露 乃不可不察 此星本蔭三六九 位衣祿 故不畏右砂送水 由申宮之勢而行脉 得乾宮之 氣而成形 坐向得庚申辛酉乾 皆爲氣旺而形應 喜傍大

江 好臨田驛 若安扦合法 生人相貌古怪 心性質寒 行
事簡略 庚申辛酉命人受蔭 巳酉丑年發達 若后龍合上
格者 官至司天太鑑 合中格者 官任雜職 合下格者 侍
從之任 若全無貴格者 亦主富足 合貴格而孤露 多是
僧道爲官 初生禿髮之人 則氣盛也 至生瘋癩之人 則
氣衰也 此體多爲胡僧禮形 宜作水堆

詩曰　九个孤曜本非奇 懸乳體嫌兩脚垂
　　　鋤令彎環方是吉 請君作用莫差移

## 시(詩)

**第三孤曜名懸乳　最喜開金水** (제삼고요명현유 최희개금수)
 "세 번째 고요는 현유이니 가장 기쁜 것이 금수를 열어놓은 것이다."

**喝作胡憎禮拜形　一發得人驚** (갈작호증예배형 일발득인경)
 "물형으로는 호증예배형이니 한번 발달로도 사람들을 놀라게 한다."

 이 성신(星辰)은 두뇌(頭腦) 부분이 둥글면서도 크게 보면 모가 난 듯[頭圓而方] 하고 몸은 곧으며 얼굴은 평평[身直面平]하다. 그러므로 현유고요(懸乳孤曜)라 하였다.
 이에는 팔체(八體)가 있는데 하나는 유(乳)가 둥근[圓] 것이 있는데 수금(垂金)이라 하며 마땅히 승금혈(乘金穴)로 추처(墜處)를 향하여 입혈(立穴)한다. 또 유(乳)가 곡(曲)한 것을 생수(生水)라 하는데 마땅히 취수[宜開取水]하되 동처(動處)를 찾아 입혈(立穴)한다. 또 방(方)한 것을 천토(穿土)라 하며 마땅히 승토취금(承土就金)하여 중심(中心)에 입혈(立穴)한다. 또 곧은[直] 것을 협목(夾木)이라 하는데 마땅히 합(사)금종목(合 "솜"인 듯, 金從木)하여 삼정(三停)으로 나누어 입혈(立穴)한다. 또 유(乳)가 첨(尖)한 것을 대화(帶火)라 하는데 마땅히 애금전화(挨金剪火)로 양 어깨를 뚫어[穿兩肩] 입혈(立穴)한다. 이상 5종을 정격(正格)이라 하는데 연(조)영법(燃 "竝"인 듯, 塋法)은 필수(必須)적으로 혈이 높고 광활하여야[穴高廣闊] 한다.

다음으로 양유(兩乳)로 된 것이 있는데 이름을 쌍성혈(雙星穴)이라 하며, 또 유(乳) 중에서 각(脚)을 발생시킨 것이 있는데 그것이 두 갈래 길로 기(歧)처럼 생겼다 하여 기린혈(麒麟穴)이란 이름을 붙여 놓았다. 양쪽 혈(穴) 모두 하장(下葬)이 가하다. 또 삼유(三乳)로 이름을 삼태혈(三台穴)이라 하였는데 삼태혈(三乳穴)에 모두 하혈(下穴)이 가하다. 이상 3격(格)이 변격(變格)이다. 별도의 입혈(立穴)은 법이 없고 앞의 정체 5법과 근본은 같은 것이다.

무릇 현유(懸乳)라는 이름의 성신(星辰)은 모두 이와 같은 논법으로 처리된다.

이 성신(星辰)은 현유태음(懸乳太陰)이 화각(火脚)을 대(帶)한 것과 매우 같으므로 세밀(細密)하게 분변하지 않으면 오판(誤判)하기 쉬우니 조심(操心) 할 것이다.

　대저 고요성신(孤曜星辰)은 금(金)과 목(木)의 합(合)으로 성형(成形)한 것이므로 상하가 교전(交戰)하게 되어 금(金)은 부서지고 목(木)은 마르고 부러져 생기(生氣)가 전무(全無)하여 쓸 수가 전혀 없는 것이다. 그러나 만약 개각(開脚)한 후 유(乳)를 발생(發生)하였다면 수체(水體)로 변(變)하니 자식(子息)이 아버지의 위력(威力)으로 생조(生助)하게 되어 길성(吉星)으로 변(變)하게 된다.

　무릇 현유성신(懸乳星辰)은 생기(生氣)를 아래로 드리워 응취(凝聚)시키고 영광(靈光)은 발로(發露)하여 밖으로 나타내주며 양궁(兩宮)이 함께 이르러 한 유(乳) 중으로 생(生)함을 주니 이른바 길혈(吉穴)이 되는 것이다.

　오직 중요(重要)한 것은 권중(圈中)이 서창(舒暢)하고 유상(乳上)이 광원(光員)하며 오기(五氣)로 분형(分形)하여 삼정(三停)으로 하혈(下穴)할 수 있으면 이것이 득지(得之)하는 것이다.

　이 성신(星辰)에서 가장 꺼리는[最忌] 것은 양방(兩傍) 무호(無護)이며 더욱 혐오(嫌惡)하는 것은 사수(詿, 田水를 四水로 고침) 불귀(不歸)이니 이러하면 산수(山水)가 무정(無情)하게 되어 성신(星辰)이 더욱 고로(孤露)하여지기 때문이다. 그러므로 자상하게 살피지 않으면 안 되는 것이다.

　이 성신(星辰)은 본시 발음(發蔭)이 삼육구의 자리[三六九位]에서 복록(福祿)을 받으므로 우사(右砂)가 송수(送水)함을 꺼려하지 아니한다.

이 성신(星辰)을 만든 용(龍)은 신궁(申宮)의 세(勢)를 경유(經由)하여야 행맥(行脈)하고 건궁(乾宮)의 기(氣)를 받아야 성형(成形)한다. 좌향(坐向)에서도 경(庚)신(申)신(辛)유(酉)건(乾) 좌(坐)가 되면 왕성(旺盛)한 기운(氣運)이 형세(形勢)와 상응(相應)하는 것이다.

이 성신(星辰)은 대강(大江)의 이웃에서 거(居)하기를 좋아하고 전역(田驛) 근처(近處)에 임(臨)하기를 좋아한다.

이곳의 장법(葬法)이 만약 최선(最善)의 장법이었다면 출생인의 상모(相貌)가 고괴(古怪)하고 심성(心性)이 질실(質寔)하며 행사가 간략(簡略)하다.

이곳에 묘(墓)를 쓴 후로 경(庚)신(申)신(辛)유(酉) 명인(命人) 수음(受蔭)하고 사(巳)유(酉)축(丑)년(年)에 발달(發達)한다.

만약 이 성신(星辰)을 만든 후용(後龍)이 상격(上格)에 들면 벼슬이 사천태감(司天太監)에 이르고 중격(中格)에 들면 벼슬이 잡직(雜職)을 하고 하격용(下格龍)이면 시종직(侍從職)을 맡는다. 만약 귀격(貴格)이 전무(全無)하더라도 역시 부(富)는 크게 할 수 있다. 또 만약 용(龍)이 귀격(貴格)인데도 고로(孤露)한 경우는 승도(僧道)로서 관(官)을 부리는 일도 많이 나온다.

이곳에 묘(墓)를 쓴 후 처음 출생(出生)하는 사람이 독발인(禿髮人)이 나오면 기(氣)가 왕성(旺盛)함에 이른 것이고 풍라인(瘋癩人)이 출생하면 기가 다 되어 쇠진(衰盡)한 것임을 알 수 있다.

이 체(體)에 호승예불형(胡僧禮形) 등이 많다. 수퇴(水堆)를 작(作)하면 길(吉)하다.

### 시(詩)

**九个孤曜本非奇　懸乳體嫌兩脚垂**

(구개고요본비기 현유체혐양각수)

"아홉 개의 고요들이 본시는 기묘할 수 없으나 현유체가 되면 양각을 수직으로 내리는 것을 혐오한다."

**鋤令彎環方是吉　請君作用莫差移**

(서령만환방시길 청군작용막차이)

"호미로 하여금 둥글게 만드는 것이 길하니 군에게 청하노니 차이가 나게 작용하지 말 것이다."

## 4. 궁각고요(弓脚孤曜)

**원문(原文)** ···  弓脚孤曜

第四孤曜脚先弓 不可槩言凶
老猿抱子眞形狀 此穴仍爲上

此星腦員而方 身直面平 開脚抱穴 故名曰弓脚孤曜
有二體 其脚一長一短者 爲正格也 穿長者下穴 兩脚
交牙者 爲變格也 穿中心下穴 宜下壓煞穴 開孤作用
此與弓脚太陰帶水者相似 宜細辨認 左孤曜衣四凶之
穴 開脚而曲 則爲生水 故爲變吉 若面前窒塞 則用人
力鋤開方可 內堂關鎖周密 發越極快 但胸襟窄狹 若
是右脚微長 不可以虎過明堂 及啣是爲疑凡弓脚星辰
靈光在內而隱藏 餘氣挽先而回抱 明堂聚面 應案連枝
此所以謂之吉穴 惟要脚頭逆轉 可妨水口無情 欲定高
低 當登左右 是爲得之 最忌兩傍無護 尤嫌四水不歸
此則山水無情 星辰愈露 乃不可不察 此星本蔭三六九
位衣祿 故不畏右砂逆水 由申宮之勢而行脈 得乾宮之
氣而成形 坐向得庚申辛酉乾 爲氣旺而形應 好落源頭
水尾 喜吾壟脊山腰 若安扦合法 生人相貌古怪 心性
宛轉 行事簡略 庚申辛酉命人受蔭 巳酉丑年發達 若
后龍合上格者 亦主富冠鄉村 若有貴格而孤露 主僧道
爲官 初生禿髮之人 則氣盛也 至生跛足之人 則氣衰

> 也 此體多爲橫龍繳尾形 兩脚交牙者 多是老猿抱子形
> 宜作水堆
>
> 詩曰 孤神切莫例言凶 弓脚先來最宇逢
> 　　　曲穴水中尋造化 功名富貴在其中

### 시(詩)

**第四孤曜脚先弓　不可槩言凶** (제사고요각선궁 불가개언흉)

"네 번째 고요는 각 선궁이니 그 흉함을 말로서 하기가 이미 불가하다."

**老猿抱子眞形狀　此穴仍爲上** (노원포자진형상 차혈잉위상)

"노원이 포자하는 모양이면 진형이니 이 혈은 잉하여 상격으로 함이다."

이 성신(星辰)의 두뇌(頭腦) 부분은 둥글면서도 크게 보면 모가 난 듯[頭員而方] 하고 몸은 곧고 얼굴 면은 평평[身直面平]하다. 다리를 벌려 혈(穴)을 안았다 하여 이름을 궁각고요(弓角孤曜)라 하였다.

이에는 두 체(體)가 있는데 그 각(脚)이 하나는 긴데 하나는 짧은[一長一短] 것을 정격(正格)으로 하는데 그 긴 다리를 뚫고[穿長者] 하혈(下穴)한다.

또 두 다리가 교아한[兩脚交牙] 것이 있는데 이것을 변격

(變格)으로 하는데 중심(中心)을 뚫고 하혈(下穴)한다. 이 두 체(體) 모두는 압살장법(壓殺葬法)을 사용(使用)하여야 하니 개고작용(開孤作用)을 위(爲)한 것이다.

이 궁각고요(弓脚孤曜) 성신(星辰)은 궁각태음(弓脚太陰)이 대수(帶水)한 격국(格局)과 매우 흡사(恰似)하므로 자세하게 살피지 않으면 오판(誤判)하기 쉬우니 조심(操心)하여야 한다.

본시(本是) 고요(孤曜) 성신(星辰)은 사흉성(四凶星) 중의 하나인데 개각(開脚)하였다면 곡(曲)으로 변(變)하니 생수(生水)함이 되어 길성(吉星)으로 변한 것이다.

궁각(弓脚) 성신(星辰)은 내당(內堂)이 주밀(周密)한 것이 자랑이기는 하나 흉금(胸襟)이 착협(窄狹)한 것은 오히려 허물이 되기도 하니 만약 면전(面前)이 너무 좁아 질색(窒塞)이 되었으면 인력(人力)을 사용(使用)하여 파고 잘라서 서개(鋤開)시켜도 이 또한 가(可)한 방법이 되는 것이다.

그러나 이 성신(星辰)에서는 내당(內堂)이 관쇄주밀(關鎖周密) 하므로 발월(發越)이 극쾌(極快)한 점이 가장 큰 자랑거리인데 이 특징(特徵)을 살리지 못하면 아니 되므로, 참으로 명견(明見)의 능력(能力)을 길러야 할 것이다.

궁각고요(弓脚孤曜)에서는 만약 백호(白虎)인 우각(右脚)이 길어서 명당(明堂)을 지나는 것이 불가하니 시신으로 보일 것이 의심(不可虎過明堂及 啣屍爲疑)되기 때문이다.

무릇 궁각(弓脚) 성신(星辰)은 영광(靈光)을 안으로 모으고 은장(隱藏)시키며 여기(餘氣)는 도망치지 못하도록 끌어당겨놓고 회포(回抱)하고 명당(明堂)을 앞으로 모아놓고[聚面] 응안(應案)을 연지(連枝)시키므로 이것이 이른바 길혈(吉穴)에 든다.

　오직 중요(重要)한 것은 각두(脚頭)가 물을 기준으로 역전(逆轉)하여야 하니 수구(水口)의 무정(無情)함을 방지하기 위함이다, 이에서 고저(高低)를 정하고저 할 때는 반드시 좌우(左右)를 번갈아 올라본 후 결정(決定)해야 한다. 이러하면 득지(得之)하는 것이다.

　이 성신(星辰)에서 가장 꺼리는[最忌] 것은 양방(兩傍)이 함께 무호(無護)이며 더욱 혐오(嫌惡)하는 것은 사수(四水)가 불귀(不歸)이니 이러하면 산수(山水)가 무정(無情)하고 성신(星辰)이 더욱 외롭게 노출(露出)되기 때문이다. 그러므로 자세히 살피지 않을 수 없는 것이다.

　이 성신(星辰)은 본시 발음[發陰]이 삼육구의 자리[三六九位]에서 복록(福祿)을 받으므로 우사(右砂)의 송수를 꺼려하지 아니한다.

　이 성신(星辰)을 만든 용(龍)은 신궁(申宮)의 세(勢)를 경유(經由)하여야 행맥(行脈)하고 건궁(乾宮)의 기운(氣運)을 받아야 성형(成形)한다. 좌향(坐向)에서도 경(庚)신(申)신(辛)유(酉)건(乾) 좌(坐)가 되면 왕성(旺盛)한 기운이 형세(形勢)와 상응(相應)하게 되는 것이다.

　이 성신(星辰)은 원두수(源頭水)의 끝으로[尾] 낙(落)하여 임(臨)하기를 좋아하고 용척(龍脊)이나 산요(山腰)에서 거(居)하는 것을 기뻐한다.

이 성신(星辰)의 장법(葬法)이 합법(合法)하고 최선(最善)이었다면 출생인(出生人)의 상모(相貌)가 고괴(古怪)하고 심성(心性)이 완전(婉轉)하며 행사(行事)가 간략(簡略)하다. 경(庚)신(申)신(辛)유(酉) 명인(命人)이 수음(受蔭)하고 사(巳)유(酉)축(丑) 년(年)에 발달(發達)한다.

이 성신(星辰)의 후용(後龍)이 만약 상격(上格)에 들면 사천태감(司天太監)에 이르고 중격(中格)에 들면 잡(雜)직의 벼슬을 하고 하격(下格)의 용에서는 부(富)를 주재(主宰)하는데 향촌(鄕村)에서 으뜸가는 부(富)이다. 만약 귀격(貴格) 용(龍)인데도 고로(孤露)한 경우라면 승도(僧徒)로서 관(官)을 부릴 수 있는 능력을 갖게 되며 그러나 귀격이 전무(全無)하더라도 향촌(鄕村)에서 제일가는 부(富)를 할 수 있다.

이곳에 묘(墓)를 쓴 후 처음 출생하는 사람[初生人]이 독발인(禿髮人)이 나오면 기(氣)가 왕성(旺盛)함에 이른 것이고 파족인(跛足人)이 나오면 기(氣)가 다 되어 쇠진(衰盡)한 것이다.

이 체(體)에 횡용권미형(橫龍捲尾形)이 많이 나오고 양각(兩脚)을 교아(交牙)한 곳에서는 노원포자형(老猿抱子形)이 많이 나온다. 수퇴(水堆)를 작하면 길(吉)하다.

### 시(詩)

孤神切莫例言凶 弓脚先來最罕逢
(고신절막예언흉 궁각선래최한봉)

"고신은 그 흉함을 말로서 다하기 어려운데 궁각이 먼저 오는 것을 만나기는 더욱 더 어려워라."

## 曲穴水中尋造化  功名富貴在其中
(곡혈수중심조화 공명부귀재기중)

"곡함은 수중에서 조화의 혈을 찾는 것이니 공명과 부귀가 그 중에 있음이다."

## 5. 쌍비고요(雙臂孤曜)

**원문(原文)** … 雙臂孤曜

第五孤曜號雙臂 此星不可棄
蓮花五葉唱形眞 最好救人貧

此星腦員而方 身直面平 邊開兩臂 故名曰雙臂孤曜 有三體 其臂有左右俱雙者 須要臂皆彎抱 或作交牙尤佳 此爲正格也 有右雙左單者 有左雙右單者 須要穴上見其均勻 此二者爲變格也 宜壓煞穴 開孤作塋 左右鋤之 使開彎抱則可 此與雙臂太陰帶木者相似 夫孤曜本金木合形 相戰相凌 是以犯之爲凶 此成雙臂 得水爲氣 多金水得養 故爲轉吉 其右雙左雙者 名曰叠指 喜賭錢帛 然眞龍穴正 水聚山朝 決不破家 若穴上不見者 則尤不忌 凡雙臂星辰 靈光自足而舒徐 眞氣有餘而磅礴 東西雙到 內外重回 故爲吉也 惟宜應案臨近 明堂聚前 立穴必取天心 折水要依星步 是爲得之 最忌兩傍無護 尤嫌四水不歸 此則山水無情 星辰愈露 乃不可不察 此星本陰三六九位衣祿 故不畏右砂送水 由申宮之勢而行脉 得乾宮之氣而成形 坐向得庚申辛酉乾 皆爲気旺而形應 喜傍大溪之側 好臨萬山之間 若安扦合法 生人相貌古怪 心性机巧 行事簡略 庚申辛酉命人受蔭 巳酉丑年發達 若后龍合上格者 官至

> 司監 合中格者 官居雜職 合下格者 內侍之任 若全無
> 貴格者 主廣進田産 大旺人丁 初生禿髮之人 則氣盛
> 也 至生六趾之人 則氣衰也 此體左右俱雙者 爲五葉
> 蓮花 左雙右單者 爲眠尖形 宜作水堆
>
> 詩曰 孤曜巒頭臂有雙 重重護穴最爲良
> 　　　爲官豈是淸高職 衣錦還歸自帝鄕

### 시(詩)

**第五孤曜號雙臂　此星不可棄** (제오고요호쌍비 차성불가기)

"다섯 번째 고요는 쌍비이니 이 성신을 버리는 것은 불가하다."

**蓮花五葉喝形眞　最好救人貧** (연화오엽갈형진 최호구인빈)

"물형으로 연화오엽과 같으면 참된 것이니 사람들의 가난을 구원하는 가장 좋은 혈이다."

이 성신(星辰)은 두뇌(頭腦) 부분이 둥글면서도 모가나 방[腦員而方]하며 몸은 곧고 얼굴 면[身直面平]은 평평(平平)하다. 이름은 변(邊)으로 양 팔[兩臂]을 벌렸다 하여 쌍비고요(雙臂孤曜)라 하였다.

이에는 삼체(三體)가 있다. 그 팔이 좌우(左右) 모두 함께 쌍(雙)으로 된 것이 있는데 반드시 중요(重要)한 것은 모든 팔이 만포(灣包)해야 한다. 혹 양 팔이 교아(交牙)를 만들면 더욱 아름답다. 이것이 정격(正格)이다.

또 좌(左)는 쌍(雙)인데 우(右)가 단(單)인 것과 우(右)는 쌍(雙)인데 좌(左)가 단(單)인 것 등이 있는데 모름지기 중요(重要)한 것은 혈상(穴上)에서 볼 때 균균(均勻)해야 한다. 이 두 격(格)을 변격(變格)이라 한다. 이상 모두는 압살장법(壓殺藏法)으로 입혈(立穴)해야 하는데 뻗뻗한 고(孤)를 열고 무덤을 만드는데[開孤作塋] 좌우(左右)를 파거나 제거(除去)하여 만포(灣包)하게 만들면 가(可)하다.

이 쌍비고요격(雙臂孤曜格)은 태음(太陰) 성신(星辰)의 대목자(帶木者)와 대우 비슷하므르 자세히 살피지 않으면 오판(誤判)하기 쉬우니 조심해야 한다.

대개 고요(孤曜) 성신(星辰)은 본시 금(金)과 목(木)의 합형(合形)으로 이루어졌으므로 상하가 상전(相戰)하고 상능(相凌)하는 흉성(凶星)으로 접근(接近)할 수 없으나, 이에서는 쌍비(雙臂)가 되었으니 수기(水氣)를 득하였으므로 많은 금수(金水)가 상생(相生)으로 부양(扶養)하므로 길성(吉星)으로 전환되는 것이다.

그중에서도 우쌍좌단자(右雙左單者)를 첩지혈(疊指穴)이라 하는데 전백(錢帛)을 걸고 도박(賭博)을 좋아하는데, 용진혈정(龍眞穴正)일 때는 파가(破家)하지는 아니하고 혈상(穴上)에서 보이지 않으면 더욱 꺼리지 아니한다. 그러나 후용이 천격(賤格)일 떠는 도박(賭博)으로 파산(破散)한다.

무릇 쌍비성신(雙臂星辰)은 영광(靈光)이 자족함에도 서서히 펼쳐주고[自足而舒徐] 진기(眞氣)는 넉넉하기 때문에 널리 길게 공급하여[有餘而磅礴] 주고 동서(東西)에서 쌍으로 이르러 내외를 거듭 회포(回抱)하여 주므로 이른바 길혈(吉穴)이 되는 것이다.

이에서 오직 중요(重要)한 것은 응안(應案)이 가까이에서 임하고 명당은 앞으로 모여야 하며, 입혈(立穴)은 반드시 천심(天心)을 취(取)하고 절수(折水)는 성보(星步)에 의(依)하는 것이 중요(重要)하다. 이러하면 득지(得之)하는 것이다.

이 성신(星辰)에서 가장 꺼리는[最忌] 것은 양방(兩傍) 무호(無護)이며 더욱 혐오(嫌惡)하는 것은 사수불귀(四水不歸)이니 이렇게 되면 산수(山水)가 무정(無情)하고 성신(星辰)이 더욱 고로(孤露)하여지기 때문이다. 그러므로 살피지 않으면 안 되는 것이다.

이 성신(星辰)은 본시의 발음[發蔭]이 삼육구(三六九)의 자리에서 복록(福祿)을 받으므로 우사(右砂)가 송수(送水)하는 것을 꺼려하지 아니한다.

이 성신(星辰)을 만든 용(龍)은 신궁(申宮)의 세(勢)를 만나야 행맥(行脈)하고 건궁(乾宮)의 기운(氣運)을 받아야 성형(成形)한다. 좌향(坐向)에서도 경(庚)신(申)신(辛)유(酉)건(乾) 좌(坐)가 되면 왕성(旺盛)한 기운(氣運)이 형세(形勢)와 상응(相應)하는 것이다.

이 성신(星辰)은 큰 내[大溪]의 옆에서 임(臨)하는 것을 좋아하고 만산의 사이[萬山之間]에 거(居)하는 것을 기뻐한다.

이곳의 입혈장법(立穴葬法)이 최선(最善)이었다면 출생인

(出生人)은 상모(相貌)가 고괴(古怪)하고 심성(心性)이 기교(機巧)하며 행사(行事)가 간략(簡略)하다. 경(庚)신(申)신(辛)유(酉) 명(命)인이 수음(受蔭)하고 사(巳)유(酉)축(丑)년(年)에 발달(發達)한다.

이 성신(星辰)을 만든 후용(後龍)이 만약 상격(上格)에 들면 벼슬이 사감(司監)에 이르고 중격(中格)에 들면 잡(雜)직의 벼슬을 하고 하격(下格)의 용(龍)이면 내시(內侍) 등의 임무가 부여된다. 귀격(貴格)이 전무(全無)하면 전답(田畓)을 크게 넓이며 대부(大富)소리를 듣는 것은 물론 인정(人丁) 또한 왕성(旺盛)하다.

이곳에 묘(墓)를 쓴 후 처음 출생(出生)하는 사람이 독발인(禿髮人)이 나오면 기(氣)가 왕성(旺盛)함에 이른 것이고 육지(六趾 "指"인 듯)인이 출생하면 기(氣)가 다 되어 쇠진(衰盡)한 것이다.

이 체(體)가 좌우(左右)가 함께 쌍(雙)일 때는 오엽연화형(五葉蓮花形)이 나오고, 좌쌍우단(左雙右單)격 일 때는 면수형(眠獸形)이 많이 나온다. 마땅히 수퇴(水堆)를 작하면 길(吉)하다.

### 시(詩)

孤曜巒頭臂有雙　重重護穴最爲良
(고요만두비유쌍 증중호혈최위양)

"고요만두에서 팔둑이 쌍으로 있으면 중중으로 혈을 도호하니 가장 우량한 것이다."

## 爲官豈是淸高職 衣錦還歸自帝鄕
(위관기시청고직 의금환귀자제향)

"관이라면 어찌 이에서 청고직이라 하겠는가? 금의로 제향에 환귀하리라."

## 6. 단고고요(單股孤曜)

**원문(原文)** … 單股孤曜

> 第六孤曜名單股 此穴不足數
> 腰跎足跛更孤單 癆病與瘋癱
>
> 此星腦員而方 身直而瘦 開一脚 故名曰單股孤曜 有四體 皆如曲尺 不可作穴 與單股太陰相似 惧扦之者 其禍與正體孤曜同 多出跏跛之人 故爲凶也

**시(詩)**

第六孤曜名單股 此穴不足數 (제육고요명단고 차혈부족수)
"여섯 번째 고요는 단고이니 이 혈을 헤아리기는 부족하니"

**腰跎足跛更孤單　癆病與瘋癱** (요타족파갱고단 노병여풍탄)

"낙타허리에 한 다리인데 다시 고단이니 노병에다 풍탄까지 있으리라."

이 성신(星辰)은 두뇌(頭腦) 부분이 둥글면서도 모가나 방[腦員而方]하며 몸은 곧으면서도 말라 얇다[身直而瘦]. 한쪽 다리만을 벌렸기 때문에 단고고요(單股孤曜)라 하였다.

이에는 사체(四體)가 있는데 도두 곡척(曲尺)처럼 생겼다. 그러므로 작혈(作穴)을 못한다.

이 단고고요(單股孤曜)는 단고태음(單股太陰) 성신(星辰)과 매우 흡사(恰似)하므로 조심(操心)하지 않으면 오관(誤判)하기 쉬운데 만약 오천(悞扦) 하였을 경우 그 화(禍)가 정체고요(正體孤曜)에서와 같이 나타난다.

이 체(體)에서는 가파지인(跏跛之人)이 많이 나온다. 대흉(大凶)하니 자세히 정확(正確)한 판단(判斷)을 하기 바란다.

## 7. 측뇌고요(側腦孤曜)

**원문(原文)** … 側腦孤曜

第七孤曜名側腦 此穴不爲好
茶槽竹梘水斜流 生離去外州

此星腦員而偏 身直而瘦 故名曰側腦孤曜 有二體 皆如秤又 又不可下穴 與側腦相似(但太陽有乳氣 孤曜無節目) 惧扦之者 其禍與正體孤曜一同 多出歪頭之人

**시(詩)**

**第七孤曜名側腦 此穴不爲好** (제칠고요명측뇌 차혈불위호)
 "일곱 번째 고요는 측뇌이니 이 혈을 좋다고만 할 수는 없다."

**茶槽竹梘水斜流 生離去外州** (다조죽견수사류 생리거외주)
 "차를 빻는 절구나 대나무 홈통처럼 생긴데다 물까지 빗겨 흐르니 생리별과 외주 타향으로 전전하게 되기 때문이다."

이 성신(星辰)은 두뇌(頭腦) 부분은 둥글지만 한쪽으로 기울어[腦員而偏] 있고 몸은 곧고 꼿꼿하면서도 말라붙어[身直而瘦] 얇다. 그러므로 이름이 측뇌고요(側腦孤曜)라 하였다.

이에는 두 체(體)가 있는데 도두 볏짚의 대나 비녀와[秆叉] 같기 때문에 이 또한 하혈(下穴)이 불가하다.

이 측뇌고요(側腦孤曜)는 측뇌태양(側腦太陽) 성신(星辰)과 매우 비슷한 바가 있으므로 조심(操心)하여야 한다. 다만 측뇌태양(側腦太陽)은 도톰한 유기(乳氣)가 있으나 이 고요(孤曜) 성신(星辰)에서는 절목(節目)이 없는 것이 다르다. 만약 잘못 알고 오천(悮扦) 하였다가는 그 화(禍)가 정체고요에서와 같이 나타난다.

이 체(體)에서 외두지인(歪頭之人)이 닳이 출생한다.

## 8. 몰골고요(沒骨孤曜)

**원문(原文)** … 沒骨孤曜

第八孤曜名沒骨 悮扦必主乞
號爲雷脚至爲凶 禍害見重重

此星腦員而方 身直而瘦 口開肩下 故名曰沒骨孤曜 有四體 皆如矛戈劒戟 不可作穴 與沒骨太陰相似(㠯太陰彎環 孤曜硬直) 悮扦之者 其禍與正體孤曜同 多出跎背之人 至驗 故爲凶毒

### 시(詩)

**第八孤曜名沒骨　悞扦必主乞** (제팔고요명몰골 오천필주걸)

"여덟 번째 고요는 몰골이니 오천하면 주는 반드시 걸인이 된다."

**號爲雷脚至爲凶　禍害見重重** (호위뇌각지위흉 화해견중중)

"이름을 뇌각이라고도 하는데 지극히 흉한 화해를 거듭하여 당하게 된다."


　이 성신(星辰)은 두뇌(頭腦) 부분이 둥글면서도 한쪽으로 기울어[腦員而方] 있으며 몸은 곧으면서도 말라 살이 없다[身直而瘦]. 어깨 아래쪽에서 개구(開口)하였으므로 이름을 몰골고요(沒骨孤曜)라 붙여 놓았다.

　이에는 사체(四體)가 있는데 모두 삐쭉하고 날카로워 모과검극(矛戈劍戟)과 같으므로 작혈(作穴)을 하지 못한다.

　이 성신(星辰)은 몰골태음(沒骨太陰)과 매우 비슷하므로 자세하게 살펴보지 않으면 오판(誤判)하기 쉽다. 다만 태음(太陰)에서는 만환(彎環)하지만 고요(孤曜)에서는 경직(硬直)하고 수삭(瘦削)한 것이 다르다.

　이에 잘못보고 오천(誤扦)하면 그 화(禍)가 정체고요(正體孤曜)에서와 같이 나타난다.

　이 체(體)에서 타배지인(駝背之人)이 많이 출생한다.

　지극(至極)히 확실하게 증험(證驗)이 있으므로 흉독(凶毒) 성(星)이 된 것이다.

## 9. 평면고요(平面孤曜)

**원문(原文)** ··· 平面孤曜

> 第九孤曜爲平面 空說灰中線
> 形如覆磬得人憎 扦後絶人丁
>
> 此星身員而直 面突而低 故名曰平面孤曜 惟有一體 多生平地 或是土洲 或在田中 或居水口脚 或帶石四傍無護 形如覆磬只可作羅星 與平面太陰相似 愼扦之者 其禍與正體孤曜同

**시(詩)**

**第九孤曜爲平面 空說灰中線** (제구고요위평면 공설회중선)

 "아홉 번째 고요는 평면인데 회중의 한 선처럼 공간에 만들어 놓았으나"

**形如覆磬得人憎 扦後絶人丁** (형여복경득인증 천후절인정)

 "형이 경쇠를 뒤집어 놓은 것과 같아 사람들은 싫어하니 천장 후에는 반드시 인정(자손)이 끊긴다."

이 성신(星辰)은 몸이 둥근 듯 하면서도 길고 곧으며 신원이 직하며[身員而直] 면은 불룩하게 나왔으면서도[面突而低] 낮다. 그러므로 이름을 평면고요(平面孤曜)라 하였다.

이에는 오직 한 체(體)밖에 없는데 보통은 평지(平地)에 많이 있으나 혹 흙으로 된 섬이나 혹 논밭 가운데나 혹 수구간(水口間)이나 혹 대석(帶石)하였더라도 사방(四方)으로 보호사가 없이도 나타나는데, 형(形)은 밭갈이하는 쟁기 날 같은데 이를 복경(覆磬)이라 하였다. 이 성신(星辰)은 단지 수구간(水口間)에서 나성사(羅星砂)로서 적당한 것이다.

 이 성신(星辰)은 평면태음(平面太陰)과 매우 닮아서 자세히 살피지 않으면 오판(誤判)하기 쉬우니 주의해야 한다. 만약 오천(誤扞)하면 그 화(禍)가 정체고요(正體孤曜)에서와 같이 나타난다.

## 고요성 (孤曜星)

| 정체고요 (正體孤曜) | 개구고요 (開口孤曜) | 현유고요 (懸乳孤曜) |
|---|---|---|
|  |  |  |
| 궁각고요 (弓脚孤曜) | 쌍비고요 (雙臂孤曜) | 단고고요 (單股孤曜) |
|  |  |  |
| 측뇌고요 (側腦孤曜) | 몰골고요 (沒骨孤曜) | 평면고요 (平面孤曜) |
|  |  |  |

7부 고요성(孤曜星) _ 521

# 8부 조화성 (燥火星)

## 1. 정체조화(正體燥火)

**원문(原文)** … 正體燥火

> 第一燥火爲正體 尖刀形不美
> 名爲劫煞最難當 路死沒人扛

此星身尖而斜 面飽不開脚 故名曰正體燥火 惟有一體 夫燥火者 戈矛之象也 渾身是火尖燥 不受穴 只宜居水口之外 關鎖門戶 然與正體紫氣擺燥者相似 若悞扦之者 主人輕薄 心性燥迫 行事虛詐 主男爲軍賊 女作娼妓 夫婦生離 兒孫忤逆 其爲禍也 焚家燬舍 燒身暴骸 動瘟發瘴 揮亡兵卒 囚死牢獄 初敗中子 次及長小 丙丁巳午命人受害 寅午戌年爲禍發之期

> 詩曰　燥火行惡莫安扦　重重公事日連綿
> 　　　日園賣盡兒孫絶　身喪他州更可憐

### 시(詩)

**第一燥火爲正體　尖刀形不美** (제일조화위정체　첨도형불미)
"첫 번째의 조화성은 정체이니 형이 첨도와 같으므로 블미하다."

**名爲劫煞最難當　路死沒人扛** (명위겁살최난당　로사몰인강)
"이름이 겁살격이라고도 하니 가장 감당키 어려우며 노사와 몰락을 주재한다."

이 성신(星辰)은 몸이 삐쭉삐쭉하면서도 기울고[身尖而斜] 면은 불룩하게 튀어 올랐으나 개각은 하지 않았다[面飽不開脚]. 그러므로 이름이 정체조화(正體燥火)라 부쳐졌다. 이에는 오직 한 체 일체(一體) 밖에 없다.

대개 조화(燥火)라 함은 과모(戈矛)의 상(象)처럼 삐쭉삐쭉한 형(形)을 말하는 것이니 온몸이 불꽃같이 화염(火焰)으로 이루어졌으므로 혈(穴)을 받지 못한다.

이 성신(星辰)은 단지 수구(水口) 밖에서 문호(門戶)를 관쇄(關鎖)시키는 역할(役割)이 마땅한 것이다.

이 성신(星辰)은 정체자기(正體紫氣) 성신(星辰)에서 파조(擺燥)를 달아 낸 것과 매우 흡사(恰似)하다.

그러므로 만약 잘못 판단(判斷)하고 오천(誤扦)한다면 주인(主人)은 경박(輕薄)하고 심성(心性)은 조박(燥迫)하며 행사(行事)는 허사(虛詐)가 많다. 또한 남자는 군적(軍賊)이요, 여인은 창기(娼妓)를 주재하며 부부(夫婦)는 이별(離別)시키며 아손(兒孫)은 오역(忤逆)하는 것이 이 체(體)에서 주로 나타나는 화(禍)이다. 또 달리는 가옥(家屋)은 화재(火災)로 소실시키고[焚家燬舍] 사람은 소신폭해(燒身暴骸)가 되는 재앙(災殃)과 동온발황(動瘟發瘴)과 휘망병졸(揮亡兵卒)하고 수사뇌옥(囚死牢獄)한다.

이러한 곳에 만약 묘(墓)를 썼다면 초패중자(初敗中子)하고 차차 장방(長房)과 소방(小房)에게로 이어지며 병(丙)정(丁)사(巳)오(午) 명인(命人)이 먼저 해(害)를 받고 인(寅)오(午)술(戌)년에 그 화(禍)가 발생(發生)하는 시기이다.

## 2. 개구조화(開口燥火)

**원문(原文)** … 開口燥火

> 第二燥火爲開口 好處君知否
> 令旗形勢最分明 一發看飛騰

此星身尖而斜 面平開脚 故名曰開口燥火 惟有二體 宜下壓煞穴 大開塋基 謂之剪火 與開口紫氣擺燥者相似(但紫氣是聳燥火身體斜) 宜細辨別 夫燥火者 有燄上之性 焚林燎源之功 不可扦穴 若開員口 則爲轉水 水火旣濟 故爲轉吉 凡開口星辰 靈光合聚於中 餘氣分形於下 雌雄相顧 血脉交通 此故爲之吉穴 惟要口中員淨 窩內冲融 身俯則穴宜就脉揭高 面仰則穴宜蘸弦生入 是爲得之 最嫌石腦巉岩 尤忌水城散漫 巉岩則火神愈熾 散漫則水氣休囚 乃不可不察 此星本陰二五八位衣祿 故不畏前砂送水 由巳宮之勢而行脉 得離宮之氣而成形 坐向得巳丙午丁 皆爲氣旺而形應 好倒落於源頭 喜融結於水尾 若安扦合法 生人相貌淸俊 心性疎通 行事快烈 丙丁巳午命人受蔭 寅午戌年發達 若後龍合上格者 官至侍御 合中格者 官入刑部侍郎 合下格者 刑獄之官 若全無貴格者 亦主武斷鄕曲 廣置田庄 大旺人口 合貴格而孤露者 多受御命爲官 初生面尖之人 則氣盛也 至生乞丐之人 則氣衰也 此體

> 多爲令旗形 宜作土堆
>
> 詩曰　燥火尖斜不可扦 若還開口穴天然
> 　　　必須剪火塋高濶 後代爲官廣置田

### 시(詩)

**第二燥火爲開口　好處君知否** (제이조화위개구 호처군지부)

"두 번째 조화는 개구이니 좋은 곳을 군은 알지 못하리라."

**令旗形勢最分明　一發 看飛騰** (령기형세최분명 일발간비등)

"영기와 같은 형세이면 분명히 한 번은 발복하여 비등함을 보리라."

이 성신(星辰)은 몸이 삐쭉삐쭉하고 기울기도[身尖而斜] 하였으며 면(面)은 평평(平平)하고 양 다리를 벌려 개구(開口)하였으므로 개구조화(開口燥火)라는 이름이 부쳐졌다.

이에는 두 체(體)가 있다. 마땅히 압살혈(壓殺穴)로 하장(下葬)하여야 하는데 기지(基地)를 마땅히 크게 개영(開塋)하는데 화각(火脚)을 전지(剪枝)하기 위함이다.

이 개구조화(開口燥火) 성신(星辰)은 개구자기(開口紫氣)가 파조(擺燥)를 대동(帶同)한 성신(星辰)과 매우 흡사(恰似)하므로 세밀하게 분별(分別)하지 않으면 오판(誤判)하기 쉽다.

**[필자주(筆者註)]** 자기(紫氣)는 높이 솟았으나 이곳의 조화(燥火)는 불꽃처럼 몸이 기울었음이 다르다.

대저 조화(燥火)라 함은 본시 염상(燄上)의 성질(性質)이니 모든 것을 불태워 버리므로 분림요원(焚林燎源)의 공(功)만 이 있을 뿐이다. 그러므로 혈(穴)을 결작(結作) 시키지 못하여 천장(扦葬)이 불가(不可)하다. 그러나 만약 원구(圓口)를 열었다면 전수(轉水)가 되니 수화(水火) 기제(旣濟)의 공(功)을 갖게 되므로 길(吉)함으로 전환(轉換) 되는 것이다.

무릇 개구성신(開口星辰)이라 함은 영광(靈光)을 합취어중(合聚於中)하고 여기(餘氣)는 분행어하(分行於下)하며 자웅(雌雄)이 상고(相顧)하여 혈맥(血脈)을 교통(交通)시키므로 이것이 이른바 길혈(吉穴)에 드는 것이다.

이에서 오직 중요(重要)한 것은 구중이 원정[口中員淨]하고 와내가 충융[窩內冲融]하여야 한다. 이에서 신부(身俯)하면 혈(穴)은 마땅히 취맥게고(就脈揭高)하고 면앙(面仰)하면 혈(穴)은 마땅히 잠현좌입(蘸弦坐入)할 것이다. 이러한 것을 득지(得之)라 한다.

이 성신(星辰)에서 가장 꺼리는[最忌] 것은 수성(水城)이 산만(散漫)한 것이고 더욱 혐오(嫌惡)하는 것은 석뇌(石腦)가 참암(嶄巖)한 것이니 참암(嶄巖)한 즉 화신(火神)이 더욱 치열(熾熱)하여지기 때문이고 산만(散漫)하면 수기(水氣)가 휴수(休囚)되기 때문이다. 그러므로 살펴보지 않으면 안되는 것이다.

이 성신(星辰)은 본시 발음(發蔭)이 이오팔의 자리[二五八位]에서 복록(福祿)을 받으므로 전사(前砂)로 송수(送水)함을 꺼려하지 아니한다.

이곳의 용(龍)은 사궁(巳宮)의 세(勢)를 경유(經由)하여야 행맥(行脈)하고 리궁(離宮)의 기운(氣運)을 득(得)하여야 성형(成形)한다. 좌향(坐向)에서도 사(巳)병(丙)오(午)정(丁) 좌(坐)가 되면 왕성(旺盛)한 기운과 형세(形勢)가 상응(相應)하는 것이다.
　이 성신(星辰)은 원두(源頭)에 도락(倒落)하여 거(居)하기를 기뻐하고 수미(水尾)에서 임(臨)하기를 좋아한다.
　만약 이곳의 장법(葬法)이 최선(最善)이었다면 출생(出生人)인의 상모(相貌)가 청준(淸俊)하고 심성(心性)이 소통(疏通)하고 행사(行事)가 쾌열(快烈)하다. 사(巳)병(丙)오(午)정(丁) 명인(命人)이 수음(受蔭)하고 인(寅)오(午)술(戌)년(年)에 발달(發達)한다,
　이곳의 후용(後龍)이 만약 상격(上格)에 들면 벼슬이 시어(侍御)에 이르고 중격(中格)에 들면 형부시랑(刑部侍郎)의 벼슬에 이르고 하격(下格)의 용(龍)에서는 형옥(刑獄)의 벼슬을 하게 되며 용(龍)에서 귀격(貴格)이 전무(全無)하더라도 역시 무단(武斷)으로 향곡(鄕曲)을 제패하고 부(富)로서도 전답(田畓)을 널리 지배하며 인정(人丁)도 왕성(旺盛)하다. 만약 또 용(龍)은 귀격(貴格)인데 고로(孤露)하다면 어명(御命)의 벼슬을 많이 하게 된다.
　이곳에 묘(墓)를 쓰고 처음 출생(出生)하는 사람의 얼굴이 첨(尖)하면 기운이 왕성(旺盛)함에 이른 것이고 걸개(乞丐)인이 나오면 기(氣)가 다 되어 쇠진(衰盡)한 것이다.
　이 체(體)에서 영기형(令旗形)이 많이 나온다. 토퇴(土堆)

를 작(作)하면 길(吉)하다.

### 시(詩)

**燥火尖斜不可扦　若還開口穴天然**

(조화첨사불가천 약환개구혈천연)

"조화는 첨사하니 천장이 불가하나 만약 개구하였다면 도리혀 혈은 천연적으로 결작하리라."

**必須剪火塋高濶　後代爲官廣置田**

(필수전화영고활 후대위관광치전)

"모름지기 첨화를 잘라 무덤을 높고 넓게 하면 후대에 벼슬은 물론이고 전답도 넓히리라."

## 3. 현유조화(懸乳燥火)

**원문(原文)** … 懸乳燥火

第三燥火是懸乳 此穴穿金水
走旗形象莫言凶 下後便興隆

此星身尖而斜 面平開脚生乳 故名曰懸乳燥火 有八體 其尖者爲帶火 當乘火穴 穿兩肩作用 方者爲穿土 宜開火取土 量中心立穴 直者爲夾木 當棄火就水 分三停立穴 員者爲垂金 當舍火從金 向墜處立穴 曲者爲轉水 當相火剪水 踏動處立穴 燃火法立穴 須高塋潤方 此五者爲正格也 生兩乳者 名曰雙星 有兩乳中生脚有歧者 名曰麒麟 皆可兩穴 有三乳者 名曰三台 可三穴 此三者爲變格也 立穴並以前五體爲法 諸體 凡懸乳者 皆當以此論之 此與懸乳紫氣擺燥者相似 宜細辨認 夫燥火者 乃四凶之一 以其燥尖 不可犯也 此體開脚生乳 便是穿金就水 剛柔相濟 故爲轉吉 凡懸乳星辰 生氣凝聚而下垂 靈光發露而外現 兩宮俱到 內外重回 一乳中生 故爲吉穴 惟要圈中舒暢 乳上光員 五氣分形 三停下穴 是爲得之 最嫌石腦巉岩 尤嫌水城散漫 乃不可不察 此星本蔭二五八位衣祿 故不畏前砂送水 由巳宮之勢而行脉 得離宮之氣而成形 坐向得巳午丙丁 皆爲氣旺而形應 好傍江湖 喜臨田驛 若安

扦合法 生人相貌淸俊 心性質寔 行事快疾 丙午丁巳
命人受蔭 寅午戌年發達 若后龍合上格者 官至侍御
合中格者 刑部侍郎 合下格者 刑獄之職 若全無貴格
者 亦主武斷鄕曲 白手成家 廣置田庄 大旺人丁 合貴
格而孤露 亦主御命爲官 初生面尖之人 則氣盛也 至
生肩癩之人 則氣衰也 此體多爲出陣走旗形 宜作土堆

詩曰 燥火星辰本不良 若還懸乳福非常
　　　依經剪例乘生氣 名利他年冠一鄕

### 시(詩)

第三燥火是懸乳 此穴穿金水 (제삼조화시현유 차혈천금수)
"세 번째 조화는 현유이니 이 혈은 금수로 전환 된 것이다."

走旗形象莫言凶 下後便興隆 (주기형상막언흉 하후편흥융)
"주기 혈상이면 흉이라 말하지 갈라, 하장 후에 쉽게 흥융하리라."

이 성신(星辰)의 두뇌는 첨(尖)하면서도 한쪽으로 쏠려 기울고 면은 평탄(平坦)하다. 개각(開脚)하여 유(乳)를 발생(發生)시켰으므로 이름을 현유조화(懸乳燥火)라 하였다.
　이에는 팔체(八體)가 있는데 그 각(脚)이 첨(尖)한 것을 대화(帶火)라 하는데 마땅히 승화혈(乘火穴)로 입혈(立穴)하되 양 어깨를 뚫어 작용(作用)한다[穿兩肩作用]. 그 각(脚)이 방(方)한 것을 천토(穿土)라 하며 마땅히 개화취토(開火取土)하되 중심(中心)을 혜아려 입혈(立穴)한다. 그 각(脚)이 직(直)한 것을 협목(夾木)이라 하는데 마땅히 화(火)를 버리고 수(水)를 취(就)하되 삼정혈(三停穴)로 나누어 입혈(立穴)한다. 그 각(脚)이 둥근 것을 수금(垂金)이라 하는데 마땅히 사화종금(舍火從金)하되 추처(墜處)를 향(向)하여 입혈(立穴)하는 것이다. 그 각(脚)이 곡(曲)한 것을 전수(轉水)라 하는데 마땅히 상화전수(相火剪水)하되 동처(動處)를 답(踏)하여 입혈(立穴)하는 것이다. 연화법입혈(燃火法立穴)은 모름지기 높고 넓게 개영한다[須高塋濶方]. 이상 오종(五種)이 정격(正格)이 된다.

또 양유(兩乳)로 된 것이 있는데 이름을 쌍성혈(雙星穴)이라하며 이 두 유(乳) 중에서 다시 각(脚)을 발생(發生)시켜 기(歧)를 만든 것도 있는데 이름을 기린혈(麒麟穴)이라 한다, 이상 두 혈(穴) 모두 입혈(立穴)이 가하다.

또 삼유(三乳)로 된 것이 있는데 이름을 삼태혈(三台穴)이라 하며 세 곳 모두 입혈(立穴)이 가하다. 이상 삼자(三者)를 변격(變格)이라 한다. 입혈(立穴)은 앞의 정격(正格)오체(五體)를 법식(法式)으로 삼고 이를 따르면 된다.

무릇 현유(懸乳)라는 이름이 부쳐진 성신(星辰)은 모두 이상과 같이 논(論)하게 되는 것이다.

이 조화현유(燥火懸乳)는 자기현유(紫氣懸乳)가 파조(擺燥)를 달아낸 것과 매우 비슷하므로 세밀하게 살피지 않으면 오판(誤判)하기 쉽다.

 대저 조화(燥火) 성체(星體)는 사흉성(四凶星) 중의 하나이므로 그 조염(燥炎)을 범(犯)하는 것은 불가(不可)하다. 그러나 조화(燥火)가 흉성(凶星)일지라도 개각(開脚)하여 우(乳)를 발생(發生)시켰다견 천금(穿金) 취수(就水)가 쉽게 이루어져 강유(剛柔) 상제(相濟)가 되므로 길성(吉星)으로 전환(轉換)되는 것이다.

 본시 현유성신(懸乳星辰)이란 생기(生氣)를 응취(凝聚)시켜 아래로 드리워놓고[凝聚而下] 영광(靈光)은 발로(發露)시켜 밖으로 나타내켜[發露而外現] 양궁(兩宮)이 함께 이르러 내외를 거듭 회포(回抱)하여 놓고 그 안에다 한 유(乳)를 발생시켰으므로 이른바 길혈(吉穴)이 되는 것이다. 이에서 오직 중요(重要)한 것은 권중(圈中)이 서창(舒暢)하고 유상(乳上)이 광원(光圓)하여야 하고 오기(五氣)로 분형(分形)하여 삼정(三停)으로 하혈(下穴) 할 수 있으면 이것을 득지(得之)라 하는 것이다.

 이 성신(星辰)에서 가장 꺼리는[最忌] 것은 석뇌(石腦)가 참암(巉巖)한 것이고 더욱 혐오(嫌惡)하는 것은 수성(水城)이 산만(散漫)한 것이니 이러하면 산수(山水)가 무정(無情)하고 성신(星辰)이 유로(愈露)하여지기 때문이니 살피지 아니할 수 없는 것이다.

 이 성신(星辰)은 본시 발음(發蔭)이 이오팔의 자리[二五八位]에서 복록(福祿)을 받으므로 전사(前砂)로 송수(送水)하는 것을 두려워하지 않는다.

이 성신(星辰)을 만드는 용(龍)은 사궁(巳宮)의 세를 경유(經由)하여야 행맥(行脈)하고 이궁(離宮)의 기(氣)를 득(得)하고서야 성형(成形)한다. 좌향(坐向)에 서도 사(巳)오(午)병(丙)정(丁)의 좌(坐)가 나오면 왕성(旺盛)한 기운(氣運)이 형세(形勢)와 상응(相應)하는 것이다.
 이 성신(星辰)은 강(江)이나 호수(湖水)의 옆에 거(居)하기를 좋아하고 전역(田驛) 근처(近處)에 임(臨)하는 것을 기뻐한다.
 이곳의 장법(葬法)을 최선(最善)으로 하였다면 출생인(出生人)의 상모(相貌)가 청준(淸俊)하고 심성(心性)이 질식(質寔)하며 행사(行事)가 쾌활(快活)하다. 병(丙)오(午)정(丁)사(巳) 생인(生人)이 수음(受蔭)하고 인(寅)오(午)술(戌)년에 발달(發達)한다.
 이곳의 후용(後龍)이 만약 상격(上格)용(龍)에 들면 벼슬이 시어(侍御)에 이르고 중격(中格)에 들면 벼슬이 형부(刑部) 시랑(侍郎)에 이르고 하격(下格)에 들면 형옥(刑獄)의 직무(職務)를 맡게 된다. 후용(後龍)에 귀격(貴格)이 전무(全無)하더라도 역시 주(主)는 무단(武斷)이 향곡(鄕曲)에서 제일이며 백수(白手)로 성가(成家)하고 많은 전답(田畓)을 널리까지 갖게 되며 인정(人丁)도 대왕(大旺)하다. 만약 용(龍)은 귀격(貴格)에 드는데도 고로(孤露)하다면 역시 주(主)는 어명(御命)으로 별도로 지정(別定)한 직책(職責)을 맡게 된다.
 이곳에 묘(墓)를 쓴 후(後) 처음 출생(出生)하는 사람의 얼굴이 첨(尖)한 사람이면 왕성(旺盛)한 기운(氣運)에 이른 것이고 신퇴(腎癩)인이 출생(出生)하면 기(氣)가 다 되어 쇠진(衰盡)한 것이다.

　이 체(體)에서 출진(出陳) 주기형(走旗形)이 많이 나온다. 토퇴(土堆)를 작(作)하면 길하다.

### 시(詩)

**燥火星辰本不良　若還懸乳福非常**

(조화성신본불량 약환현유복비상)

"조화성신은 본시 불량하나 만약 현유가 되었을 때는 도리어 복이 비상하리라."

**依經剪例乘生氣　名利他年冠一鄉**

(의경전예승생기 명리타년관일향)

"첨화를 자르는 예로 다스려 생기를 탄다면 어느 해에 일향을 덮는 명리를 얻으리라."

## 4. 궁각조화(弓脚燥火)

**원문(原文)** … 弓脚燥火

第四燥火名弓脚 此星吉神落
其形個個是旗形 走馬去朝京

此星身尖而斜 面平開脚抱穴 故名曰弓脚燥火 有二體 其脚一長一短者 爲正格也 穿長者下穴 兩脚交牙者 爲變格也 穿中心立穴 皆當壓煞 剪火作用 此與弓脚 紫氣擺燥者相似 宜細辨別 夫燥火所以爲凶者 以其 渾身尖燥 不可犯也 若開脚弓曲 則爲穿水 水火旣濟 故爲轉吉 若脚太尖利 射穴則用人力 鋤之使員方可 內堂關鎖周密 發越極快 但胸襟窄狹 若是右脚 不可 以虎過明堂 及唧屍爲疑 凡弓脚星辰 靈光在內而隱藏 餘氣挽先而回抱 明堂聚面 應案連枝 此故爲吉穴 惟 要脚頭逆轉 可妨水口無關 欲定高低 當登左右 是爲 得之 最嫌石腦巉岩 尤忌水城散漫 乃不可不察 此星 本蔭二五八位衣祿 故不畏前砂送水 由巳宮之勢而行 脉 得離宮之氣而成形 坐向得巳丙午丁 皆爲氣旺而形 應 好落源頭水尾 喜居壟脊山腰 若安扦合法 生人相 貌淸俊 心性宛轉 行事快疾 巳丙午丁命人受蔭 寅午 戌年發達 若后龍合上格者 官至侍從 合中格者 刑部 之職 合下格者 刑獄之任 若全無貴格者 亦主武斷鄕

> 曲 白手成家 大旺人丁 合貴格而孤露 主受御命爲官
> 初生面尖之人 則氣盛也 至生跛足之人 則氣衰也 此
> 體多爲令字旗形 宜作土堆
>
> 詩曰 燥火須云是四凶 元來却喜脚先弓
> 　　　若能剪火安扦吉 富貴他年比石崇

### 시(詩)

**第四燥火名弓脚　此星吉神落** (제사조화명궁각 차성길신락)
"네 번째 조화는 궁각이니 이 성신은 길신으로 떨어진 것이다."

**其形個個是旗形　走馬去朝京** (기형개개시기형 주마거조경)
"그 형을 하나하나 보면 기형이니 말을 몰아 조경으로 가리라."

　이 성신(星辰)은 두뇌(頭腦) 부분이 불꽃처럼 첨(尖)하면서도 한쪽으로 기울어 사(斜)하며 면(面)은 평탄(平坦)한데 양 다리를 벌려 혈(穴)을 감싸 안았으므로 이름을 궁각조화(弓脚燥火)라 하였다
　이에는 두 체(體)가 있는데 한 다리는 긴데 한쪽 다리는 짧은 것을 정격(正格)이라 하여 천장자(穿長者)에 하혈(下穴)한다.

또 양 다리가 교아(交牙)한 것을 변격(變格)이라 하는데 중심(中心)을 뚫고 하혈(下穴)한다. 이상은 모두 압살법(壓煞法)으로 전화(剪火)하여 입혈(立穴)하는 것이 마땅하다.

이 성신(星辰)은 앞에서 공부한 궁각자기(弓脚紫氣) 성신(星辰)이 파조(罷朝)를 달아낸 것과 매우 흡사(恰似)하므로 자세히 분별하지 않으면 오판(誤判)하기 쉬우니 조심(操心)할 것이다.

본시 조화(燥火) 성신(星辰)은 사대(四大) 흉성(凶星) 중의 하나이므로 그 염염(炎焰)한 불꽃에 가까이하여 범(犯)하는 것이 불가(不可)하다. 그러나 만약 개각(開脚)하여 궁곡(弓曲)함을 만들었다면 천수(穿水)가 되었으므로 수화(水火) 기제(旣濟)가 되어 길성(吉星)으로 전환(轉換)한 것이다.

이 성신(星辰)에서 각(脚)이 너무 첨리(尖利)하여 혈(穴)을 쏘는 경우가 있는데 그럴 때는 인력으로 서파(鋤破)하여 원(圓)이나 방(方)으로 만들어줘야 한다.

궁각(弓脚) 성신(星辰)은 본시 내당(內堂)을 관쇄(關鎖)하여 주밀(周密)하므로 발월(發越)이 극쾌(極快)하다. 다만 흉금(胸襟)이 착협(窄狹)한 것만이 작은 결함(缺陷)이 된다. 또한 우측 다리[右脚]인 백호(白虎)가 너무 길어서 명당(明堂)을 지나치는 것이 불가(不可)하니 함시(啣屍)로 되는 것이 의심(疑心)나기 때문이다.

무릇 궁각(弓脚) 성신(星辰)은 영광(靈光)을 안에다 놓고 은장(隱藏)시키며 여기(餘氣)는 먼저 안으로 끌어당겨 회포(回抱)시키고 명당(明堂)으로 취면(聚面)하고 응안(應案)을 연지(連枝)시킨다. 그러므로 길혈(吉穴)이 되는 것이다.

이 성신(星辰)에서 오직 중요(重要)한 것은 각두(脚頭)가 물을 기준으로 역전(逆轉)하여야 하니 그러하면 수구(水口)에 관쇄(關鎖)함이 없다고 무엇이 근심이겠는가? 또한 고저(高低)를 정하고저 할 때는 좌우(左右)를 모두 올라보고 결정하여야 한다. 이것이 득지(得之)하는 것이다.

이 성신(星辰)에서 가장 꺼리는[最忌] 것은 석뇌(石腦)가 참암(巉巖)한 것이고 더욱 혐오(嫌惡)하는 것은 수성(水城)이 산만(散漫)한 것이니 참암(巉巖)하면 산수(山水)가 무정(無情)하고 산만(散漫)하면 성신(星辰)이 유로(愈露)하기 때문이니 자세히 살피지 않을 수 없는 것이다.

이 성신(星辰)은 본시 발음(發蔭)이 이오팔의 자리[二五八位]에서 의록(衣祿)을 입으므로 전사(前砂)로 송수(送水)함을 꺼려하지 않는다.

이 성신(星辰)을 만든 용(龍)은 사궁(巳宮)의 세(勢)를 경유(經由)하여야 행맥(行脈)하고 이궁(離宮)의 기운(氣運)을 득(得)하여야 성형(成形)한다. 좌향(坐向)에서도 사(巳)병(丙)오(午)정(丁) 좌(坐)가 되면 왕성(旺盛)한 기운이 형세(形勢)와도 상응(相應)하는 것이다.

이 성신(星辰)은 원두수(源頭水)의 미(尾)에서 거(居)함을 좋아하고 용척산요(龍脊山腰)에서 임(臨)하는 것을 기뻐한다.

이곳의 장법(葬法)이 만약 최선(最善)이었다면 출생인(出生人)의 상모(相貌)가 청준(淸俊)하고 심성(心性)이 완전(婉

轉)하며 행사(行事)가 쾌질(快疾)하다. 사(巳)병(丙)오(午)정(丁) 명인(命人)이 수음(受蔭)하고 인(寅)오(午)술(戌)년에 발달(發達)한다.

이곳의 후용(後龍)이 만약 상격(上格)에 들면 벼슬이 시종(侍從)에 이르고 중격(中格)에 들면 벼슬이 형부(刑部)의 직무(職務)를 맡게 되며 하격(下格)에 들면 형옥(刑獄)에서 임무(任務)를 받는다. 만약 귀격(貴格)이 전무(全無)하더라도 역시 주(主)는 무단(武斷)으로 향곡(鄕曲)에서 제일 가는 것은 물론 백수(白手)로 성가(成家)하고 인정(人丁)도 대왕(大旺)하다. 만약 용(龍)은 귀격(貴格)에 드는데도 고로(孤露)함이 되었을 때는 주(主)는 어명(御命)으로 별도(別途)의 관직(官職)을 갖게 된다.

이곳에 묘(墓)를 쓴 후(後)로 처음 출생(出生)하는 사람의 얼굴이 첨(尖)한 사람이면 왕성(旺盛)한 기운(氣運)에 이르러 있는 것이고 파족지인(跛足之人)이 출생(出生)하면 기(氣)가 다 되어 쇠진(衰盡)하였음을 알 것이다.

이 체(體)에 영자(令字)의 기형(旗形)이 많이 나온다. 토퇴(土堆)를 작(作)하면 길하다.

### 시(詩)

燥火須云是四凶　元來却喜脚先弓
(조화수운시사흉 원래각희각선궁)

"조화는 사대 흉성으로 꼭 들어가는 흉성인데 원래 기쁨이라

전하는 것은 각이 선궁으로 변하였기 떠문이다."

### 若能剪火安扦吉 富貴他年比石崇
(약능전화안천길 부귀타년비석숭)

"만약 전화를 잘한 다음 안천이 길하다면 어느 해에 부귀가 석숭에 비하리라."

## 5. 쌍비조화(雙臂燥火)

> 원문(原文) … 雙臂燥火

第五燥火名雙臂 此穴名旣濟
形如猛虎出林來 請君依法裁

此星身尖而斜 面平邊開兩脚 故名曰雙臂燥火 有三體 其臂有左右俱雙者 須要臂皆彎抱 或作交牙者尤佳 此爲正格也 有左雙右單者 有右雙左單者 須穴上見其均勻 此二者爲變格也 宜下壓煞穴 剪火作用 或尖利射穴 宜用人力鋤之 使其員淨方可 此與雙臂紫氣擺燥者相似 宜細辨別 夫燥火以其形如刀尖 至爲凶毒 故不可犯之 此開雙臂 得水氣爲多 剛柔相濟 故化凶爲吉 其左雙右單者 名曰叠指 喜賭錢帛 龍眞穴正 水聚山朝 決不破家 若穴上不見者 則亦不喜 凡雙臂星辰 靈光自足而舒徐 眞氣有餘而磅礴 東西雙到 內外重回 此故爲之吉穴 惟要應案臨近 明堂聚前 立穴必取天心折水要依星步 是爲得之 最嫌石腦巉岩 尤忌水城散漫 乃不可不察 此星本蔭二五八位衣祿 故不畏前砂送水 由巳宮之勢而行脉 得離宮之氣而成形 坐向得巳丙午丁 皆爲氣旺而形應 喜傍大溪之側 好居萬山之間 若安扞合法 生人相貌淸俊 心性機巧 行事快疾 丙午丁巳命人受蔭 寅午戌年發達 若后龍合上格者 官至侍御

> 合中格者 刑部郎中 合下格者 獄官之職 若全無貴格
> 者 亦主富覇人 財俱旺 初生尖面之人 則氣盛也 岳生
> 六指之人 則氣衰也 此體多爲猛虎出林形 宜作土堆
>
> 詩曰 燥火元來居惡星 誰知雙臂福非輕
> 　　　 火衰水盛斯爲美 富貴光榮仰盛名

### 시(詩)

**第五燥火名雙臂　此穴名旣濟** (제오조화명쌍비 차혈명기제)

"다섯 번째 조화는 쌍비이니 이 혈의 이름을 기제라 한다."

**形如猛虎出林來　淸君依法裁** (형여맹호출림래 청군의법재)

"형이 갱호출림과 같으니 군에게 청하는 바는 법에 의하여 재혈하여야 함이다."

이 성신(星辰)의 두뇌(頭腦) 부분은 첨(尖)하면서도 한쪽으로 쏠려 사(斜)하고 면(面)은 평탄(平坦)하나 변(邊)으로는 양 다리를 벌렸다(開兩脚). 그러므로 이름을 쌍비조화(雙臂燥火)라 하였다.

이에서는 삼체(三體)가 있는데 그 팔뚝이 좌우(左右) 모두가 함께 쌍(雙)으로 된 것이 있는데 이들 팔뚝들은 반드시 안쪽으로 관포(彎抱)함이 중요하다. 이것이 혹 교아(交牙)가 되었다면 더욱 아름답다. 이것이 정격(正格)이다.

또 좌(左)는 쌍 팔인데 우(右)는 단(單) 팔로 된 것이 있고, 우(右)는 쌍 팔인데 좌(坐)가 단(單) 팔인 것이 있는데 이들은 모두 혈(穴) 상에서 볼 때는 균균(均勻)하여야 한다. 이 두 개가 변격(變格)이다. 이상은 모두 압살법(壓煞法)으로 하장(下葬)하되 혈(穴)을 향(向)하여 쏘는 첨사(尖砂)가 있거나, 혈(穴)에서 보이는 날카로운 흉사(凶砂)가 있을 때는 인력(人力)으로 모두 전화(剪火)하여 원이나 방이 되게[圓方] 하여야 한다.

이 쌍비조화(雙臂燥火)는 앞에서 나온 쌍비자기(雙臂紫氣) 성신(星辰)에서 파조(擺燥)를 달아낸 것과 매우 비슷하므로 자세히[仔細] 분별(分別)하지 않으면 오판(誤判)하기 쉬우니 조심(操心)하기 바란다.

대저 조화격(燥火格)으로 된 성신(星辰)은 그 모양이 도첨(刀尖)과 같으므로 흉독(凶毒)하기가 지독(至毒)하니 절대로 범(犯)해서는 안 된다. 그러나 양 팔을 벌렸다[開兩臂] 함은 수기(水氣)를 많이 득(得)한 것이니 강유(剛柔)가 상제(相濟)되었으므로 흉성(凶星)이 변(變)하여 길성(吉星)이 된 것이다.

이 성신(星辰)에서 좌쌍(左雙) 우단(右單)인 것을 이름하여 첩지혈(疊指穴)이라 하는데 주(主)는 전백(帛錢)을 걸어놓고 도박(賭博)하기를 좋아하나 용(龍)이 참되고 혈(穴)이 확실(確實)하며[龍眞穴正] 물이 모이고[水聚] 조안(朝案)이 바르게 응(應)하면 결코 파가(破家)하지는 않는다. 만약 혈상(穴上)에서 보이지 않으면 더더욱 꺼릴 것이 없다.

무릇 쌍비성신(雙臂星辰)은 영광(靈光)이 자족(自足)함에
도 서서히 펼쳐주고[舒徐] 진기(眞氣)는 유여(有餘)하기 때
문에 널리 가득 채워 방박(磅礡)하며 동서(東西)에서 함께
이르러서 내외(內外)를 거듭 중회(重回)시킨다. 그러므로 길
혈(吉穴)이 되는 것이다.
　이에서 오직 중요(重要)한 것은 응안(應案)이 가까이에서
임(臨)하고 명당(明堂)이 전취(前聚)하여야 한다.
　입혈(立穴)은 반드시 천심(天心)을 취하여야 하고 절수(折
水)는 성보(星步)에 의(依)하는 것이 중요하다. 이러하면 득
지(得之)하는 것이다.
　이 성신(星辰)에서 가장 꺼리는[最忌] 것은 석뇌(石腦)가
참암(巉巖)한 것이요, 더욱 혐오(嫌惡)하는 것은 수성(水城)
이 산만(散漫)한 것이니 참암(巉巖)하면 산수(山水)가 무정
(無情)하고 산만(散漫)하면 성신(星辰)이 유로(愈露)하여 지
기 때문이니 살피지 않을 수 없는 것이다.
　이 성신(星辰)은 본시 발음(發蔭)이 이오팔의 자리[二五八
位]에서 복록(福祿)을 받으므로 전사(前砂)로 송수(送水)하
는 것을 두려워하지 않는다.
　이 성신(星辰)을 만든 용(龍)은 사궁(巳宮)의 세(勢)를 경
유(經由)하여야 행맥(行脈)하고 이궁(離宮)의 기운(氣運)을
득(得)하고서야 성형(成形)한다. 좌향(坐向)에서도 사(巳)병
(丙)오(午)정(丁)을 득(得)하면 왕성(旺盛)한 기운(氣運)이 형
세(形勢)와도 상응(相應)하는 것이다.
　이 성신(星辰)은 큰 내[大溪]의 옆에서 거(居)하는 것을 기

뻐하고 만산지간(萬山之間)에서 임(臨)하는 것을 좋아한다.

이곳의 장법(葬法)이 만약 최선(最善)이었다면 출생인(出生人)의 상모(相貌)가 청준(淸俊)하고 심성(心性)이 기교(機巧)하며 행사(行事)가 쾌질(快疾)하다. 병(丙)오(午)정(丁)사(巳) 명인(命人)이 수음(受蔭)하고 인(寅)오(午)술(戌)년에 발달(發達)한다.

만약 이 성신(星辰)의 후용(後龍)이 상격(上格)에 들면 벼슬이 시어(侍御)에 이르고 중격(中格)에 들면 형부랑중(刑部郎中)이 되며 하격(下格) 용(龍)에서는 옥관(獄官)의 직무(職務)를 맡게 되며 만약 귀격(貴格)이 전무(全無)하더라도 주(主)는 역시 재물(財物)과 부(富)로서 세상(世上)을 제패(制覇)한다.

이곳에 묘(墓)를 쓴 후로 처음 출생(出生)하는 사람의 얼굴이 첨장(尖長)하면 기(氣)가 왕성(旺盛)함에 이른 것이고 육지(六指)인이 출생(出生)하면 기(氣)가 다 되어 쇠진(衰盡)한 것이다.

이 체(體)에서 맹호출림형(猛虎出林形)이 많이 나온다. 마땅히 토퇴(土堆)를 작(作)할 것이다.

### 시(詩)

## 燥火元來居惡星 誰知雙臂福非輕
(조화원래거악성 수지쌍비복비경)

"조화는 원래 악성에 거하나 쌍비가 되어서는 복이 가볍지 않다는 것을 누가 알리요."

**火衰水盛斯爲美 富貴光榮仰盛名**

(화쇠수성사위미 부귀광영앙성명)

"화는 쇠약하고 수가 왕성함은 아름다움이니 부귀광영이 이름을 높혀 왕성케 하리라."

## 6. 단고조화(單股燥火)

> **원문(原文)** ··· 單股燥火
>
> 第六燥火名單股 惡毒如蛇虎
> 若還悞認妄安扦 災禍日連連
>
> 此星身尖而斜 開一脚 故名曰單股燥火 有四體 皆如刀如劍 穴不可作 與單股紫氣相似 悞扦之者 其禍與正體燥火一同 三出跡跛折足之人 至爲凶毒

**시(詩)**

**第六燥火名單股 惡毒如蛇虎** (제육조화명단고 악독여사호)

"여섯 번째 조화는 단고인데 악독하기가 뱀이나 호랑이와 같으니"

**若還悞認妄安扦 災禍日連連** (약환오인망안천 재화일연연)

"만약 잘못 알고 함부로 안천한다면 재앙과 화해가 날마다 연하리라."

  이 성신(星辰)은 몸이 삐쭉하여 첨(尖)하기도 하지만 한쪽으로 쏠려 기울다. 한 각(脚)만을 벌렸다 하여 이름을 단고조화(單股燥火)라 하였다.
  이에는 사체(四體)가 있는데 모두가 칼끝 도검(刀劍)이나 창끝같이 삐쭉삐쭉 하여서[劍戟] 혈(穴)을 결작(結作)하지 못한다.
  이 성신(星辰)은 단고자기(單股紫氣) 성신(星辰)과 매우 흡사(恰似)하므로 오판(誤判)하기 쉬운데 만약 오천(悞扦)하였을 경우 그 화(禍)가 정체조화(正體燥火)에서와 같이 나타나므로 주의(注意)하지 않으면 안 된다. 주(主)는 가파(跏跛) 절족지인(折足之人)이 출생(出生)하는 지극(至極)히 흉독(凶毒)한 성신(星辰)이므로 논(論)할 가치(價値)가 없다.

## 7. 측뇌조화(側腦燥火)

**원문(原文)** ··· 側腦燥火

第七燥火號側腦 曲穴水中討
莫嫌斜反穴難安 旗尾動中看

此星腦尖身斜 面平開脚 乳生肩下 故名曰側腦燥火 有二體 其脚有均勻者 昔人名曰紅旗 此爲正格也 有一脚短一脚長 弓過者 昔人名曰紐會 此爲變格也 皆當坐樂取應 宜壓煞穴 此與側腦紫氣擺燥者相似 宜細辨認 夫燥火之星 形如刀戟無穴可扦 今開口生乳 是穿金水 剛柔柤齊 反爲轉吉 凡側腦星辰 眞氣不凝於腦下 靈光自現於乳中 故名曰左右先宮 今號偏斜怪穴 頭顱須別 力量本同 此故爲之吉穴 惟要堂氣聚前 樂星聳後 頭宜踏逆 面喜張潮 是爲得之 最嫌石腦巉岩 尤嫌水城散漫 巉岩則火神愈熾 散漫則水氣休囚 乃不可不察 此星本蔭二五八位衣祿 故不畏前砂送水 由巳宮之勢而行脉 得離宮之氣而成形 坐向得巳丙午丁 皆爲氣旺而形應 好倒落於水口 喜融結於龍腰 若安扦合法 生人相貌淸㚖 心性拗執 行事快㚖 巳丙午丁命人受蔭 寅午戌年發達 若后龍合上格者 官至侍御 合中格者 刑部之職 合下格者 刑獄之宜 若全無貴格者 亦主富足 初生尖面之人 則氣盛也 至生頭敧之人 則氣

衰也 此體多爲旗形 宜作土堆

詩曰 燥火元來身體斜 誰知側腦又堪誇
　　 分明有穴居旗尾 後代爲官坐府衙

### 시(詩)

**第七燥火號側腦　曲穴水中討** (제칠조화호측뇌 곡혈수중토)
"일곱 번째 조화는 측뇌이니 곡혈의 수중에서 구하여라."

**莫嫌斜反穴難安　旗尾動中看** (막혐사반혈난안 기미동중간)
"편사함이 혐의가 된다고 말하지 마라, 혈에 안장하기가 더욱이 어려우니 기의 꼬리 동처를 볼 것이다."

　이 성신(星辰)은 두뇌(頭腦) 부분이 삐쭉삐쭉하여 첨(尖)하고 몸은 어느 한쪽으로 기울어 있고 얼굴 면(面)은 평탄(平坦)하며 두 다리를 벌려 개각(開脚)하였다. 유(乳)를 발생(發生)시킨 곳이 한쪽 어깨 아래 견하(肩下)이므로 이름이 측뇌조화(側腦燥火)가 되었다.

　이에는 두 체(體)가 있는데 그 각(脚)이 균균(勻均)한 것이 있는데 이것을 옛 사람들은 홍기혈(紅旗穴)이라 하였다. 이것이 정격(正格)이다.

　또 한 각(脚)은 짧은데 한쪽 각(脚)은 길어서 궁과(弓過)한 것을 옛날 사람들은 이름을 유회혈(紐會穴)이라 하였는데 이것이 변격(變格)이다. 이상은 모두 좌락취응(坐樂取應)하는 것이 마땅하며 압살혈(壓煞穴)로 하장(下葬) 할 것이다.
 이 성신(星辰)은 앞에서 공부한 측뇌자기(側腦紫氣) 성신(星辰)이 파조(擺燥)를 달아낸 성신(星辰)과 매우 흡사(恰似)하므로 자세히 살피지 않으면 오판(誤判)하기 쉽다.
 대개 조화성(燥火星)이란 모양이 도극(刀戟)과 같으므로 혈(穴)을 결작(結作)시키지 못한다. 그러나 개구(開口)하여 유(乳)를 발생(發生)시킨 것은 천(穿) 금수(金水)이니 강유(剛柔)가 상제(相濟) 하였으니 도리어 길성(吉星)으로 전환(轉換)된 것이다.
 무릇 측뇌성신(側腦星辰)은 진기(眞氣)를 뇌하(腦下)에 응취(凝聚)시키지 아니하고 영광(靈光)을 유중(乳中)으로 자현(自現)시킨다. 그러므로 이름을 좌우(左右) 선궁(仙宮) 혈(穴)이라 하였는데 지금 사람들은 편사(偏斜)한 괴혈(怪穴)이라 한다. 이 성신(星辰)이 두로(頭顱)는 비록 어긋나 달리 보이나 역량(力量)만은 본체와 다르지 아니하다. 그러므로 길혈(吉穴)에 드는 것이다.
 이 성신(星辰)에서 오직 중요(重要)한 것은 당기를 앞으로 모아줘야 하고[堂氣聚前] 낙성(樂星)이 용후(聳後)하여야 하며 혈은 마땅히 답역하여야[穴宜踏逆] 하고 면(面) 쪽으로는 활짝 열려 장조(張潮)하여야 한다. 이것을 득지(得之)라 한다.
 이 성신(星辰)에서 가장 꺼리는[最忌] 것은 석뇌(石腦)가 참암(巉巖)한 것이요, 더욱 혐오(嫌惡)하는 것은 수성(水城)이 산만(散漫)한 것이니 참암(巉巖)하면 화신(火神)이 더욱 치열(熾烈)하여지고 산만(散漫)하면 수기(水氣)가 휴수(休囚)되기 때문이다. 그러므로 살피지 않을 수 없는 것이다.

이 성신(星辰)은 본시 발음(發蔭)이 이오팔의 자리[二五八位]에서 복록(福祿)을 받으므로 전사(前砂)가 송수(送水)함을 두려워하지 아니한다.

이 성신(星辰)을 만든 용(龍)은 사궁(巳宮)의 세(勢)를 경유(經由)하여야 행맥(行脈)하고 이궁(離宮)의 기운(氣運)을 득(得)하여야 성형(成形)한다. 좌향(坐向)에서도 사(巳)병(丙)오(午)정(丁) 좌(坐)가 되면 왕성(旺盛)한 기운(氣運)이 형세(形勢)와도 상응(相應)하는 것이다.

이 성신(星辰)은 수구(水口) 근처(近處)로 도락(倒落)하여 거(居)하는 것을 기뻐하고 용요(龍腰)에서 융결(融結)하는 것을 기뻐한다.

이곳의 장법(葬法)이 만약 최선(最善)이었다면 출생(出生)인의 상모(相貌)가 청준(淸俊)하고 심성(心性)이 요집(拗執)하며 행사(行事)가 쾌질(快疾)하다. 사(巳)병(丙)오(午)정(丁) 명인(命人)이 수음(受蔭)하고 인(寅)오(午)술(戌)년에 발달(發達)한다.

이 성신(星辰)을 만든 후용(後龍)이 만약 상격(上格)에 들면 벼슬이 시어(侍御)에 이르고 중격(中格)에 들면 형부(刑部)의 직무(職務)를 맡으며 하격용(下格龍)에서는 형옥(刑獄)의 직책을 맡게 된다. 만약 귀격(貴格)이 전무(全無)하더라도 역시 주(主)는 부(富)로서 이름을 낸다.

이곳에 묘(墓)를 쓰고 처음 출생(出生)하는 사람의 얼굴이 첨장(尖長)하면 왕성(旺盛)한 기운(氣運)에 이른 것임을 알 수 있고 두의인(頭欹人)이 출생(出生)하면 기(氣)가 다 되어 쇠진(衰盡)하였음을 알 것이다.

이 체(體)에 기(旗) 이름이 붙은 형(形)이 많다. 토퇴(土堆)를 작(作)하는 것이 좋다.

### 시(詩)

**燥火元來身體斜 誰知側腦又堪誇**
(조화원래신체사 수지측뇌우감과)

"조화는 원래 신체가 기우나 측뇌는 또한 자랑스러움을 누가 알리요."

**分明有穴居旗尾 後代爲官坐府衙**
(분명유혈거기미 후대위관좌부아)

"분명히 혈은 기의 미에 있으니 후대에 벼슬이 부아에 앉으리라."

## 8. 몰골조화(沒骨燥火)

> **원문(原文)** … 沒骨燥火

第八燥火名沒骨 動中無有穴
形若寒牛出欄形 剪火任君安

此星身尖而斜 面平口開肩下 故名曰沒骨燥火 有四體 其肩下開脚 有一邊彎巧 一邊粗蠻者 名曰搖拳 有一邊單脚 一邊雙脚者 名曰叠指 皆就口上軟硬相夾處 立穴 有其乳彎曲 抱左抱右

不可立穴者 名曰張膽 肩下兩傍 取前應俊 樂分左右 立穴有其穴 或長直 或瘦大 不可立穴者 昔人名曰吐舌 肩下兩傍 可立兩穴 此二者爲變格也 却與沒骨紫氣擺燥者相似 宜細辨別 夫燥火之凶 以其尖上之勢 不可扦之 開口則爲生水 土盛火衰 故爲轉吉 立穴剪火就水 必求動處扦之 以其薄弱 故以沒骨名之 凡沒骨星辰 形勢旣有偏斜 氣脉必趨左右 潛踪難認 開口爲憑 雖奇怪之不同 與端正而何異 此故爲之吉穴 必須前迎堂氣 後對樂星 莫嫌穿薄穿空 惟喜夾堅夾軟 是爲得之 最忌石腦巉岩 尤嫌水城散漫 乃不可不察 此星本蔭二五八位衣祿 故不畏前砂逆水 由巳宮之勢 而行脉 得離宮之氣而成形 坐向得巳丙午丁 皆爲氣旺

> 而形應 好居幹龍大盡 喜臨兩水合流 若安扦合泛 生
> 人相貌淸俊 心性柔弱 行事快疾 巳丙午丁命人受蔭
> 寅午戌年發達 若后龍合上格者 官至侍御 合中格者
> 官至刑部 合下格者 官至刑獄 合員格而孤露 主受御
> 命爲官 若全無貴格者 亦主武斷鄕曲 白手成家 廣置
> 田庄 大旺人丁 初生尖面之人 則氣盛也 至生跎背之
> 人 則氣衰也 比體多爲寒牛出欄形 宜作土堆
>
> 詩曰 燥火星辰本不佳 安扦沒骨最非差
> 　　　天然穴法人誰識 不怕穿空左右斜

### 시(詩)

**第八燥火名沒骨 動中無有穴** (제팔조화명몰골 동중무유혈)

"여덟 번째 조화는 몰골이니 혈이 있고 없음이 동중에 매여 있다."

**形若寒牛出欄形 剪火任君安** (형약한우출란형 전화임군안)

"형이 한우출란형이면 안천에 전화는 군에게 맡기겠네."

이 성신(星辰)은 두뇌 부분이 삐쭉하여 첨(尖)하면서도 한쪽으로 기울다. 면(面)은 평탄(平坦)한데 어깨 아래에다 개구(開口)하였으므로 이름을 몰골조화(沒骨燥火)라 하였다.
이에는 사체(四體)가 있는데 그 어깨 아래에다 개각(開脚)

함이 한 변(邊)은 만교(彎巧)하고 다른 한 변(邊)은 조만(粗蠻)한 것이 있는데 이것의 이름을 요권혈(搖拳穴)이라 한다. 또 한 변(邊)은 단각(單脚)인데 다른 한 변(邊)은 쌍각(雙脚)으로 된 것의 이름을 첩지혈(疊指穴)이라 한다. 이 두 혈(穴)은 정격(正格)이 되며 구상(口上)의 연경(軟硬) 상협(相夾)처(處)를 취(就)하여 입혈(立穴)한다.

또 그 유(乳)가 만곡(彎曲)하여 좌(左)를 쌌다거나 우(右)를 감아싸므로 입혈(立穴)이 불가(不可)한 것이 있는데 이름이 장첨(張瞻)이라 하며 견하(肩下) 양방(兩傍) 어느 쪽으로든 전취후응(前取後應)을 살피고 낙산(樂山)을 좌우(左右)로 나누어 입혈(立穴)한다. 또 그 유(乳)가 혹 장직(長直)하거나 혹 준대(峻大)하여 입혈(立穴)이 불가(不可)한 것을 옛 사람들은 이름을 토설혈(吐舌穴)이라 하였는데 견하(肩下) 양방(兩傍) 어느 쪽이든지 입혈(立穴) 할 수 있다. 이상 두 격(格)을 변격(變格)이라 한다.

이 성신(星辰)은 앞에서 공부한 몰골자기(沒骨紫氣) 성신(星辰)에서 파조(擺燥)를 달아낸 것과 매우 비슷하므로 자상하게 분별하지 않으면 오판하기 쉬우니 조심해야 한다.

대저 조화(燥火) 성신(星辰)의 흉(凶) 함은 그 염상(炎上)의 세(勢)가 치열(熾烈)하여 천혈(扦穴)이 불가(不可)하다. 그러나 개구(開口)를 하였을 때는 생수(生水)이니 토성(土盛) 화쇠(火衰)이므로 길성(吉星)으로 전환(轉換)한다. 이곳의 입혈(立穴)은 전화(剪火) 취수(取水)하되 반드시 동처(動處)를 구하여 천장(扦葬)하는 것이다.

무릇 몰골(沒骨) 성신(星辰)은 형세(形勢) 자체(自體)가 이미 편사(偏斜)하므로 기맥(氣脈)도 반드시 좌우(左右) 어느 한쪽으로 쫓아 잠종(潛踪)하므로 알아보기가 어렵다. 그러므로 개구(開口)한 것으로 증거(證據)를 삼고 찾지 않으면 안 된다.

 이 성신(星辰)이 몰골(沒骨)로 편측(偏側)하여 비록 기괴(奇怪)함이 같지 않다고는 하나 단정(端正)함과 역량(力量)이 다를 것이 없으므로 길혈(吉穴)이 되는 것이다. 그러나 이 성신(星辰)은 필수적(必須的)으로 전영당기(前迎堂氣)하고 후대낙성(後對樂星)하였다면 천박천공(穿薄穿空)이라고 혐오(嫌惡)하지 말 것이며 이에서 오직 협견협연(夾堅夾軟)하다면 득지(得之)하는 것이다.

 이 성신(星辰)에서 가장 꺼리는[最忌] 것은 석뇌(石腦)가 참암(巉巖)한 것이며 더욱 혐오(嫌惡)하는 것은 수성(水城)이 산만(散漫)한 것이니 참암(巉巖)하던 화신(火神)이 더욱 치열(熾烈)하게 되고 산만(散漫)하면 수기(水氣)가 휴수(休囚)되기 대문이니 자세하게 살펴보지 않을 수 없는 것이다.

 이 성신(星辰)은 본시 발음(發蔭)이 이오팔의 자리에[二五八位]에서 복록(福祿)을 받으므로 전사(前砂)로 송수(送水)함을 두려워하지 않는다.

 이 성신(星辰)을 만든 용(龍)은 사궁(巳宮)의 세(勢)를 경유(經由)하여야 행맥(行脈)하고 이궁(離宮)의 기운(氣運)을 득하고서야 성형(成形)한다. 좌향(坐向)에서도 사(巳)병(丙)오(午)정(丁) 좌(坐)가 되면 왕성(旺盛)한 기운(氣運)이 형세

(形勢)와도 상응(相應)하는 것이다.

이 성신(星辰)은 간용(幹龍)이 대진(大盡)하는 곳에서 거(居)하기를 좋아하고 양수(兩水)가 합류(合流)하는 곳에서 임(臨)하는 것을 기뻐한다.

이곳에 장법(葬法)이 만약 최선(最善)이었다면 출생인(出生人)의 상모(相貌)가 청준(淸俊)하고 심성(心性)이 유약(柔弱)하며 행사(行事)가 쾌질(快疾)하다. 사(巳)병(丙)오(午)정(丁) 명인(命人)이 수음(受蔭)하고 인(寅)오(午)술(戌)년(年)에 발달(發達)한다.

이곳의 후용(後龍)이 만약 상격(上格)에 합(合)하면 벼슬이 시어(侍御)에 이르고 중격(中格)에 들면 형부(刑部)의 직책(職責)을 맡게 되고 하격(下格)의 용(龍)이면 벼슬이 형옥(刑獄)의 직무를 받는다. 만약 용(龍)은 귀격(貴格)인데도 고로(孤露)한 곳에서는 주(主)는 어명(御命)으로 별도의 직책을 맡게 된다. 만약 귀격(貴格)이 전무(全無)하다면 무단(武斷)이 향곡(鄕曲)에서 제일가고 백수(白手)로서 성가(成家)하며 전답(田畓)을 멀리까지 소유하는 큰 부자(富者)가 되며 인정(人丁) 또한 대왕(大旺)하다.

이곳에 묘(墓)를 쓰고 처음 출생(出生)하는 사람이 얼굴이 첨장(尖長)하면 왕성(旺盛)한 기운(氣運)에 이른 것이고 타배인(跎背人)이 출생(出生)하면 기(氣)가 다 되어 쇠진(衰盡)한 것이다.

이 체(體)에 한우출난형(寒牛出欄形)이 많이 나온다. 토퇴(土堆)를 작(作)하면 길(吉)하다.

**시(詩)**

### 燥火星辰本不佳　安扦沒骨最非差
(조화성신본불가 안천몰골최비차)

"조화성신은 본래 아름답지 못하나 몰골에 안천 함은 잘못됨이 가장 적다."

### 天然穴法人誰識　不怕穿空左右斜
(천연혈법인수식 불파천공좌우사)

"천연의 혈법을 어느 누가 알겠는가? 좌우가 기울고 천공됨이 두렵지 아니하다."

## 9. 평면조화(平面燥火)

> **원문(原文)** … 平面燥火

第九燥火爲平面 地上象牙現
此星莫作等閑看 下後出高官

此星員長而尖 面平而低 故名曰平面燥火 惟有一體 多在平地土墩之上 或居淺水土洲之中 昔人名曰象牙火 若嘴太尖 則用力鋤去以使員淨 必須流水回抱 明堂朝對 後樂分明 窩中有突 突上穴然 亦取中放高方可 夫燥火諸體 多有平落者 而此星惟平處有之 眞火起嘴多者 方結此穴 力量與平面紫氣一同 凡平面星辰 靈光凝聚於坦夷 生氣流行於低下 精神收斂 造化完全 此故爲之吉穴 必要形勢來止 堂氣周員 賓主有情 左右無缺 細推動靜 詳察浮況 是爲得之 最忌胎息孤寒 血脉反背 乃不可不察 此星本陰二五八位衣祿 故不畏前砂送水 由巳宮之勢而行脉 得離宮之氣而成形 坐向得巳丙午丁 皆爲氣旺而形應 喜臨溪傍驛 好度水穿田 若安扦合法 生人相貌淸俊 心性平易 行事快疾 巳丙午丁命人受蔭 寅午戌年發達 若后龍合上格者 官至翰林 合中格者 敎授之職 合下格者 生人淸貴 若全無貴格者 亦主富足 初生面尖之人 則氣盛也 至生爬之人 則氣衰也 此體多爲象牙形 宜作土堆

> 詩曰 燥火師傳七神吉 元來平面最爲眞
> 丕星倒地同功用 富貴功名蔭後人

### 시(詩)

**第九燥火爲平面 地上象牙現** (제구조화위평면 지상상아현)
"아홉 번째 조화는 평면이니 지상으로 상아가 출현함이다."

**此星莫作等閒看 下後出高官** (차성막작등한간 하후출고관)
"이 성신을 등한히 보고 작하지 말라, 하장 후에 고관이 나오리라."

이 성신(星辰)은 몸이 길면서도 첨하고[身長而尖] 면(面)은 평탄(平坦)하면서도 낮다. 그러므로 평면조화(平面燥火)라 하였다.

이에는 오직 한 체(體)밖에 없는데 평지(平地)의 토돈(土墩) 위에서 많이 볼 수 있으며, 또 얕은 내의 토주(土洲) 가운데서도 볼 수 있다. 옛 사람들은 이 성신(星辰)을 상아(象牙)화(火)라 하였다. 만약 혈(穴)이 부리처럼[嘴] 태첨(太尖)하면 인력으로 파고 잘라 서거(鋤去)하여 둥글게 하고 필수적(必須的)으로 물이 회포(回抱)하도록 고쳐줘야 한다.

오직 중요(重要)한 것은 명당(明堂)이 조대(朝對)하여야 하고 후락(後樂)이 분명(分明)하여야 한다.

또 와중(窩中)에는 돌(突)이 있고 돌상(突上)에는 혈(穴)이 완연(宛然)하다면 역시 중(中)을 취하여 방관(放棺)하든 높게 취하여 방관(放棺)하든 모두 가하다.

대개 조화(燥火)의 여러 체(體)들은 평락(平落)한 격(格)이 많은데 이 격(格)은 오직 평처(平處)에서 결작(結作)하기 때문이다, 또 진화(眞火)에서는 날카로운 부리[嘴]를 이르켜 놓은 경우가 많은 것도 이 혈(穴)을 많이 결작하기 때문이다. 그러므로 역량(力量)이 평면자기(平面紫氣)에서와 동일(同一)하다.

무릇 평면(平面) 성신(星辰)은 영광(靈光)을 탄이(坦夷)함으로 응취(凝聚)시키고 생기(生氣)는 저하(低下)한 곳으로 유행(流行)시키므로 조화(造化)가 완전(完全)하다. 그러므로 길혈(吉穴)에 드는 것이다.

이 성신(星辰)에서 반드시 필요(必要)한 것은 형세(形勢)가 내지(來止)하고 당기(堂氣)가 주원(周圓)하며 빈주(賓主)가 유정(有情)하고 좌우(左右)가 무결(無缺)하여야 하니 그 동정(動靜)을 세밀하게 살피고 부침(浮沈)을 상찰(詳察)한다면 득지(得之)하는 것이다.

이 성신(星辰)에서 가장 꺼리는[最忌] 것은 태식(胎息)이 고한(孤寒)한 것이고 더욱 혐오(嫌惡)하는 것은 혈맥(血脈)이 반배(反背)하는 것이니 고한(孤寒)한 즉 인정(人丁)이 쇠체(衰替)하고 반배(反背)한 즉 가업(家業)이 소망(消亡)할 것이니 살피지 않을 수 없는 것이다.

이 성신(星辰)은 본시 발음(發蔭)이 이오팔의 자리[二五八位]에서 복록(福祿)을 받으므로 전사(前砂)로 송수(送水)함을 두려워하지 아니한다.

　이 성신(星辰)의 용(龍)은 사궁(巳宮)의 세(勢)를 경유(經由)하여야 행맥(行脈)하고 이궁(離宮)의 기운(氣運)을 득(得)하여야 성형(成形)한다. 좌향(坐向)에서도 사(巳)병(丙)오(午)정(丁)으로 좌(坐)가 되면 왕성(旺盛)한 기운(氣運)이 형세(形勢)와 상응(相應)하는 것이 된다.

　이 성신(星辰)은 큰 내의 옆이나 전역(田驛) 근처에 임(臨)하기를 좋아하고 천전도수(穿田渡水)하여 거(居)하기를 기뻐한다.

　이곳의 장법(葬法)이 만약 최선(最善)이었다면 출생(出生)인의 상모(相貌)가 청준(淸俊)하고 심성(心性)이 평이(平易)하며 행사(行事)가 쾌질(快疾)하다. 사(巳)병(丙)오(午)정(丁) 명인(命人)이 수음(受蔭)하고 인(寅)오(午)술(戌)년에 발달(發達)한다.

　이 성신(星辰)을 만든 용(龍)이 만약 상격(上格)에 들면 벼슬이 한림(翰林)에 이르고 중격(中格)에 합(合)하면 교수직(敎授職)을 하며 하격(下格) 용(龍)에서는 생인(生人)이 청귀(淸貴)하고 만약 전무(全無) 귀격(貴格)이라도 역시 주(主)는 부(富)로서 향곡(鄕曲)에서 제일 간다.

　이곳에 묘(墓)를 쓴 후 처음 출생(出生)하는 사람이 얼굴이 첨장(尖長)하면 기(氣)가 왕성(旺盛)함에 이른 것이요, 파면인(爬面人)이 출생(出生)하면 기(氣)가 다 되어 쇠진(衰盡)한 것이다

　이 체(體)에 상아형(象牙形)이 많이 나온다. 마땅히 토(土)

퇴(堆)를 작(作)할 것이다.

### 시(詩)

**燥火師傳七神吉 元來平面最爲眞**

(조화사전칠신길 원래평면최위진)

"조화를 스승으로부터 칠신이 길하다고 전수받았으나 원래는 평면이 가장 아름답다."

**本星倒地同功用 富貴功名蔭後人**

(본성도지동공용 부귀공명음후인)

"본성은 땅에 누웠을 때 같은 효공(공훈)으로 쓰이니 부귀공명과 음덕이 후인에게 나타나리라."

## 조화성(燥火星)

| 정체조화<br>(正體燥火) | 개구조화<br>(開口燥火) | 현유조화<br>(懸乳燥火) |
|---|---|---|
|  |  |  |

| 궁각조화<br>(弓脚燥火) | 쌍비조화<br>(雙臂燥火) | 단고조화<br>(單股燥火) |
|---|---|---|
|  |  |  |

| 측뇌조화<br>(側腦燥火) | 몰골조화<br>(沒骨燥火) | 평면조화<br>(平面燥火) |
|---|---|---|
|  |  |  |

# 9부
# 소탕성
# (掃蕩星)

## 1. 정체소탕(正體掃蕩)

> **원문(原文)** … 正體掃蕩
>
> 第一掃蕩名正體 形勢如流水
> 悞扞後伏生異鄕 更出少年亡
>
> 此星身曲而斜 面飽不開脚 故名曰正體掃蕩 惟有一體 夫掃蕩者 旗帳之象也 渾身是水流蕩不受穴 只宜居水城之上 護衛門戶 然洪匹體金水拖蕩者相似(但金水員曲分明掃蕩屈曲模糊) 若悞扞之者 生人相貌俊偉 心性柔弱 行事委靡 主爲娼作妓 然酒好色 賣盡田園 子孫退敗 其爲禍也 投河落水 倒路扛屍 淫亂閨門 拋離鄕井 初敗長子 次及中小 壬癸亥子命人受害 申子辰年爲禍發之期 至爲凶毒人

詩曰　掃蕩星辰極是凶　兒孫飄蕩走西東
　　　田園賣盡因茶賣　做賊爲娼辱祖宗

### 시(詩)

**第一掃蕩名正體　形勢如流水** (제일소탕명정체 형세여유수)
"첫 번째의 소탕은 정체이니 형세가 유수와 같은 것이다."

**悮扦後伏生異鄕　更出少年亡** (오천후복생이향 갱출소년망)
"잘못 천장하면 복후에 타향에서 생하고 다시 소년에 사망하는 일이 발생한다."

이 성신(星辰)은 몸통은 물결처럼 구불구불 하면서도 어느 쪽이든 기울고[身曲而斜] 얼굴 면은 불룩한데 다리는 벌리지 아니[面飽不開脚] 하였다. 그러므로 이름을 정체소탕(正體掃蕩)이라 하였다.

이에는 오직 한 체(體)밖에 없다.

대저 소탕(掃蕩)이란 뜻은 기장(旗帳)과 같은 상(象)을 말한다. 온몸이 수(水)이니 유탕(流蕩)하므로 혈(穴)을 받지 못한다. 단지 수성(水城)의 위에 거(居)하는 것이 마땅할 뿐이다. 그러므로 문호(門戶)를 호위(護衛)하는데 적당(適當)하다는 것이다.

이 성신(星辰)은 정체금수(正體金水) 성신(星辰)이 타탕(拖

蕩)을 달아 낸 것과 매우 흡사(恰似)하므로 분간하기가 어려워 오판(誤判)하기 쉽다.

**[필자주(筆者註)]** 금수(金水) 성신(星辰)은 원곡(圓曲)이 분명(分明)하나, 소탕(掃蕩) 성신(星辰)은 굴곡(屈曲)이 모호(模糊)하다는 것이 다르다.

만약 오천(悟扦)하였을 경우에는 출생인(出生人)의 상모(相貌)가 준위(俊偉)하고 심성(心性)이 유약(柔弱)하고 행사(行事)가 위미(萎靡)하므로 주(主)는 여인(女人)은 가무(歌舞) 창기(娼妓) 등으로 빠지고 남자(男子)는 주색(酒色)으로 전답(田畓)이나 기타(其他) 재산(財産)까지 모두 탕진(蕩盡)하고 자손(子孫)까지 퇴패(退敗)하는 것이 그 화(禍)이다.

이 소탕(掃蕩)은 사대(四大) 흉성(凶星) 중에서 하나인데 다시 또 정체가 되면 주(主)하는 흉화(凶禍)는 강하(江河) 낙수(落水)에 몸을 던지거나 도로(倒路) 강시(扛屍)가 되고 음란(淫亂) 규문(閨門)하고 포리향정(抛離鄕井)한다.

장자(長子)가 먼저 실패(失敗)하고 이어서 차자(次子)와 모든 자식(子息)에게로도 파급(波及)되는데 임(壬)계(癸)해(亥)자(子) 명인(命人)이 먼저 해(害)를 받고 신(申)자(子)진(辰)년(年)에 그 화(禍)가 발생(發生)한다. 살인(殺人) 지독(至毒)한 흉성(凶星)이다.

## 시(詩)

### 掃蕩星辰極是凶　兒孫飄蕩走西東
(소탕성신극시흉 아손표탕주서동)

"소탕성신은 지극한 흉성이니 아손이 동서로 분주히 표탕하리라."

### 田園賣盡因茶賣　做賊爲娼辱祖宗
(전원매진인다마 주적위창욕조종)

"전원을 매진하고 인하여 다(茶 ; 誤字임)까지 팔고 도적이나 창기가 되고 즈종을 욕되게 한다."

## 2. 개구소탕(開口掃蕩)

**원문(原文)** … 開口掃蕩

第二掃蕩名開口 形如獅子吼
此星不與俗人看 平步上金鑾

此星身曲而斜 面平開脚 故名曰開口掃蕩 惟有一體 宜下壓煞穴 打開急處 也與開口金水拖蕩相似(但金水頭腦分明掃蕩浪動模糊) 故不可犯之 若開員口 是變金水相生相養者爲轉吉 凡開口星辰 靈光合聚於中 餘氣分行於下 雌雄相顧 血脉交通 此故爲之吉穴 惟要口中員淨 穴內冲融 身俯則穴宜就脉揭高 面仰則穴宜蘸弦坐入 是爲得之 最嫌一水長流 四山直走 直走則成蕩體 長流則牽動土牛 乃不可不察 此星本陰一四七位衣祿 故不畏左砂送水 由亥宮之勢而行脉 得坎宮之氣而成形 坐向得亥壬子癸 皆爲氣旺而形應 好倒落於源頭 喜融結於水尾 若安扦合法 生人相貌蕭洒 心性疎通 行事機密 壬癸亥子命人受蔭 申子辰年發達 若后龍合上格者 官至轉運 合中格者 都監之官 合下格者 官任離職 若全無貴格者 亦主江湖營運 大發多珍 大旺人丁 若有貴格而孤露 亦爲敎讀之官 初生肥面之人 則氣盛也 至生乞口之人 則氣衰也 此體多爲獅子形(宜作土堆)

> 詩曰　掃蕩星辰未可嫌　須知妙處好安扦
> 　　　前賢截蕩留眞訣　後代兒孫貴莫言

### 시(詩)

**第二掃蕩名開口　形如獅子吼** (제이소탕명개구 형여사자후)
"두 번째 소탕은 개구이니 형이 사자의 부르짖음과 같다."

**此星不與俗人看　平步上金鑾** (차성불여속인간 평보상금란)
"이 성신은 속인으로서는 볼 수 없으나 평보로서 금란에 오를 것이다."

이 성신(星辰)은 몸은 물결처럼 구불구불한 가운데 한쪽으로 기울고[身曲而斜] 얼굴 면(面)은 평탄(平坦)한데 다리를 벌려 개각(開脚)하였다. 그러므로 이름을 개구소탕(開口掃蕩)이라 하였다.

이에는 오직 한 체(體) 뿐인데 입혈(立穴)은 압살법(壓煞法)으로 처리하되 급처(急處)를 타개(打開)하여 하장(下葬)한다.

이는 앞에서 공부한 개구금수(開口金水) 성신(星辰)이 타탕(拖蕩)을 달아낸 것과 매우 비슷하므로 자세히 살펴보지 아니하면 오판(誤判)하기 쉽다.

**[필자주(筆者註)]** 금수(金水) 성신(星辰)은 두뇌(頭腦)가 분명(分明)한데, 소탕(掃蕩) 성신(星辰)은 낭동(浪動)함이 모호(模糊)하다. 이 점이 다르다.

이 성신(星辰)은 본시 탕연(蕩軟)하므로 혈(穴)을 받지 못하여 사대(四大) 흉성(凶星) 중의 하나이다, 그러므로 가까이하고 범(犯)하는 것이 불가(不可)하다. 그러나 만약 개구(開口)하여 원구(圓口)를 만들었을 때는 금수(金水)가 상생(相生) 상양(相養)하므로 길성(吉星)으로 전환(轉換)한다.

무릇 개구(開口) 성신(星辰)은 영광(靈光)이 중(中)으로 합취(合聚)하고 여기(餘氣)는 아래로 분행(分行)하며 자웅(雌雄)이 상고(相顧)하고 혈맥(血脈)이 교통(交通)한다. 그러므로 이른바 길혈(吉穴)이 되는 것이다.

이에서 오직 중요(重要)한 것은 구중(口中)이 원정(圓淨)하고 혈내(穴內)가 충융(冲融)하여야 한다.

입혈(立穴)은 몸을 구부려 낮으면[身俯則] 혈(穴)은 마땅히 취맥게고(就脉揭高)하고, 얼굴을 쳐들어 면앙즉(面仰則) 혈(穴)은 마땅히 잠현좌입(蘸弦坐入)할 것이다. 이러할 때 득지(得之)하는 것이다.

이 성신(星辰)에서 가장 꺼리는[最忌] 것은 일수(一水)가 장류(長流)하는 것이고 더욱 혐오(嫌惡)하는 것은 사산(四山)이 직주(直走)하는 것이니 장류(長流)하면 견동토우(牽動土牛) 하고 직주(直走)하면 탕체(蕩體)로 변하기 때문이니 살펴보지 않을 수 없는 것이다.

이 성신(星辰)은 본시 발음(發蔭)이 일사칠의 자리[一四七位]에서 복록(福祿)을 받으므로 좌사(左砂)로 송수(送水)함을 꺼려하지 아니한다.

이 성신(星辰)의 용(龍)은 해궁(亥宮)의 세(勢)를 경유(經

由)하여야 행맥(行脈)하고 감궁(坎宮)의 기운(氣運)을 득(得)하여야 성형(成形)한다. 좌향(坐向)에서도 해(亥)임(壬)자(子)계(癸)로 좌(坐)가 되면 왕성(旺盛)한 기운(氣運)이 형세(形勢)와도 상응(相應)하는 것이다.

이 성신(星辰)은 원두(源頭)에서 도탁(倒落)하여 거(居)하기를 좋아하고 스미(水尾)에 임하여서 융결(融結)하는 것을 기뻐한다.

이 성신(星辰)의 장법(葬法)이 만약 최선(最善)을 다하였다면 출생인(出生人)의 상모(相貌)가 소쇄(蕭洒)하고 심성(心性)이 소통(疏通)하며 행사(行事)가 기밀(機密)하다.

이곳에 묘(墓)를 쓴 후 해(亥)임(壬)자(子)계(癸) 명인(命人)이 수음(受蔭)하고 신(申)자(子)진(辰)년(年)에 발달(發達)한다.

이 성신(星辰)의 후용(後龍)이 만약 상격(上格)에 들면 벼슬이 전은(轉運)에 이르고 중격(中格)에 들면 도감(都監)에서 벼슬을 하고 하격(下格)의 용(龍)이면 벼슬은 잡직(雜織)으로 하고 만약 귀격(貴格)이 전무(全無)하더라도 주(主)는 역시 강호(江湖)의 영운(營運)권을 취득하여 대발(大發)하여 재물(財物)과 진보(珍寶)를 많이 모으며 인정(人丁) 또한 대왕(大旺)하다. 또 만약 용(龍)은 귀격(貴格)인데 고로(孤露)하면 주(主)는 교독(敎讀)의 관직(官職)을 맡게 된다.

이 성신(星辰)에 하장(下葬)한 후 처음 출생(出生)하는 사람이 살찌고 얼굴 넓은 사람이[肥面] 나오면 왕성(旺盛)한 기운에 이른 것이고 결구(乞口)인이 나오면 기가 다 되어 쇠진(衰盡)한 것이다.

이 체(體)에 사자(獅子) 이름의 형(形)이 많다. 마땅히 토퇴(土堆)를 작(作)하면 길(吉)하다.

### 시(詩)

掃蕩星辰未可嫌　誰知妙處好安扦
(소탕성신미가혐 수지묘처호안천)

"소탕성신은 혐오하지 않는 자가 없는데 누가 묘처를 알아보고 좋은 천장을 할 것인가?"

前賢截蕩留眞訣　後代兒孫貴莫言
(전현절탕류진결 후대아손귀막언)

"전현은 소탕을 참절하는 진결을 남겼으니 후대아손의 귀함이 말로서 다 할 수 없는 것이다."

## 3. 현유소탕(懸乳掃蕩)

> 원문(原文) ··· 懸乳掃蕩

第三掃蕩名懸乳 此穴原可取
形如伏虎最威雄 扦後日與隆

此星身曲而斜 面平開脚生乳 故名曰懸乳掃蕩 有八體 其乳凸者爲生水 當立水穴 尋動處立穴 直者爲夾木 當開水取木 分三停立穴 員者爲垂金 當乘水就金 向墜處立穴 尖者爲帶火 當舍水從火 穿兩肩立穴 方者爲穿土 當開水就上 量中心立穴 此五者爲正格也 作穴法 必須塋潤方可 有兩乳者 昔名曰雙星 有兩乳者 生脚 有歧者 名曰麒麟 皆可兩穴 有三乳者 名曰三台 可三穴 此三者爲變格也 立穴以前五體爲法諸體 凡懸乳者 皆當依此論之 此與懸乳金水拖蕩者相似 宜細辨別 夫掃蕩者匹凶之星 以其薄身是水 流蕩忘返 故不可犯之 此體屝脚生乳 是穿水轉金 凡懸乳星辰 眞氣凝聚於下垂 靈光發露而外現 兩宮俱倒 一孚正中 此故爲之吉穴 惟要圈中舒暢 乳上光員 五氣分形 三停下穴 是爲得之 最忌四山直走 尤嫌一水長流 直走則成蕩體 長流則牽動土牛 乃不可不察 此星本蔭一四七位衣祿 故不畏右砂逩水 由亥宮之勢而行脉 得坎宮之氣而成形 坐向得亥壬子癸 皆爲氣旺而形應 好傍江湖

喜臨田驛 若安扦合法 生人相貌瀟洒 心性質寔 行事細密 亥壬子癸命人受蔭 申子辰年發達 若后龍合上格者 官至簿使 合中格者 官至都監 合下格者 官任雜職 若全無貴格者 亦主乘駕舟車 營運江湖 一發非常 多積珍寶 大旺人丁 若有貴格而孤露 亦爲敎讀多官 初生肥面之人 則氣盛也 至生腎癩之人 則氣衰也 此體多爲伏獸形 宜作金堆

詩曰 掃蕩星辰不足看 若然垂乳穴中心
　　　打開蕩體須依法 廣置庄田更出官

## 시(詩)

**第三掃蕩名懸乳　此穴原可取** (제삼소탕명현유 차혈원가취)

"세 번째 소탕은 현유이니 이 혈은 원래부터 취함이 가하다고 하였다."

**形如伏虎最爲雄　扦後日興融** (형여복호최위웅 전후일흥융)

"형이 복호면 가장 웅위한 것이니 천장한 후 날마다 흥융하리라."

이 성신(星辰)은 몸이 파도처럼 구불구불하고도 어느 쪽이든 기울어[身曲而斜] 있고 면(面)은 평탄(平坦)한데 양 다리를 벌려놓고 그 안에다 유(乳)를 발생시켰다. 그러므로 현유소탕(懸乳掃蕩)이라 하였다.

  이에는 팔체(八體)가 있는데 그 유(乳)가 곡(曲)한 것을 생수(生水)라 하며 입혈(立穴)은 마땅히 등처(動處)를 찾아 하장(下葬)한다. 곧은[直乳] 것을 협목(夾木)이라 하는데 마땅히 개수(開水)하고 취목(取木)하되 삼정(三停)으로 나누어 입혈(立穴)한다. 둥글고 원[圓乳]한 것을 수금(垂金)이라 하며 마땅히 승수취금(乘水就金)하여 추처(墜處)를 향(向)하여 입혈(立穴)한다. 첨유(尖乳)를 대화(帶火)라 하는데 마땅히 수를 버리고 화를 살려야[舍水從火] 하니 양 어깨를 뚫고 입혈(立穴)한다. 방유(方乳)를 천토(穿土)라 하는데 마땅히 개수(開水) 취토(取土)하고 중심(中心)을 찾아 입혈(立穴)한다. 이상 다섯 종이 정격(正格)인데 작혈법(作穴法)은 필수적(必須的)으로 넓게 거영(開塋)하는 것이 가하다.

  또 양유(兩乳)로 된 것이 있는데 옛 사람들은 이름을 쌍성(雙星)이라 하였다.

  또 양유(兩乳) 중에서 다시 각(脚)을 발생(發生)시켜 기(歧)를 만든 것이 있는데 이름이 기린(麒麟)이라 하였으며 이상 두 혈 모두 입혈(立穴)이 가하다.

  또 삼유(三乳)로 된 것이 있는데 이름을 삼태(三台)라 하였으며 삼 혈(穴) 모두 입혈(立穴)이 가하다. 이상 삼격(三格)이 변격(變格)이다. 작혈법(作穴法)은 정격오체(正格五體)에서와 같이 처리한다. 이에서 뿐만 아니라 현유(懸乳) 성신(星辰)이라 함에서는 모두 이상의 법식(法式)을 기준으로 하여 논(論)하는 것이다.

이곳의 현유소탕(懸乳掃蕩)은 앞에서 공부한 현유금수(懸乳金水) 성신(星辰)이 타탕(拖蕩)을 달아낸 것과 매우 비슷하므로 세밀하게 살피지 않으면 오판(誤判)하기 쉽다.

대저 소탕(掃蕩) 성신(星辰)이란 사대(四大) 흉성(凶星) 중의 하나인데 온몸이 가볍고 얇은[薄身] 수체(水體)이므로 유탕 망반(流蕩忘返)하여 범(犯)하면 흉(凶)하다는 것이다. 그러나 이곳에서는 개각(改刻)하여 유(乳)를 발생(發生)시켰으니 천수(穿水) 전금(轉金)되어 길성(吉星)으로 전환(轉換)한 것이다.

무릇 현유(懸乳) 성신(星辰)은 진기(眞氣)를 아래에다 응취(凝聚)시키고 영광(靈光)은 발로(發露)시켜 밖으로 나타내주며 양궁(兩宮)이 함께 정중(正中)의 한 유(乳)를 호위(護衛)하므로 이른바 길혈(吉穴)이 되는 것이다.

이에서 오직 중요(重要)한 것은 권중(圈中)이 서창(舒暢)하고 유상(乳上)이 광원(光圓)하여야 하며 오기(五氣)로 분형(分形)하여 삼정(三停)으로 하혈(下穴) 할 수 있으면 득지(得之)가 되는 것이다.

이 성신(星辰)에서 가장 꺼리는[最忌] 것은 사산(四山)이 직주(直走)하는 것이며 더욱 혐오(嫌惡)하는 것은 일수(一水)가 장류(長流)하는 것이니 직주(直走)하면 탕체(蕩體)로 변하기 때문이고 장류(長流)하면 견동토우(牽動土牛)하기 때문에 살피지 않을 수 없는 것이다.

이 성신(星辰)은 본시 발음(發蔭)이 일사칠의 자리[一四七位]에서 복록(福祿)을 받으므로 좌사(左砂)로 송수(送水)하는 것을 두려워하지 않는다.

　이 성신(星辰)의 용(龍)은 해궁(亥宮)의 세(勢)를 경유(經由)하여야 행맥(行脈)하고 감궁(坎宮)의 기운(氣運)을 득(得)하여야 성형(成形)한다. 좌향(坐向)에서도 해(亥)임(壬)자(子)계(癸)로 좌(坐)가 나오면 왕성(旺盛)한 기운(氣運)이 형세(形勢)와도 상응(相應)하는 것이다.

　이 성신(星辰)은 강호(江湖)의 옆에서 거(居)하기를 좋아하고 전역(田驛) 근처에서 임(臨)하기를 기뻐한다.

　이곳의 장법(葬法)이 최선(最善)이었다면 출생인(出生人)의 상모(相貌)가 소세(蕭洒)하고 심성(心性)이 질식(質寔)하며 행사(行事)가 세밀(細密)하다. 해(亥)임(壬)자(子)계(癸) 명인(命人)이 수음(受蔭)하고 신(申)자(子)진(辰)년에 발달(發達)한다.

　이 성신(星辰)의 후용(後龍)이 만약 상격(上格)에 들면 벼슬이 부사(簿使)에 이르고 중격(中格) 용(龍)이면 벼슬이 도감(都監)에 이르고 하격(下格) 용(龍)이라면 잡직(雜織)의 벼슬을 하게 된다, 만약 귀격(貴格)이 전무(全無)하더라도 주(主)는 승가(乘駕)주거(舟車)로 강호(江湖)의 운영(運營)권을 득(得)하여 일발(一發)로서도 평상(平常)을 뛰어넘고 진보(珍寶)를 다적(多積)하며 인정(人丁)도 왕성(旺盛)하다. 만약 귀격(貴格)의 용(龍)인데도 고로(孤露)한 경우는 주(主)는 교독(教讀)의 관직(官職)을 많이 갖게 된다.

　이곳에 묘(墓)를 쓴 후로 처음 출생(出生)하는 사람이 얼굴이 두텁고 비면(肥面)하면 왕성(旺盛)한 기운에 이른 것이고 신라인(腎癩人)이 출생(出生)하면 기(氣)가 다 되어 쇠진(衰盡)한 것이다.

이 체(體)에서 짐승이 엎드려 있는 형세[伏獸形]가 많이 나온다. 금퇴(金堆)를 작(作)하면 길(吉)하다.

### 시(詩)

**掃蕩星辰不足看　若然垂乳穴中安**

(소탕성신부족간 약연수유혈중안)

"소탕성신은 알아 보기가 어려우나 만약 자연스런 수유혈이라면 중앙에 안천한다."

**打開蕩體須依法　廣置庄田更出官**

(타개탕체수의법 광치장전갱출관)

"탕체를 타개하는 것은 반드시 법이 의할 것이니 전답을 널리 두고 다시 벼슬도 나온다."

## 4. 궁각소탕(弓脚掃蕩)

**원문(原文)** … 弓脚掃蕩

第四掃蕩名弓脚 此穴原不弱
喝爲獅子抱毬形 富貴有聲名

此星身曲而斜 面平開脚抱穴 故名曰弓脚掃蕩 有二體 其脚一長一短者 爲正格也 穿長者下穴 兩脚交牙者 爲變格也 穿中心立穴 皆宜坐煞 打開蕩體作穴 與弓脚金水拖蕩者相似 宜細辨別 夫掃蕩渾身無金 所以無穴 若手脚彎環 則爲轉金 內堂關鎖周密 發越極快 但胸襟窄狹 若是右脚微長 不可以虎過明堂 及啣屍爲疑 凡弓脚星辰 靈光在內而隱藏 餘氣挽先而回抱 明堂聚面 應案連枝 此所以謂之吉穴 惟要脚頭逆轉 水口關鎖 是爲得之 最忌四山直走 尤嫌一水長流 直走則成蕩體 長流則牽動土牛 乃不可不察 此星本蔭一四七位衣祿 故不畏左砂送水 由亥宮之勢而行脉 得坎宮之氣而成形 坐向得亥壬子癸 皆爲氣旺而形 好落源頭水尾 喜居壟脊山腰 若安扞合法 生人相貌瀟洒 心性質寔 行事細密 亥壬子癸命人受蔭 申子辰年發達 若后龍合上格者 官至簾使 合中格者 官至都監 合下格者 雜職之官 若全無貴格者 亦主江湖一發非常 廣進田庄 大旺人丁 合貴格而孤露 亦爲敎讀多官 或受御命爲官

> 初生皺面之人 則氣盛也 至生跛足之人 則氣衰也 此
> 體多爲獅子抱毬形 宜作木堆
>
> 詩曰　掃蕩先弓脚亦奇 開肩抱乳似獅兒
> 　　　　請君打蕩須如法 後代兒孫衣紫緋

### 시(詩)

**第四掃蕩名弓脚　此穴原不弱** (제사소탕명궁각 차혈원불약)

"네 번째 소탕은 궁각이니 이 혈은 원래 약한 것이 아니다."

**喝爲獅子抱毬形　富貴有聲名** (갈위사자포구형 부귀유성명)

"물형으로 사자포구형이니 부귀와 성명함이 있으리라."

  이 성신(星辰)은 몸이 구불구불하여 곡하면서 어느 한 쪽으로든 불규칙하게 기울어[身曲而斜] 있고 면(面)은 평탄(平坦)한데 다리를 벌려 혈(穴)을 감싸고[開脚抱穴] 안았다. 그러므로 이름을 궁각소탕(弓脚掃蕩)이라 하였다.

  이에는 두 체(體)가 있는데 그 다리가 하나는 길고 하나는 짧은 것이 있는데 이것이 정격(正格)이며 긴 다리를 뚫어 하장(下葬)한다.

  또 양 다리가 교아(交牙) 된 것이 있는데 이것이 변격(變格)이며 중심(中心)을 뚫고 하혈(下穴)한다. 이 두 격 모두는 압살법(壓煞法)으로 탕체(蕩體)를 타개(打開)하고 작혈(作穴)하는 것이다.

이곳의 궁각소탕(弓脚掃蕩)은 앞에서 공부한 궁각금수(弓脚金水) 성신(星辰)에서 타탕(拖蕩)을 달아낸 성신(星辰)과 매우 흡사(恰似)하므로 자세히 살펴 분별(分別)하지 않으면 오판(誤判)하기 쉬우니 조심(操心) 할 일이다.

대저 소탕(掃蕩)이라 함은 전신(全身)이 수기(水氣)로 탕체(蕩體)가 되었으니 어느 곳에도 금기(金氣)가 전무(全無)하므로 혈(穴)도 받을 수 없다. 그러나 개각(開脚)하여 만환(彎環)하였다면 전금(轉金)이니 금기(金氣)를 득(得)하였으므로 길성(吉星)으로 변(變)하는 것이다.

또한 궁각(弓脚) 성신(星辰)은 내당(內堂)이 관쇄(關鎖) 주밀(周密)하므로 발월(發越)이 극쾌(極快)하다. 그러나 단지 흉금(胸襟)이 착협(窄狹)하다.

궁각(弓脚) 성신(星辰)에서는 우각(右脚)이 긴 것이 불가(不可)하다. 만약 우각(右脚) 백호(白虎)가 길어서 명당(明堂)을 지나치면 합시(唈屍)가 되는 지를 의심(疑心)해야 되기 때문이다.

무릇 궁각(弓脚) 성신(星辰)은 영광(靈光)을 내당(內堂) 안에다 두고 은장(隱藏)시키며 여기(餘氣)는 먼저 당겨놓고 회포(回抱)시키며 명당(明堂)은 정면(正面)으로 모아놓고 응안(應案)을 연지(連枝)시킨다. 그러므로 이른바 길혈(吉穴)이 되는 것이다.

오직 중요(重要)한 것은 각두(脚頭)가 물을 기준으로 역전(逆轉)하여야 하며 수구(水口)까지 관쇄(關鎖) 되었다면 득지(得之)하는 것이다.

이 성신(星辰)에서 가장 꺼리는[最忌] 것은 사산(四山)이 직주(直走)하는 것이고 더욱 혐오(嫌惡)하는 것은 일수(一水)가 장류(長流)하는 것이니 직주(直走)하면 탕체(蕩體)를 만들기 때문이고 장류(長流)하면 견동토우(牽動土牛)하기 때문이니 살피지 않을 수 있겠는가?

 이 성신(星辰)은 본시 발음(發蔭)이 일사칠의 자리[一四七位]에서 복록(福祿)을 받으므로 좌사(左砂)가 송수(送水)하는 것을 두려워하지 않는다.

 이 성신(星辰)의 용(龍)은 해궁(亥宮)의 세(勢)를 경유(經由)하여야 행맥(行脈)하고 감궁(坎宮)의 기운(氣運)을 득(得)하고서야 성형(成形)한다. 좌향(坐向)에서도 해(亥)임(壬)자(子)계(癸)의 좌(坐)가 나오면 왕성(旺盛)한 기운(氣運)이 형세(形勢)와도 상응(相應)하는 것이다.

 이 성신(星辰)은 원두수(源頭水)의 미(尾)에서 거(居)하는 것을 좋아하고 용척산요(龍脊山腰)에 임(臨)하는 것을 기뻐한다.

 이곳의 장법(葬法)이 만약 최선(最善)을 하였다면 출생인(出生人)의 상모(相貌)가 소쇄(瀟洒) 명인(命人)이 수음(受蔭)하고 신(申)자(子)진(辰)년에 발달(發達)한다. 쇄(洒)하고 심성(心性)이 질식(質寔)하며 행사(行事)가 세밀(細密)하다. 해(亥)임(壬)자(子)계(癸) 명인(命人)이 음덕을 받고 신(申)자(子)신(辰)년에 발달한다.

 이 성신(星辰)의 후용(後龍)이 만약 상격(上格)에 들면 벼슬이 부사(簿使)가 되고 중격(中格)에 들면 벼슬이 도감(都

監)이 되며 용(龍)이 하격(下格)이라도 잡직(雜織)의 벼슬은 한다. 만약 용(龍)에 귀격(貴格)이 전구(全無)하더라도 역시 주(主)는 강호(江湖)에 관련(關聯)된 업(業)으로 한 번의 발복(發福)으로도 평상(平常)을 넘어 세상(世上)을 놀라게 하며 또한 인정(人丁)도 대왕(大旺)하고 전장(田庄)을 넓게 소유(所有)한다. 또 만약 용(龍)은 귀격(貴格)에 합(合)하는데도 고로(孤露)할 때는 별도(別途)의 교독직(敎讀職)으로 벼슬을 하거나 어명(御命)으로 별정(別定)한 벼슬을 하기도 한다.

이곳어 묘(墓)를 쓴 후로 처음 출생(出生)하는 사람이 추면인(皺面人)이 나오면 기(氣)가 왕성(旺盛)함에 이른 것이고 파족인(跛足人)이 나오면 기가 다 되어 쇠진(衰盡)한 것이다.

이 체(體)에 사자포구형(獅子抱毬形)이 많이 나온다. 이에는 목퇴(木堆)를 작(作)하면 길(吉)하다.

### 시(詩)

**掃蕩先弓脚亦奇　開肩抱乳似獅兒**
(소탕선궁각역기 개견포유사사아)

"소탕의 선궁은 각이 역시 기특하니 어깨를 열고 유를 안은 모습이 사자가 새끼를 안은 것과 흡사함이다."

**淸君打蕩須如法　後代兒孫衣紫緋**
(청군타탕수여법 후대아손의자비)

"군에게 부탁하노니 소탕을 타개함에는 반드시 법을 따를 것이니 후대에 아손이 주자 관복을 입으리라."

## 5. 쌍비소탕(雙臂掃蕩)

**원문(原文)** ··· 雙臂掃蕩

第五掃蕩名雙臂 好似鰲魚翅
莫言此是四凶星 名譽滿皇京

此星身曲而斜 面平邊開兩臂 故名曰雙臂掃蕩 有二體
其臂有左右俱雙者 須要臂皆彎抱 或作交牙尤佳 此爲
正格也 有左雙右單者 右雙左單者 須要穴上見其均勻
此二者爲變格也 皆宜坐煞掃蕩作用 此與雙臂金水掃
蕩者相似 宜細辨別 夫掃蕩者 以其形如筈箒 至爲凶
毒 最不可犯之 此成雙臂 是轉金水 故化凶爲吉 其左
雙右單者 爲之叠指 惟喜賭博 然龍眞穴正 水聚山朝
決不破家 若穴上不見者 則尤不忌 凡雙臂星辰 靈光
自足而舒徐 眞氣有餘而磅礴 東西雙到 內外重回 此
故爲之吉穴 惟要應案臨近 明堂聚前 立穴必取天心
折水要依星步 是爲得之 最忌四山直走 尤嫌一水長流
乃不可不察 此星本陰一四七位衣祿 故不畏左砂送水
由亥宮之勢而行脉 得坎宮之氣而成形 坐向得亥壬子
癸 皆爲氣旺形應 好傍大溪之側 喜居萬山之間 若安
扞合法 生人相貌瀟洒 心性機巧 行事細密 亥壬子癸
命人受蔭 申子辰年發達 若后龍合上格者 官至轉運
合中格者 官至都監 合下格者 雜職而已 若全無貴格

者. 亦主富足 初生皺面之人 則氣盛也 至生六趾之人 則氣衰也 此體多爲鰲魚形 宜作木堆

詩曰 掃蕩星辰本不佳 誰知雙臂福無涯
　　 安扦打蕩須如法 留作仙踪與世家

### 시(詩)

**第五掃蕩名雙臂　好似鰲魚趈** (제오소탕명쌍비 호사오어혈)

"다섯 번째 소탕은 쌍비이니 자라, 고기 등이 무리를 지은 것과 같으면 좋은 것이다."

**莫言此是四凶星　名譽滿皇京** (막언차시사흉성 명예만황경)

"이 성신을 사괘흉성으로 말하지 말라. 명예가 황경에 가득하리라."

이 성신(星辰)의 몸은 구불구불하여 곡(曲)하면서도 어느 쪽으로 기울고[身曲而斜], 면(面)은 평탄(平坦)한데 변(邊)으로는 양 팔을 벌렸다[邊開兩臂]. 그러므로 이름을 쌍비소탕(雙臂掃蕩)이라 하였다.

이에는 두 체(體)가 있는데 그 팔뚝이 좌우(左右) 양쪽 모두가 함께 쌍(雙)으로 된 것이 있는데 이 팔들은 반드시 만포(彎抱)하는 것이 중요(重要)하다. 이것이 혹 교아(交牙)로 되었으면 더욱 아름답다. 이것이 정격(正格)이다.

또 좌(左)는 쌍(雙)인데 우(右)는 단(單)인 것이 있고, 우(右)가 쌍(雙)인데 좌(左)가 단(單)인 것이 있는데 이들은 혈상(穴上)에서 볼 때는 반드시 균균(均勻)하여야 한다. 이 두 종(種)이 변격(變格)이다. 이상은 모두 압살법(壓煞法)으로 소탕(掃蕩) 작용(作用)을 하여야 한다.

이 쌍비소탕(雙臂掃蕩)은 앞에서 공부한 금수쌍비(金水雙臂) 성신(星辰)이 타탕(拖蕩)을 달아낸 것과 매우 흡사(恰似)하므로 자세히 살펴보지 않으면 오판(誤判)하기 쉬우니 조심하여야 한다.

대개 소탕(掃蕩)이라 함은 그 형세(形勢)가 소추(笤箒=대나무 비)와 비슷하므로 지극히 흉독(凶毒)한 상(象)이므로 범(犯)해서는 안 되는 것이다. 그러나 이것이 쌍비(雙臂)를 만들었다 함은 금수(金水)로 전환(轉換)한 것이니 흉성(凶星)이 변(變)하여 길성(吉星)을 만들었다는 것이다.

또 좌(左)는 쌍(雙)인데 우(右)가 단(單)인 것을 첩지(疊指)라 하는데 이는 금전(金錢)을 걸어놓고 도박(賭博)하는 것을 좋아하는 사(砂)이다. 그러나 용(龍)이 참되고 혈(穴)이 확실(確實)하고 수취(水聚) 산조(山朝) 할 때는 파가(破家)하지는 않는다. 또 만약 혈상(穴上)에서 보이지 않을 때는 더욱 꺼리지 않는다.

무릇 쌍비(雙臂) 성신(星辰)은 영광(靈光)이 자족(自足)하지만 서서히 펼쳐나가고 진기(眞氣)도 유여(有餘)하므로 널리 가득 채워놓고 동서(東西)에서 함께 이르러 내외를 중회(重回)하므로 이른바 길혈(吉穴)이 되는 것이다.

이에서 오직 중요(重要)한 것은 응안(應案)이 가까이에서 임(臨)하고 명당(明堂) 앞으로 모여야 한다. 입혈(立穴)은 반드시 천심(天心)을 취(取)하여야 하고 절수(折水)는 성보(星步)에 으하는 것이 중요(重要)하다. 이러하면 득지(得之)하는 것이다.

이 성신(星辰)에서 가장 꺼리는[最忌] 것은 사산(四山)이 직주(直走)하는 것이며 더욱 혐오(嫌惡)하는 것은 일수(一水)가 장류(長流)하는 것이니 직주(直走)하면 탕체(蕩體)를 이루어내기 때문이고 장류(長流)하면 견동토우(牽動土牛)하기 때문이니 살피지 않을 수 없는 것이다.

이 성신(星辰)은 본시 발음(發蔭)이 일사칠의 자리[一四七位]에서 복록(福祿)을 받으므로 좌사(左砂)로 송수(送水)하는 것을 꺼려하지 않는다.

이 성신(星辰)을 만든 용(龍)은 해궁(亥宮)의 세(勢)를 경유(經由)하여야 행맥(行脈)하고 감궁(坎宮)의 기운(氣運)을 득(得)하여야 성형(成形)한다. 좌향(坐向)에서도 해(亥)임(壬)자(子)계(癸)르 좌(坐)가 되면 왕성(旺盛)한 기운(氣運)이 형세(形勢)와도 상응(相應)하는 것이다.

이 성신(星辰)은 큰 내[大溪]의 옆에서 거(居)하기를 좋아하고 만산(萬山)의 사이에서 임(臨)하기를 기뻐한다.

이곳의 장법(葬法)이 만약 최선(最善)이었다면 출생인(出生人)의 상모(相貌)가 소세(瀟洒)하고 심성(心性)이 기교(機巧)하며 행사(行事)가 세밀(細密)하다. 해(亥)임(壬)자(子)계(癸) 명인(命人)이 수음(受蔭)하고 신(申)자(子)진(辰)년에 발달(發達)한다.

이곳의 후용(後龍)이 만약 상격(上格)에 합(合)하면 벼슬이 전운(轉運)에 이르고 중격(中格) 용(龍)이면 벼슬이 도감(都監)에 이르고 하격(下格) 용(龍)이면 잡직(雜織)의 관(官)을 한다. 만약 귀격(貴格)이 전무(全無)한 용(龍)이라도 역시 주(主)는 부(富)로서 세상을 놀라게 하는데 강호(江湖)와 관계(關係)되는 이권(利權)을 얻게 된다.

이곳에 묘(墓)를 쓰고 처음 출생하는 사람이 추면인(皺面人)이 나오면 기(氣)가 왕성(旺盛)함에 이른 것이고 육지인(六趾人)이 출생(出生)하면 기가 다 되어 쇠진(衰盡)한 것이다.

이 체(體)에 오어(鰲魚) 종류의 이름이 붙은 형(形)이 많다. 마땅히 목퇴(木堆)를 작(作)하는 것이 좋다.

### 시(詩)

**掃蕩星辰本不佳 誰知雙臂福無涯**

(소탕성신본불가 수지쌍비복무애)

"소탕성신은 본시 아름답지 못하나 쌍비가 되면 복록에 끝이 없다는 것을 누가 알리요."

**安扦打蕩須如法 留作仙踪與世家**

(안천타탕수여법 유작선종여세가)

"소탕을 타개하여 안천 할 때는 모름지기 법을 따를 것이니 선종의 유작이면 대를 이어 세가 하리라."

## 6. 단고소탕(單股掃蕩)

**원문(原文)** ··· 單股掃蕩

> 第六掃蕩名單股 立穴元無所
> 若還悞用禍難當 淫亂敗家囊
>
> 此星身曲而斜 開一脚. 故名曰單股掃蕩 有四體 形細
> 如蚯蚓 不可作穴 此與單股金水相似 悞扞之者 其禍
> 與正體掃蕩星穴一同 多出跙跛折足之人 至爲凶毒

**시(詩)**

**第六掃蕩名單股 立穴元無所** (제육소탕명단고 입혈원무소)
"여섯 번째 소탕은 단고이니 입혈은 원래 지정된 곳이 없는 것이다."

**若還悞用禍難當 淫亂敗家囊** (약환오용화난당 음난패가낭)
"만약 오용한다면 그 화를 감당하기 어려울 것이니 음란과 패가로 시끄러울 것이다."

이 성신(星辰)은 몸이 구불구불하여 곡한데 어느 쪽으로 기울고[身曲而斜] 한쪽 각 만을 벌렸다. 그러므로 이름이 단고소탕(單股掃蕩)이라 하였다.

이에는 사체(四體)가 있는데 이 모두의 형세(形勢)가 구인

(蚯蚓)과 같이 가늘고 약하여 힘이 없으므로 형체(形體)가 비(雨)만 내려도 깎이고 패이고 변(變)할 수 있기 때문에 작혈(作穴)이 불가(不可)한 것이다.

　이곳의 단고소탕(單股掃蕩)은 앞에서 공부한 단고금수(單股金水) 성신(星辰)과 매우 비슷하므로 자세히 살펴보지 않으면 오판(誤判)하기 쉬우므로 조심(操心)하기 바란다. 만약 잘못보고 하장(下葬) 하였을 경우 그 화(禍)가 정체소탕(正體掃蕩)에서의 흉화(凶禍)와 같게 나타나는데 가파(跏跛) 절족인(折足人)이 더욱 더 많이 나오는 지극히 흉독(凶毒)한 성신(星辰)이다.

# 7. 측뇌소탕(側腦掃蕩)

**원문(原文)** … 側腦掃蕩

第七掃蕩名側腦 此穴亦難討
形如懈豕最稱奇 富貴不須疑

此星身曲而斜 面平乳生肩下 故名曰側腦掃蕩 有二體 其脚有均勻者 名曰仙宮 此爲正格也 有一脚長一脚短 長弓過者 名曰紐會 此爲變格也 皆當坐樂壓煞 打蕩 立穴 此與側腦金水拖蕩者相似 宜細辨別 夫掃蕩者 形如笤箒 無穴可扦 生在側是爲穿金 此故爲之吉穴 凡側腦星辰 眞氣不凝於腦下 靈光自現於乳中 昔人名 曰左右仙宮 今號偏側怪穴 頭顱雖別 力量本同 此所 以謂之吉穴 惟要堂氣聚前 樂星聳後 穴宜踏逆 面喜 張潮 是爲得之 最忌四山直走 尤嫌一水長流 乃不可 不察 此星本蔭一四七位衣祿 故不畏左砂迗水 由亥宮 之勢而行脉 得坎宮之氣而成形 坐向得亥壬子癸 皆爲 氣旺而形應 妙倒落於水口 喜融結於龍腰 若安扦合法 生人相貌消洒 心性拗執 行事細密 亥壬子癸命人受 蔭 申子辰年發達 若后龍合上格者 官至簿使 合中格 者 官至都監 合下格者 雜職而已 若全無貴格者 亦主 富足 初生皺面之人 則氣盛也 至生六指之人 則氣衰 也 此體多爲懈豕形 宜作木堆

詩曰 掃蕩身斜腦更偏 誰知此穴吉中扦
　　 爲官淸正由斯出 白手成家廣置田

### 시(詩)

**第七掃蕩名側腦　此穴亦難討** (제칠소탕명측뇌 차혈역난토)
"일곱 번째 소탕은 측뇌이니 이 혈 역시 찾기가 어려우리니"

**形如獬豹最稱奇　富貴不須疑** (형여해표최칭기 부귀불수의)
"형이 해표와 같으면 가장 기특하다고 하니 부귀를 절대로 의심치 말라."

이 성신(星辰)의 몸은 구불구불하여 곡한데 한쪽으로 기울기까지[身曲而斜] 하였으며 면(面)은 평탄(平坦)하다. 어느 한쪽 어깨 아래로 유(乳)를 발생시켰다. 그러므로 측뇌소탕(側腦掃蕩)이라 하였다.

이에는 두 체(體)가 있는데 그 각이 균균(均勻)한 것이 있는데 이름을 선궁혈(仙宮穴)이라 하며 이것이 정격(正格)이다.

또 한 각은 길고 한 각은 짧은 것이 있는데 긴 다리가 궁과(宮過)한 것을 유회혈(紐會穴)이라 하며 이것이 변격(變格)이다. 이 모두는 좌(坐樂)와 조응(朝應)을 의지하여 압살법(壓煞法)으로 하장(下葬)한다.

이곳 측뇌소탕(側腦掃蕩)은 앞에서 공부한, 측뇌금수(側腦

金水) 성신(星辰)에서 타탕(拖蕩)을 달아낸 것과 매우 흡사(恰似)하므로 자세히 살피지 않으면 오판(誤判)하기 쉬우니 조심(操心)하여야 한다.

본시 소탕(掃蕩)이라 함은 형(形)이 소추(筲箒=대나무로 만든 비)와 같으므로 혈(穴)을 결작(結作)하지 못하므로 천장(扞葬)도 못하는 것이다. 그러나 견하(肩下)에 개각(開脚)하여 유(乳)를 발생시켰다 함은 천금(穿金)이니 길혈(吉穴)로 전환(轉換)되는 것이다.

무릇 측뇌(側腦) 성신(星辰)은 진기(眞氣)를 뇌하(腦下)에다 응취(凝聚)시키지 아니하고 영광(靈光)을 유중(乳中)에다 자현(自現)시키므로 옛 사람들은 이름을 좌우(左右) 선궁(仙宮) 혈(穴)이라 하였는데 그러나 지금은 편측(偏側)한 괴혈(怪穴)이라 한다. 이 혈은 두로(頭顱)가 비록 다르기는 하나 역량(力量)은 본시 다르지 아니하므로 이른바 길혈(吉穴)에 드는 것이다.

오직 중요(重要)한 것은 당기(堂氣)가 앞으로 모이고 면(面)으로는 장조(張潮)하고 낙성(落星)이 용발(聳拔)하여야 하며 혈(穴)은 당땅히 답역(踏逆)하여야 한다. 이러하여야 득지(得之)하는 것이다.

이 성신(星辰)에서 가장 꺼리는[最忌] 것은 사상이 직주(直走)하는 것이고 더욱 혐오(嫌惡)하는 것은 일수(一水)만으로 장류(長流)하는 것이니 직주(直走)하면 탕체(蕩體)를 만들어 내기 때문이고 장류(長流)하면 견동토우(牽動土牛)하기 때문이다. 그러므로 살피지 않을 수 없는 것이다.

이 성신(星辰)은 본시 발음(發蔭)이 첫째, 넷째, 일곱째의 자리[一四七位]에서 복록(福祿)을 받으므로 좌(左砂)가 송수(送水)함을 두려워하지 아니한다.

이 성신(星辰)을 만든 용(龍)은 해궁(亥宮)의 세(勢)를 경유(經由)하여야 행맥(行脈)하고 감궁(坎宮)의 기운(氣運)을 득(得)하여야 성형(成形)한다. 좌향(坐向)에서도 해(亥)임(壬)자(子)계(癸)로 좌(坐)가 되면 왕성(旺盛)한 기운(氣運)이 형세(形勢)와 상응(相應)하는 것이다.

이 성신(星辰)은 수구(水口)에 도락(倒落)하여 거(居)하기를 좋아하고 용요(龍腰)에서 융결(融結)하는 것을 기뻐한다.

이곳의 장법(葬法)이 만약 최선(最善)이었다면 출생인(出生人)의 상모(相貌)가 소세(瀟洒)하고 심성(心性)이 요집(拗執)하며 행사(行事)가 세밀(細密)하다, 해(亥)임(壬)자(子)계(癸) 명인(命人)이 수음(受蔭)하고 신(申)자(子)진(辰)년에 발달(發達)한다.

만약 이곳의 후용(後龍)이 상격(上格)에 합(合)하면 벼슬이 부사(簿使)에 이르고 중격(中格) 용(龍)에 합(合)하면 도감(都監)의 벼슬에 이르며 하격(下格) 용(龍)에서는 잡직(雜職)의 벼슬을 한다. 용(龍)이 만약 귀격(貴格)이 전무(全無)하더라도 주(主)는 역시 큰 부(富)로 세상의 부러움을 산다.

이곳에 묘(墓)를 쓰고 처음 출생(出生)하는 사람이 추면인(皺面人)이면 기(氣)가 왕성(旺盛)함에 이르러 있는 것이고 육지인(六指人)이 출생(出生)하면 기(氣)가 다 되어 쇠진(衰盡)한 것임을 알아야 한다.

이 체(體)에서 사표형(獅豹形)이 많이 나온다. 목퇴(木堆)를 작(作)하면 길(吉)하다.

### 시(詩)

掃蕩身斜腦更偏　誰知此穴吉中扦
(소탕신사뇌갱편 수지차혈길중천)

"소탕은 몸이 기운데 다시 또 두뇌까지 편사하니 누구다서 이 혈을 알아보고 길함으로 천장할 것인가?"

爲官淸正由斯出　白手成家廣置田
(위관청정유사출 백수성가광치전)

"맑고 깨끗한 벼슬도 이로 인하여 배출하고 맨손으로 가정을 이루어 전답도 넓고 많이 소유하리라."

## 8. 몰골소탕(沒骨掃蕩)

> **원문(原文)** … 沒骨掃蕩

　　　　第八掃蕩名沒骨 此穴不可忽
　　　　形勢渾如獸出林 富貴稱人心

此星身曲而斜 口開肩下 故名曰沒骨掃蕩 有四體 肩下開脚 有一邊彎巧 一邊粗蠻者 昔人名曰搖拳 有一邊單脚 一邊雙脚者 名曰叠指 皆就口上軟硬相夾處立穴 斬截氣脉 此爲正格也 有腦下生乳 或長直 或峻大 不可立穴者 昔名曰吐舌 肩下兩傍 取前應後樂 分左右立穴 有其乳彎巧 抱左抱右 不可立穴者 名曰張膽 肩下兩傍 可立兩穴 此二者爲變格也 此與沒骨金水掃蕩者相似 宜細辨別 夫掃蕩星辰 其勢如流水流蕩忘返 今開口爲轉金 故爲變吉立穴 打蕩取金 必求動處 因其薄弱 故以沒骨名之 凡沒骨星辰 形勢旣有偏斜 氣脉必趨左右 潛踪難認 開口爲憑 須奇怪之不同 與端正而何異 必須前迎堂氣 後對樂星 莫嫌穿薄穿空 只喜夾堅夾軟 是爲得之 最忌四山直走 尤嫌一水長流 乃不可不察 此星本蔭一四七位衣祿 故不畏左砂逆水 由亥宮之勢而行脉 得坎宮之氣而成形 坐向得亥壬子癸 皆爲氣旺而形應 好居餘龍大盡 喜臨兩水合流 若安扦合法 生人相貌瀟洒 心性柔弱 行事細密 亥壬子

癸命人受蔭 申子辰年發達 若后龍合上格者 官至簿使 合中格者 官亞都監 合下格者 雜職而巳 若全無貴格者 亦主江湖營運大發 大旺人丁 初生皺面之人 則氣盛也 至生跎背之人 則氣衰也 此體多爲猛獸出檻形 宜作金堆

詩曰　掃蕩星辰沒骨奇 穴居動處少人知
　　　穿空左右從君截 扦後誰知折桂枝

### 시(詩)

**第八掃蕩名沒骨　此穴不可忽** (제팔소탕명몰골 차혈불가홀)
"여덟 번째 소탕은 이름이 몰골인데 이 혈을 소홀이 넘기는 것이 불가하다."

**形勢渾如獸出林　富貴稱人心** (형세혼여수출림 부귀칭인심)
"형세가 혼잡되어 짐승이 숲속에서 나오는 모습을 하니 세상 인심은 부귀로 칭한다."

이 성신(星辰)은 몸이 구불구불하여 곡(曲)한데다가 어느 쪽으로 기울기도 하였는데 어깨 아래에다 개구(開口)하였다. 그러그로 이름을 몰골소탕(沒骨掃蕩)이라 하였다.
이에는 사체(四體)가 있는데 견하(肩下)에서 개각(開脚)하여 한 변은 만교(彎巧)하고 다른 한 변은 조만(粗蠻)한 것이 있는데 이를 옛 사람들은 이름을 요권(搖拳)이라 하였으며, 또 한 변은 단각인데 다른 한 변은 쌍각으로 된 것이 있는데 이것을 옛 사람들은 첩지(疊指)라 하였다. 이 두 혈(穴)은 구상(口上)의 연경(軟硬) 상협처(相夾處)에다 기맥(氣脈)을 참절(斬截)하여 입혈(立穴) 한다. 이들이 정격(正格)이다.

또 뇌하(腦下)에서 유(乳)를 발생(發生)시켰는데 그 유(乳)가 혹 장직(長直)하거나 혹 준대(峻大)하여 입혈(立穴)이 불가(不可)한 것을 옛 사람들은 토설혈(吐舌穴)이라 하였는데 견하(肩下) 양방(兩方) 어느 쪽이든 간에 전응(前應) 후락(後樂)을 대조하여 보고 입혈(立穴) 한다. 또 만교(彎巧)한 유(乳)가 좌측(左側)을 감싸 안았다거나 우측(右側)을 안아 주었으므로 입혈(立穴)이 불가(不可)한 것이 있는데 이것의 이름을 장담혈(張膽穴)이라 하였으며 견하(肩下) 양방(兩方) 혈(穴) 모두 입혈(立穴)이 가능하다. 이상 두 격(格)이 변격(變格)이다.

이곳의 몰골(沒骨) 소탕(掃蕩)은 앞에서 공부한 금수(金水) 소탕(掃蕩) 체(體)와 매우 흡사(恰似)하므로 자세히 살펴보지 않으면 오판(誤判)하기 쉬우니 조심할 것이다.

대저 소탕(掃蕩) 성신(星辰)은 그 형세(形勢)가 유수(流水)와 같으므로 유탕(流蕩) 망반(忘返)하여 혈(穴)을 결작(結作)하지 못하는 것이다. 그러나 이곳처럼 개구(開口) 하였을 땐 전금(轉金)이 되었으므로 길성(吉星)으로 전환(轉換)하여 수혈(受穴)이 가능하다. 입혈(立穴)은 타탕(拖蕩)에서 취금(取金)하였으니 반드시 동처(動處)를 구(求)하여야 한다. 이렇게 박약(薄弱)함에서 기인(起因)하였으므로 몰골(沒骨)이란 이름이 붙여진 것이기도 하다.

　무릇 몰골(沒骨) 성신(星辰)은 형세(形勢)가 이미 편사(偏斜)하므로 기맥(氣脈)도 반드시 좌우(左右) 어느 쪽으로 쫓아서 잠종(潛踪)하므로 알아보기가 매우 어려우니 개구한 것으로 증거(證據)를 삼고 입혈(立穴)하는 것이다. 그렇다고 결코 기괴혈(奇怪穴)과는 같지 아니하니 단정(端正)한 성신(星辰)과 무엇이 다르겠는가? 그러므로 길혈(吉穴)에 드는 것이다.

　이에서 중요(重要)한 것은 필수적(必須的)으로 전영당기(前迎堂氣)하고 후대낙성(後對樂星)하여야 하니 그러하다면 천박(穿薄) 천공(穿空)이라고 무엇이 혐의가 되겠는가? 단지 협견(夾堅)함과 협연(夾軟)함만을 기뻐하는 것이다. 이것을 득지(得之)라 한다.

　이 성신(星辰)에서 가장 꺼리는[最忌] 것은 사산(四山)이 직주(直走)하는 것이고 더욱 혐오(嫌惡)하는 것은 일수(一水)가 장류(長流)하는 것이니 직주(直走)하면 탕체(蕩體)로 만들고 장류(長流)하면 견동토우(牽動土牛)하기 때문이니 살피지 않을 수 없는 것이다.

　이 성신(星辰)에서는 본시 발음(發蔭)이 일사칠의 자리[一四七位]에서 복록(福祿)을 받으므로 좌사(左砂)로 송수(送水)하는 것을 꺼려하지 아니한다.

　이 성신(星辰)의 용(龍)은 해궁(亥宮)의 세(勢)를 경유(經由)하여야 행맥(行脈)하고 감궁(坎宮)의 기(氣)를 득(得)하여야 성형(成形)한다. 좌향(坐向)에서도 해(亥)임(壬)자(子)계(癸) 좌(坐)가 되면 왕성(旺盛)한 기운(氣運)이 형세(形勢)와도 상응(相應)하는 것이다.

이 성신(星辰)은 여용(餘龍)의 대진처(大盡處)에서 거(居)하기를 좋아하고 양수(兩水)가 합류(合流)하는 곳에 임(臨)하는 것을 기뻐한다.

이곳의 장법(葬法)이 만약 최선(最善)이였을 때는 출생인(出生人)의 상모(相貌)가 소세(瀟洒)하고 심성(心性)이 유약(柔弱)하며 행사(行事)가 세밀(細密)하다. 해(亥)임(壬)자(子)계(癸) 명인(命人)이 수음(受蔭)하고 신(申)자(子)진(辰)년에 발달(發達)한다.

이 성신(星辰)의 후용(後龍)이 만약 상격(上格)에 합(合)하면 벼슬이 박사(薄使)에 이르고 중격(中格) 용(龍)에 합(合)하면 벼슬이 도감(都監)에 이르고 하격(下格) 용(龍)에 합(合)하면 잡직(雜職)의 관록(官祿)을 먹게 된다. 만약 또 귀격(貴格)이 전무(全無)하더라도 주(主)는 역시 강호(江湖)의 운영권(運營權)을 득(得)하여 큰 재물(財物)을 모으며 인정(人丁)도 대왕(大旺)하다.

이곳에 묘(墓)를 쓴 후(後)에 처음 출생(出生)하는 사람이 추면인(皺面人)이 출생(出生)하면 기(氣)가 왕성(旺盛)함에 이른 것이고 육지인(六指人)이 나오면 기(氣)가 다 되어 쇠진(衰盡)한 것이다.

이 체(體)에 맹수출함형(猛獸出檻形)이 많이 나온다. 금퇴(金堆)를 작(作)할 것이다.

### 시(詩)

### 掃蕩星辰沒骨奇　穴居動處少人知
(소탕성신몰골기 혈거동처소인지)

"소탕 성신에서 몰골형이 기이함인데 혈이 동처에 있음을 아는 사람이 적으니라."

### 穿空左右從君截　扦後誰知折桂枝
(천공좌우종군절 천후수지절계지)

"좌든 우든 천공을 참절하는 법을 군이 쫓는다면 천장한 후 계지를 꺾는다는 것을 누가 알겠는가?"

## 9. 평면소탕(平面掃蕩)

> 원문(原文) … 平面掃蕩

第九掃蕩爲平面 屈曲平中見
此星元只作蛇形 富貴有聲名

此星身長而曲 面平而低 故名曰平面掃蕩 有一體 多在平地土墩之上 或居平浮土洲之中 昔名曰穿珠 水星動處立穴 必須流水回抱 前案相對 後樂分明方可 夫掃蕩諸體 多有平落者 此星惟平處有之 其龍起伏多者 方結此穴 力量與平面紫氣一同 凡平面星辰 靈光凝聚於坦夷 生氣流行於低下 精神收斂 造化完全 此所以謂之吉穴 必須形勢來止 堂局周密 賓主有情 左右無缺 細推動靜 詳察浮況 是爲得之 最忌胎息孤寒 血脉反背 孤寒則人丁衰敗 反背則家業消亡 乃不可不察 此星本蔭一四七位衣祿 故不畏左砂迸水 由亥宮之勢而行脉 得坎宮之氣而成形 坐向得亥壬子癸 皆爲氣旺而形應 喜傍溪臨路 好度水穿田 若安扦合法 生人相貌瀟洒 心性平易 行事細密 亥壬子癸命人受蔭 申子辰年發達 若后龍合上格者 官至簿使 合中格者 官至都監 合下格者 雜職之官 若全無貴格者 亦富足 初生皺面之人 則氣盛也 至生爬面之人 則氣衰也 此體多爲蛇形 宜作木堆

> 詩曰 掃蕩星辰曲更彎 或居平地或高山
> 　　 形若生來多活動 突窟之中正好安
>
> 補廖公正變穴格詩訣　太陽九變　第一太陽名正體　好把覆鍾比　此星最喜近淸光　大小立朝綱

### 시(詩)

**第九掃蕩爲平面　屈曲平中見** (제구소탕위평면 굴곡평중견)
　"아홉 번째 소탕은 평면성신이니 굴곡을 평중에서 찾아야 한다."

**此星元只作蛇形　富貴有聲名** (차성원지작사형 부귀유성명)
　"이 성신은 원래부터 단순한 뱀 형만을 짓는 것인데 부귀와 이름이 이에 있음이다."

　이 성신(星辰)은 몸이 길면서도 구불구불하여 곡[身長而曲]하다. 면(面)은 평평(平平)하면서도 낮다[面平而低]. 그러므로 평면소탕(平面 掃蕩)이라 하였다.
　이에는 한 체(體) 밖에 없는데 평지(平地)의 토돈(土墩)에서 많이 볼 수 있다. 또한 혹 평부토주(平浮土洲) 가운데서도 볼 수 있는데 옛 사람들은 이것을 천주혈(穿珠穴)이라 하기도 하였다. 입혈(立穴)은 수성(水星)의 동처(動處)를 찾아 천장(扦葬)한다.

이 성신(星辰)은 필수적(必須的)인 조건으로는 유수(流水)가 회포(回抱)하여야 하며 전안(前案)을 상대(相對)하여야 하고 후락(後樂)이 분명(分明)하여야 가(可)하다는 것이다.

대저 소탕(掃蕩)이란 이름을 가진 여러 체(體)들은 본시 거의가 평락(平落)한 성신(星辰)이 많기는 하나 이곳의 평면소탕(平面掃蕩) 성신(星辰)은 모두 평처(平處)에만 있는 것인데 이곳의 용(龍)이 기복(起伏)이 많을 때 이곳의 평면소탕(平面掃蕩) 혈을 맺는 것이다.

이 성신(星辰)은 앞에서 공부한 평면자기(平面紫氣) 성신(星辰)과 매우 흡사(恰似)하니 자세히 살펴봐야 한다.

무릇 평면(平面) 성신(星辰)은 영광(靈光)이 탄이(坦夷)함으로 응취(凝聚)하니 생기(生氣)는 저하(低下)로 유행(流行)하여 정신(精神)을 수렴(收斂)하고 조화(造化)가 완전(完全)케 하므로 이것이 이른바 길혈(吉穴)이 되는 것이다.

이에서 필수적(必須的)인 조건은 형세(形勢)가 이곳에 와서 그쳐줘야 하고 당국(堂局)이 주밀(周密)해야 하며 빈주(賓主)가 유정하며 좌우(左右)에 결함(缺陷)이 없어야 하니 그 동정(動靜)을 자세히 추리(推理)하고 그 부침(浮沈)을 면밀(綿密)하게 관찰하여야 한다. 이것이 득지(得之)한 것이다.

이 성신(星辰)에서 가장 꺼리는[最忌] 것은 태식(胎息)이 고한(孤寒)한 것이며 더욱 혐오(嫌惡)하는 것은 혈맥(血脈)이 반배(反背)하는 것이니 고한(孤寒)하면 인정(人丁)이 쇠패(衰敗)하기 때문이고 반배(反背)하면 가업(家業)이 소망(消亡)하기 때문에 살피지 않을 수 없는 것이다.

이 성신(星辰)에서는 본시 발음(發蔭)이 첫째, 넷째, 일곱째 자리[一四七位]에서 복록(福祿)을 받으므로 좌사(左砂)가 송수(送水)함을 두려워하지 않는 것이다.

이 성신(星辰)을 만든 용(龍)은 해궁(亥宮)의 세(勢)를 경유(經由)하여야 행맥(行脈)하고 감궁(坎宮)의 기운(氣運)을 득(得)하고서야 성형(成形)한다. 좌향(坐向)에서도 해(亥)임(壬)자(子)계(癸)로 좌(坐)가 되면 왕성(旺盛)한 기운(氣運)이 형세(形勢)와도 상응(相應)하는 것이다.

이 성신(星辰)은 큰 내의 옆에서나 도로(道路) 근처(近處)에서 임(臨)하는 것을 기뻐하고 물을 건너거나 논밭을 지나거나[穿田渡水] 그 근처(近處)에서 거(居)하는 것을 좋아한다.

이곳의 장법(葬法)이 만약 최선(最善)이었다면 출생인(出生人)의 상모(相貌)가 소세(瀟洒)하고 심성(心性)이 평이(平易)하며 행사(行事)가 세밀하다. 해(亥)임(壬)자(子)계(癸) 명인(命人)이 수음(受蔭)하고 신(申)자(子)진(辰)년에 발달(發達)한다.

이곳의 후용(後龍)이 상격(上格)에 합(合)하면 벼슬이 부사(簿使)에 이르고 중격(中格)의 용(龍)이면 도감(都監)에 이르며 하격(下格)의 용(龍)에서는 잡직(雜職)의 관록(官祿)을 갖게 되며 귀격(貴格)이 만약 전무(全無)하더라도 주(主)는 역시 부(富)를 크게 하며 인정(人丁)도 왕성(旺盛)하다.

이곳에 묘(墓)를 쓴 후 처음 출생(出生)하는 사람이 추면인(皺面人)이 나오면 기가 왕성(旺盛)함에 이르러 있는 것이고 파면인(爬面人)이 나오면 기(氣)가 다되어 쇠진(衰盡)한 것이다.

이 체(體)에서 뱀[蛇]에 관련된 형(形)이 많음을 알 수 있다. 목퇴(木堆)를 작(作)하면 길(吉)하다.

### 시(詩)

**掃蕩星辰曲更彎　或居平地或高山**

(소탕성신곡갱만 혹거평지혹고산)

"소탕성신은 곡한데다 다시 굽이가 있으니 혹 평지에 거(居)하는 것이 많으나 혹 고산에서도 발견된다."

**形若生來多活動　屈突之中正好安**

(형약생래다활동 굴돌지중정호안)

"형이 만약 생래 하는데 활동까지 많은 것은 굴돌 하는 가운데 바른 곳을 찾아 안천(安扦) 할 것이다."

## 소탕성(掃蕩星)

| 정체소탕<br>(正體蕩星) | 개구소탕<br>(開口蕩星) | 현유소탕<br>(懸乳蕩星) |
|---|---|---|
|  |  |  |

| 궁각소탕<br>(弓脚蕩星) | 쌍비소탕<br>(雙臂蕩星) | 단고소탕<br>(單股蕩星) |
|---|---|---|
|  |  |  |

| 몰골소탕<br>(沒骨蕩星) | 평면소탕<br>(平面蕩星) |
|---|---|
|  |  |

### 風水地理 九星 正變 穴格歌

初版 印刷 : 2007年 3月 10日
初版 發行 : 2007年 3月 15日

編著者 : 金 東 奎
發行者 : 金 東 求

發行處 : 明 文 堂 (1926. 10. 1 창립)
서울특별시 종로구 안국동 17~8
대체 010041-31-001194
Tel (영) 733-3039, 734-4798
　　 (편) 733-4748　Fax 734-9209
Homepage　www.myungmundang.net
E-mail　mmdbook1@kornet.net
등록 1977. 11. 19. 제1~148호

• 낙장 및 파본은 교환해 드립니다.
• 불허복제

값 30,000원
ISBN 89-7270-848-8 14140
　　　89-7270-056-8 (세트)

## 명문당 역학 총서

| | |
|---|---|
| **복서정종해설**<br>김동규 역저　신국판(양장)　값 30,000원 | **陽宅秘訣**(양택비결)<br>김갑천 저　신5x7판 값 25,000원 |
| **택일은 동양철학의 꽃이다**<br>김동규 편저　신5x7판 값 12,000원 | **짝 찾기가 문제로다**<br>전후수, 한용택 공저　신5x7판 값 9,000원 |
| **만방 생활역학 전서**<br>한중수, 류방현 공저　신국판 값 38,000원 | **滴天髓**(적천수)<br>김동규 저　신5x7판 값 15,000원 |
| **周易身數秘典**(주역신수비전)<br>허충 저　신5x7판 값 30,000원 | **새周易**(새주역)<br>김영수 편저　신5x7판 값 7,000원 |
| 完譯 **麻衣相法**(마의상법)<br>조상우 역　신 5x7판 값 20,000원 | **人子須知**(인자수지)<br>김부근 감수, 김동규 역　신5x7판 값 35,000원 |
| **命理正解와問答**(명리정해와문답)<br>최지산 저　신5x7판 값 20,000원 | **理程表 經盤圖解**(이정표 경반도해)<br>김동규 저　신5x7판 값 20,000원 |
| **風水地理全書-秘傳**(풍수지리전서-비전)<br>김갑천 편저　신5x7판 값 35,000원 | **風水地理學 理程表**(풍수지리학 이정표)<br>김동규 저　4x6배판 값 20,000원 |
| **擇日全書**(택일전서)<br>한중수 저　신5x7판 값 12,000원 | **九星學**(구성학)<br>김동규 저　신5x7판 값 4,000원 |
| **窮通寶鑑精解**(궁통보감정해)<br>최봉수 권백철 강술　신5x7판 값 25,000원 | **사주와 성명학**<br>김우재 저　신5x7판 값 15,000원 |
| **淵海子平精解**(연해자평정해)<br>심재열 강술　신5x7판 값 25,000원 | **奇門遁甲**(기문둔갑)<br>신병삼 저　신5x7판 값 6000원 |
| **姓名學全書**(성명학전서)<br>박진영 편저　신5x7판 값 15,000원 | **奇學精說**(기학정설)<br>이기목 저　신5x7판 값 12,000원 |
| **擇日大要**(택일대요)<br>고광운 저　신5x7판 값 12,000원 | **明堂全書**(명당전서)<br>서선계 저 한송계 역　신5x7판 값 8,000원 |
| **現代四柱推命學**(현대사주추명학)<br>조성우 저　신5x7판 값 15,000원 | **六壬正義**(육임정의)<br>장태상 저　신5x7판 값 15,000원 |
| **滴天髓闡微**(적천수천미)<br>김동규 역　신5x7판 값 35,000 원 | **地理八十八向眞訣**(지리팔십팔향진결)<br>김명제 저　신5x7판 값 15,000원 |